KB175337

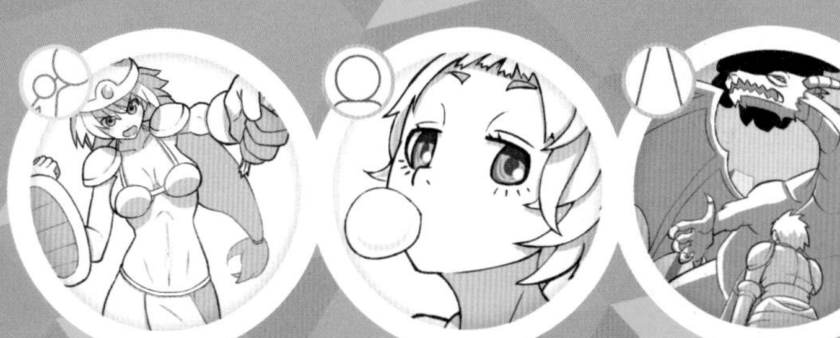

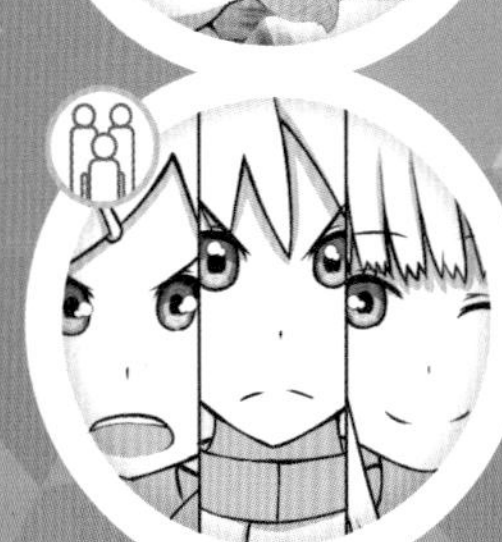

디지털 일러스트

구도·포즈 사전

캐릭터가 돋보이는
일러스트 제작 비결 40

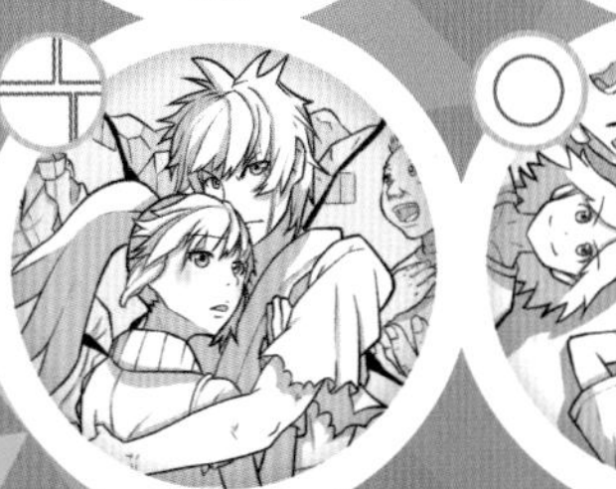

시카타 시요미 지음 · 김재훈 옮김

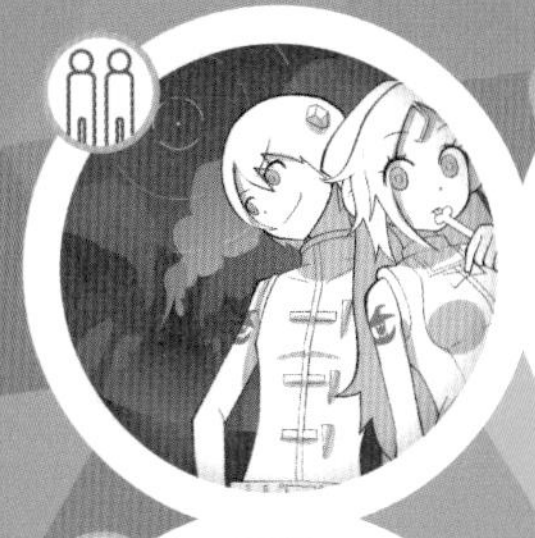

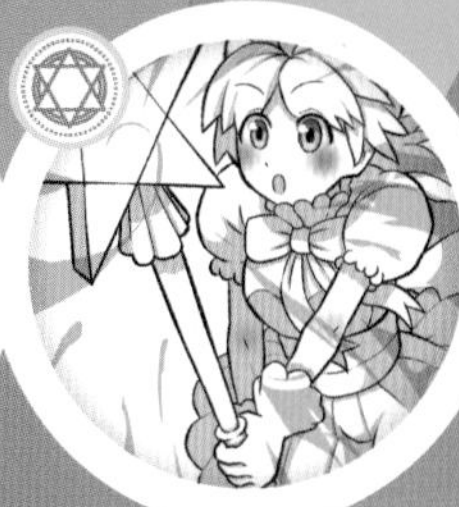

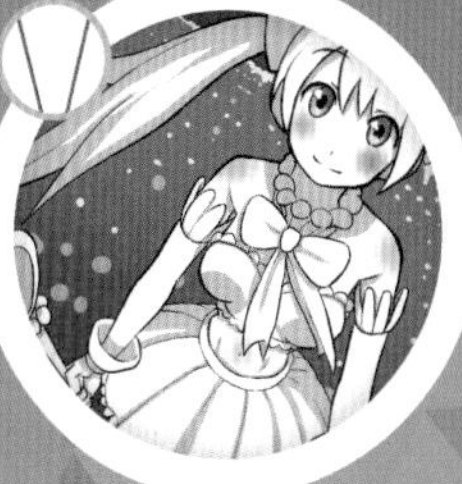

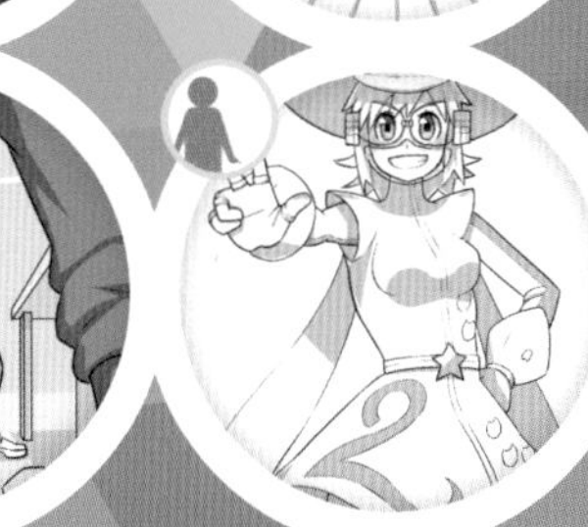

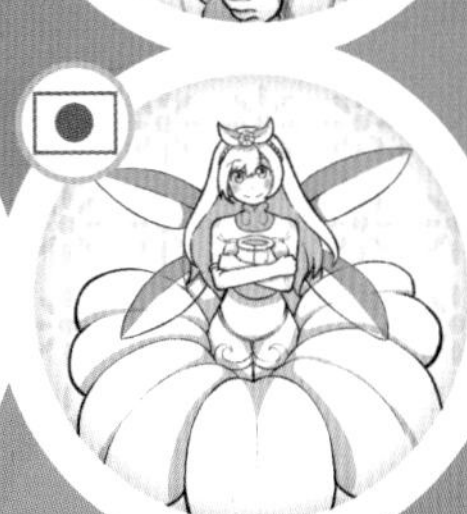

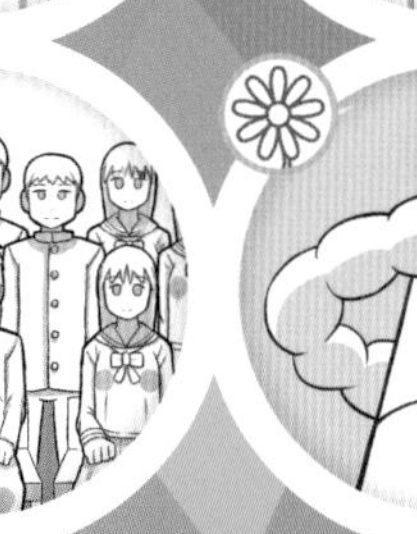

한스미디어

들어가며

'그림의 7할은 구도로 정해진다'고 해도 과언이 아닙니다. 조금 지나친 느낌도 있지만, 구도는 그만큼 중요합니다. 물론 포즈도 말입니다.

'포즈는 좀 알겠는데, 대체 구도가 뭐지?'라는 분이 많을 것입니다. 제가 일러스트를 가르치는 전문학교의 학생들도 구도와 포즈를 언젠가는 배우고 싶지만, '애매해서 잘 모르겠다, 어려울 것 같다'라고 생각합니다.

구도는 박력이나 귀여움을 표현하거나 움직임을 멋지게 보여주고 싶은 목적을 달성하려고 할 때, '무엇을', '어떻게', '어떤 형태로' 배치해서 화면을 구성하면 좋을지 방침을 정하는 '길잡이'의 역할을 합니다.

포즈는 구도와 마찬가지로 액션, 필살기, 섹시, 희로애락의 감정처럼 표현하고 싶은 '생각'이나 '효과'를 전달하기 위해, 캐릭터를 '어떤 자세', '어떤 표정', '어떤 형태'로 그리면 좋을지 방침을 정하는 '컴퍼스'의 역할을 합니다.

물론 길잡이와 컴퍼스가 없어도 표현하고 싶은 목적지에 감각으로 도달할 수도 있습니다. 하지만 목적지를 가리키는 안내판도 없이, 애초에 동서남북도 모른 채 새하얀 세계(종이나 화면)에 던져진 사람이 우연히 목적지에 도달할 수 있을까요? 도달하더라도 엄청난 시간이 걸렸을 것입니다.

따라서 가능한 헤매지 않고, 고생 없이 최대한 즐거운 루트로 모험(그림)이 가능하도록 '구도'와 '포즈'의 원리를 정리했습니다.

목적지에 이르는 가장 효율적인 방향을 가리킬 수는 있지만, 어떤 작법서나 선생님도 출발점에서 단숨에 목적지까지 워프시킬 수 없습니다. 또한 누구도 여러분을 대신해 여러분의 생각대로 작품을 그려줄 수도 없습니다. 반드시 그것을 '전달하고 싶다는 마음'에 적합한 길을 직접 선택해, 자신의 발로 걸어갈 필요가 있습니다. 그렇게 직접 걸어서 다리(그림 실력)와 방향 감각(센스)을 단련하는 것이 '그림 실력을 향상시키는 방법'이라고 생각합니다.

그 여정에 도움이 되도록 한 캐릭터를 그릴 때뿐 아니라 얼굴만 있는 구도인 업 쇼트와 원 쇼트(전신) 사이에 있는 바스트 업(가슴 위), 니 쇼트(무릎 위) 등 세세한 '길잡이'를 준비했습니다.

포즈도 움직임이 있는 포즈, 중심이 잡힌 포즈, 감정을 전달하는 포즈, 필살기/마법 발동 포즈 등 '어디에도 없는 당신만의 포즈'에 도달할 수 있도록 컴퍼스, 육분의, GPS 같은 도구를 준비했습니다. 모든 것을 여러분의 의도대로 마음껏 활용해보세요.

모든 일은 단숨에 잘 해내지 못해도 괜찮습니다. '이번에는 화면을 삼각형 구도로 해볼까' 정도의 기분으로 하나하나 시험해보세요. 처음에는 힘들어도 다양한 구도와 포즈를 연습하는 사이에 자연히 새로운 구도와 포즈의 아이디어가 떠오르게 될 것입니다. 그런 과정을 지나 익숙해지면 다양한 구도와 포즈를 조합해서 전달하고 싶은 의도가 충실히 담긴 보는 재미가 있는 작품도 만들어봅시다.

그리고 응용하기 쉽도록 심플한 예를 여러 가지 소개합니다. OK 예와 NG 예의 비교 외에도 10년 동안 실무에서 제작했던 일러스트에 사용한 구도와 포즈 설명도 수록했습니다.

지금까지 구도와 포즈의 변형을 꺼려했던 분들이 마음의 부담을 내려놓고, '표현하고 싶다'는 내면의 충동을 마음껏 펼치는 데 이 책이 도움이 된다면 더 바랄 것이 없습니다.

시카타 시요미

디지털 일러스트

구도·포즈 사전

캐릭터가 돋보이는
일러스트 제작 비결 40

차 례

Part 1 구도

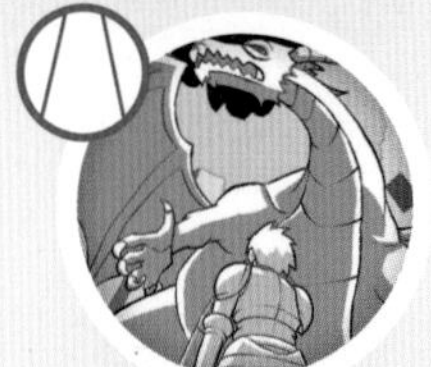
로우 앵글
p.8

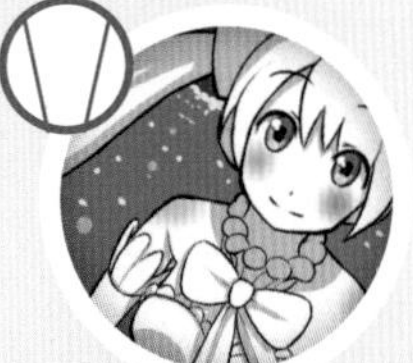
하이 앵글
p.12

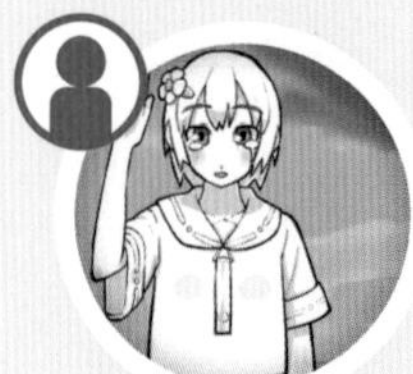
인물 메인
p.16

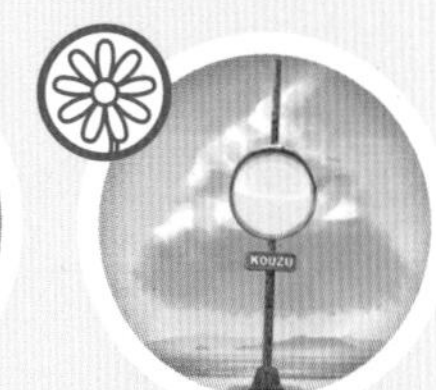

모티브 메인
p.18

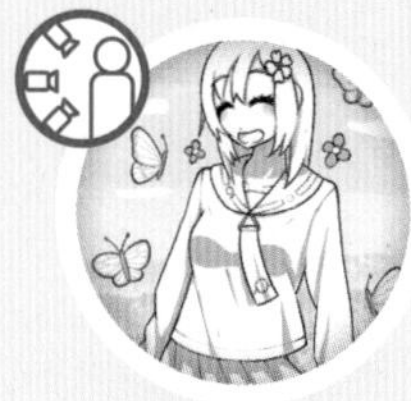
눈높이
p.20

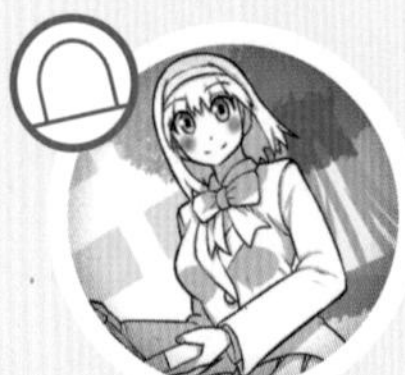
경사 구도
p.22

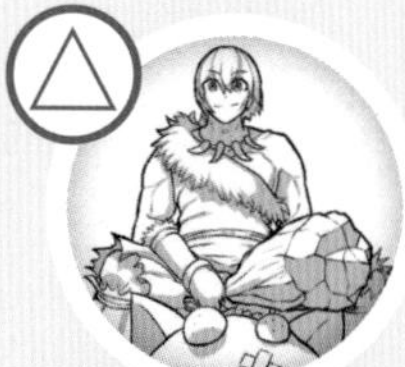
삼각형 구도
p.26

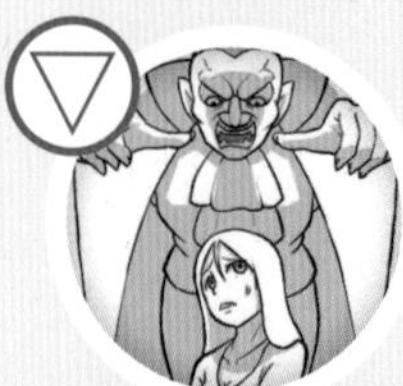
역삼각형 구도
p.30

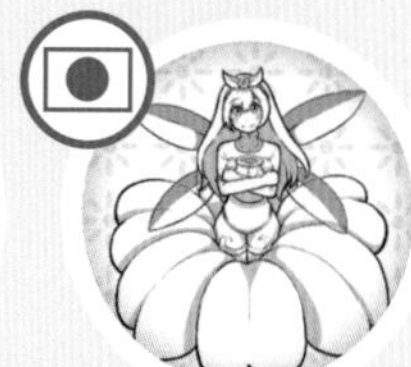
원형 구도
p.34

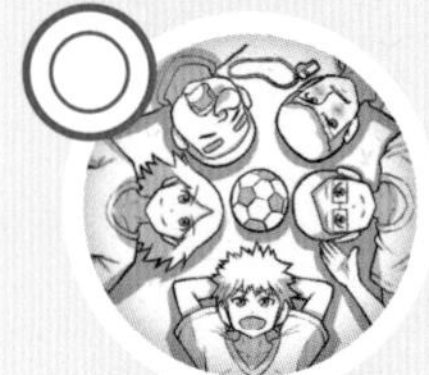
집결 구도
p.38

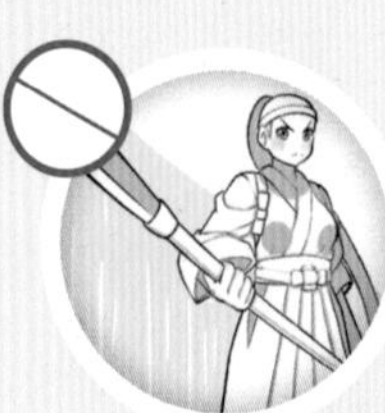
대각선 구도
p.42

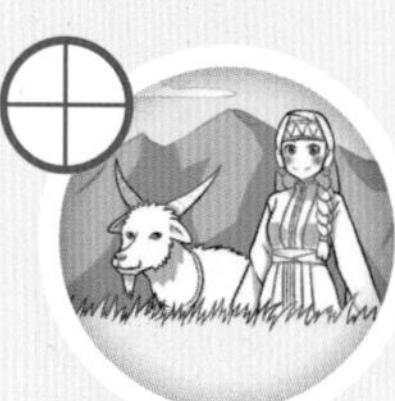
2분할 구도
p.46

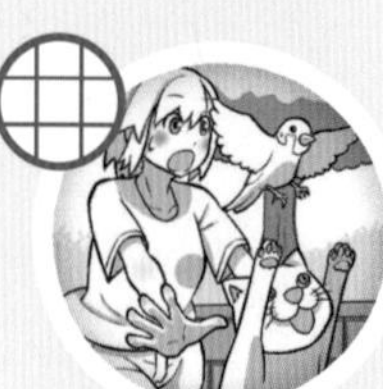
3분할 구도
p.50

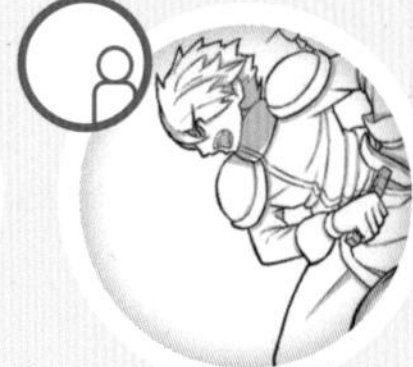
여백 구도
p.54

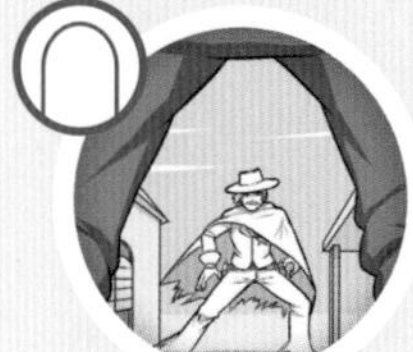
프레임 구도
p.58

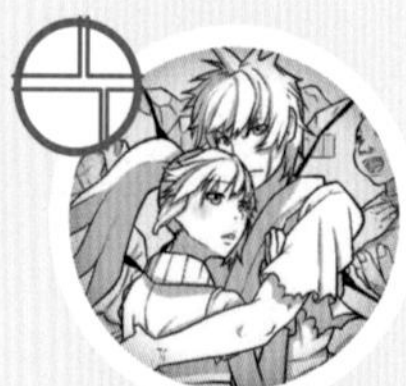
컷 분할 구도
p.62

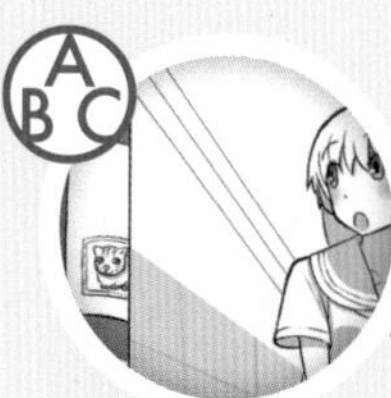

알파벳 구도
p.66

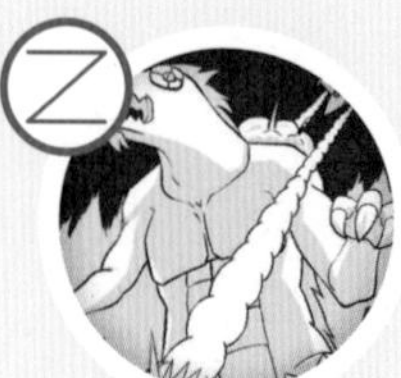
Z구도
p.70

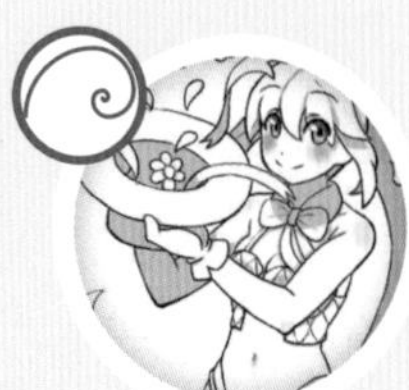
황금비
p.74

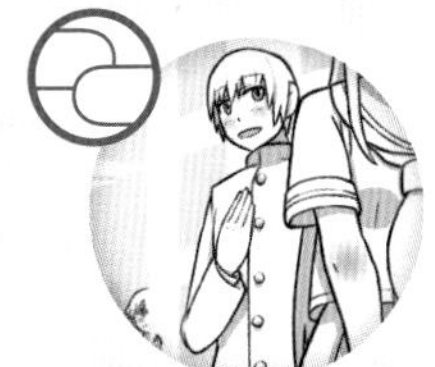

오버랩 구도
p.78

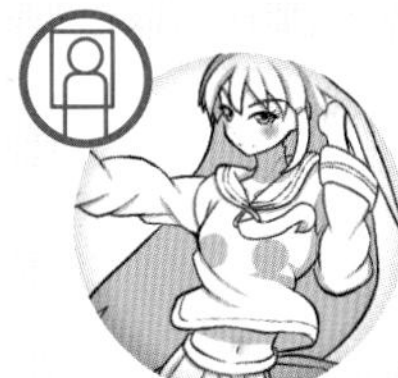

트리밍
p.82

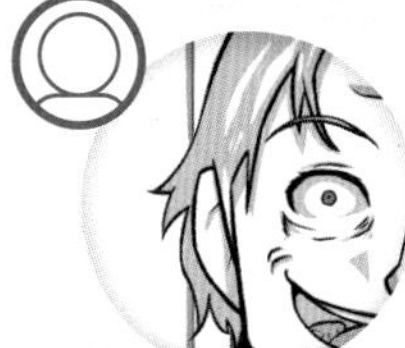

업 쇼트
p.86

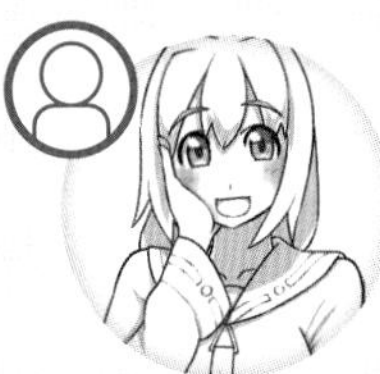

바스트 업
p.90

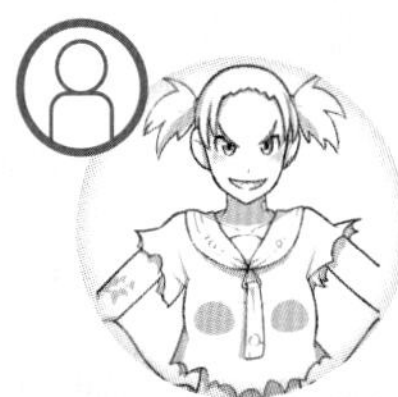

웨이스트 업
p.94

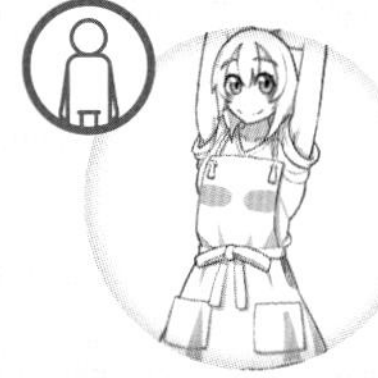

니 쇼트
p.98

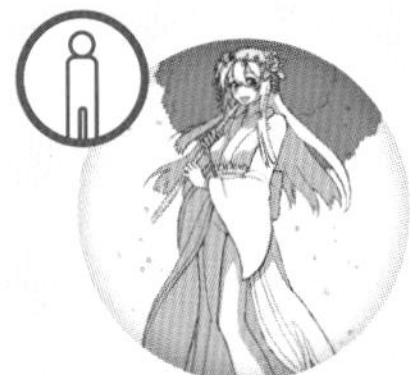

원 쇼트(전신)
p.102

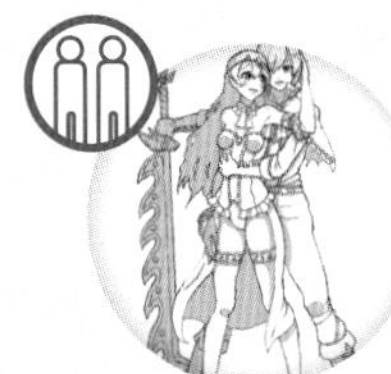

투 쇼트
p.106

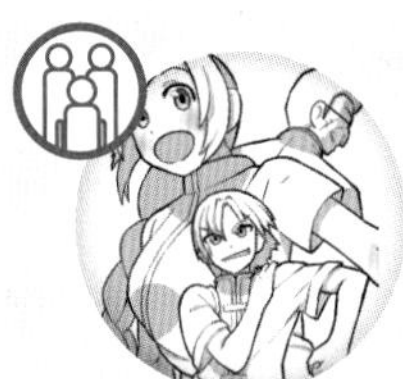

쓰리 쇼트
p.110

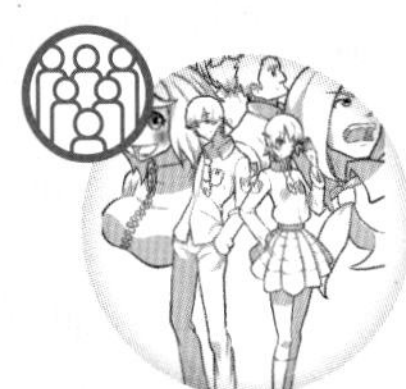

그룹 쇼트
p.114

Part 2 포즈

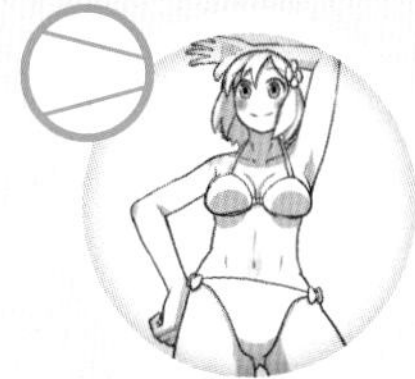

콘트라포스토
p.120

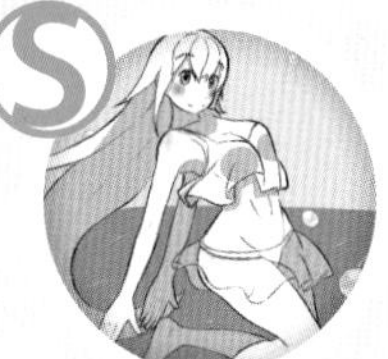

S자 포즈
p.124

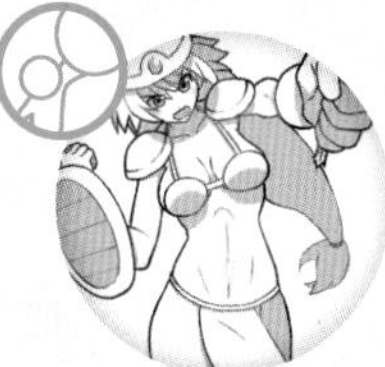

오버 퍼스
p.130

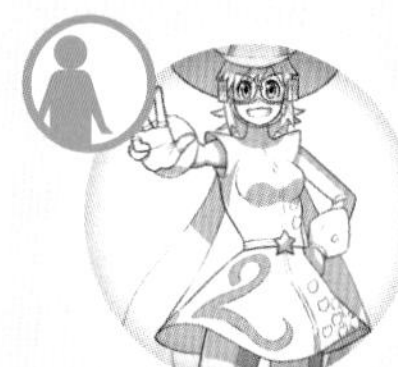

실루엣
p.134

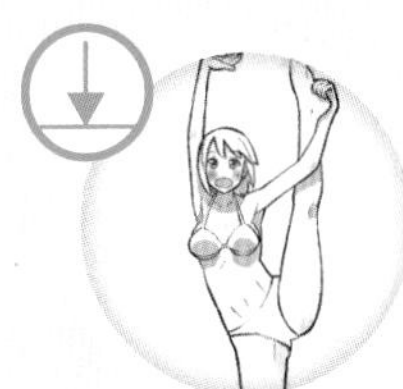

중심
p.138

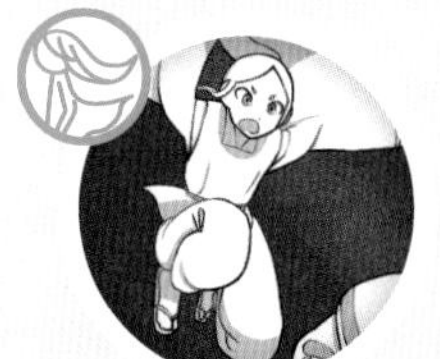

머리카락·옷
p.142

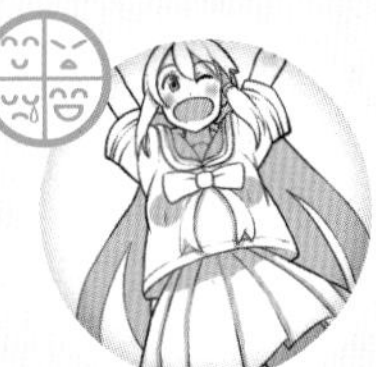

희로애락
p.146

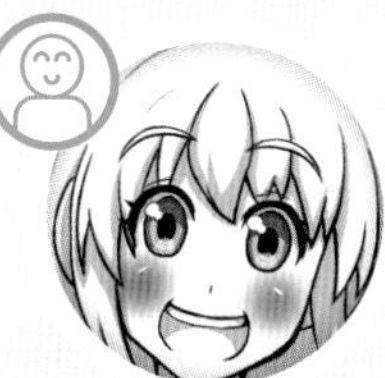

표정
p.150

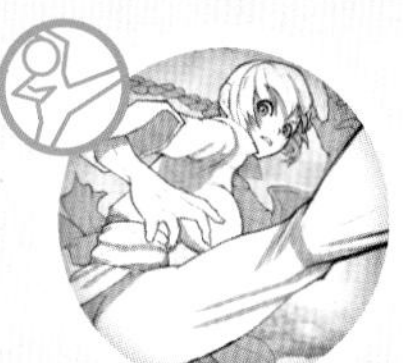

액션
p.154

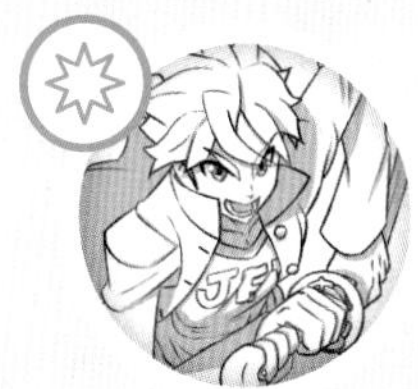

필살기
p.158

부록

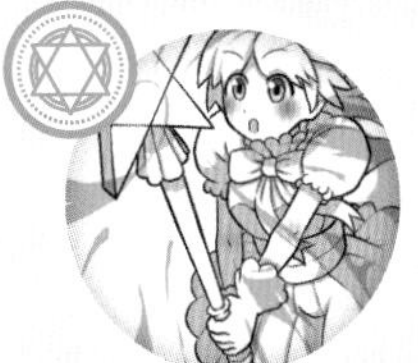

마법 발동
p.162

근육 그리는 법
p.166

원고 크기 정하는 법
p.171

색인
p.175

이 책을 읽는 법

책의 구성

이 책은 구도와 포즈를 활용하면 어떤 효과를 얻을 수 있는지, 어떤 식으로 사용하면 좋은지, 구도와 포즈를 조합하는 응용법 등을 설명합니다.
'Part1 구도'에서는 삼각형, 집결, 대각선 같은 기본 구도와 기본 구도를 조합해 원 쇼트와 투 쇼트, 그룹 쇼트 등을 그리는 요령을 설명합니다.
'Part2 포즈'에서는 콘트라포스토와 S자 포즈 등 포즈를 정할 때 도움이 되는 지식부터 실제로 액션, 필살기 등으로 응용하는 방법까지 설명합니다.
적재적소에 디지털 일러스트의 지식과 기법도 함께 담았으니 꼭 활용해보세요.
구도와 포즈는 떼려야 뗄 수 없는 관계입니다. 이것은 구도, 이것은 포즈라고 구분하지 말고 자유롭게 조합하면 됩니다.

페이지 구성

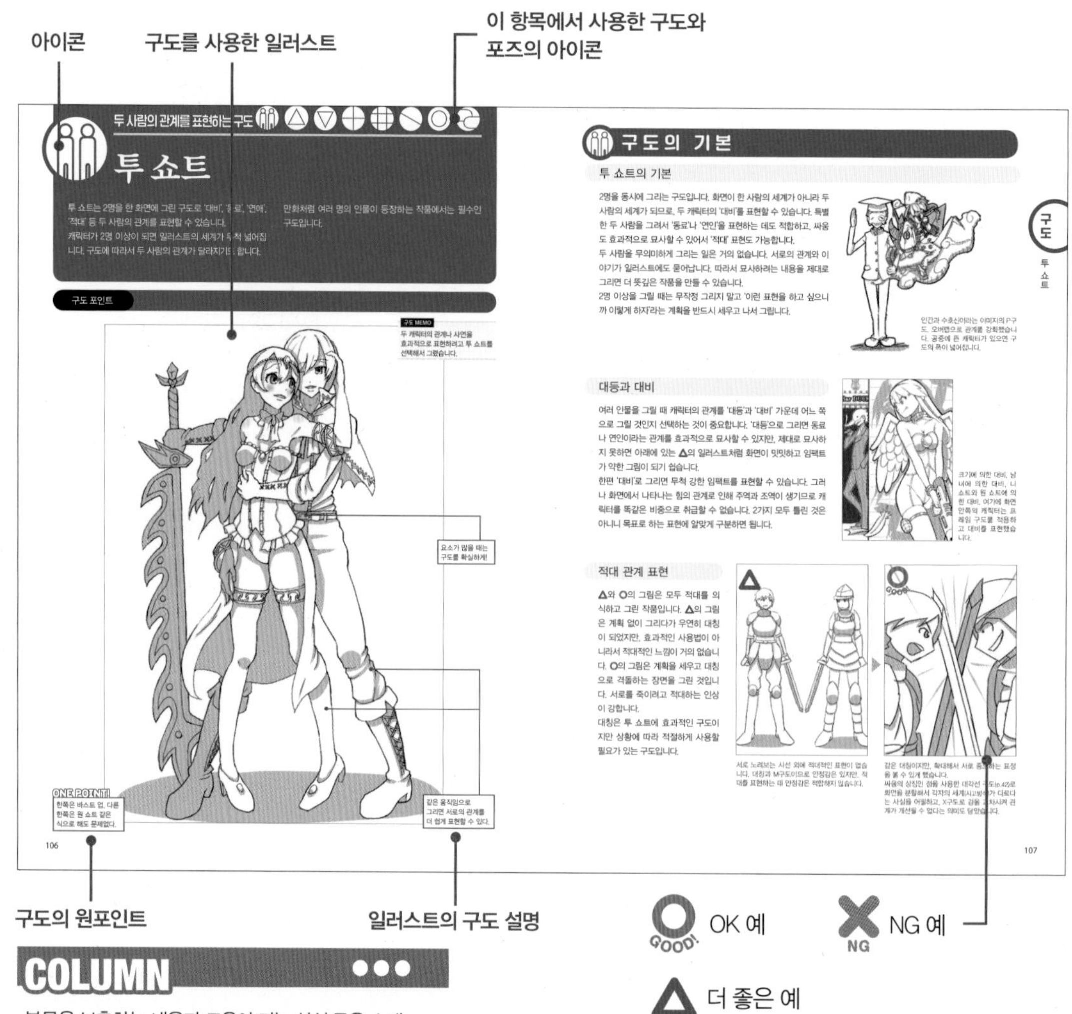

COLUMN

본문을 보충하는 내용과 도움이 되는 상식 등을 소개

Part 1

구도

로우 앵글
하이 앵글
인물 메인
모티브 메인
눈높이
경사 구도
삼각형 구도
역삼각형 구도
원형 구도
집결 구도
대각선 구도
2분할 구도
3분할 구도
여백 구도
프레임 구도
컷 분할 구도
알파벳 구도
Z구도
황금비
오버랩 구도
트리밍
업 쇼트
바스트 업
웨이스트 업
니 쇼트
원 쇼트(전신)
투 쇼트
쓰리 쇼트
그룹 쇼트

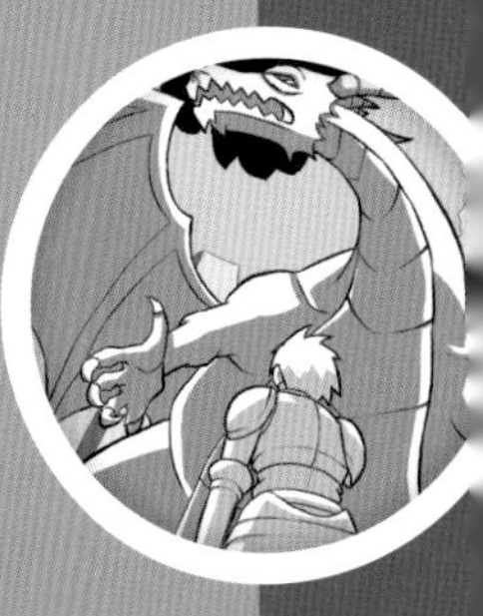
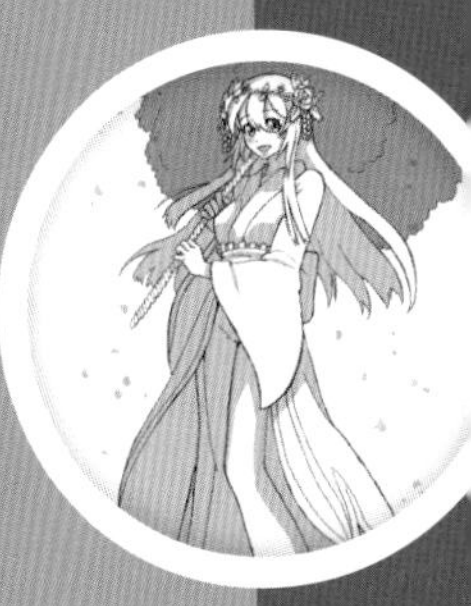
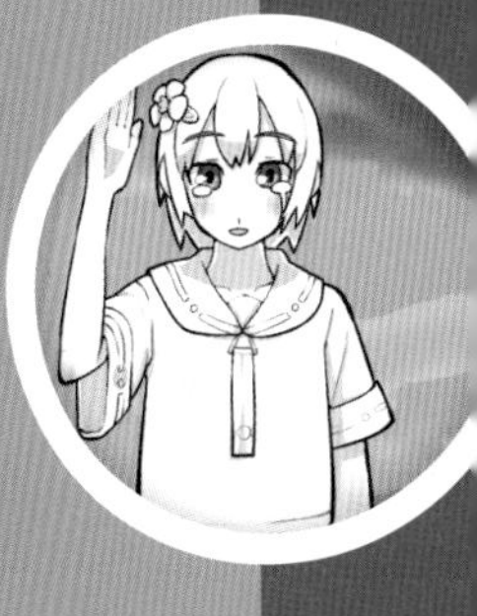
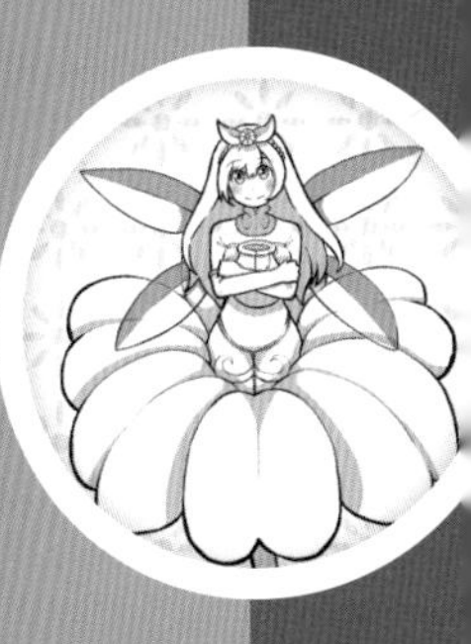
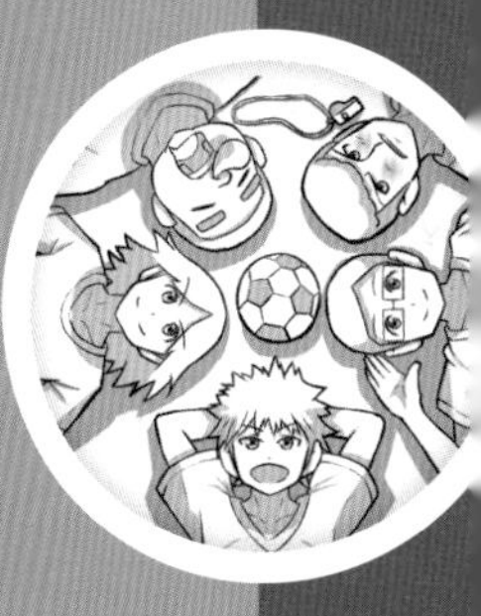

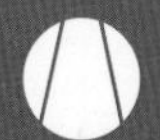

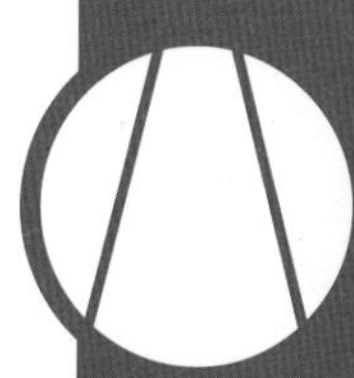

로우 앵글

로우 앵글은 밑에서 올려다보는 구도입니다. '높이', '박력', '압박감' 등을 표현할 수 있습니다.
특히 박력이 필요한 일러스트에 사용하면 효과적입니다. 로우 앵글을 사용하면 박력이 느껴지는 이미지가 되므로 캐릭터 디자인처럼 심플한 장면에는 그다지 사용하지 않습니다.
캐릭터의 대비를 표현하는 데도 유용한 구도이므로 투 쇼트(p.106)에도 사용할 수 있습니다.

구도 포인트

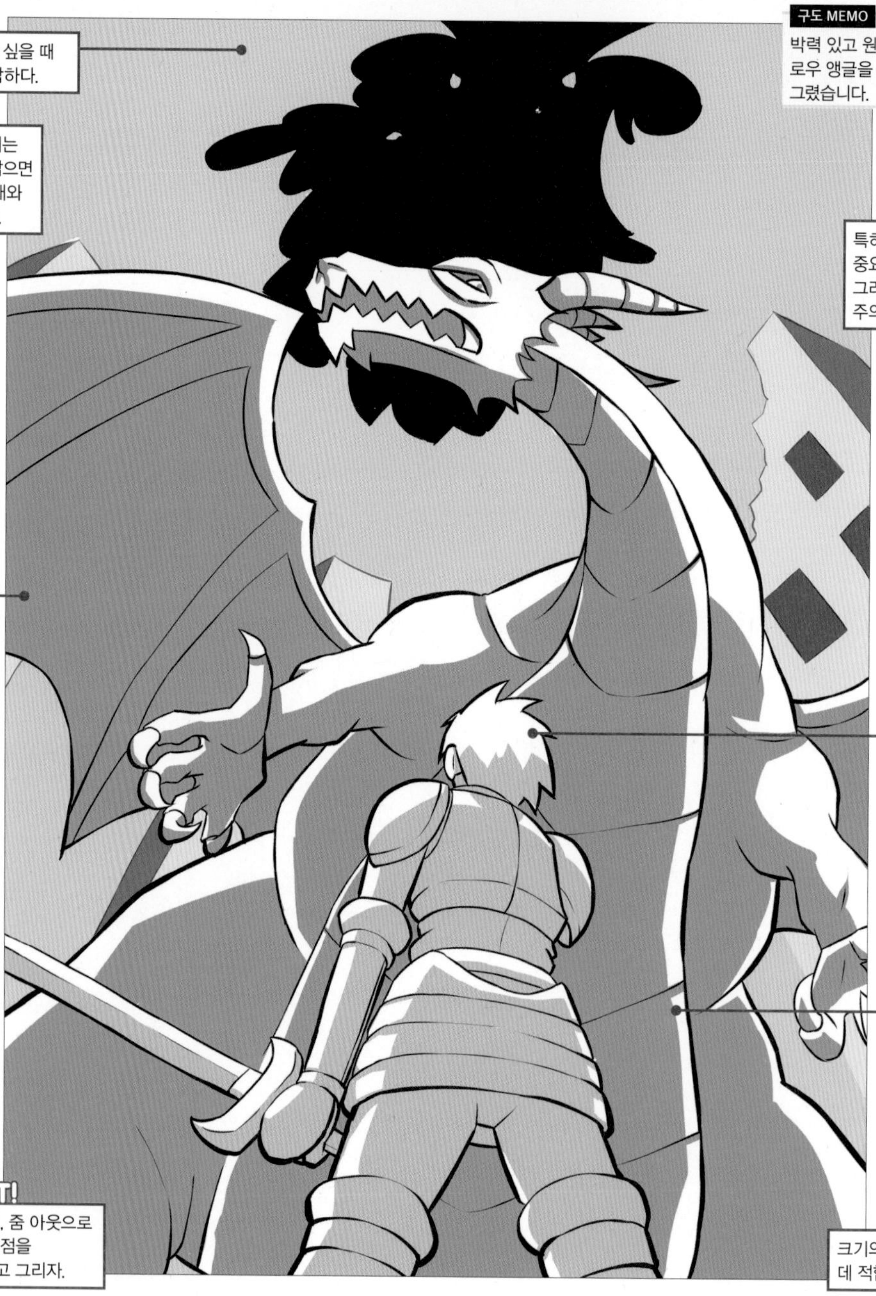

구도 MEMO

박력 있고 원근감이 느껴지는 로우 앵글을 선택해서 그렸습니다.

높이를 표현하고 싶을 때 세로 화면이 적합하다.

그리기 어려울 때는 상자로 형태를 잡으면 좋다. 근육의 형태와 크기도 의식하자.

특히 얼굴 크기가 중요! 생각보다 작게 그려야 한다는 점에 주의하자.

크기의 대비를 표현하는 데 적합한 구도.

ONE POINT!

줌 인으로 그릴지, 줌 아웃으로 그릴지 원하는 시점을 확실하게 결정하고 그리자.

구도의 기본

로우 앵글의 기본

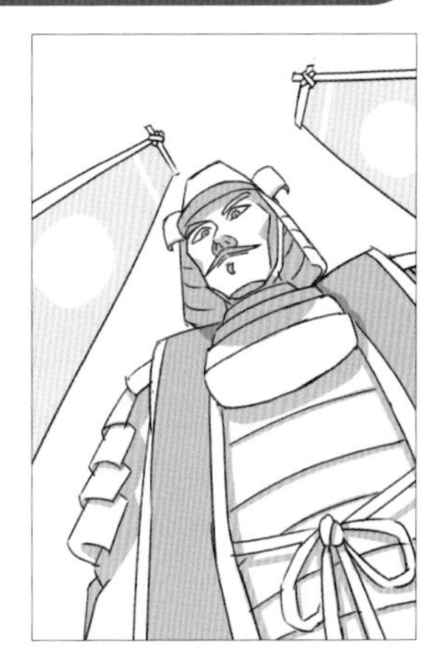

밑에서 올려다본 형태를 그린 구도입니다. 원근감으로 인해 기본적으로 위(화면의 윗부분)는 작게, 아래(화면의 아랫부분)로 내려올수록 크게 묘사합니다. 보는 사람을 기준으로 앞쪽(화면 아래)이 커서 닥쳐오는 것처럼 보여 '압박감'과 '박력'이 표현됩니다. 캐릭터가 있는 그림이라면 대부분 보는 사람의 머리 위치(눈높이)는 캐릭터가 내려다보는 위치가 되므로 '압박감'과 '박력'이 더 강조됩니다.

로우 앵글은 높이를 묘사하는 구도이므로 세로 화면으로 그리면 더 효과적입니다.

또한 소실점이 윗부분에 있어서 자연히 삼각형 구도(p.26)가 될 때가 많고, 삼각형 구도를 이용해 안정감을 표현하고 싶을 때도 흔히 쓰입니다.

입체와 근육의 파악이 중요

초보자는 도중에 많이 막히는 구도입니다. 로우 앵글은 아무래도 원근감이 강해서 입체를 강하게 의식하며 그려야 합니다.

로우 앵글을 그릴 수 없거나 서툴다면 상자 그리기를 활용해 얼굴과 인체 각 부분의 형태를 잡는 방법이 유용합니다. 아무런 기준 없이 자유롭게 그리는 방법에 익숙한 사람도 많겠지만, 하이 앵글과 로우 앵글이 서툰 사람은 상자 그리기를 활용하면 훨씬 편리합니다.

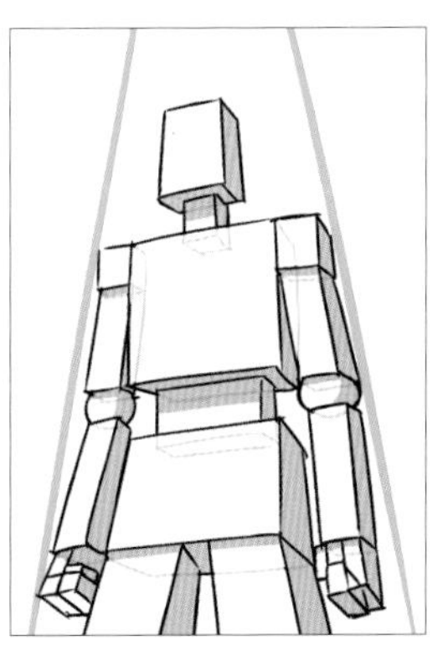

상자로 로우 앵글의 형태를 잡은 그림. 이만큼 정확한 형태가 아니어도 상관없습니다. 입체를 의식하는 것이 중요합니다.

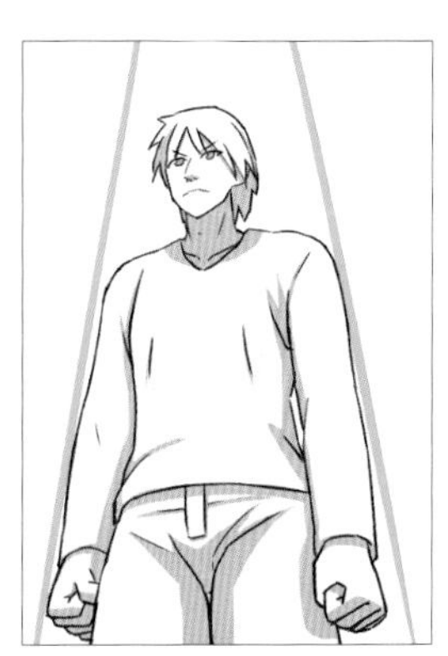

상자로 그린 형태를 바탕으로 캐릭터를 그렸습니다.

로우 앵글에는 근육 관련 지식이 무척 중요합니다.

'대흉근이 대강 이 정도이고, 그 아래에 복직근이 이어진다'와 같은 지식은 근육을 입체감 있게 그리는 데 길잡이 역할을 합니다. 따라서 근육 관련 지식이 있다면 좀 더 수월하게 그릴 수 있습니다. 처음에는 눈에 띄는 근육만이라도 공부하고 그리는 편이 좋습니다.

로우 앵글에서 중요한 근육을 설명합니다.

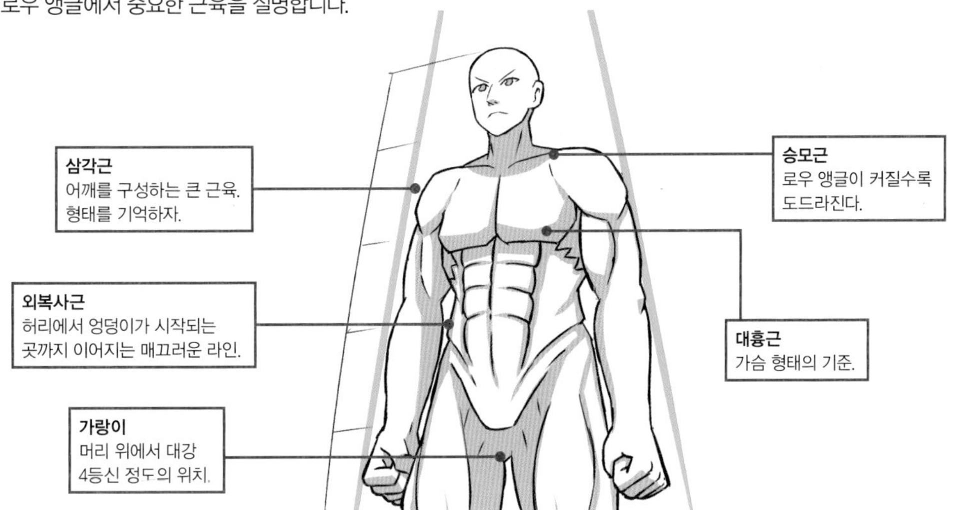

특히 얼굴 크기에 주의하자

△의 그림은 로우 앵글을 의식했지만, 자세히 보면 얼굴이 너무 큽니다. 인체의 일부를 로우 앵글로 그린 탓에 보통보다 얼굴이 커 보입니다. 러프에서는 티가 나지 않더라도 채색을 하면 얼굴의 크기가 눈에 띕니다. 상급자나 프로라도 로우 앵글로 그릴 때 흔히 하는 사소한 실수입니다.

로우 앵글의 얼굴은 '이 정도면 작다는 느낌보다 조금 더 작게' 그리는 것이 밸런스를 잡는 요령입니다.

아무리 해도 얼굴이 커지는 사람은 디지털의 장점을 살려서 얼굴 부분만 확대/축소로 조절하면 됩니다.

얼굴은 가장 중요한 부분이므로 그대로 두어서는 안 됩니다.

얼굴 묘사 방법은 p.13을 참고하세요.

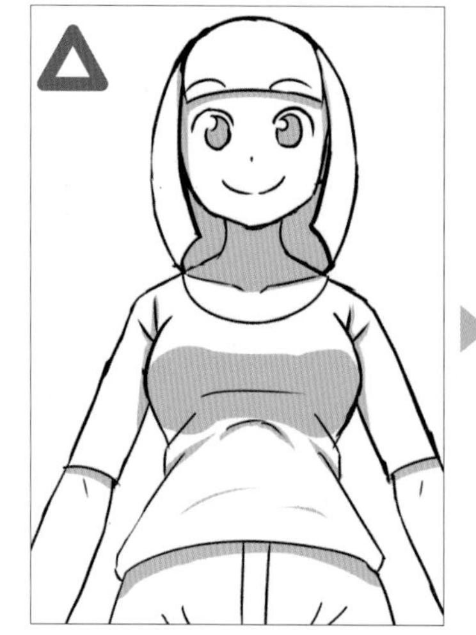

얼핏 로우 앵글처럼 보이지만 허리보다 먼 얼굴이 너무 큽니다.

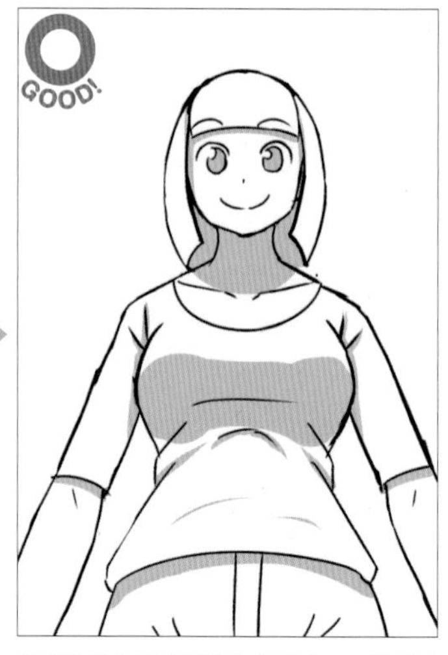

얼굴을 작게 하면 밸런스가 잡히고, 로우 앵글의 박력이 생깁니다.

설명인지, 감정 이입인지

로우 앵글로 그릴 때는 시점(카메라)에 주의해야 합니다. 핵심 요소를 얼마나 가깝거나 멀게 포착할지 계산이 중요합니다.

로우 앵글은 캐릭터의 임팩트를 강조할 수 있는 구도이지만, '배경을 어디까지 묘사할지'에 주의할 필요가 있습니다. 배경을 강조하고 싶다면 캐릭터를 멀리서 포착한 화면으로 그립니다❶. 멀리 그린 만큼 화면에서 캐릭터의 얼굴은 작아지고 필연적으로 캐릭터에 대한 감정 이입도 약해집니다.

반대로 상황 설명을 줄여서라도 캐릭터에 대한 감정 이입을 강화하고 싶다면 시점을 가까이에 두고 묘사합니다❷.

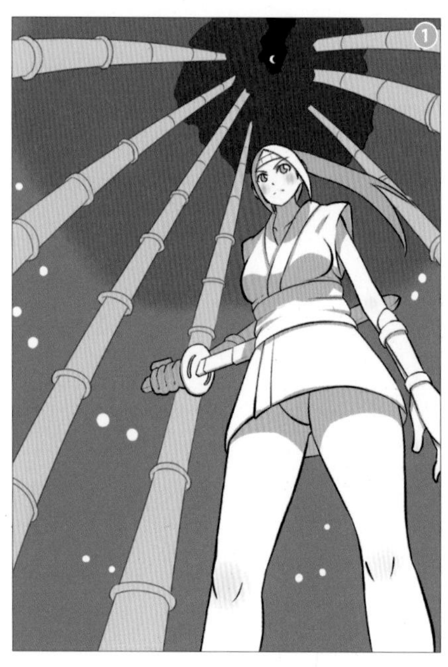

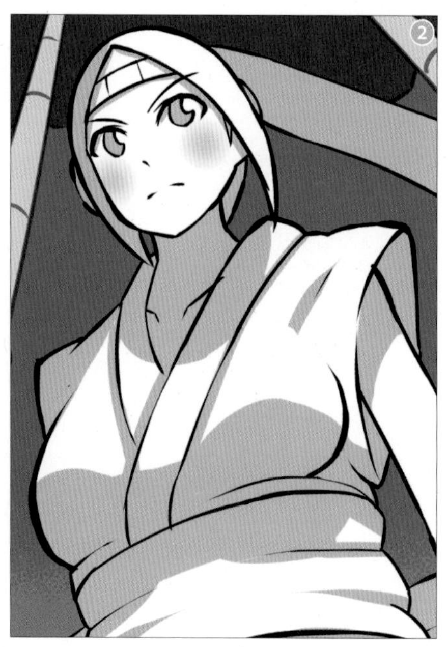

구도의 활용법

대비를 묘사한다

로우 앵글은 크기의 대비 표현에 특히 적합합니다.
크기의 대비란 큰 요소와 작은 요소를 같은 화면에 두고, 크기 차이가 확연하도록 묘사하는 것으로 각각의 개성을 효과적으로 강조할 수 있는 표현법입니다.
소년과 거대 로봇, 소녀와 기골이 장대한 전사처럼 이미지와 크기가 다른 요소는 대비를 의식해서 그리면 밸런스를 무너뜨리지 않고 크기를 표현할 수 있습니다.
일반 구도에서 크기의 대비를 표현하려면 아무래도 큰 요소가 면적을 많이 차지하는 만큼 시선이 집중되기 쉽습니다. 하지만 로우 앵글을 사용해서 앞쪽에 작은 요소를 배치하고, 작은 요소의 존재감을 유지하면서 양쪽의 개성을 균형 있게 표현할 수 있습니다.

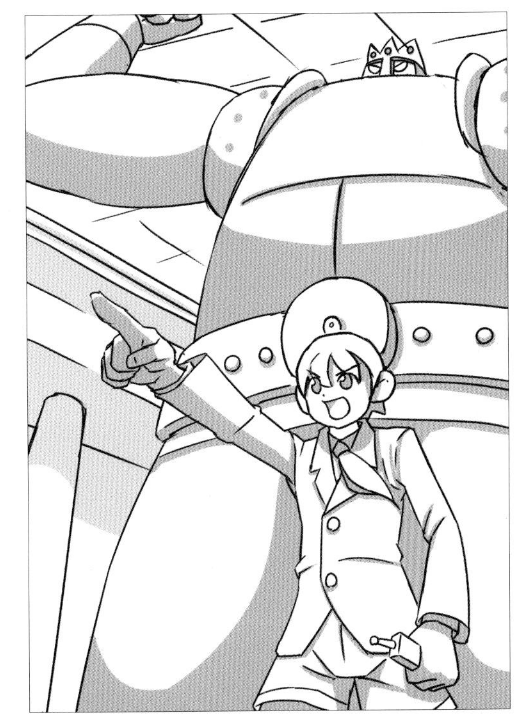

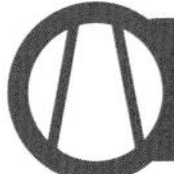

일러스트 예시

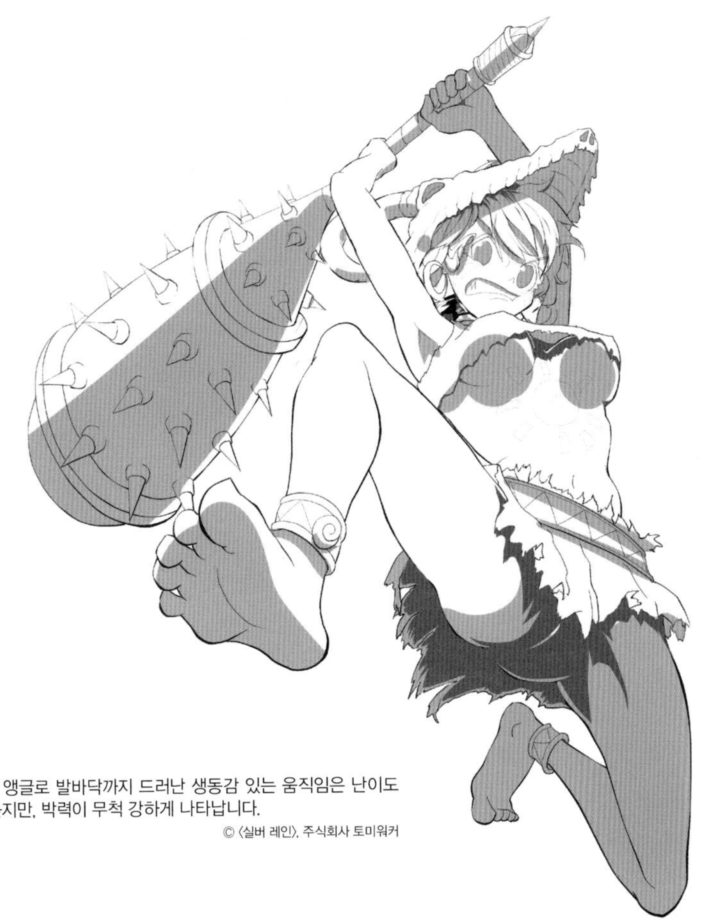

로우 앵글로 발바닥까지 드러난 생동감 있는 움직임은 난이도가 높지만, 박력이 무척 강하게 나타납니다.

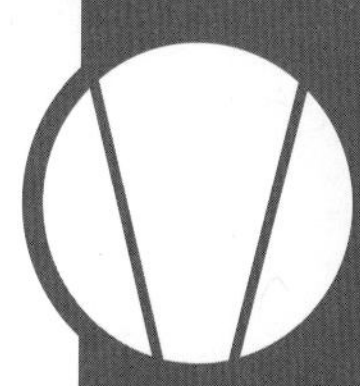

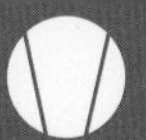

하이 앵글

하이 앵글은 높은 위치에서 내려다보는 구도입니다. '높이', '상황 설명', '객관성' 등을 표현할 수 있습니다. 장면에 따라서는 얼굴이 커지므로 '친근감'과 '귀여움'도 표현할 수 있습니다.

로우 앵글(p.8)과 마찬가지로 캐릭터 디자인에는 거의 사용하지 않습니다. 캐릭터가 처한 상황처럼 특별한 의미가 있는 장면에 사용하면 효과적인 구도입니다. 세트인 로우 앵글과 하이 앵글은 상황에 알맞게 사용해야 합니다.

구도 포인트

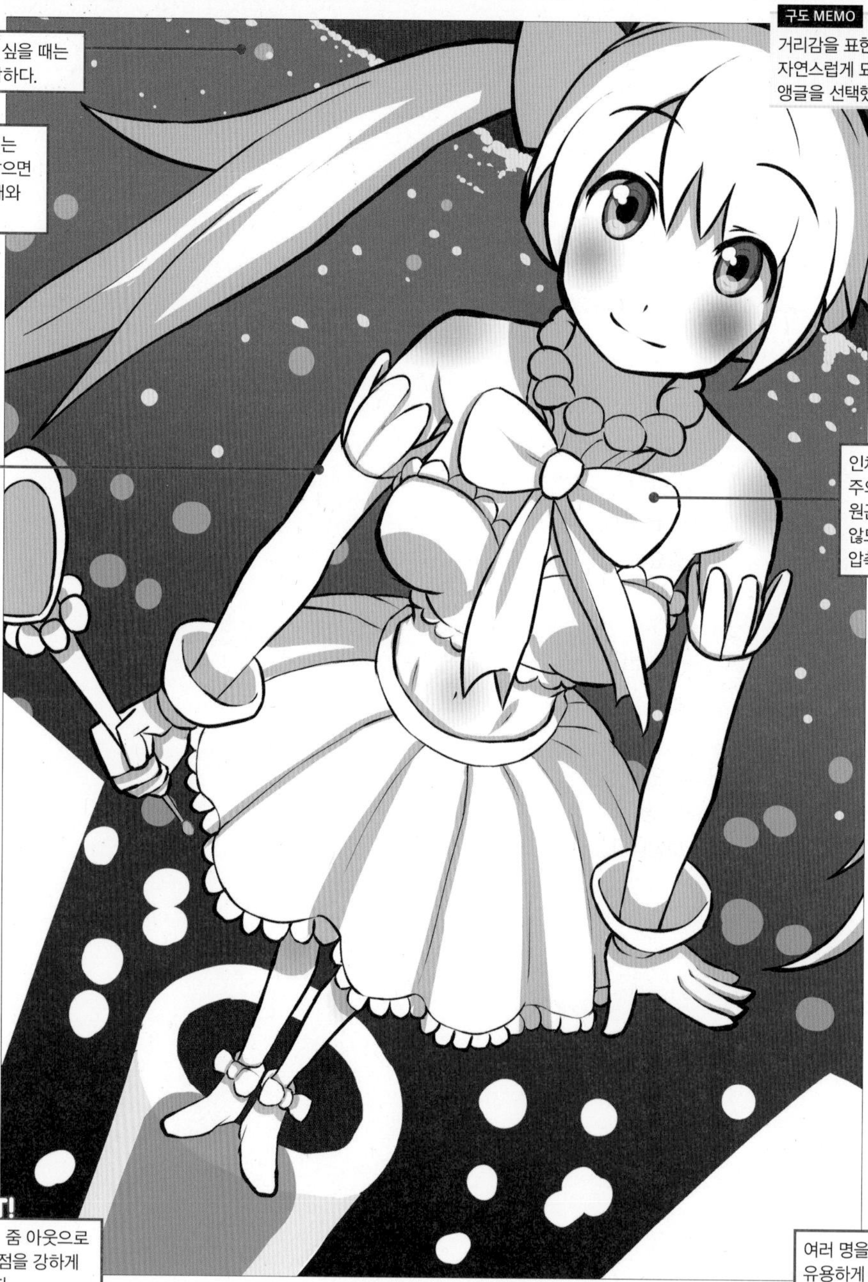

높이를 표현하고 싶을 때는 세로 화면이 적합하다.

그리기 어려울 때는 상자로 형태를 잡으면 좋다. 근육의 형태와 크기도 의식하자.

구도 MEMO

거리감을 표현하면서 세계관을 자연스럽게 묘사하려고 하이 앵글을 선택했습니다.

인체의 압축에 주의한다. 배경과 원근감이 어색하지 않도록 과감하게 압축하자.

ONE POINT!

줌 인으로 그릴지, 줌 아웃으로 그릴지 원하는 시점을 강하게 의식하면서 그리자.

여러 명을 그릴 때도 유용하게 활용 가능.

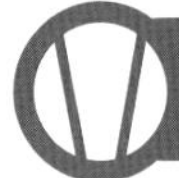

구도의 기본

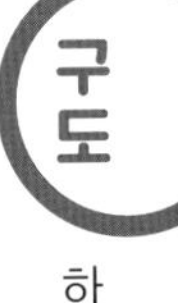

하이 앵글의 기본

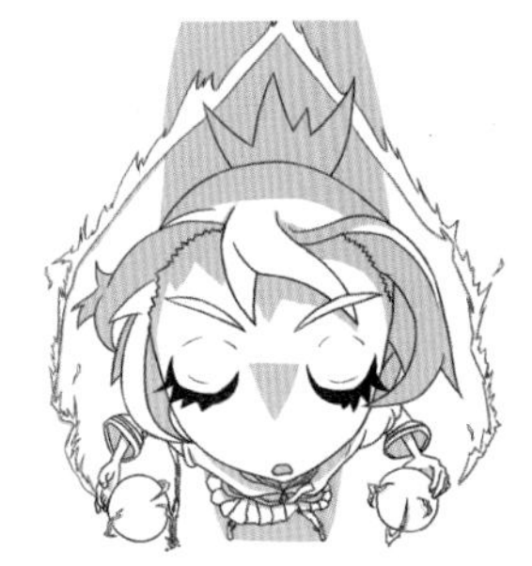

위에서 내려다본 형태로 그리는 구도입니다. 원근감으로 인해 위(화면 윗부분)는 크게, 아래(화면 아랫부분)로 갈수록 작게 묘사합니다.

내려다본 형태이므로 배경 등의 주위를 묘사하기 쉽고, 상황을 설명하는 데 적합합니다.

보는 사람의 머리 위치(눈높이)는 캐릭터를 내려다보는 위치이므로 신이나 새의 시점이라고도 부릅니다. 극단적인 하이 앵글은 하늘을 날거나 높은 곳에서 내려다보지 않는 이상 현실에 없는 시점이라서 영화를 보는 듯한 '객관성'이 강하게 표현됩니다.

하이 앵글은 높이를 묘사하는 구도이므로 세로 화면으로 그리면 더 효과적입니다.

소실점이 아랫부분에 있어서 자연히 역삼각형 구도(p.30)가 될 때가 많고, 역삼각형 구도를 이용해 불안정한 느낌을 연출할 때도 흔히 씁니다.

입체와 근육을 파악하자

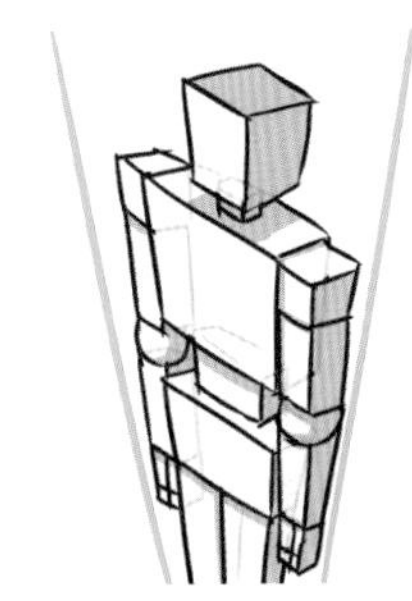

하이 앵글은 주로 초보자들이 어려움을 많이 겪는 구도입니다. 원근감으로 인해 입체를 강하게 의식하면서 그릴 필요가 있습니다.

로우 앵글과 마찬가지로 하이 앵글을 그릴 때도 상자를 사용하거나 근육의 형태와 크기를 효과적으로 이용해야 합니다. 근육은 근육 그리는 법(p.166)에서 간단히 설명하겠습니다.

얼굴 묘사법

하이 앵글에서 캐릭터를 그릴 때 기본적으로 얼굴을 화면 앞쪽에 크게 묘사합니다. 그러면 친밀감이 생기고 마치 데포르메 일러스트처럼 보이게 할 수 있어서, 하이 앵글은 캐릭터의 귀여움을 묘사할 때 편리한 구도입니다.

하이 앵글과 로우 앵글도 얼굴이 중요한 구도입니다. 얼굴 묘사법을 알아보겠습니다.

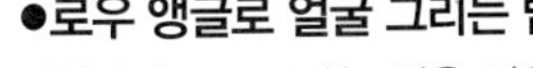

●하이 앵글로 얼굴 그리는 법

구보다는 면을 의식하면서 그려야 밸런스가 어긋나지 않으므로 사각형의 입체로 형태를 그리고, 그것을 바탕으로 구를 그립니다.

정면에서 본 얼굴보다 눈은 아래에 있지만, 얼굴이 늘어난 것은 아닙니다. 정면에서 본 얼굴보다 정수리가 드러나고, 상대적으로 얼굴의 아랫부분은 짧아 보입니다.

●로우 앵글로 얼굴 그리는 법

마찬가지로 구보다는 면을 의식하면서 그려야 밸런스가 어긋나지 않으므로 사각형의 입체로 형태를 그리고, 그것을 바탕으로 구를 그립니다.

정면에서 본 얼굴보다 눈은 높은 위치에 있지만, 얼굴이 늘어난 것은 아닙니다. 정면에서 본 얼굴보다 턱 아랫부분이 드러나고, 상대적으로 얼굴 윗부분은 짧아 보입니다.

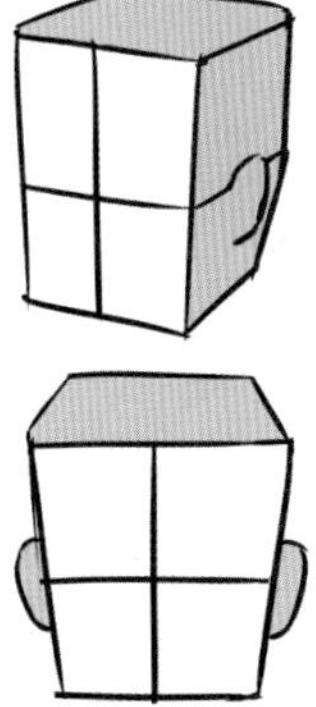
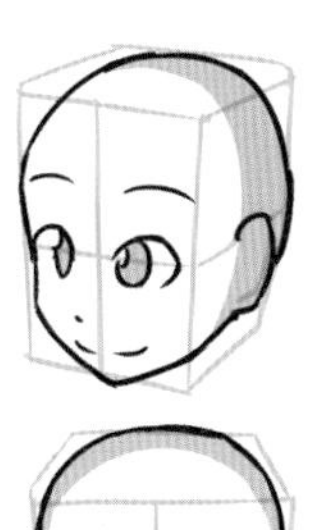
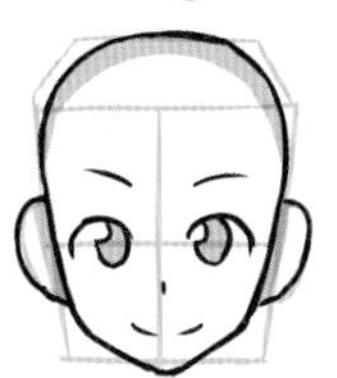
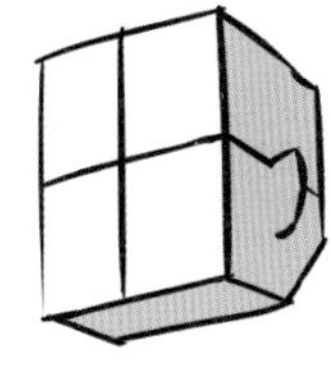
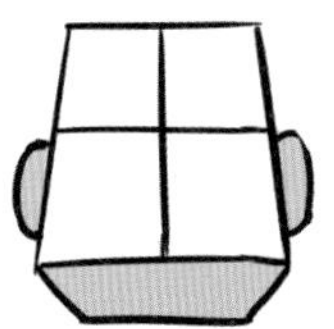
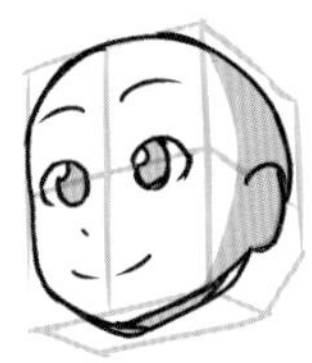
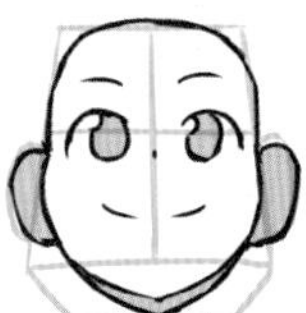

특히 인체의 압축에 주의하자

✕의 그림은 하이 앵글을 그렸지만 자세히 보면 인체의 압축이 제대로 표현되지 않았고, 배경과의 원근도 맞지 않습니다. 지면의 위치가 모호해서 공중에 뜬 것처럼 보입니다. 하이 앵글은 인체를 압축해서 묘사해야 하므로, 익숙하지 않으면 적용하기 어렵고 상급자나 프로도 쉽게 저지르는 실수입니다. 하이 앵글은 배경과 세트일 때가 많으니 배경과 캐릭터의 위치가 어색하지 않도록 주의합니다.

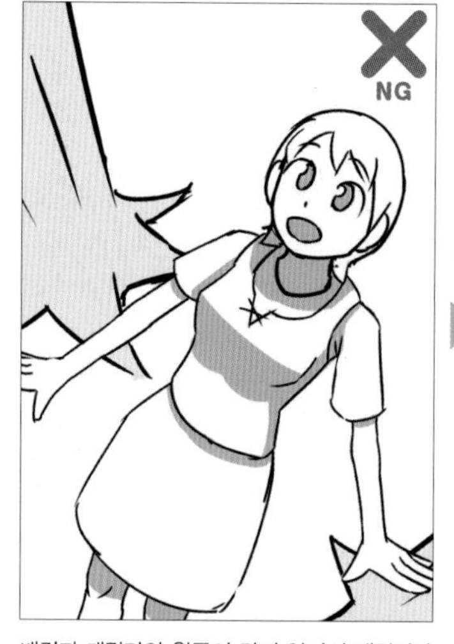

배경과 캐릭터의 원근이 맞지 않아서 캐릭터가 미끄러졌거나 공중에 떠 있는 것처럼 보입니다.

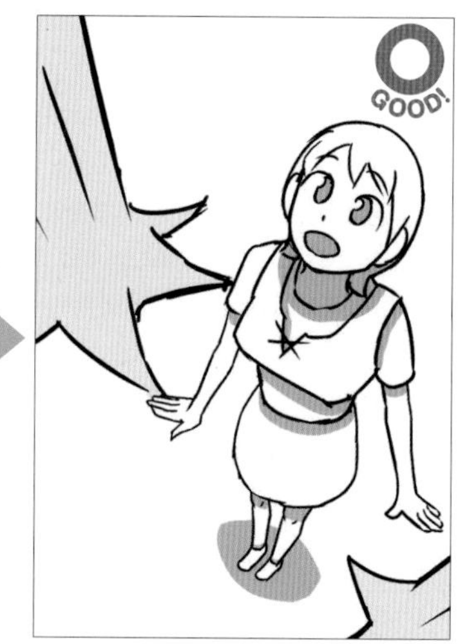

과감하게 인체를 압축해서 묘사하면 위화감이 생기지 않습니다.

시점(카메라) 위치에 주의하자

하이 앵글을 그릴 때도 시점(카메라) 위치에 주의합니다. 핵심 요소를 어느 정도 멀어진 상태로 그릴지 계산이 필요합니다.
하이 앵글은 캐릭터와 배경을 동시에 묘사하기 쉬운 구도입니다. 메인을 캐릭터로 할지❶, 배경으로 할지❷에 따라서 시점을 조절하면 일러스트의 인상을 변형할 수 있습니다.

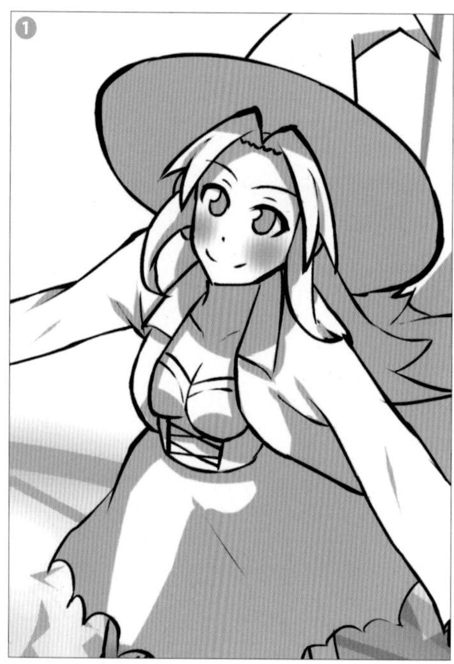

캐릭터와 가까운 시점에서 그린 예. 세계관의 표현이 약해졌지만, 캐릭터의 박력은 강해졌습니다.

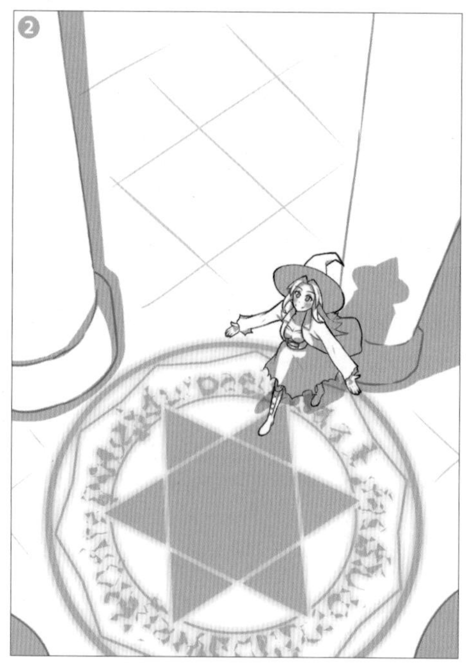

상당히 먼 시점에서 그린 예. 캐릭터가 차지하는 면적이 적은 만큼 세계관의 표현이 강해졌습니다.

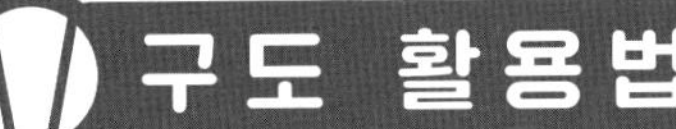

구도 활용법

여러 명을 묘사한다

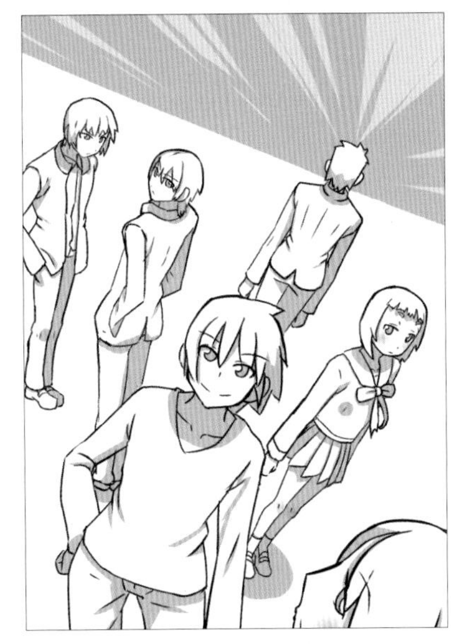

하이 앵글은 로우 앵글이나 다른 구도에 비해 다수의 인물을 묘사하기 쉽습니다. 위에서 내려다보는 시점이므로 인체가 차지하는 면적이 좁고, 시점 위치에 따라서 캐릭터를 그릴 수 있는 공간을 조절할 수 있기 때문입니다.
각각의 인물이 작아져도 얼굴을 크게 그릴 수 있어서 캐릭터의 개성을 표현하기 쉬운 것이 장점입니다.
그룹 쇼트(p.114)에서도 설명하겠지만, 많은 인물을 균형 있게 표현하는 구도는 많지 않습니다. 그래서 하이 앵글이 중요한 구도입니다.
로우 앵글도 그렇지만, 하이 앵글은 3점투시도법과 관련이 있습니다. 그러나 투시도법에 너무 얽매이면 그림이 밋밋해지므로, 상자 그리기를 사용해 눈대중으로 그리는 것도 좋은 방법입니다.
일러스트에서도 그렇지만, 하이 앵글과 로우 앵글은 만화에서 자주 사용하는 중요한 구도입니다. 응용의 폭이 넓으니 반드시 그릴 수 있도록 연습해야 합니다.

일러스트 예시

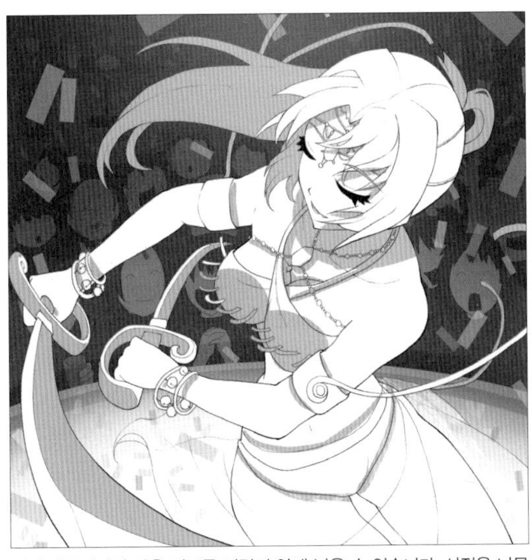

하이 앵글이라면 많은 정보를 어렵지 않게 넣을 수 있습니다. 시점을 너무 멀리 잡고 그렸을 때도 이 그림처럼 캐릭터의 인체 일부를 앞으로 기울여서 크게 묘사할 수 있습니다.

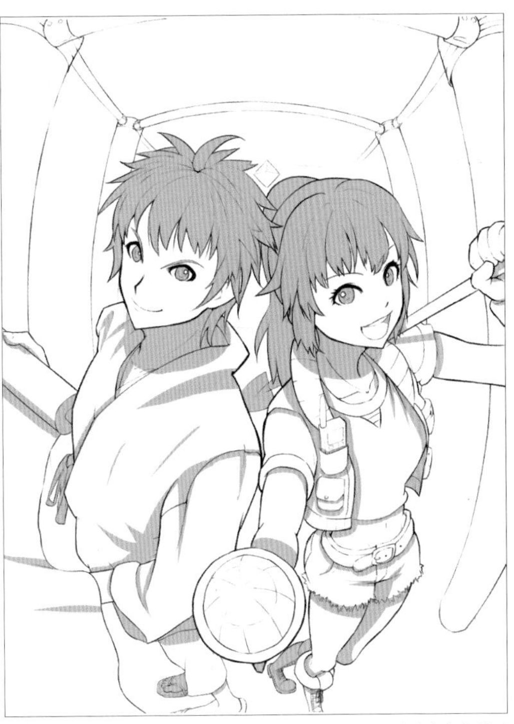

하이 앵글이라도 배경을 담을 수 없다면 어안 렌즈를 의식하면서 화면 전체가 왜곡되게 그리면 좋습니다.

인물이 돋보이는 구도

인물 메인

인물 메인 구도란 캐릭터가 주역인 구도를 말합니다. 캐릭터 디자인은 물론이고 노벨 게임의 서 있는 캐릭터나 스틸 컷 같은 정지 장면 등도 인물이 주역인 구도입니다.

특히 배경과 소품이 많은 일러스트에서는 인물을 아무렇게 중앙에 두는 것이 아니라 어떤 식으로 하면 캐릭터가 돋보일지 확실하게 생각하면서 그리는 것이 중요합니다.

구도 포인트

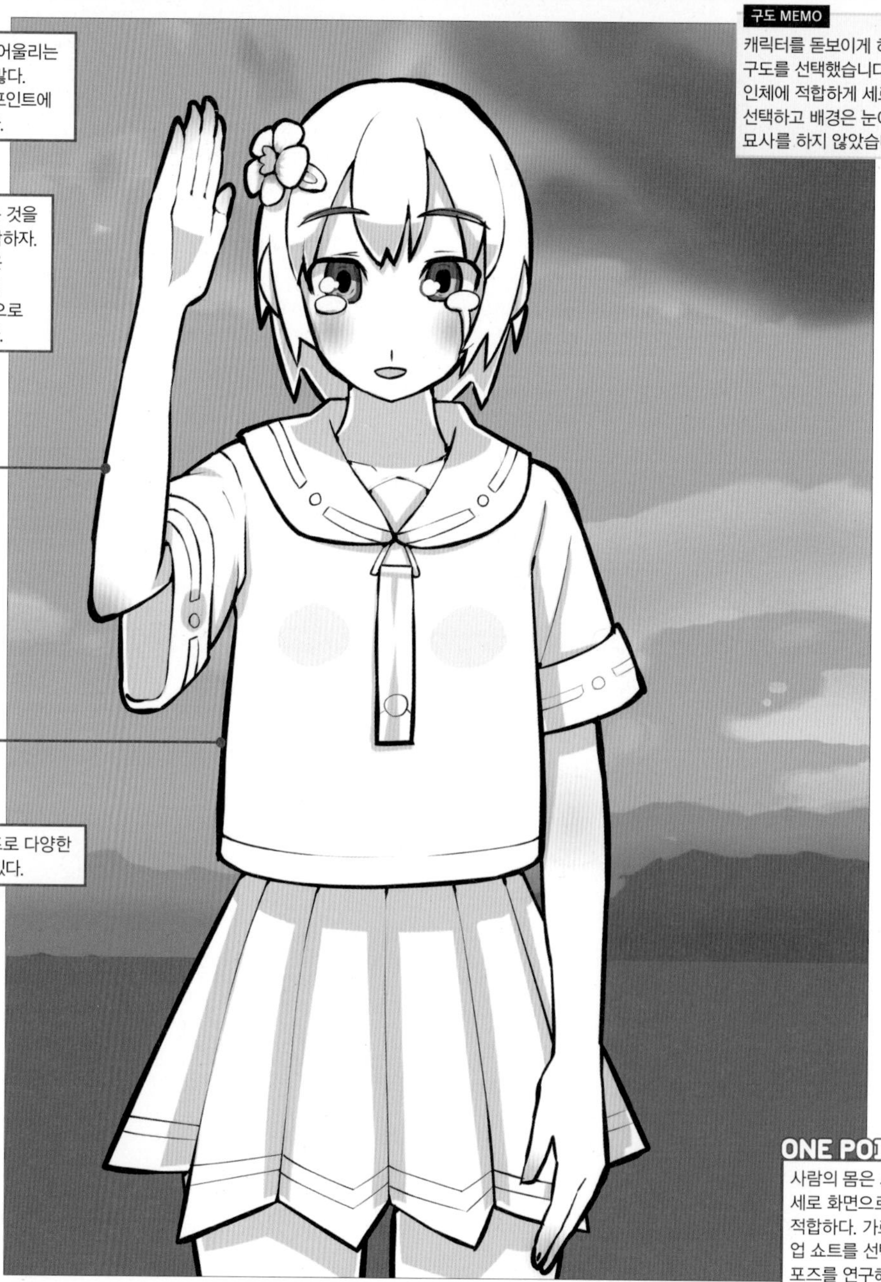

인물 메인과 잘 어울리는 구도는 굉장히 많다. 강조하고 싶은 포인트에 따라서 선택하자.

주역을 강조하는 것을 최우선으로 생각하자. 불필요한 부분은 잘라내거나 흐림 효과를 넣는 식으로 존재감을 줄인다.

인물 메인은 포즈로 다양한 구도를 그릴 수 있다.

구도 MEMO

캐릭터를 돋보이게 하려고 인물 메인 구도를 선택했습니다. 세로로 긴 인체에 적합하게 세로 화면을 선택하고 배경은 눈에 띄지 않도록 묘사를 하지 않았습니다.

ONE POINT!

사람의 몸은 세로로 길어서 세로 화면으로 그리는 편이 적합하다. 가로 화면이라도 업 쇼트를 선택하거나 포즈를 연구해서 공간을 유용하게 활용하자.

구도의 기본

인물 메인 구도의 기본

인물화를 포트레이트라고 부르기도 합니다. 그림의 모티브는 무수히 많지만, 인물은 포즈나 표정 등 표현할 수 있는 요소가 다양합니다.
한 장의 그림에 인물의 어느 부분을 그리는지에 따라서 업 쇼트(p.86), 바스트 업(p.90), 웨이스트 업(p.94), 니 쇼트(p.98), 원 쇼트(전신)(p.102)라는 여러 종류의 구도가 있습니다. 여러 인물을 그릴 때는 투 쇼트(p.106), 쓰리 쇼트(p.110), 그룹 쇼트(p.114)라는 구도도 알아야 합니다. 이 외에 인물을 돋보이게 하려고 정중앙에 핵심 요소를 배치한 원형 구도(p.34)를 사용하거나, 너무 임팩트가 없다면 3분할 구도(p.50)를 활용해 다양하게 배치하고, 알파벳 구도(p.66)로 포즈를 정하거나 컷 분할 구도(p.62)로 설명을 추가하고, 프레임 구도(p.58)로 시선을 집중시킬 수 있습니다. 또한 모든 구도에 로우 앵글(p.8) 또는 하이 앵글(p.12)도 효과적입니다. 각각의 구도는 해당 항목에서 자세히 살펴보겠습니다. 한 가지 구도만 사용하든, 조합해서 사용하든 자유입니다. '강조하고 싶은' 요소에 적합한 것을 선택하면 됩니다.

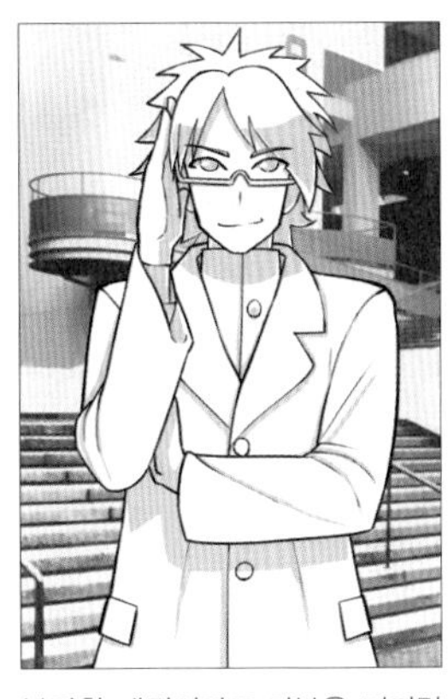
복잡한 배경이라도 기본을 지키면 효과적으로 캐릭터가 돋보입니다.

구도 활용법

기본은 세로 화면, 포즈로 표현

인물을 자연스럽게 표현하고 싶을 때는 세로 화면이 더 적합합니다. 가로 화면으로도 가능하지만 불필요한 여백이 많이 생겨서 연구가 필요합니다. 가로 화면은 전체를 바스트 업으로 그릴 때 작업이 가장 수월한 형태입니다. 박력도 있고, 주역이 명확하게 드러납니다.
그러나 업 쇼트 화면이 아니라도 포즈를 연구하면, 가로 화면을 유용하게 사용할 수 있습니다. 밑변 또는 윗변이 넓은 삼각형 구도(p.26)와 역삼각형 구도(p.30), 알파벳 구도(p.66) 등을 활용하면 멋진 포즈를 만들 수 있습니다.

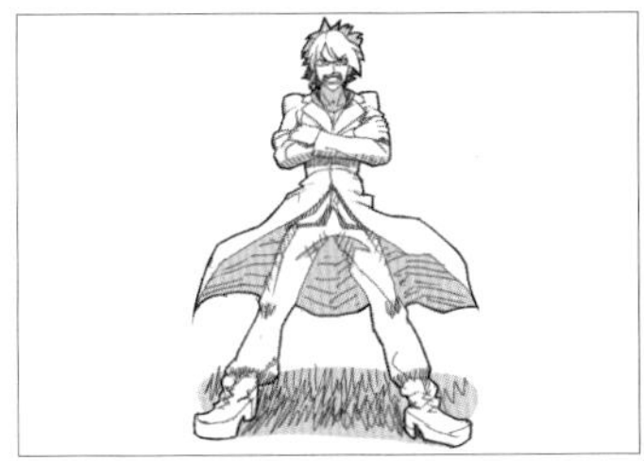
화가 난 표정과 포즈이지만, 좌우에 여백이 넓어 박력이 느껴지지 않습니다.

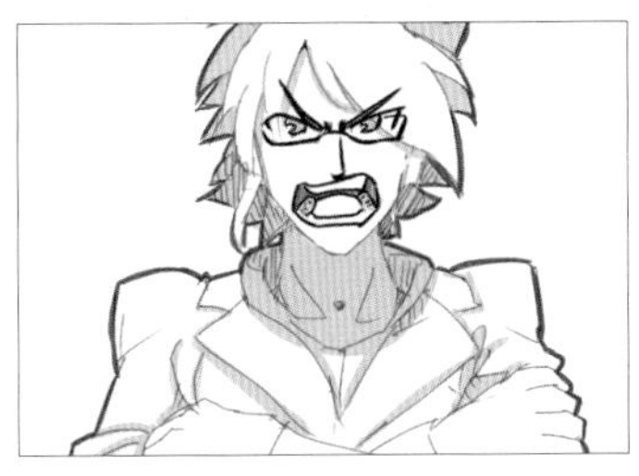
바스트 업으로 여백을 가렸습니다. 얼굴을 확대해 표정도 확실하게 나타났습니다.

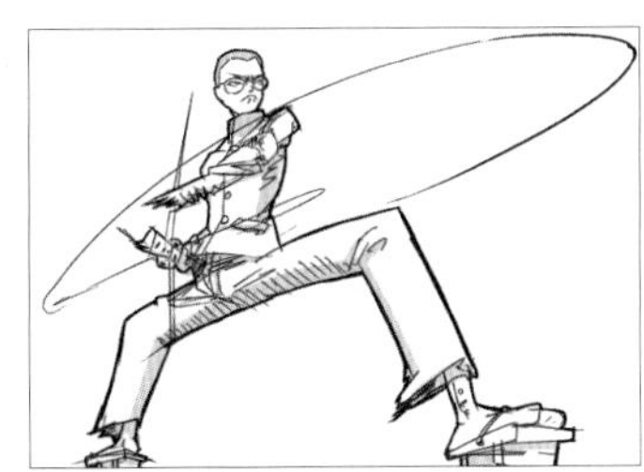
포즈로 좌우를 폭넓게 사용했습니다. 이런 식으로 동작을 표현하는 여백을 만들 때도 가로 화면은 유용합니다.

주역이 돋보이도록 불필요한 요소는 차단한다(흐리기)

인물 메인 구도는 인물이 핵심입니다. 주역인 인물이 돋보이지 않으면 구도로써 실패입니다. 주역이 아닌 요소의 일부를 잘라내 인상을 약화시키거나 카메라의 아웃포커스처럼 불필요한 요소를 흐리게 하는 방법도 효과적입니다.
또는 3분할 구도(p.50)와 Z구도(p.70)를 사용해 중요한 위치에 인물을 배치하는 것도 대단히 유용합니다.

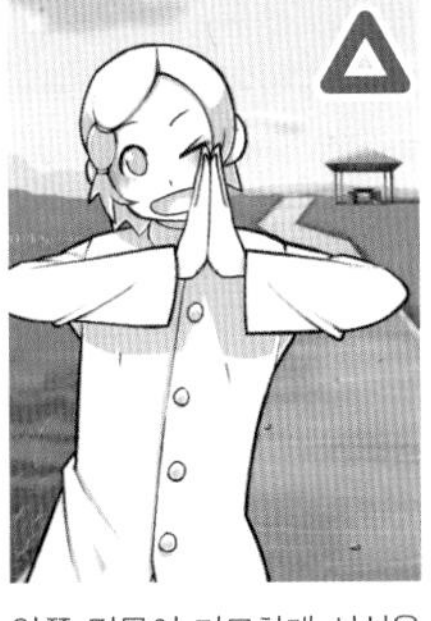

안쪽 건물이 미묘하게 시선을 빼앗습니다.

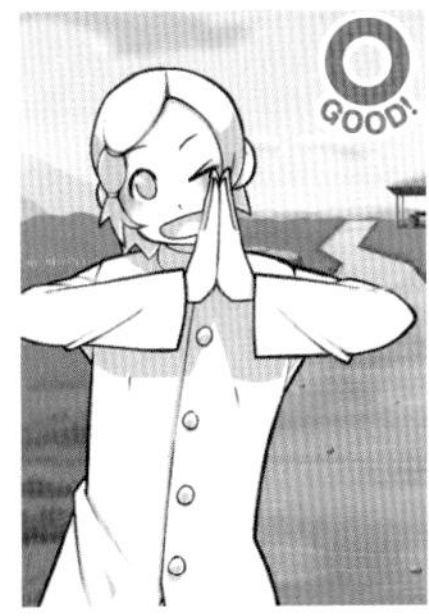

건물을 잘라내고 존재감을 떨어뜨렸습니다.

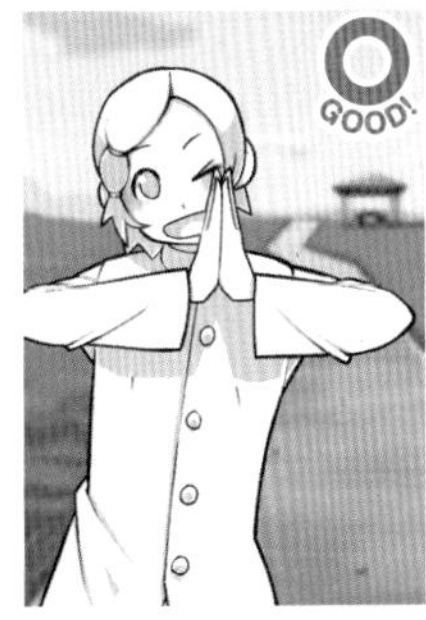

배경을 흐리게 해서 건물의 존재감을 떨어뜨렸습니다.

모티브 메인

모티브 메인 구도란 인물 외의 요소와 배경이 주역인 구도를 말합니다.
애니메이션이나 만화에서도 상황 설명이 필요할 때 인물 외의 요소가 눈에 띄는 장면이 있습니다.

화면 속에서 강조하고 싶거나 특별히 표현하고 싶은 것이 있을 때, 시선을 의도한 지점으로 유도하는 기본 방법을 설명합니다.

구도 포인트

ONE POINT!

배경과 풍경의 기본은 가로 화면. 그러나 장면에 따라서 유연하게 대응하자.

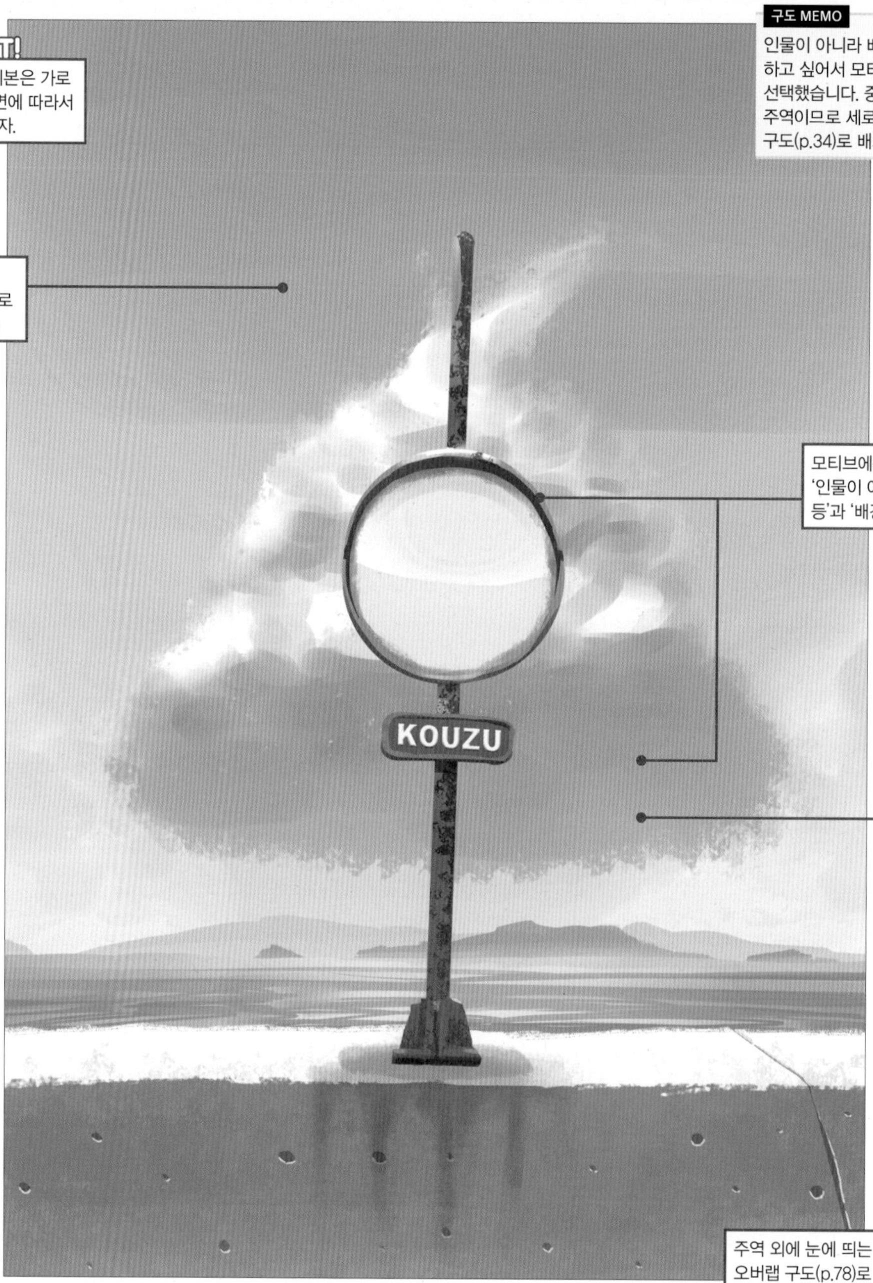

구도 MEMO

인물이 아니라 배경을 주역으로 하고 싶어서 모티브 메인 구도를 선택했습니다. 중앙의 거울이 주역이므로 세로 화면에 원형 구도(p.34)로 배치했습니다.

배경과 풍경을 돋보이는 주역으로 만들기는 어렵다.

모티브에는 2종류가 있다. '인물이 아닌 물체와 동물 등'과 '배경과 풍경'.

주역 외에 눈에 띄는 존재가 있다면, 오버랩 구도(p.78)로 한쪽의 존재감을 줄이는 것도 효과적.

모티브 메인 구도의 기본

모티브 메인 구도의 기본

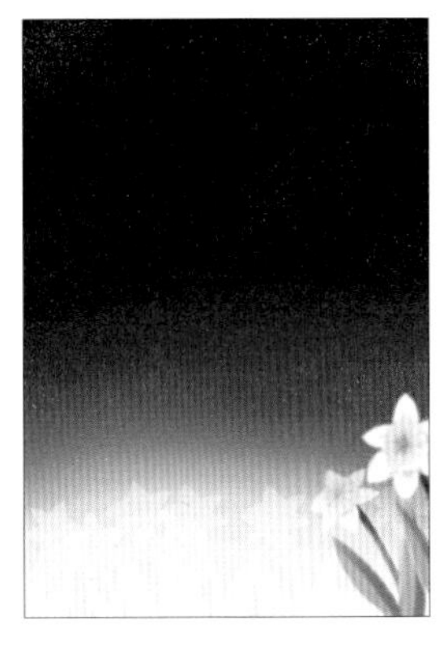

모티브 메인 구도란 인물이 아닌 것을 그릴 때 쓰는 도구입니다.
모티브를 크게 구분하면 2가지입니다. '인물이 아닌 물체와 작은 동물 등'과 '배경과 풍경'입니다. 전자는 인물 메인 구도와 거의 같은 방식으로 쓸 수 있습니다. 후자는 눈에 띄는 주역을 만들기가 쉽지 않아서 조금 어렵습니다.
배경과 풍경에는 2분할 구도(p.46), 3분할 구도(p.50)가 효과적입니다. 이외에 길과 건물을 삼각형, 역삼각형, 원 같은 기본 도형을 활용한 구도와 알파벳 구도(p.66)를 적용하면 효과적입니다. 경사 구도(p.22)와 대각선 구도(p.42)는 배경과 풍경을 효과적으로 사용하는 데 무척 좋은 구도입니다.

배경과 풍경의 기본은 가로 화면

'인물이 아닌 물체와 작은 동물 등'이 주역일 때는 세로로 긴 것은 세로 화면, 가로로 긴 것은 가로 화면에 그리면 대부분 문제없습니다. 배경과 풍경은 가로 화면인 그림이 많습니다. 이유는 풍경화는 주역이 적어서 화면을 넓게 사용해 많은 정보를 작품에 담을 수 있고, 가로 화면이 세계의 넓이와 사실감을 표현하기 쉬워서입니다. 단, 하늘 높이 솟은 탑처럼 높이를 표현하거나 구름과 밤하늘처럼 사실감을 표현해야 할 때는 세로 화면이 자연스럽습니다.

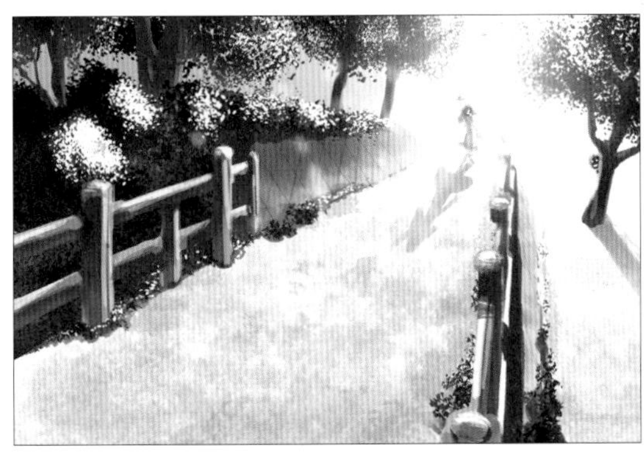

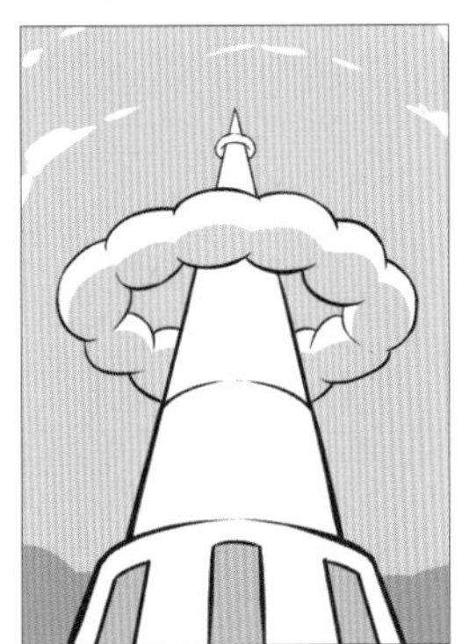

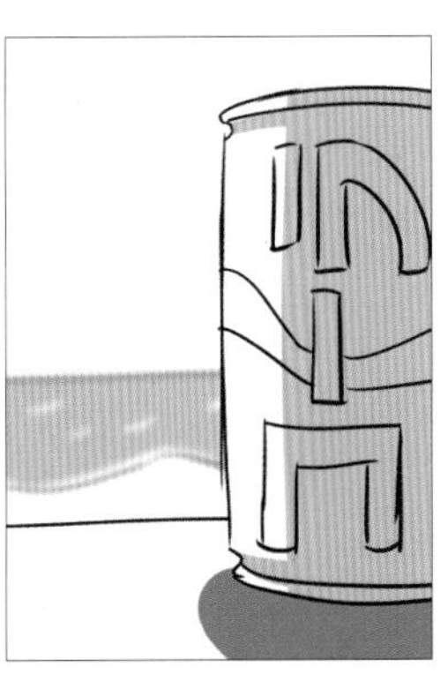

화면에서의 존재감을 강조하거나 줄인다

인물 메인과 모티브 메인으로 주역이 가장 돋보이게 표현하는 방법은 크게 그리는 것입니다. 화면에서 핵심 요소의 비율이 클수록 존재감도 커집니다. '풍경을 메인으로 그리고 싶지만, 생물도 그려야 할 때'는 화면의 비율이 낮도록 작게 그립니다. 생물을 작게 그려서 화면에서의 비율을 줄입니다. 반대로 '생물을 메인으로 그리고 싶지만, 배경도 넣어야 할 때'는 생물을 크게 그려서 화면에서 배경이 차지하는 비율을 줄입니다.
또는 오버랩 구도(p.78)를 사용해, 요소와 요소를 원근법을 적용해 겹치는 식으로 관계를 표현하거나 가려진 요소의 존재감을 줄이는 방법도 있습니다.
즉, 인물과 모티브를 동시에 화면에 넣어야 할 때는 주역이 아닌 것의 존재감을 줄이는 방법을 알아두면 편리합니다.

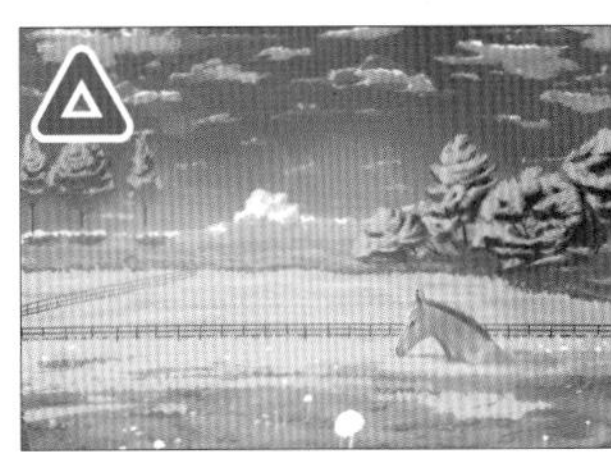

화면에 주역이 없지만, 작아서 배경의 일부로만 보입니다.

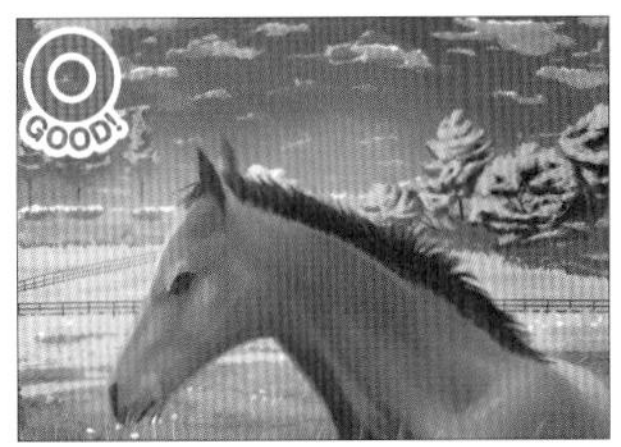

주역을 크게 그려서 존재감을 강조하고, 배경과 주역을 겹쳐 배경의 존재감이 약해졌습니다.

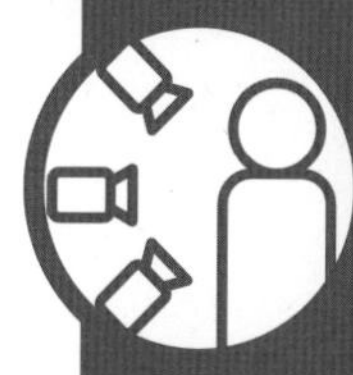

눈높이에 따른 구도의 차이

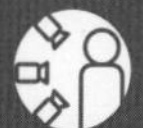

눈높이

눈높이란 '시선의 높이'를 뜻합니다. 그렇다고 해도 아주 높은 장소는 인물의 시선이라고 말하기 어려워서 보통은 '카메라 높이'로 취급합니다. 이 책도 카메라로 촬영한 예를 실었습니다.

눈높이를 활용하면 '구도'와 '인상'의 차이를 표현할 수 있습니다.
눈높이는 일러스트처럼 한 장의 그림이라도 전체의 인상을 좌우하므로 확실하게 결정해야 합니다.

구도 포인트

구도 MEMO

'신비함'이나 '박력'이 아니라 캐릭터와 배경을 균형 있게 표현하려고 가장 기본적인 눈높이로 그렸습니다.

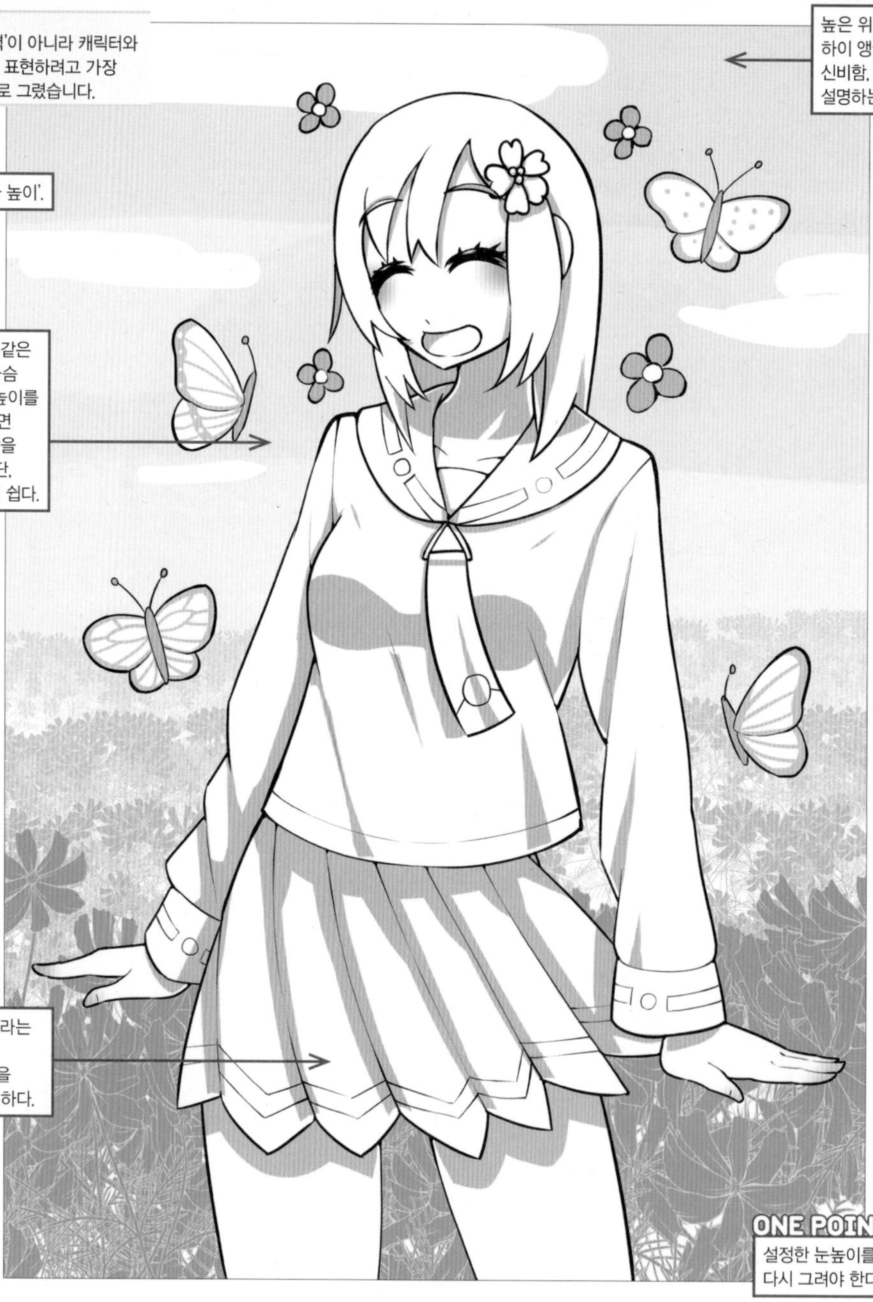

높은 위치의 카메라는 하이 앵글이며 객관성과 신비함, 상황 등을 설명하는 데 적합하다.

눈높이는 '카메라 높이'.

캐릭터의 시선과 같은 높이(얼굴에서 가슴 부근 사이)의 눈높이를 의식하면서 그리면 균형 있게 친밀감을 표현할 수 있다. 단, 흔한 구도가 되기 쉽다.

낮은 위치의 카메라는 로우 앵글이며, 박력이나 따뜻함을 표현하는 데 적합하다.

ONE POINT!

설정한 눈높이를 변경하면 다시 그려야 한다.

눈높이에 따라서 구도가 달라진다

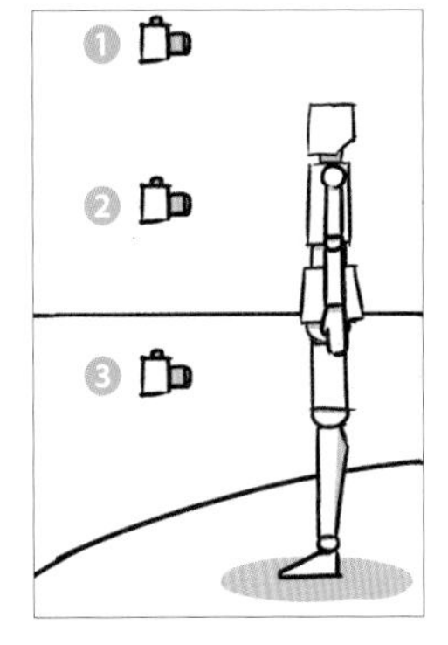

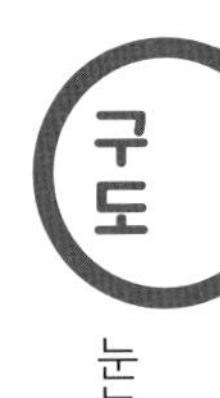

눈높이란 일반적으로 '보는 사람의 눈높이'를 뜻합니다. 하지만 인간이 다다를 수 없는 높이와 앵글 등을 그려야 할 때도 있으므로 눈높이를 '촬영 중인 카메라의 높이'라는 의미로 주로 사용합니다. 이 책에서도 눈높이는 '카메라의 높이', 구성 요소에 화면이 접근하는 것을 '카메라가 다가간다'고 생각하면 이해하기 쉽습니다.

이번 항목에서는 눈높이의 고저에 따른 구도의 변화를 설명합니다.
오른쪽 그림처럼 한 인물을 카메라가 '높게❶', '캐릭터의 시선과 같게❷', '낮게❸' 촬영한 상황을 가정한 것입니다.

❶ 카메라를 높은 위치에서 촬영

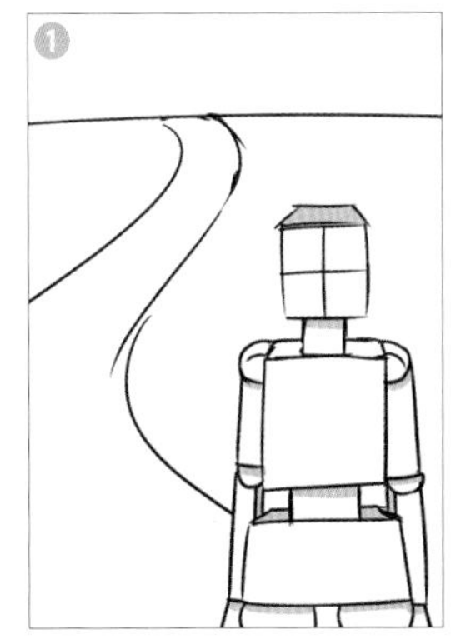

하이 앵글(p.12)입니다. 위에서 내려다본 화면이며, 지면의 면적이 넓습니다. 많은 정보를 손쉽게 넣을 수 있어서 상황을 설명하는 데 적합합니다.
이 구도는 높은 위치에 카메라를 두거나 새의 시선을 카메라라고 생각하고 그리는 등 인간의 한계를 초월한 요소가 아니면 촬영할 수 없는 위치이므로, 신비함과 객관성을 표현하기 쉽습니다.
S자 구도[알파벳 구도(p.66)]에서 지면에 있는 길의 깊이를 표현하고 싶을 때는 너무 높은 위치의 하이 앵글은 적합하지 않습니다.

❷ 카메라를 캐릭터의 시선과 같은 위치에서 촬영

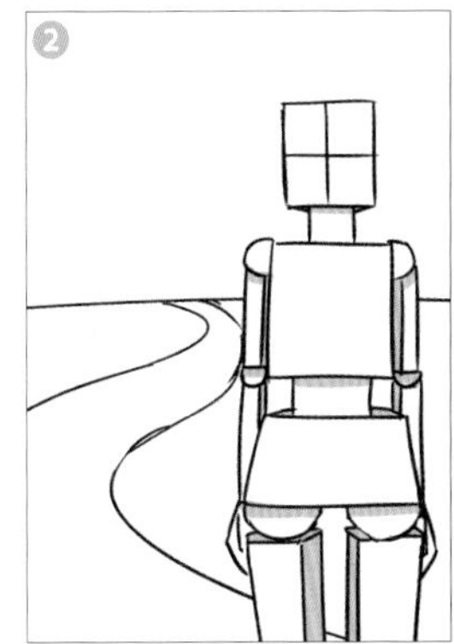

카메라(보는 사람)가 캐릭터의 시선과 높이가 같은 구도입니다. 자신과 대상의 신장에 따라서 달라지지만, 카메라 위치를 상대방 머리와 가슴 사이의 범위라고 생각하면 알기 쉽습니다.
특수한 상황의 촬영뿐 아니라 캐릭터와 비슷한 신장으로 본 광경이므로, 화면의 밸런스가 좋고 친근감이 느껴지는 구도입니다. 작품을 보는 사람에게 불필요한 감정을 느끼지 않게 하거나 캐릭터를 별다른 기교를 사용하지 않고 그대로 보여주고 싶을 때 적합합니다. S자 구도 등으로 지면의 깊이를 표현하고 싶을 때도 유용합니다.
단, 별다른 기교가 없는 만큼 흔한 구도입니다. 작품을 보는 사람에게 특수한 감정을 느끼게 하려면 눈높이의 힘만으로는 표현이 부족합니다.

❸ 카메라를 낮은 위치에서 촬영

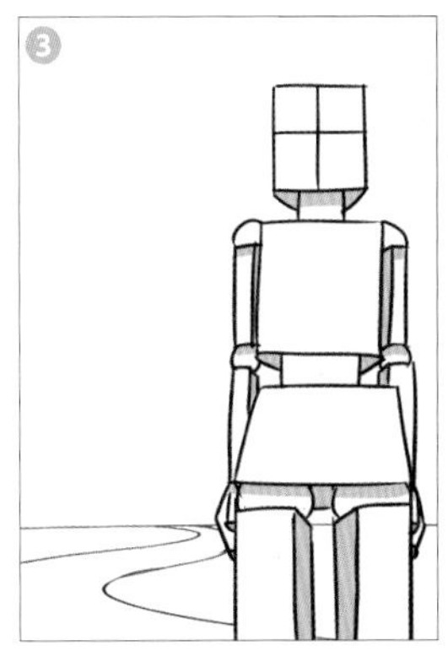

로우 앵글(p.8) 구도입니다. 밑에서 올려다본 화면이며, 하늘의 면적이 넓습니다. 지면 면적이 좁아서 인물이 공중에 떠 있거나 높은 위치에 서 있는 상황을 제외하고 정보를 넣기 어려운 구도입니다.
이 위치의 카메라는 웅크리거나 쓰러지는 상황을 촬영한 듯한 인상이 되므로, 상대가 자신보다 우위에 있는 인물이거나 박력을 표현하는 데 적합합니다. 상황에 따라 촬영자가 어린아이라는 느낌이 들기도 해 상대에게 보호받는 따뜻한 분위기도 연출할 수 있는 구도입니다.
촬영 위치가 낮은 만큼 지면이 압축되어 보이므로, S자 구도인 길의 깊이를 표현하는 데는 적합하지 않습니다.

일러스트의 가장 큰 원칙이 **설정한 눈높이를 중간에 변경하지 않는다**입니다. 도중에 눈높이를 변경하고 싶다면 처음부터 다시 그려야 하니 눈높이를 설정할 때 주의합니다.

메인을 비스듬하게 배치한 구도

경사 구도

경사 구도는 시선(카메라)을 비스듬하게 설정하고 그린 구도입니다. '움직임', '불안정', '놀람' 등을 표현할 수 있습니다. 연애 게임의 스틸 컷이나 라이트노벨의 삽화 등에 주로 사용됩니다.

기울기를 활용한 구도에는 대각선 구도(p.42)가 있습니다.

구도 포인트

구도 MEMO

미소녀 일러스트. 평행하게 그리면 밋밋해서 경사 구도를 활용해 흔한 풍경에 임팩트를 더했습니다.

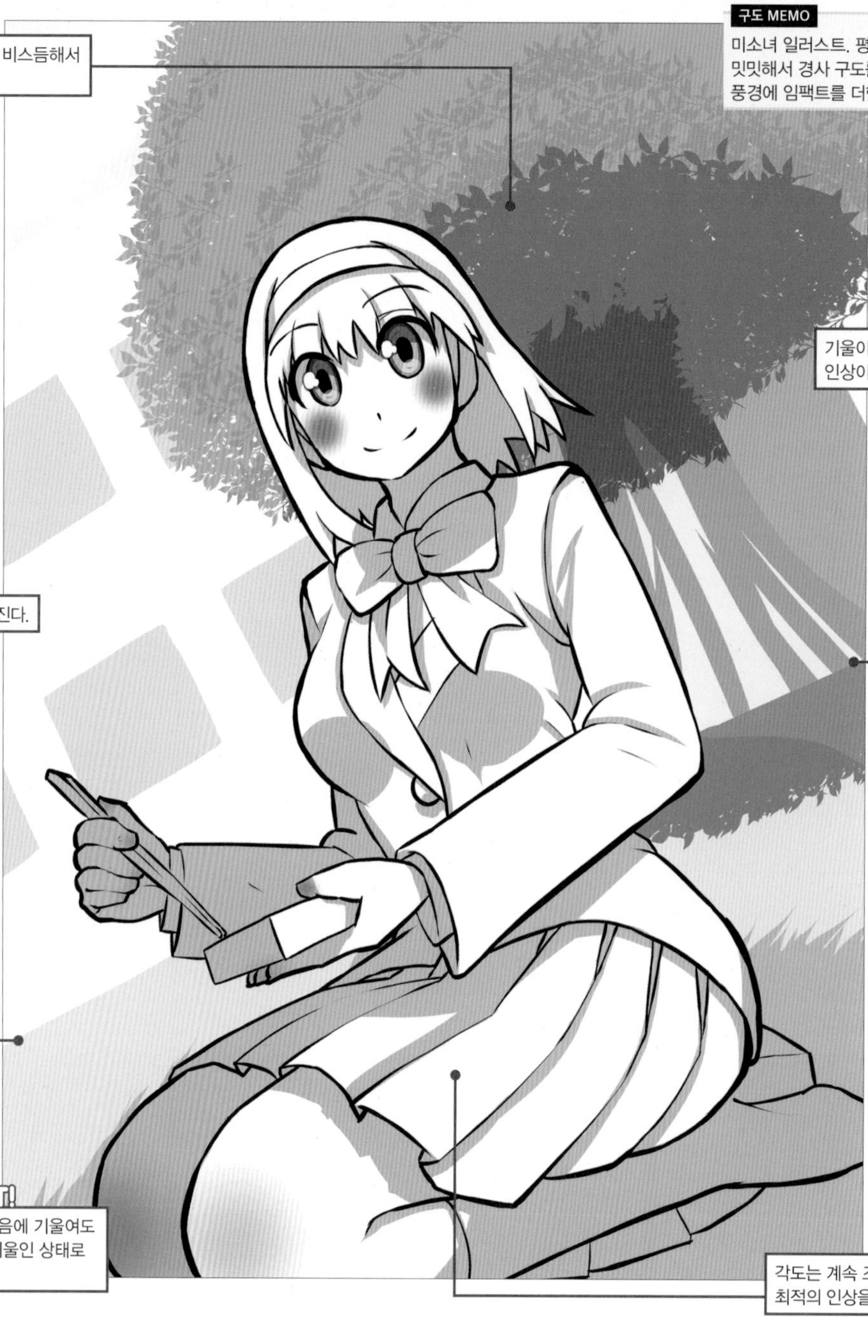

대부분의 요소가 비스듬해서 방향성이 생긴다.

기울이는 방향에 따라 인상이 크게 달라진다.

수평선은 기울어진다.

각도는 계속 조절하면서 최적의 인상을 선택한다.

ONE POINT!

평행하게 그린 다음에 기울여도 좋고, 처음부터 기울인 상태로 그려도 상관없다.

구도의 기본

경사 구도의 기본

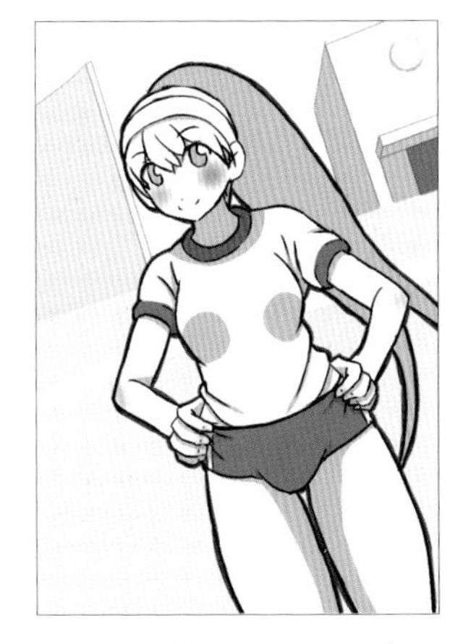

카메라(시선)를 비스듬하게 설정하고 그리는 구도입니다.
수평선이 기울어지면 화면에 방향성이 생겨 '움직임'을 표현할 수 있습니다. 동시에 '불안정함'도 느껴집니다. 시야가 기울어진 광경은 일상에서는 고개를 기울이지 않으면 보기 어려운 만큼 위화감이나 일상적이지 않은 분위기를 연출할 수 있습니다. 이것이 작품의 임팩트로 작용합니다.
마찬가지로 대각선 구도도 화면의 기울기를 이용한 구도이지만, 경사 구도는 수평선 자체가 기울어져 화면 속에 대부분의 요소가 비스듬하게 기운 상태입니다.

비스듬한 구도를 만드는 2가지 방법

경사 구도를 그리는 방법은 2가지입니다. '수평선이 평행한 일러스트를 완성하고 마지막에 변형을 사용해 기울이는 방법'과 '처음부터 수평선을 기울인 상태로 그리는 방법'입니다.
전자는 평소 그리는 방법을 사용하는 것으로 난이도가 낮고 간단합니다. 단, 나중에 일러스트를 기울이므로 그림을 제대로 파악하기 어렵고, 좋은지 나쁜지 알 수 없는 일러스트가 되기도 합니다.
후자는 처음부터 끝까지 생각한 대로 그릴 수 있습니다. 반면 수평선이 기울어져 있어 원근이나 경사를 설정할 필요가 있고 작업의 난이도가 무척 높습니다.
프로는 클라이언트에게 러프를 보여주고 승인을 받은 뒤에 작업을 진행하는데, 갑자기 경사 구도로 변경하거나 러프와 거리가 먼 작품을 보낼 수는 없습니다. 따라서 처음에 경사 구도를 가정하고 그리는 것이 좋으며, 대부분 후자를 선택합니다.

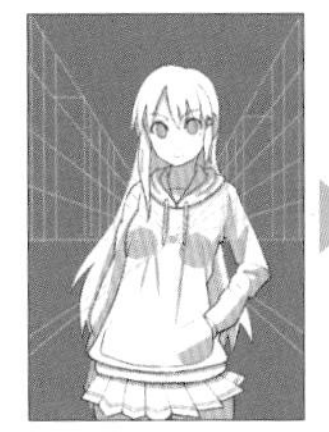

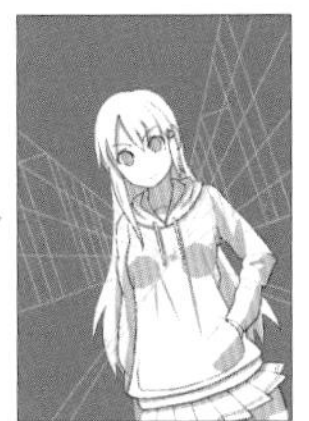

OR

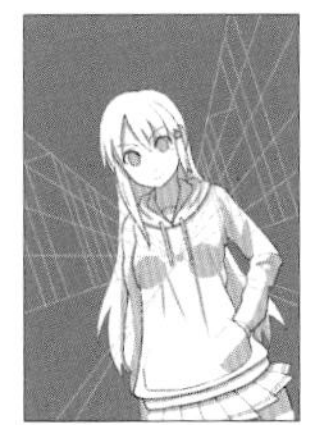

보기 좋은 각도를 선택

△의 그림은 경사 구도이지만 어디가 기울어져 있는지 알 수 없고, 경사 구도가 목표로 하는 놀라움이나 임팩트가 부족합니다. 어떤 구도를 선택할지 정하지 않았다면 디지털의 장점을 살려 여러 번 변형하면서 효과적인 각도를 찾아보면 좋습니다. 단, 변형을 반복하면 이미지가 손상되므로 벡터 형식으로 그려야 합니다. 혹은 원본을 복사하고 복사본을 변형하면서 최적의 각도를 찾은 다음 원본을 적절한 각도로 변형하면 이미지 손상 없이 작업할 수 있습니다.

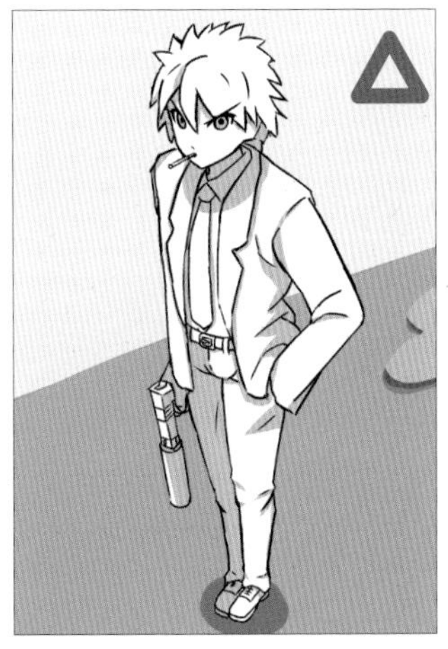

각도가 밋밋해서 평범한 인상입니다.

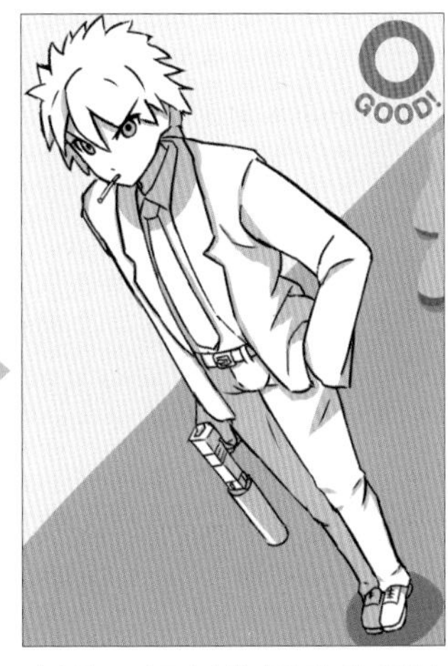

여러 번 조절하면서 최적의 각도를 찾았습니다. 뒤에 있는 피가 주역을 향해 흘러내리는 것처럼 보여 관계성이 생겼습니다.

구도 활용법

기울인 방향에 따른 인상의 차이

경사 구도는 같은 일러스트라도 기울인 방향에 따라서 인상이 달라집니다. 심지어 왼쪽인지 오른쪽인지에 따라서 같은 일러스트라도 효과가 다릅니다.
특히 화면에 여러 인물이 있다면 기운 방향에 따라서 인상이 크게 달라지기도 합니다.
막연하게 기울여서 임팩트만 더할 것이 아니라 방향이 갖는 의미를 생각하면서 그려야 합니다.

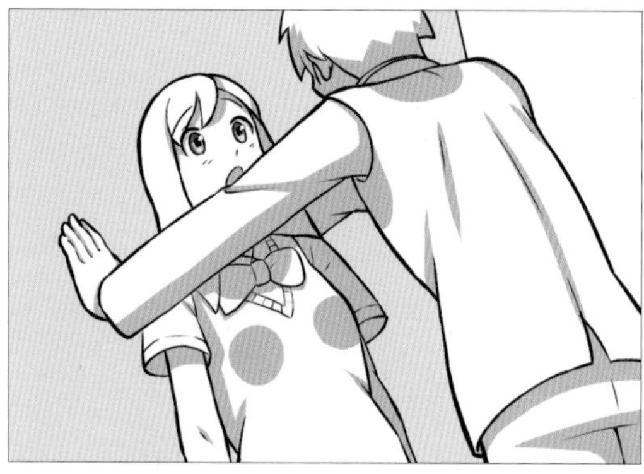

왼쪽으로 기울였습니다. 화면 왼쪽으로 움직임과 방향성이 생깁니다. 남자의 머리 위치가 높고 왼쪽으로 향하는 흐름이므로 남자가 주체라는 인상입니다. 남자가 여자를 향해 다가가는 인상이 강해졌습니다.

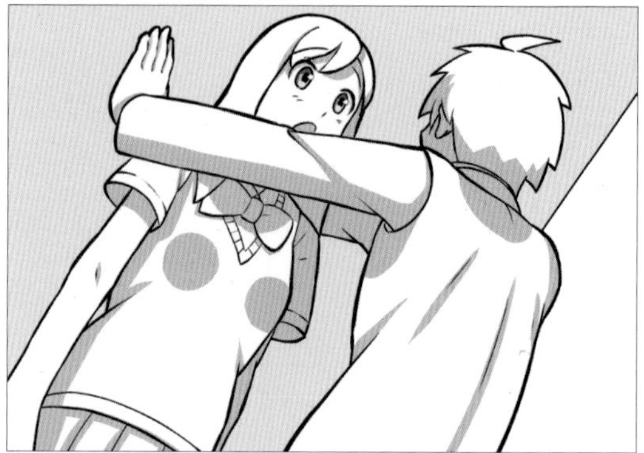

오른쪽으로 기울였습니다. 화면 오른쪽으로 움직임과 방향성이 생깁니다. 여자의 머리 위치가 높고 오른쪽으로 향하는 흐름이므로 여자가 주체라는 인상입니다. 왼쪽의 그림보다 여자가 나쁘지 않은 상황이라고 인식하는 느낌이 강해졌습니다.

COLUMN

어중간한 각도란

p.23에서 어중간한 각도의 경사 구도를 설명했습니다.
독자 중에는 '일러스트를 기울일 뿐인데, 무슨 시행착오가 있어? 너무 과장하는 거 아냐?'라고 할 수도 있지만, 경사 구도는 생각보다 어렵습니다.
사진의 세계에서는 수평선을 기울이는 것에 대해 수없이 많은 토론을 했습니다. 사람을 놀라게 할 수 있는 경사 구도는, 바꿔 말하면 사람들이 위화감을 느끼게 되는 구도라는 뜻도 됩니다.
위화감은 강하거나 약해도 작품을 엉망으로 만드는 다루기 힘든 요소입니다. 딱 맞아떨어지는 적절한 위화감이 느껴지도록 잘 요리해야 합니다.
아날로그 방식으로만 그리던 시절에는 경사 구도와 관련해 수많은 실패가 있었습니다. 지금은 디지털 방식이 보급되어 시행착오를 예측할 수 있고 최적의 답을 찾을 수 있습니다. 한마디로 요즘은 좋은 환경에서 작업을 할 수 있게 되었습니다.
작품은 완성도가 핵심입니다. 완성도를 높이려면 다양하게 시험해보세요!

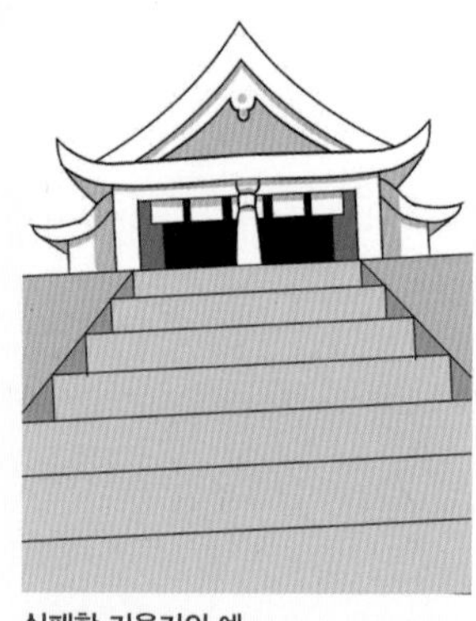

실패한 기울기의 예
기울일 이유가 없는 것처럼 보이고, 위화감만 생길 뿐.

격투 장면에도 최적

경사 구도는 격투 장면을 일러스트로 표현하는 데도 유용합니다. 특히 마법과 총의 발사 장면 등에 적합합니다. 평범하게 그리면 일러스트 자체의 느낌만으로 약동감을 표현해야 하지만, 경사 구도라면 화면에 기울어진 많은 요소가 시선을 유도하는 집중선의 역할을 해 일러스트의 약동감이 강해집니다. 비일상적인 특수한 일을 한다는 놀라움도 표현할 수 있어서 격투 묘사에 최적인 구도입니다.

포즈의 액션(p.154)과 필살기(p.158), 마법 발동(p.162) 항목에서 설명하겠지만, 박력 있는 격투 장면을 묘사하려면 많은 기술이 요구됩니다. 경사 구도는 격투 장면에 적합하다는 점을 반드시 기억하세요.

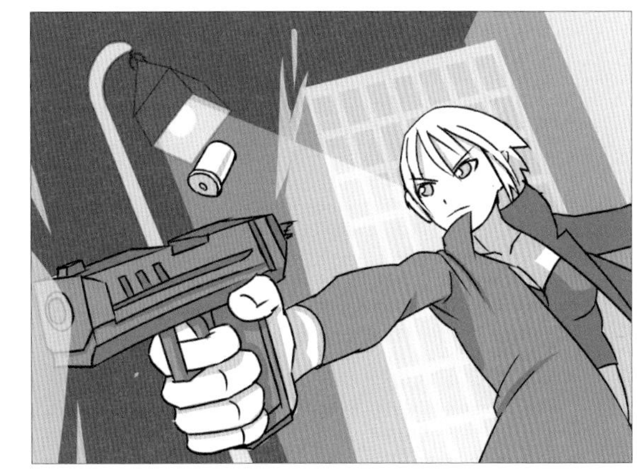

일러스트 예시

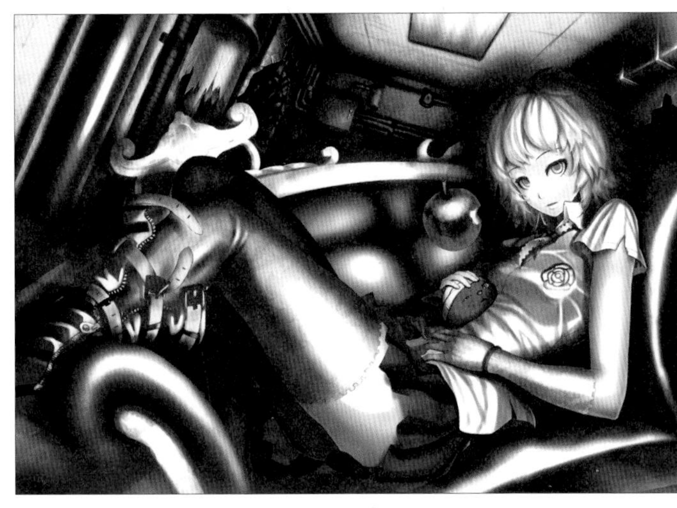

연구소의 모든 것을 파괴한 초능력자 이미지로 그렸습니다. 앞쪽의 소파를 수평선과 반대쪽으로 기울여서 놀라움이 있는 화면을 표현했습니다.

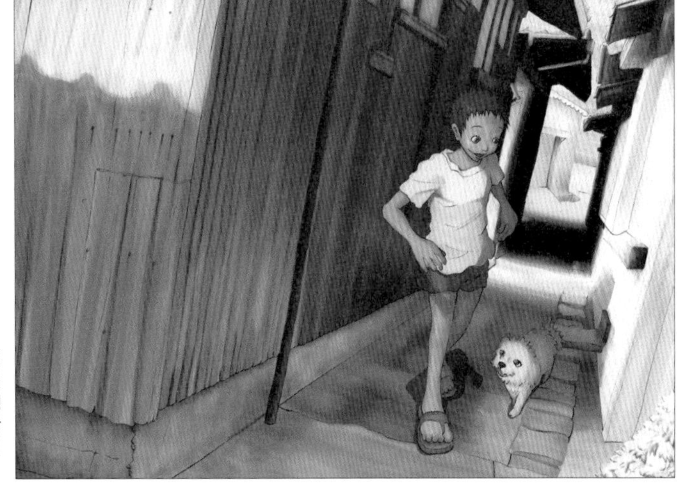

개가 주역이므로 개의 방향에 시선과 움직임이 향하도록 했습니다. 얼핏 온화한 그림으로 보이지만, 학생 때 그린 그림으로 사후 세계라는 암시를 담아 위화감을 표현하려고 비스듬하게 기울였습니다.

화면이 안정적인 기본 구도

삼각형 구도

삼각형 구도는 기본 구도 가운데 하나로 '안정감', '통일감' 등을 표현할 수 있습니다.
캐릭터 디자인에서 배경과 인물을 함께 그리는 일러스트까지 어떤 유형에도 활용할 수 있는 만능 구도입니다.

오래전부터 사용해온 삼각형 구도는 레오나르도 다빈치가 그린 〈모나리자〉라는 작품에서도 찾아볼 수 있습니다.

구도 포인트

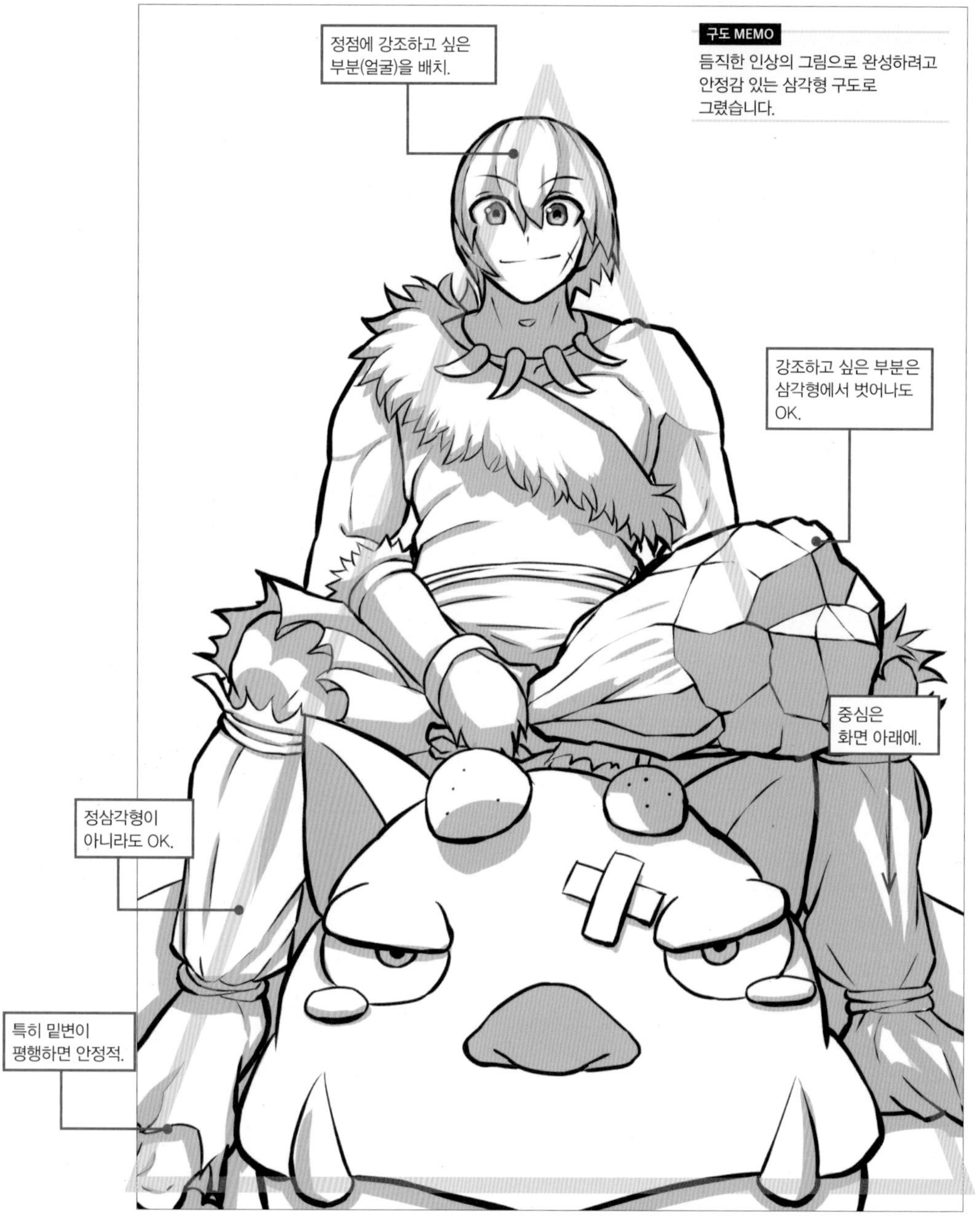

정점에 강조하고 싶은 부분(얼굴)을 배치.

구도 MEMO

듬직한 인상의 그림으로 완성하려고 안정감 있는 삼각형 구도로 그렸습니다.

강조하고 싶은 부분은 삼각형에서 벗어나도 OK.

중심은 화면 아래에.

정삼각형이 아니라도 OK.

특히 밑변이 평행하면 안정적.

△ 구도의 기본

삼각형 구도란

말 그대로 삼각형인 구도입니다. 삼각형의 중심은 아래에 있고, 윗부분에 요소가 적어(가볍다)서 '안정감'을 표현할 수 있습니다. 또한 삼각형으로 요소를 집중 배치한 구도이므로 '통일감'이 생깁니다.
삼각형이라고 해서 반드시 그 내부에 담을 필요는 없으며, 일부분이 삼각에서 벗어나도 상관없습니다. 완벽하게 삼각형으로 담으려고 하면 개성 없는 밋밋한 구도가 되므로, 삼각형으로 보일 정도면 충분합니다.
안정감을 표현하고 싶을 때 유용한 구도이며, 힘이 강한 캐릭터를 그리고 싶을 때나 무엇에도 흔들리지 않는 포즈 등을 그릴 때 쓰면 효과적입니다.

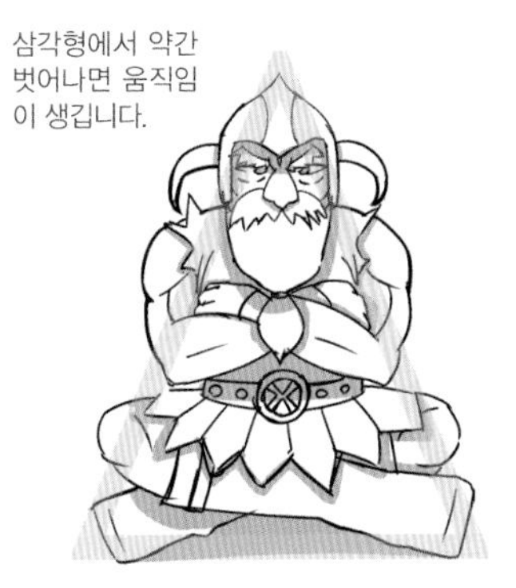

강조하고 싶은 요소를 정점에 배치

삼각형 구도를 그릴 때는 정점에 가장 강조하고 싶은 것을 배치합니다.
캐릭터라면 메인이 '얼굴'이지만, 이외에 강조하고 싶은 사물은 정점으로 가져오면 시선을 집중시킬 수 있습니다❶.
여러 인물이 있다면 정점에 메인 캐릭터를 그리면 관계를 표현할 수 있습니다❷.
그룹 일러스트나 구성 요소가 많은 그림 등은 배치가 어려워 통일감을 표현하기 쉽지 않지만, '정점은 주역'이라는 기본만 알아두면 헤매지 않고 그릴 수 있습니다.

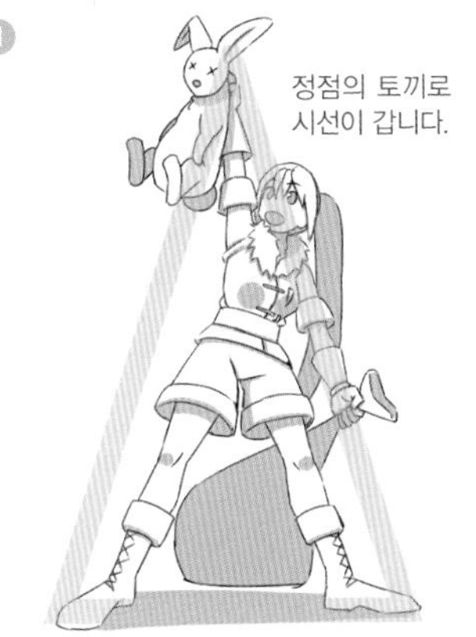

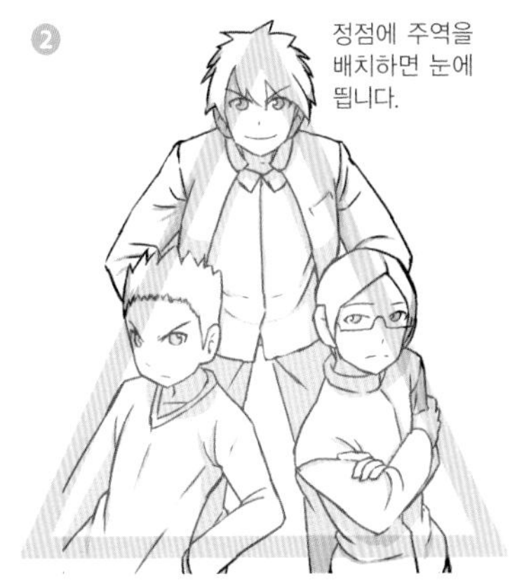

밑변을 넓힌다

△의 그림은 삼각형 구도를 사용했지만, 밑변의 폭이 좁아서 얌전해 보입니다. 웃는 표정이나 팔짱을 낀 활기찬 포즈와 구도의 분위기가 조화롭지 않습니다.
이럴 때는 머리카락과 옷을 펄럭이게 하고, 다리를 벌려 삼각형의 밑변을 넓힙니다. 그러면 실루엣이 역동적인 삼각형이 되고, 캐릭터의 표정과 포즈가 잘 어우러져 매력이 강조됩니다.

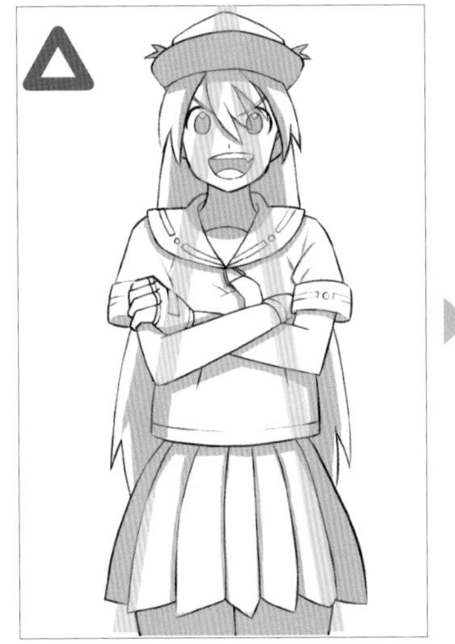
전체의 실루엣이 좁고, 활기찬 표정과 포즈가 구도와 조화롭지 않습니다.

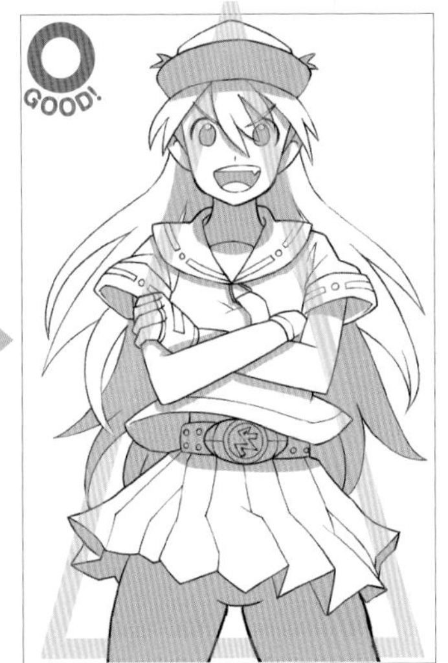

머리카락과 옷이 펄럭이니 전체 실루엣이 커지고 활기찬 인상이 추가되었습니나.

삼각형의 형태

삼각형 구도라고 해서 반드시 강한 안정감을 주는 것은 아닙니다. 삼각형의 밑변을 좁히고 정점을 높게 설정하면, 밑변이 긴 삼각형 구도보다 안정감은 다소 약해집니다. 구도로 사용하는 삼각형은 정삼각형이나 이등변삼각형 등 어떤 형태든 상관없습니다. 밑변이 평행하면 더 안정적인 인상이 되지만, 밑변이 반드시 평행이어야 하는 것은 아니니 자유로운 발상으로 구도를 활용하면 좋습니다.

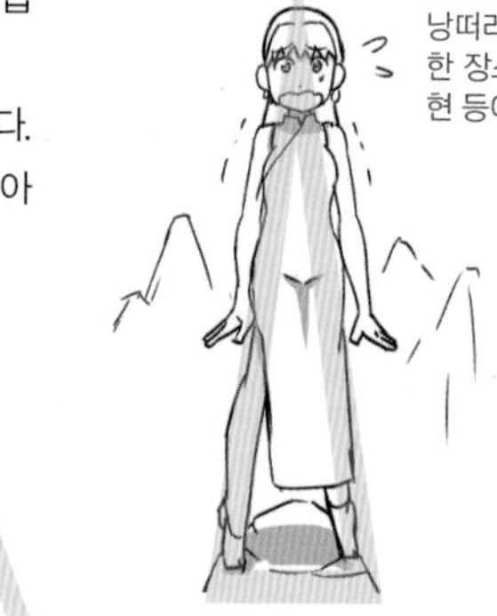

낭떠러지처럼 불안정한 장소에 서 있는 표현 등에 쓰입니다.

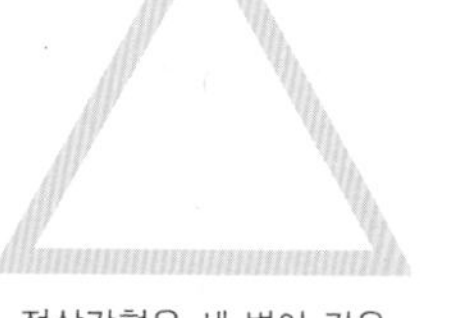

정삼각형은 세 변이 같은 가장 안정적인 구도입니다.

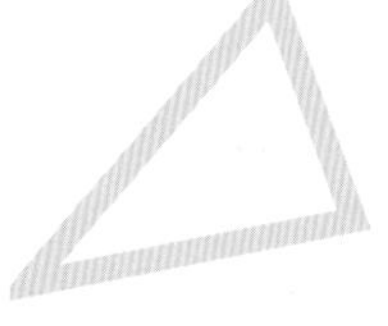

정삼각형이라도 약간 기울이면 인상이 달라집니다.

정점의 위치를 변경하거나 기울이는 등 다양한 형태로 응용할 수 있습니다.

NG

너무 기울여서 뒤집으면 다른 구도가 되니 주의하세요.

구도 활용법

삼각형을 기울인다

삼각형 구도는 비교적 간단한 일러스트에 적용할 수 있지만, 밋밋한 구도이므로 정적인 일러스트가 되기도 합니다. 그럴 때는 삼각형의 형태에 변화를 주고 구도에 움직임을 더합니다. 세 변의 길이를 조절해 부등변삼각형으로 만들거나 삼각형을 기울이는 식으로 변화를 더하면 움직임을 표현할 수 있습니다.

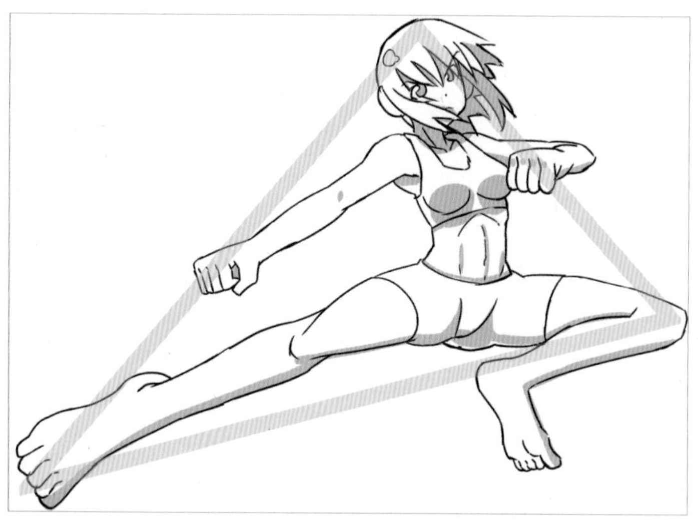

기울기를 의식한 상당히 각도가 좁은 삼각형 구도입니다. 꼭짓점의 각도를 좁히면 움직임을 표현할 수 있습니다. 정점에 다리를 배치해 강력한 발차기를 표현했습니다.

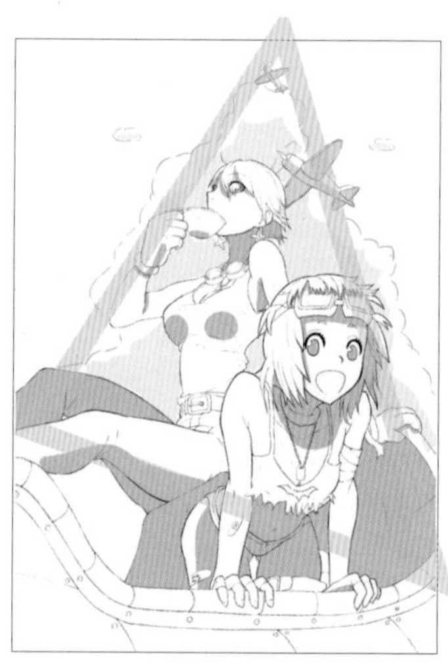

부등변삼각형으로 리듬을 표현한 예입니다. 삼각형 구도는 지나치게 안정적인 인상이 되기도 하므로 로우 앵글(p.8)이나 오버랩 구도(p.78)로 깊이를 표현하는 등 변화를 더하는 것도 좋은 선택입니다.

△ 일러스트 예시

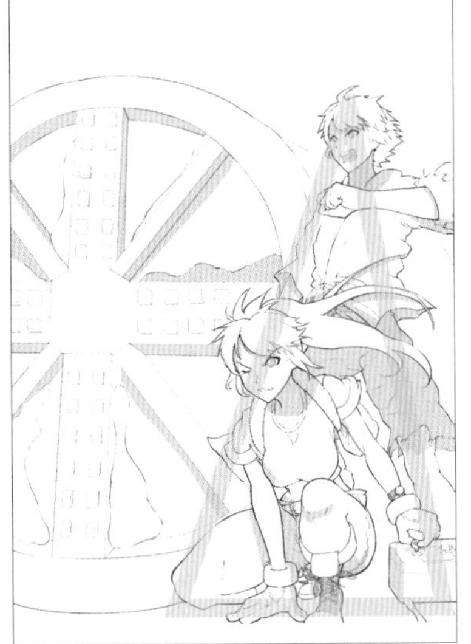

두 사람을 배치한 삼각형 구도입니다. 폭발에 견디는 분위기를 연출하려고 안정감 있는 삼각형 구도를 사용했습니다.

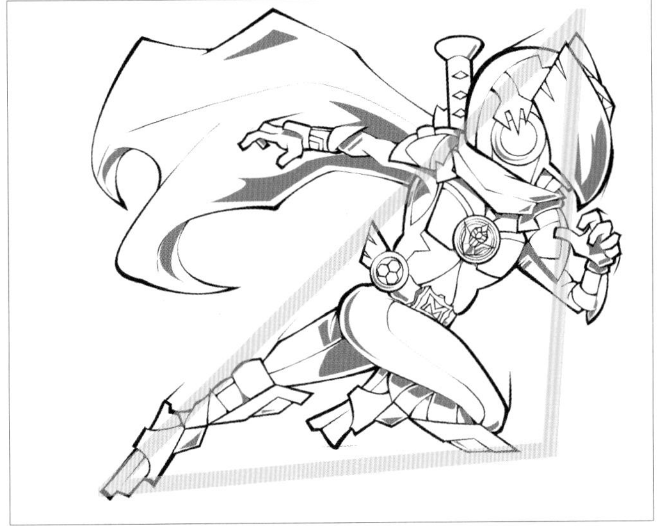

히어로다운 움직임과 강력한(안정적인) 느낌을 동시에 표현하려고 각도가 상당히 좁은 삼각형 구도를 선택했습니다.

COLUMN

사각형 구도가 있어?

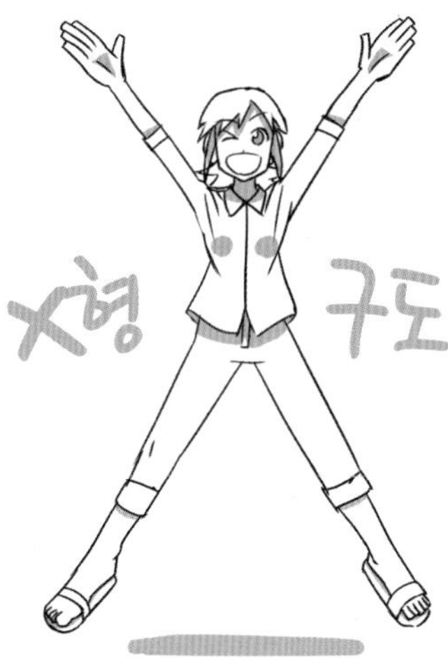

구도의 기본인 삼각형 구도를 설명하겠습니다.
여러분 중에는 '삼각형 구도가 있으니까 사각형 구도도 있겠지?'라는 생각을 하는 분이 있을지도 모릅니다. 만약에 그렇게 물어본다면 "있습니다"라고 답할 수 있습니다.
삼각형 구도보다 더 안정적인 구도입니다.
극단적으로 말하면 여러분이 아는 도형이라면 전부 구도로 활용할 수 있습니다.
'여러분이 아는'이라는 것이 중요합니다. 즉, 인간이 잠재적으로 아는 일정한 형태에 일치시키면, 그림을 막연히 그리는 것보다 어떤 의미(구도)가 생깁니다. 알파벳의 형태 역시 구도입니다. 'I형 구도', 'V형 구도' 등도 충분히 성립합니다.
구도를 기준으로 그리는 것에 익숙해지면 직접 구도를 탐구해보는 것도 재미있을 것입니다!

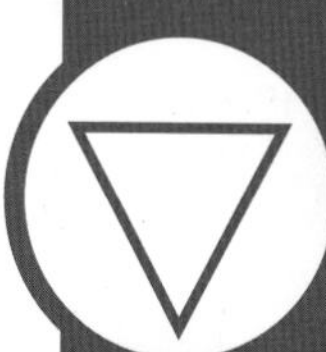

불안한 분위기를 연출하는 기본 구도

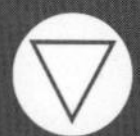

역삼각형 구도

역삼각형 구도도 삼각형 구도(p.26)와 마찬가지로 기본 구도 가운데 하나입니다. '불안정', '불안감·긴장감', '움직임' 등을 표현할 수 있습니다.

인물만 그릴 때도 쓰지만, 기발한 인상을 연출할 수 있는 구도이므로 의도를 확실하게 설정하고 사용해야 합니다.

기독교의 십자가를 그린 그림에서도 불안감을 표현하려고 역삼각형 구도를 사용합니다. 삼각형 구도와 마찬가지로 오래전부터 써온 구도입니다.

구도 포인트

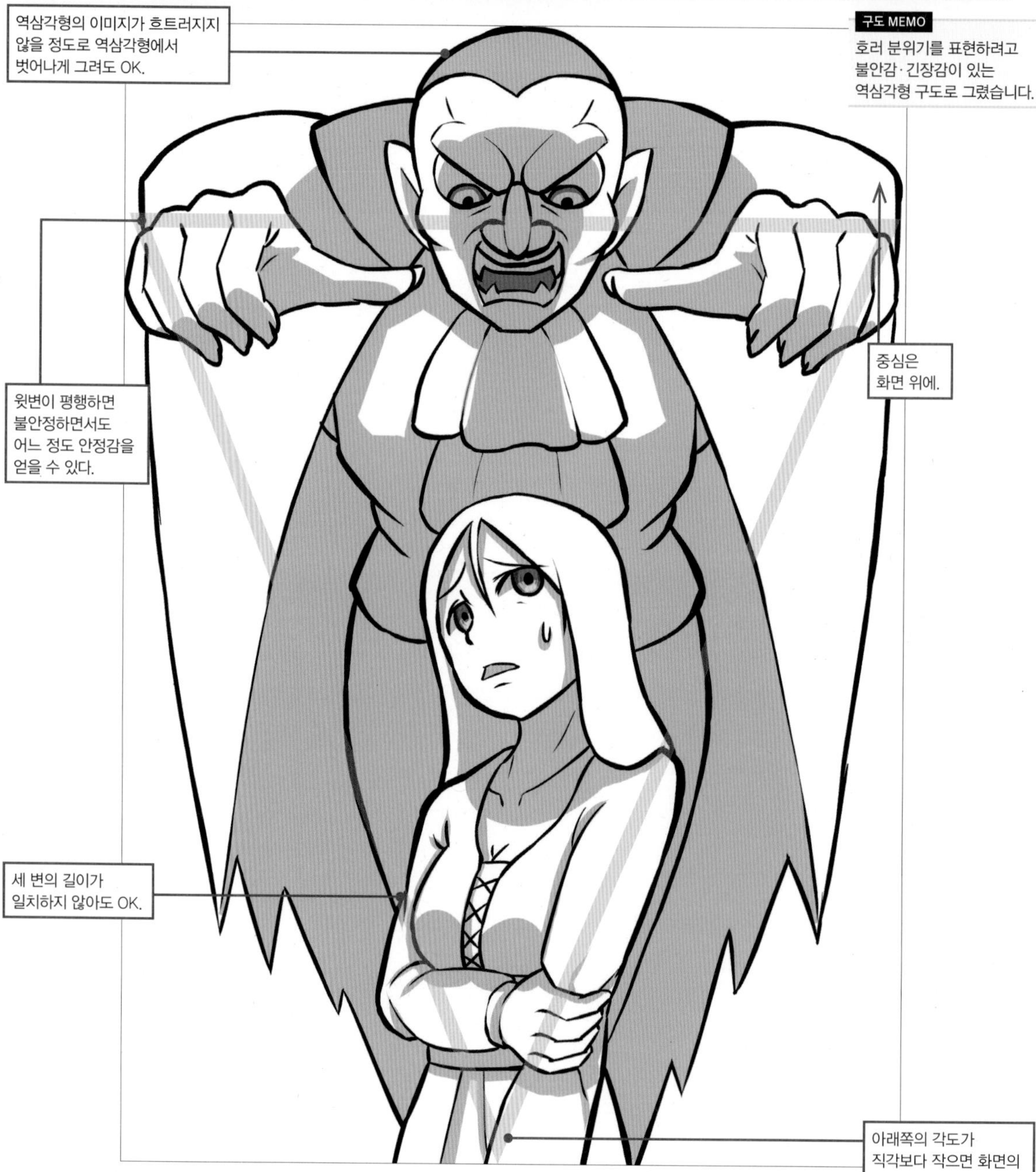

역삼각형의 이미지가 흐트러지지 않을 정도로 역삼각형에서 벗어나게 그려도 OK.

구도 MEMO

호러 분위기를 표현하려고 불안감·긴장감이 있는 역삼각형 구도로 그렸습니다.

윗변이 평행하면 불안정하면서도 어느 정도 안정감을 얻을 수 있다.

중심은 화면 위에.

세 변의 길이가 일치하지 않아도 OK.

아래쪽의 각도가 직각보다 작으면 화면의 불규칙한 느낌이 생긴다.

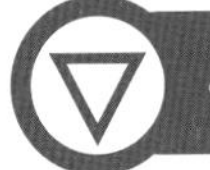

구도의 기본

역삼각형 구도의 기본

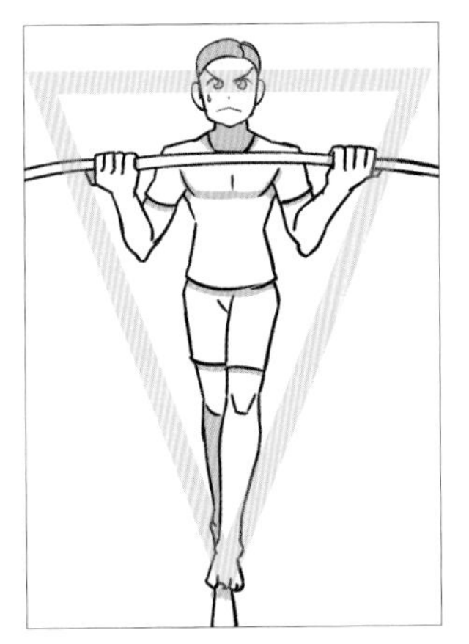

말 그대로 역삼각형 구도입니다. 역삼각형은 중심이 위에 있어 윗부분에 요소가 많고(무겁고), 아랫부분에 요소가 작아서(가벼워서) '불안정함'을 표현할 수 있습니다. 불안정함을 연출하면서도 삼각형을 기준으로 요소를 배치하므로 너무 분산되지 않고 '통일감'이 생깁니다.
삼각형 구도와 마찬가지로 역삼각형에서 어느 정도 벗어나도 상관없습니다. 불안정한 느낌을 연출하고 싶을 때 유효한 구도이므로, 높은 곳에서 줄타기를 하는 캐릭터를 그리거나 낙하하는 캐릭터를 그릴 때 효과적입니다.

움직임을 표현한다

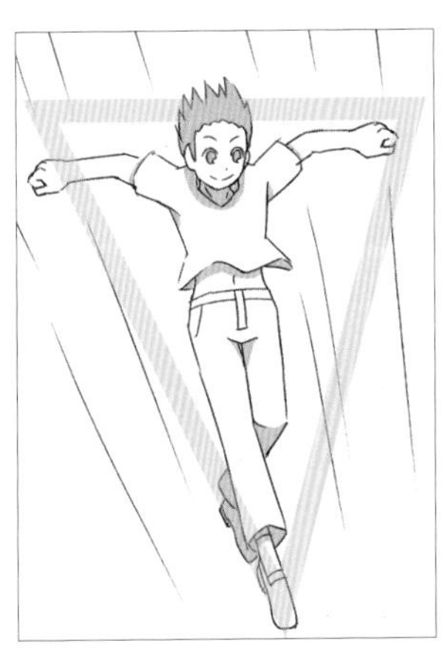

삼각형 구도처럼 역삼각형 구도도 움직임을 표현하기 쉬운 구도입니다. 삼각형은 반드시 예각(직각보다 작은 각)이므로 삼각형의 끝부분이 '화살표'의 역할을 하기 때문입니다.
앞서 낙하하는 캐릭터를 그릴 때 사용하면 효과적이라고 설명했는데, 끝부분이 아래로 향하는 역삼각형 구도는 시선을 아래로 유도하므로 자연히 낙하하는 느낌을 표현할 수 있습니다.
삼각형 구도는 시선 유도나 화살표 역할을 한다는 사실을 기억합시다.

역삼각형을 더 효과적으로 사용하자

△의 그림은 역삼각형을 의식하면서 그렸지만, 다리를 벌리고 있어서 사각형의 특징인 안정감이 느껴지고, 역삼각형 구도를 사용하는 목적인 '불안정함'을 제대로 표현하지 못했습니다. 만약 임팩트가 조금 더 있다면 훨씬 좋아집니다.
이럴 때는 두 다리의 간격을 좁히거나 윗변을 크게 넓혀서 역삼각형을 더 강조하면 일러스트의 설득력이나 매력을 높일 수 있습니다. 역삼각형 구도로 불안정함을 연출하면 들고 있는 사물이 무거워 보이고, 무거운 물건을 짊어진 힘이 강한 캐릭터라는 설득력이 생깁니다. 결과적으로 캐릭터의 임팩트도 강해집니다.

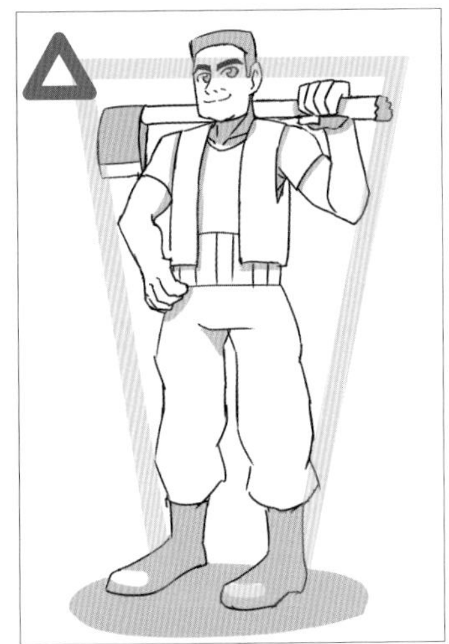

다리를 벌리고 있어서 실루엣이 사각형에 가깝습니다. 의도적으로 불안정한 느낌을 표현해야 하므로 사각형의 안정감은 필요하지 않습니다.

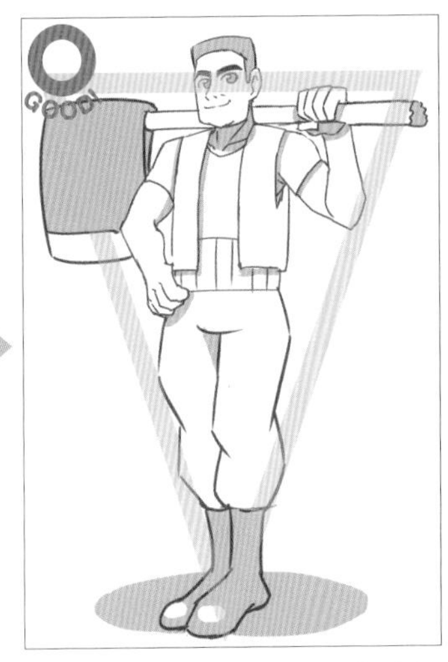

윗변에 중심을 더하고, 하반신 부분은 직각보다 좁은 예각을 의식했습니다.

구도 활용법

역삼각형을 기울인다

역삼각형 구도라도 세 변의 길이를 조절해 부등변삼각형으로 만들거나 역삼각형을 기울이는 식으로 변화를 줄 수 있습니다. 처음에 기독교의 십자가를 예로 소개했는데, 역삼각형 구도는 예각을 아래로 가져가는 일이 많아서 변화를 넣고 싶을 때는 의도적으로 예각을 기울여도 좋습니다.

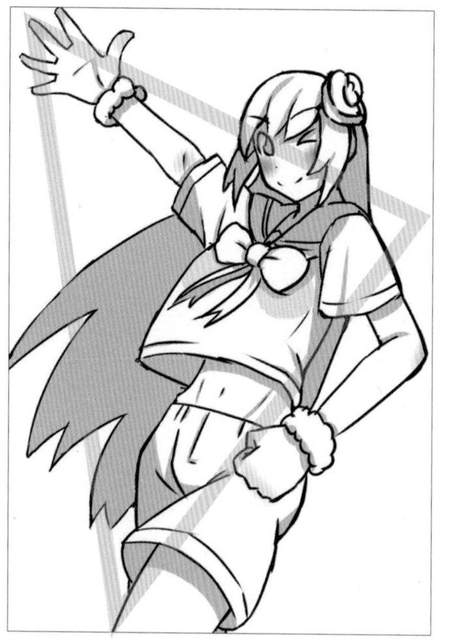

아이돌처럼 움직임을 표현해보았습니다.
예각을 기울이면 흔들리는 불안정한 느낌이 더 강해지고 움직임도 좀 더 강조할 수 있습니다.

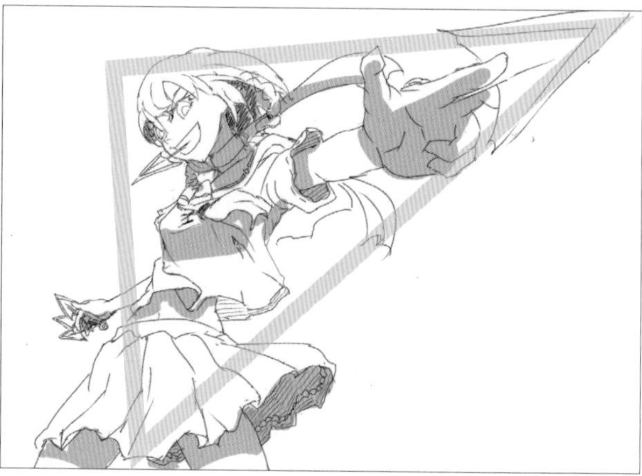

역삼각형 구도뿐 아니라 구도의 형태를 만드는 것에 얽매여서 평면적인 그림이 될 때가 많습니다. 이 그림처럼 깊이를 의식하면서 구도를 만드는 것도 좀 더 나은 작품을 만드는 데 도움이 됩니다.

COLUMN

성별에 알맞은 구도를 선택한다

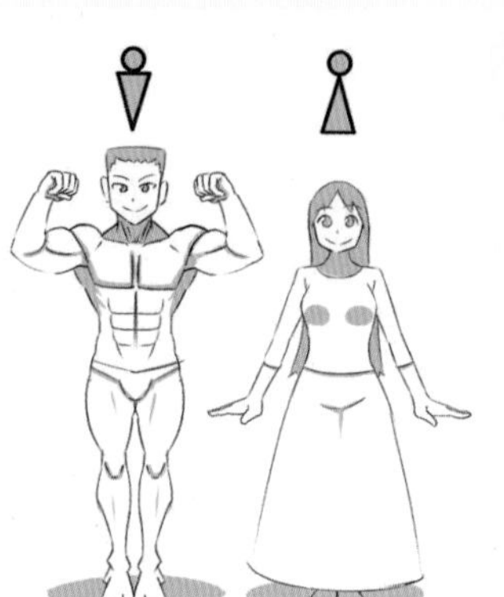

남성 캐릭터(특히 근육 캐릭터)를 그리는 것이 서툰 사람이 적지 않은 듯합니다.
그런 사람에게는 역삼각형 구도를 사용해보라고 추천하고 싶습니다.
근육질의 남성은 상반신이 발달해 역삼각형 체형이기 때문입니다. 근육질이 아니라도 남성은 기본적으로 역삼각형을 의식하면서 그리면 긴장감이 생기고 완성도가 높아집니다.
반대로 여성은 삼각형 구도를 의식하면서 그리면 완성도가 높아집니다. 여성은 남성에 비해 골반과 허벅지가 커서, 하반신이 클 때가 많기 때문입니다. 스커트를 입으면 실루엣이 삼각형에 더 가까워집니다. 화장실의 마크로도 남성은 역삼각형, 여성은 삼각형으로 표현하는 것이 국제적인 인식입니다.

여백을 활용한 역삼각형 구도

난이도는 약간 높아지지만, 여백과 공간을 사용한 역삼각형 구도를 구성하는 것도 효과적입니다.
오른쪽 그림은 건물 윗부분에 텅 빈 하늘을 이용해 역삼각형을 구성했습니다. 예각에 주역을 배치하면 자연히 캐릭터에게 시선을 집중시킬 수 있습니다.
여백 구도(p.54)에서도 설명하겠지만 캐릭터와 건물 등 구체적인 오브젝트를 쓰지 않아도 구도를 만들 수 있습니다.
여백도 중요한 구도의 구성 요소입니다.
더 완성도 있는 그림을 그리려면 형태에 얽매이지 말고 그림 속의 다양한 요소를 이용해 구도를 만들어보세요.

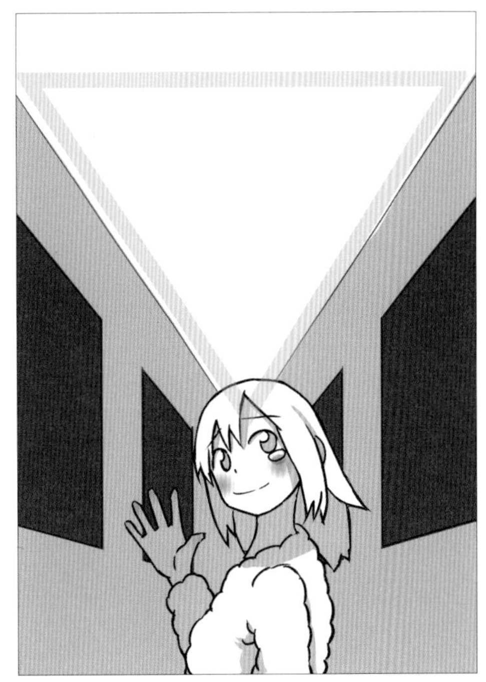

▽ 일러스트 예시

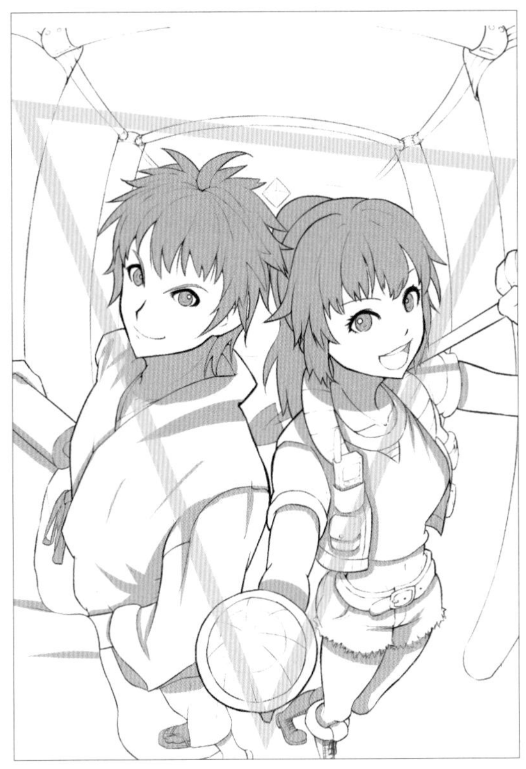

라이트노벨 《여기 봐 ONE-ONE (1)》의 표지로 제작한 작품입니다. 두 사람을 배치하고 형태를 만든 역삼각형 구도입니다. 역삼각형 구도는 이렇게 윗부분이 확대되므로 하이 앵글(p.12)에도 적합합니다.

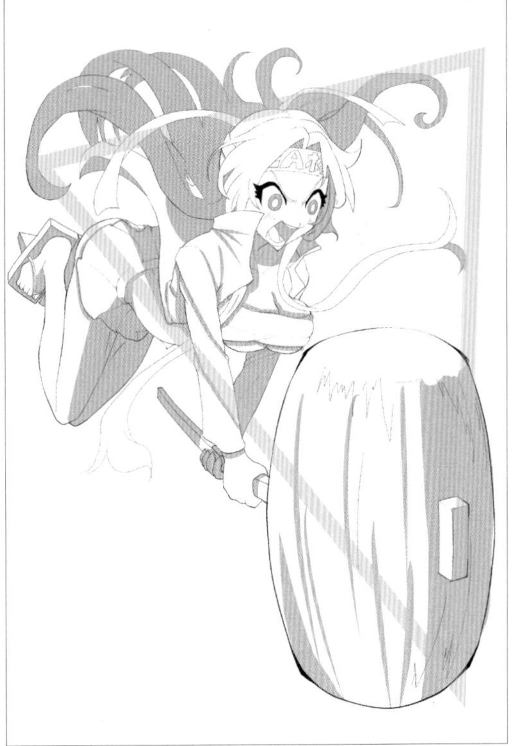

온라인 게임 〈실버 레인〉에 쓰인 일러스트입니다. 위력을 강조하려고 역삼각형 구도를 사용했습니다. 무거운 물건인 나무 망치를 아래쪽에 배치해 역삼각형 구도로 안정감을 표현했습니다.

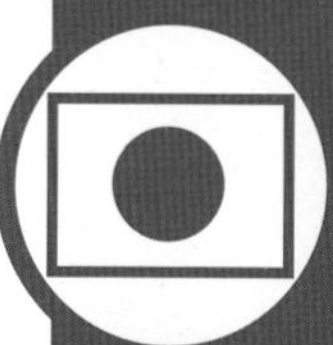

주역이 돋보이는 구도

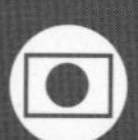

원형 구도

원형 구도 역시 기본 구도 가운데 하나로 '주역을 돋보이게' 합니다. 게다가 '안정감'도 표현할 수 있습니다. 한마디로 주역을 강조하고 싶을 때 유효한 구도입니다.

그림 실력에 상관없이 쓸 수 있는 심플한 구도이므로 다양한 매체에서 볼 수 있습니다. 인물과 사물을 정중앙에 배치하면 주역을 확실하게 강조할 수 있습니다.

구도 포인트

구도 MEMO

화려한 주역을 돋보이게 하려고 원형 구도를 선택했습니다.

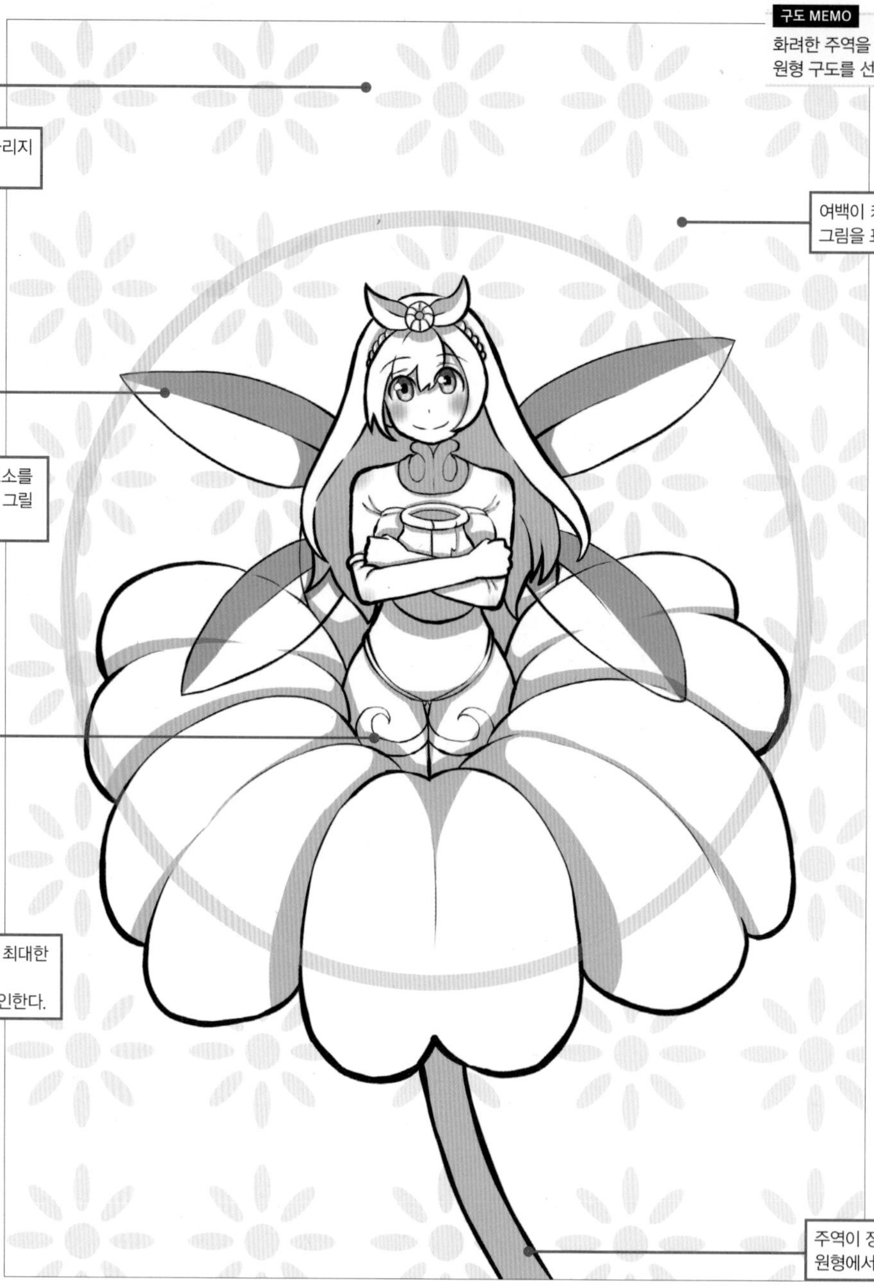

배경이 주역을 가리지 않도록 주의!

여백이 커서 움직임 있는 그림을 표현하기 어렵다.

원이라고 핵심 요소를 반드시 원형으로 그릴 필요는 없다.

대충 그리면 NO! 최대한 주역의 매력이 도드라지게 디자인한다.

주역이 정중앙에 있다면 원형에서 벗어나도 OK.

구도의 기본

원형 구도의 기본

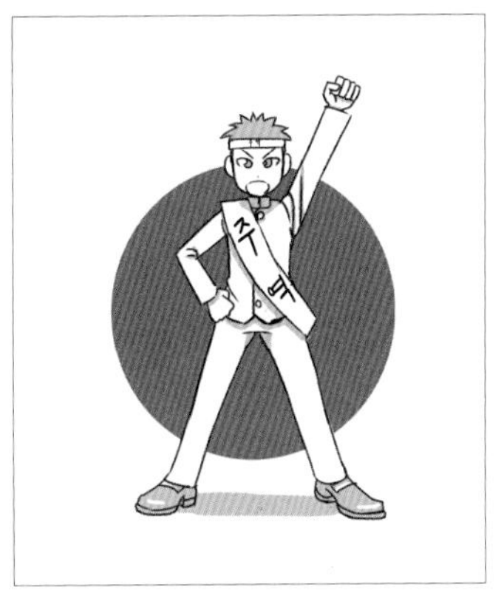

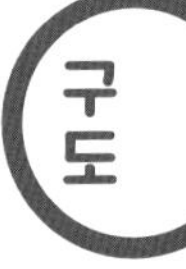

중심에 주역을 배치한 구도입니다.
아무래도 시선이 가는 '중심'에 '주역'을 배치하므로 모든 구도 중에서도 가장 안정감이 있으며, 주역을 강조할 수 있습니다.
원형이라고 해도 주역이 반드시 원의 형태일 필요는 없습니다. 중요한 것은 '중심에 주역을 배치한다'는 점입니다.
배경을 그리지 못하는 사람이나 배경이 잘 생각나지 않는 사람도 무의식적으로 사용하는 구도입니다. 집결 구도(p.38)에서도 적용할 수 있는 부분이 있습니다.

주역이 중심에 있으면 된다

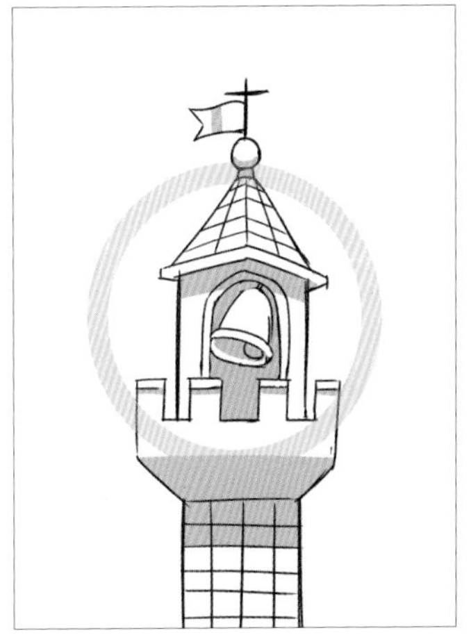

중심에 배치한 주역의 일부분이 화면 밖으로 이어져도 상관없습니다. 오른쪽 그림처럼 종을 주역으로 배치한 일러스트는 아래로 탑이 이어져도 문제는 없습니다.
또한 반드시 주역을 단독으로 배치할 필요도 없습니다.
원형 구도는 '주역이 중심에 있다'는 원칙만 지키면 충분합니다.

주역을 강조하면서도 매력적으로 표현하자

△의 그림은 제대로 된 원형 구도이지만, 심플한 원형 구도에 심플한 캐릭터이므로 화면이 허전합니다. 약간 임팩트가 필요해 보입니다. 이럴 때는 캐릭터 디자인을 연구해 매력을 강조하거나 캐릭터가 화면에서 차지하는 면적을 넓히면 완성도를 높일 수 있습니다. 원형 구도는 단순한 구도인 만큼 화면이 단조로워지지 않도록 매력적이고 돋보이는 주역을 배치해야 합니다.

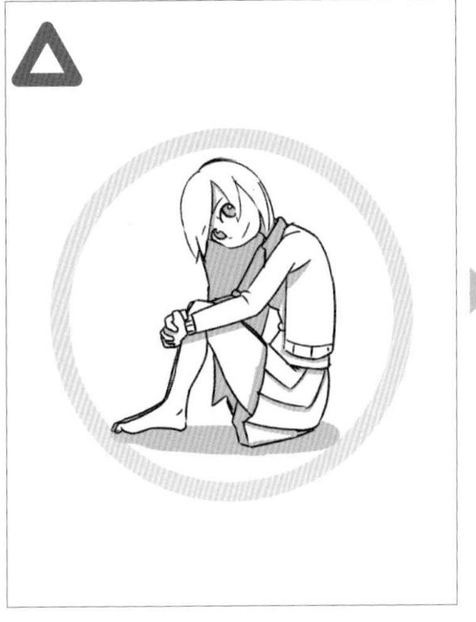

정보는 있는 그대로 전달할 수 있지만, 화면 전체가 대단히 심플합니다. 여백이 많아서 허전하기도 합니다.

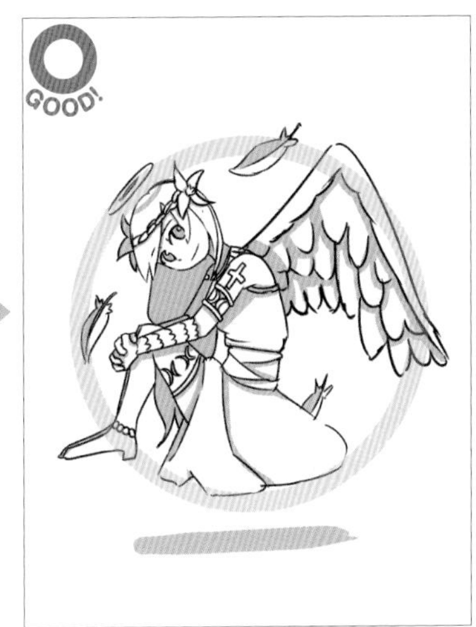

캐릭터 디자인 자체를 개선해 소녀를 천사로 변형했습니다. 원형 구도에서도 보기 좋도록 캐릭터가 차지하는 면적을 키우고 임팩트를 넣어 강조했습니다.

배경으로 시선이 분산되지 않도록 하자

원형 구도에 배경이 있어도 상관없습니다.
다만, 주역이 핵심인 구도이므로 시선을 분산시키는 화려한 배경(특별한 의도가 없는 한)은 피하는 게 무난합니다.
그렇다고 복잡한 배경을 그려서는 안 된다는 말은 아닙니다. 바위 더미 속에 핀 한 송이의 꽃을 그린 일러스트처럼, 화면 중앙에 독특한 요소와 채색 등의 대비로 주역을 강조하는 방법을 연구해보면 좋습니다.

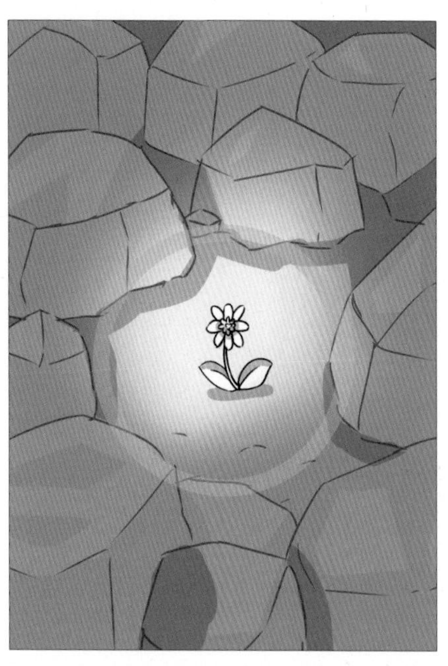

꽃과 바위라는 전혀 다른 요소와 밝기 대비로 주역인 꽃이 도드라집니다. 원형 구도이면서 프레임 구도(p.58)입니다.

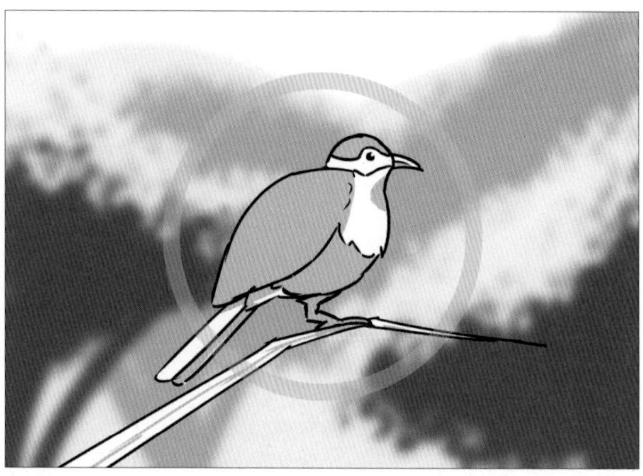

흐릿한 배경으로 주역에 시선이 쏠리게 했습니다.

COLUMN

대충 그린 구도!?

'원형 구도'를 '대충 그린 구도'라고 생각하는 사람도 있습니다. 정말 그럴까요?
분명히 배경을 그리기 싫거나 그릴 수 없어서 안 그리는 것이라면 대충 그린 구도라고 할 수 있습니다. 그러나 진짜 멋진 원형 구도는 연구를 거듭한 끝에 필요한 것만 엄선한 결과 혹은 시행착오 끝에 원형 구도에 도달한 작품일 때가 많습니다.
국기에 들어간 원도 그렇습니다. 디자인이나 심벌의 궁극적인 목적은 '누가 봐도 정확하게 정보를 파악할 수 있도록 하는 것'입니다. 남녀노소 또는 국적을 불문하고 누구에게나 동일한 의도가 전달되도록 불필요한 부분을 잘라내고 정보를 심플하게 만드는 것이 가장 효과적입니다.
Simple is best. 그러므로 원형 구도는 심오한 구도입니다.
사진 세계에서는 원형 구도로 멋진 작품을 찍는 것이 일류 사진작가의 증거라고 알려져 있습니다. 일러스트에도 적용되는 이야기일 듯합니다!

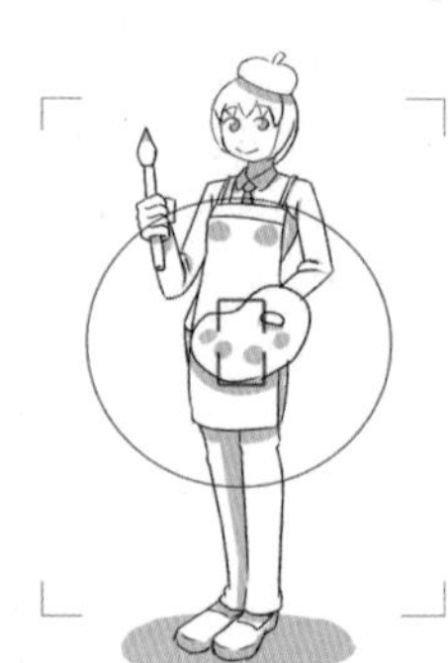

구도 활용법

여러 개의 모티브로 원형 구도를 만든다

한 장의 일러스트에 주역이 여러 명이어도 원형 구도를 적용할 수 있습니다. 단, 화면에 요소를 제각각으로 배치하면 원형 구도가 성립하지 않습니다. 여러 요소를 효과적으로 사용하려면 일관되게 정리해야 합니다.

다른 구도에서 모티브를 정리한 뒤에 원형 구도로 배치하는 방법이 유용합니다.

오른쪽 그림은 역삼각형 구도에서 여러 요소를 하나로 정리하고 원형 구도를 적용했습니다.

앞으로 계속 설명하겠지만, 하나의 일러스트에 하나의 구도만 적용하는 것이 아니라 상황과 장면에 따라서 여러 개의 구도를 조합할 수 있습니다.

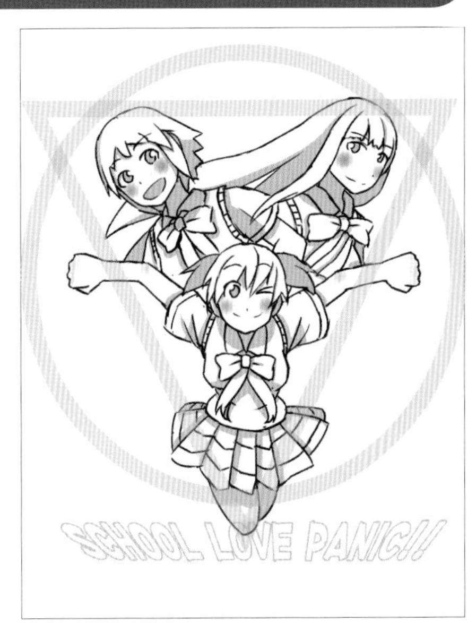

일러스트 예시

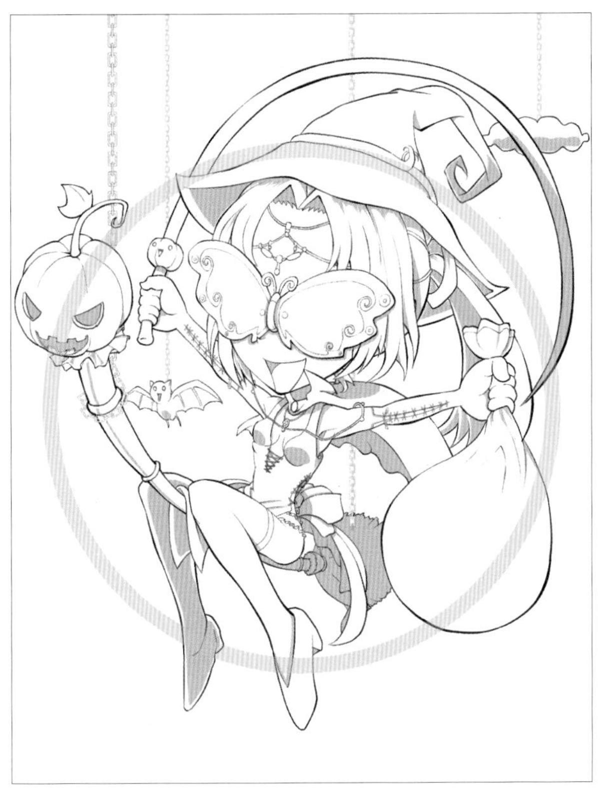

온라인 게임 〈무한의 판타지아〉에 사용된 할로윈을 모티브로 한 슈퍼 데포르메 일러스트입니다. 원형 구도는 집결 구도나 데포르메와 무척 잘 어울립니다. 원을 의식하고 그린 슈퍼 데포르메 일러스트에는 최적입니다.

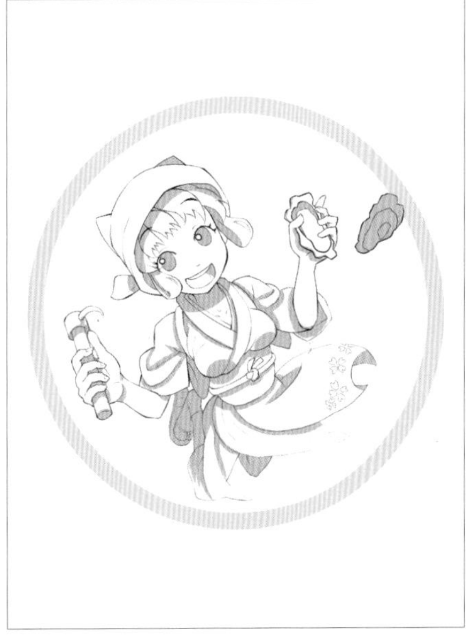

미야지마 현지의 캐릭터 패키지를 위해 작업한 작품입니다. 캐릭터 패키지는 캐릭터로 손님의 시선을 끌 필요가 있으므로 원형 구도가 최적입니다. 슈퍼 데포르메는 적용하지 않았지만, 하이 앵글(p.12)을 사용해 둥그스름한 인상을 표현했습니다.

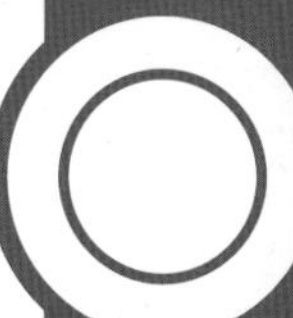
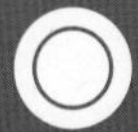

집결 구도

집결 구도는 원형을 의식하고 그리는 구도로 '안정감', '조화', '부드러움', '결속' 등을 표현할 수 있습니다.
원형 구도(p.34)와 비슷하지만, 원형 구도가 하나의 주역만 강조하는 반면 집결 구도는 화면 전체를 강조하는 효과가 있습니다.
안정감과 조화를 표현할 수 있어서 그룹 쇼트(p.114)처럼 여러 인물이 함께 있는 그림에도 효과적입니다.

구도 포인트

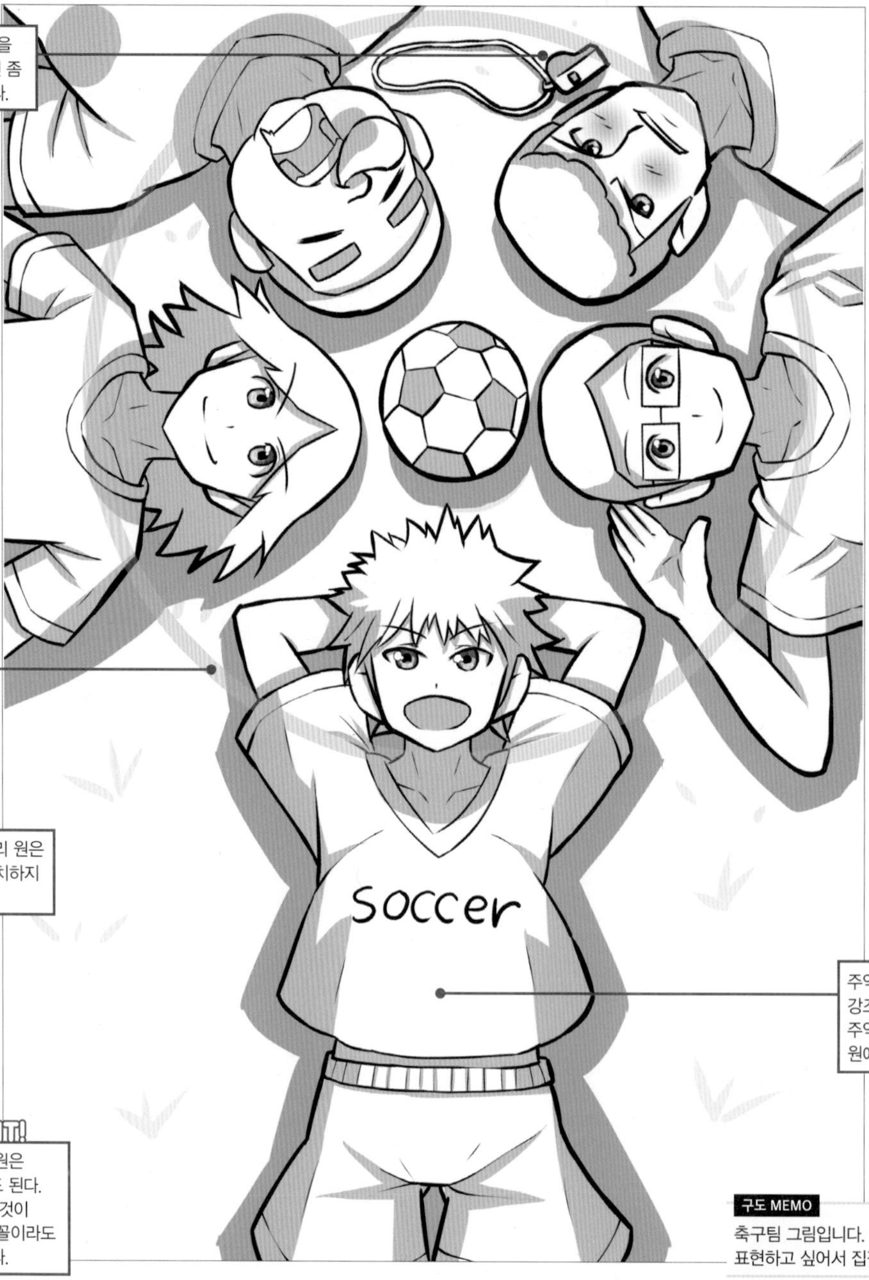

장식 요소 등도 원을 의식하고 배치하면 좀 더 통일감이 생긴다.

원형 구도와 달리 원은 화면 중심에 배치하지 않아도 된다.

soccer

주역을 조금이라도 강조하고 싶다면 주역만 크게 그리거나 원에서 벗어나도 OK.

ONE POINT!

장면에 따라서 원은 화면을 벗어나도 된다. 화면 내에 있는 것이 반원 혹은 부채꼴이라도 효과를 발휘한다.

구도 MEMO

축구팀 그림입니다. 팀 전체의 이야기를 표현하고 싶어서 집결 구도로 그렸습니다.

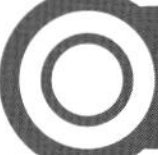

집결 구도의 기본

집결 구도의 기본

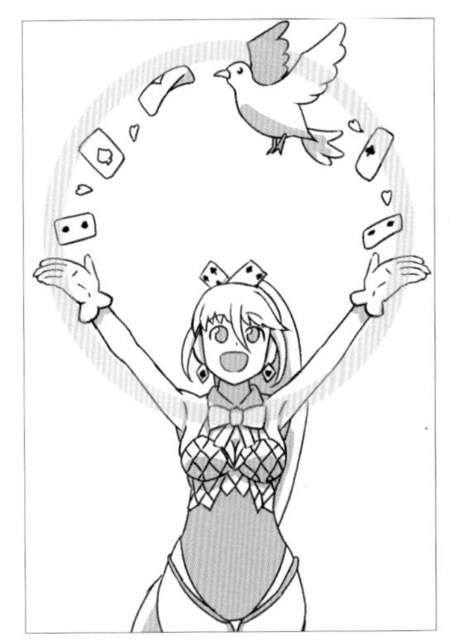

원과 나선을 의식하면서 그린 구도입니다. 원이므로 정해진 각도가 없고 어떤 각도로도 사용이 가능해, 발군의 '안정감', '조화', '부드러움' 등을 표현할 수 있습니다. 여러 요소를 균등하게 둘러싸는 형태이므로 '결속'을 표현하는 것도 가능합니다.

가까운 구도로는 원형 구도가 있습니다. 원을 모티브로 한 원형 구도는 집결 구도와 잘 어울리며, 흔히 함께 쓰기도 합니다. 집결 구도는 화면이 균등한 만큼 주역이 눈에 띄지 않을 때도 있습니다. 그럴 때는 원형 구도를 활용해 중심에 주역을 배치하면 주역을 한눈에 알아볼 수 있습니다.

원의 배치와 형태

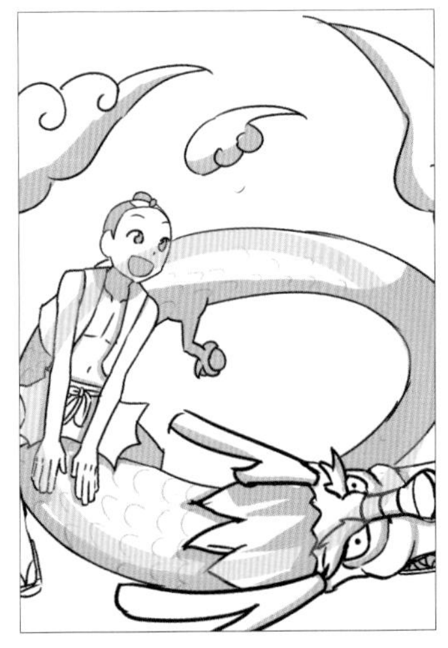

원형 구도보다 집결 구도가 유연합니다. 물론 화면의 정중앙에 원을 만들면 안정감이 더 강해지지만, 원형 구도처럼 반드시 원을 정확하게 화면 중심에 둘 필요는 없습니다. 변화를 더하기 까다로운 구도이므로 상황과 장면에 따라서 원의 위치를 상하좌우로 조절해 배치하는 것도 유용한 방법입니다.

원의 형태는 정원이 아니라 약간 일그러져도 상관없으며, 원이라는 인상을 잃지 않을 정도로 잘라도 상관없습니다. 단, 심하게 일그러져서 삼각형처럼 보이지 않도록 주의하세요.

변화를 더하는 방법

△의 그림은 깔끔한 집결 구도이지만, 원을 따라 배치된 캐릭터의 크기가 같아서 강약이 없는 화면이 되었습니다. 이럴 때는 주역이 돋보이도록 수정합시다.

주역을 강조하고 싶다면 앞서 설명한 원형 구도를 적용하는 방법과 주역만 배치를 바꾸거나 주역을 크게 그리는 등의 방법이 있습니다. 주역을 원의 흐름을 바꾸는 위치에 두거나 장면에 따라서 과감하게 원 밖에 배치하는 식으로 변화를 더하는 것도 효과적입니다.

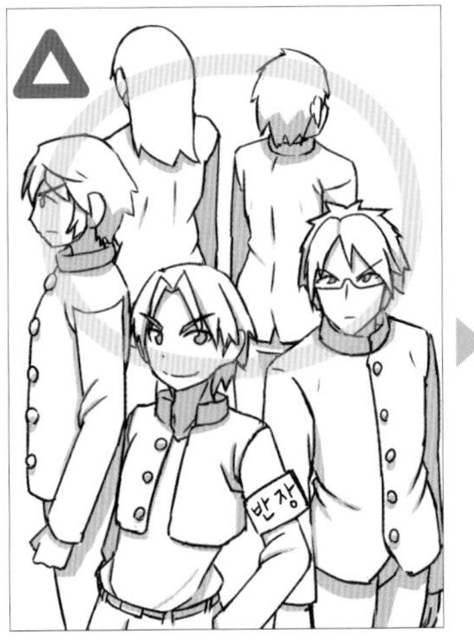

집결 구도입니다. 서 있는 위치나 장식으로 어떤 캐릭터가 주역인지 알 수 있지만, 평면적인 인상입니다.

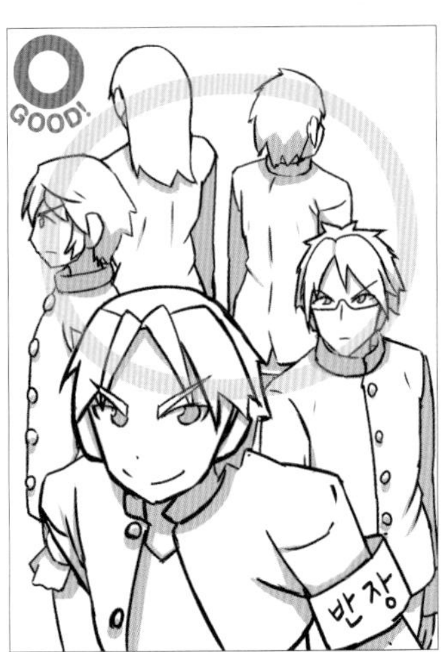

주역의 크기나 배치를 수정하고 원의 흐름을 무너뜨려서 존재감이 명확해졌습니다. 일러스트에 강약이 생기고, 임팩트도 강해졌습니다.

구도 활용법

반원과 부채꼴로 고쳐보자

집결 구도는 '움직임', '변화', '방향성' 등을 표현하기 힘든 구도이지만, 유연한 구도이기도 합니다. 반드시 원이 화면 안에 있을 필요는 없습니다. 원을 과감하게 키우거나 일부만 화면에 담기도록 변화를 주면 큰 움직임이나 방향성이 생깁니다.

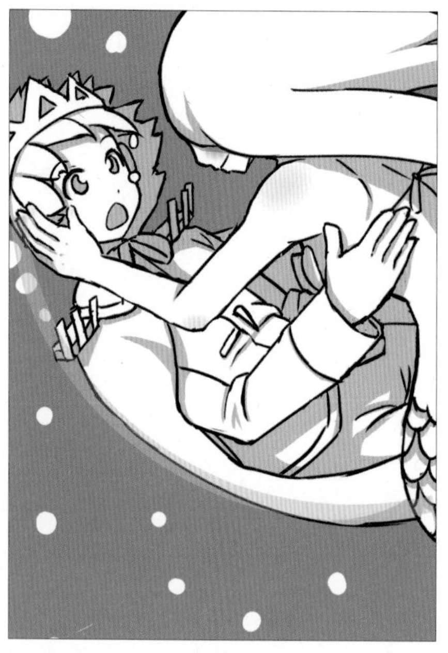

인어 공주가 왕자를 구하는 장면을 4분의 1 원(부채꼴)을 의식하면서 그렸습니다. 왼쪽 아래를 바다 속을 묘사하려고 공간을 비웠더니 윗부분의 화면 짜임새가 좋아졌습니다.

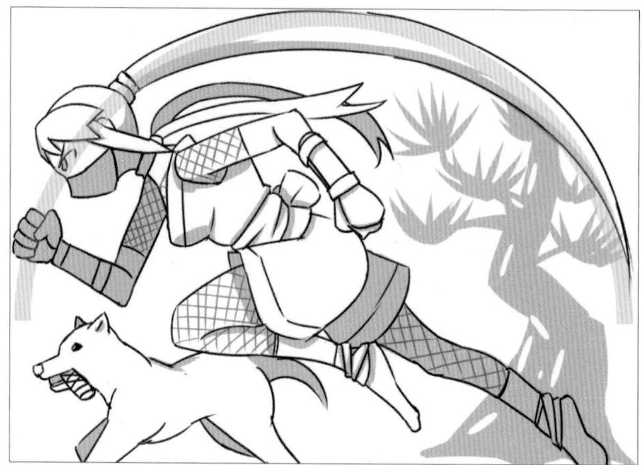

휘날리는 머리카락으로 원을 구성했습니다. 망토 등 옷을 사용해 원을 만들 수도 있고, 휘날리는 묘사로 움직임이나 방향성을 표현할 수도 있습니다.

COLUMN

원이 너무 많아지면

집결 구도에서는 하나의 원을 사용하지만, 만다라처럼 보이도록 하나의 화면에 여러 개의 집결 구도가 있어도 잘못된 것은 아닙니다. 단, 하나의 화면에 원이 너무 많으면 위험하기도 합니다.

원은 주목성이 높은 디자인 요소입니다. 화면 속에 하나만 있어도 시선이 집중됩니다. 게다가 같은 화면에 원이 여러 개 있으면 어떤 것에 시선을 주어야 할지 판단하기 어렵습니다.

주목성이 높은 이유는 원이나 둥근 물체는 눈을 연상시키기 때문입니다. 2개의 원을 일정하게 배치해보면 현저해집니다. 눈에 인간이 반응하는 것은 야수를 경계하던 시대의 흔적이라고 알려져 있습니다. 이런 이유로 부드러움을 표현할 수 있는 원을 많이 그리면 불길함과 긴장감이 드러나기도 합니다.

원을 여러 개 사용할 때는 크기 차이로 강약을 조절하거나 개수의 한도를 정하는 등 다양한 방식으로 활용해보세요.

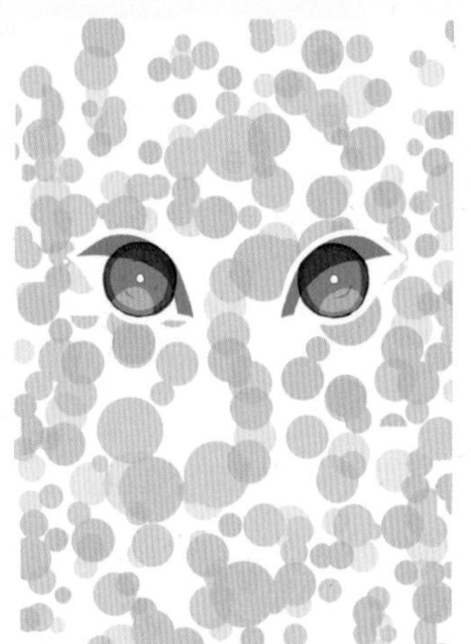

여성을 그리는 데 적합한 구도

집결 구도는 '부드러움'을 표현하는 데 적합한 구도입니다. 원은 곡선이므로 부드러운 여성을 그릴 때 더할 나위 없습니다. 같은 곡선인 S자 포즈(p.124)와 잘 어울립니다. 여성을 그릴 때 적극적으로 조합해보세요.
오른쪽 그림은 《이상한 나라의 앨리스》의 앨리스를 그린 예입니다. 원을 의식한 포즈로 주역인 앨리스를 그리고, S자도 의식한 포즈입니다. 주위에 앨리스와 관계있는 요소를 배치해 화면의 짜임새를 높였습니다.
지금까지 설명한 삼각형 구도(p.26), 역삼각형 구도(p.30), 원형 구도와 집결 구도는 단순한 도형을 활용한 구도입니다. 이런 도형은 사용하기 쉽고, 도형으로 형태가 완성되므로 한 구도로도 완성시킬 수 있습니다. 이처럼 구도는 얼마든지 응용이 가능하다는 사실을 잊지 마세요.

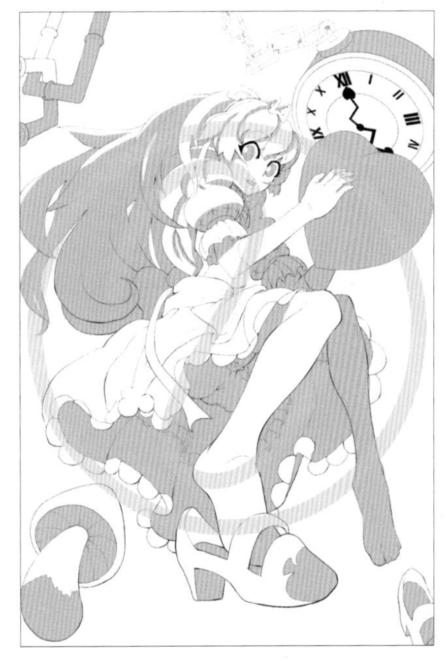

일러스트 예시

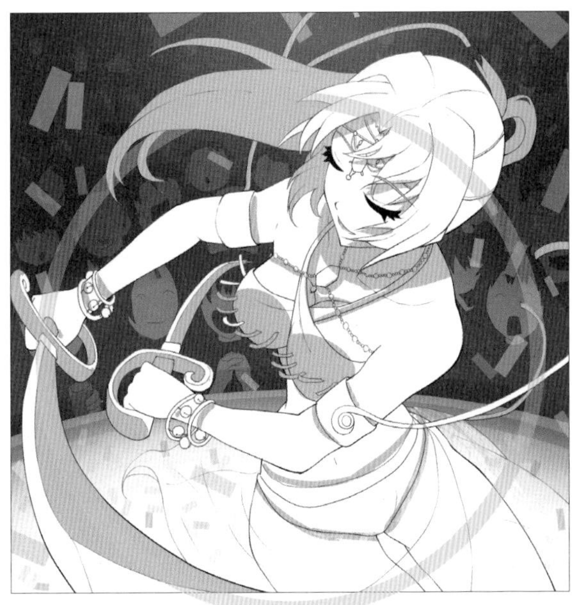

검과 머리카락으로 원을 만들었습니다. 다른 부분도 원과 곡선을 활용해 이미지로 그렸습니다.

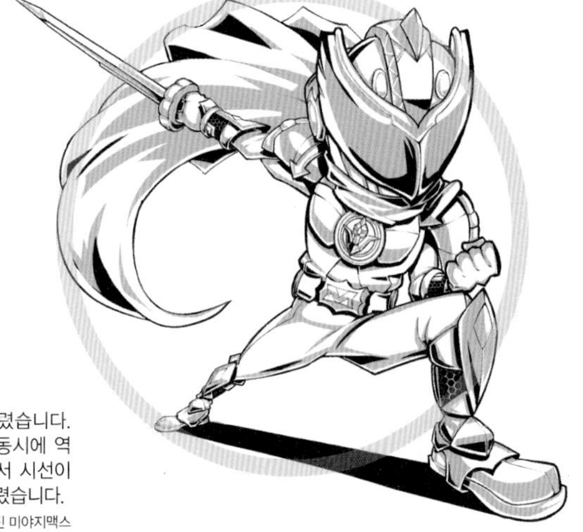

망토 부분을 원의 이미지로 그렸습니다. 없어도 되지만 여백을 채우는 동시에 역동감을 표현하고, 망토를 따라서 시선이 캐릭터에게 되돌아오는 것을 노렸습니다.

움직임이 있는 구도

대각선 구도

대각선 구도는 화면을 횡단하는 사선을 사용한 구도입니다. '움직임', '깊이', '리듬' 등을 표현할 수 있습니다.
화면을 가로지르는 대각선을 의식하면서 그리면 프로가 그린 듯한 그림으로 보여서, 초보자부터 상급자까지 폭넓게 쓰입니다.
다른 다양한 구도와 조합도 가능한, 응용의 폭이 넓은 구도입니다.

구도 포인트

구도 MEMO
다이내믹한 깊이를 느낄 수 있는 작품을 그리고 싶어서 대각선 구도를 선택했습니다.

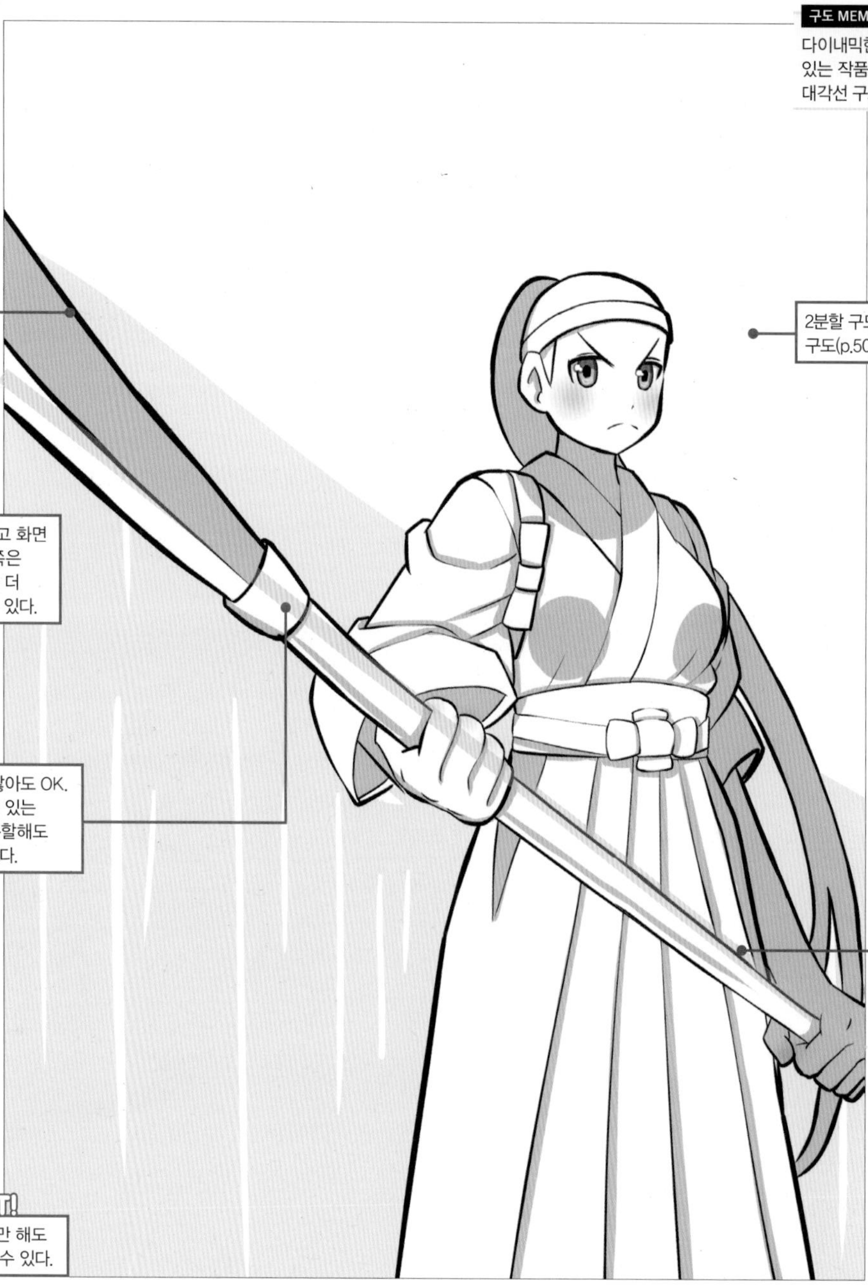

원근감을 의식하고 화면 앞쪽은 넓게, 안쪽은 가늘게 그리면 좀 더 깊이를 표현할 수 있다.

2분할 구도(p.46), 3분할 구도(p.50)보다 자유도가 높다.

구부러진 곡선이 되어도 OK.

'선'에 얽매이지 않아도 OK. 어느 정도 흐름이 있는 요소가 화면을 분할해도 대각선 구도가 된다.

ONE POINT!
요소를 나열하기만 해도 대각선을 표현할 수 있다.

대각선 구도의 기본

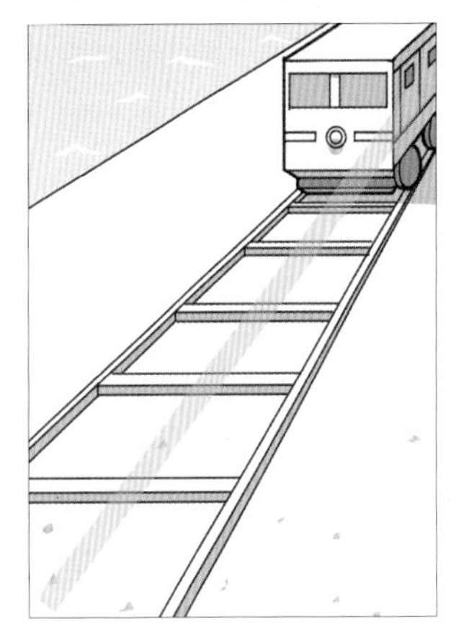

화면에 대각선과 사선의 요소가 지나는 구도입니다. 2분할 구도 또는 3분할 구도와 달리 수평/수직에 얽매일 필요는 없습니다. 자유도가 높고 사선이므로 움직임과 리듬이 생깁니다. 원근법과 조합하면 깊이도 표현할 수 있습니다.
선은 중간에 끊어져도 상관없습니다. 대각선이라는 이름이 붙어 있지만 반드시 선이 화면을 가로지를 필요는 없으며, 어느 정도 길이가 있고 선을 연상시키는 요소라면 대각선 구도는 성립합니다.
대부분 선처럼 생긴 요소가 화면을 분할하므로, 원형 구도에 익숙하거나 일러스트에 입문한 사람이 쓰려면 용기가 필요할 수도 있습니다. 반면 요소를 잘라낼 수 있게 되면 작품의 완성도는 높아집니다.

선은 여러 개 있어도 좋다

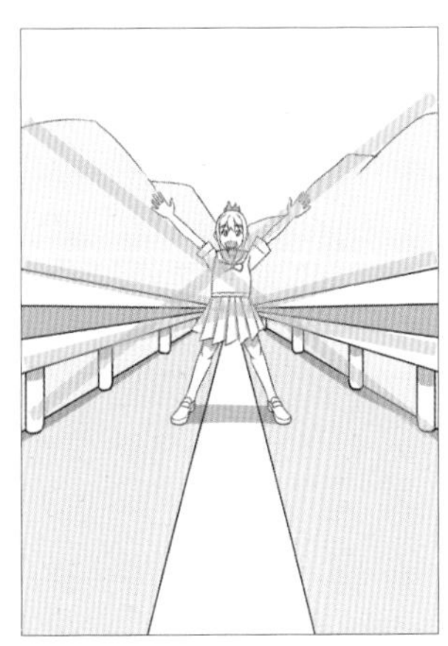

대각선은 하나의 화면에 하나만 써야 한다는 원칙은 없습니다. 도로 등을 그릴 때 도로 자체의 선 이외에도, 가드레일 등도 선의 역할을 합니다.
X처럼 선이 교차해도 상관없습니다. 원근법의 1점 투시에서도 자주 사용되는 방법입니다. 사람은 선의 흐름을 따라서 시선이 움직이는 성질이 있으므로 선이 교차하는 부분에 주목하게 할 수 있습니다. 그 부분에 주역이 될 요소를 배치하면 의도가 명확하고 강약이 있는 일러스트가 됩니다.

대각선에 너무 얽매이지 말자

△의 그림은 깔끔하게 화면을 횡단하는 대각선 구도지만, 너무 완벽한 대각선을 만들려다 보니 주역인 인물과 표지판의 기둥이 겹쳐졌습니다. 마치 꼬치구이처럼 보이는 좋지 못한 구도이며, 인물의 머리에서 기둥이 솟아오른 듯이 보여서 불길한 인상이 되고 말았습니다.
대각선은 화면을 횡단하지 않아도 어느 정도 길이가 있으면 성립합니다. 이럴 때는 인물만으로도 충분히 대각선 구도가 됩니다.

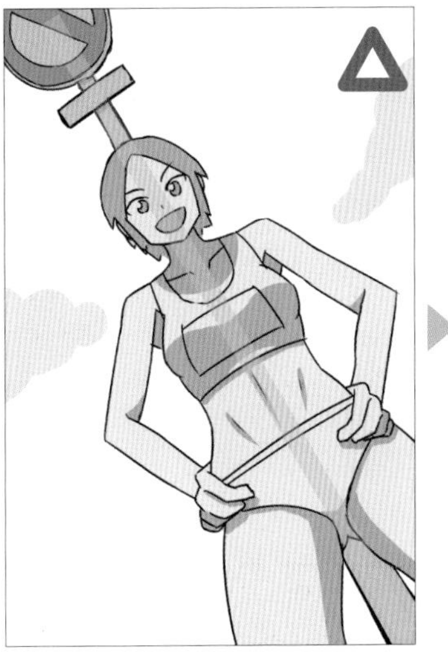

대각선을 의식한 나머지 인물의 머리에서 기둥이 솟아난 것처럼 보입니다. 꼬치구이처럼 보이는 바람직하지 않은 구도입니다.

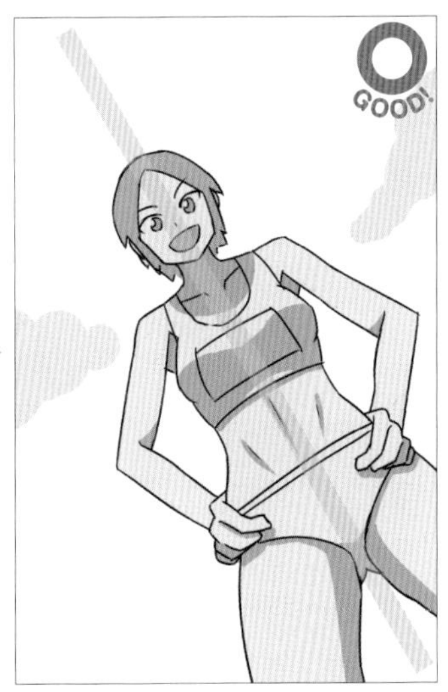

인물뿐인 구도라도 어느 정도 길이가 있으면 대각선 구도가 됩니다. 대각선 구도는 유연한 사고방식이 중요합니다.

구도 활용법

구성 요소로 대각선을 만든다

대각선 구도의 '선'은 구체적인 '선'이 아니라도 상관없습니다. 2가지 이상의 요소를 나열하기만 해도 화면에 '흐름'이 생깁니다. 이 '흐름'이 '선'의 역할을 합니다.

❶은 요리를 앞쪽에서 안쪽으로 비스듬히 나열했는데, 여러 개의 요리로 화면에 '흐름'을 만들고 대각선 구도를 구성한 예입니다. 나열한 요소를 겹치면 깊이를 표현하기 쉽지만, ❷처럼 화면에 일정 간격을 두고 배치한 요소로도 흐름만 나타나면 대각선 구도가 됩니다.

만약 그린 다음에 흐름이 느껴지지 않는다면, 디지털의 장점을 살려 요소를 전후좌우로 움직여서 밸런스를 잡아보세요.

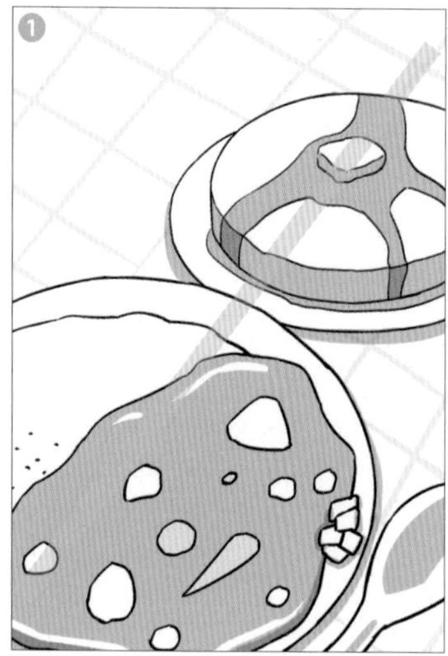

이 두 요리는 엄밀히 말하면 '선'은 아니지만, 화면을 가로지르는 '흐름'이 '선'의 역할을 합니다. 이것도 대각선 구도입니다.

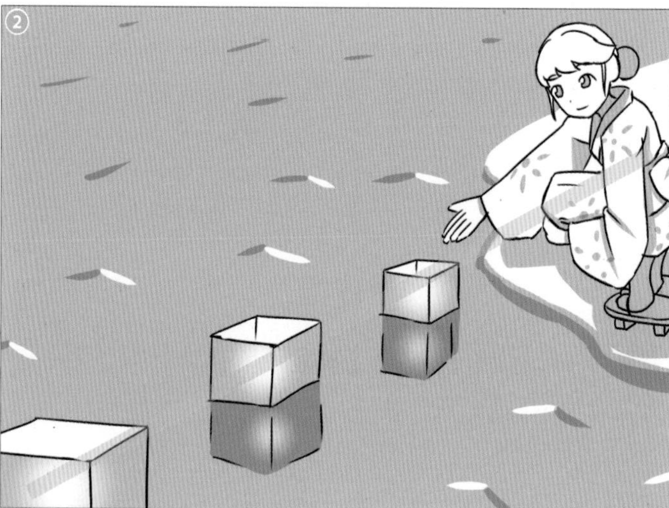

일정 간격으로 흩어진 등롱으로 '흐름'을 만들어 '선'처럼 보이게 했습니다. 흐름의 마지막에 배치한 인물도 '선'의 일부입니다. 사람은 '선'이 있으면 시선으로 뒤쫓는 습성이 있으므로, 선이 인물로 시선을 유도하는 역할도 합니다.

COLUMN

선

디자인 업계의 이야기이지만 디자인에 사용되는 '선', 특히 디자인의 영역을 구분하는 '점선'을 쓸 때는 주의가 필요합니다. '선'은 시선을 유도하는 성질이 강해, 디자인 도구로 사용한 '선'이 다른 디자인 요소보다 시선을 끄는 일이 간혹 있습니다. 이럴 때는 '선'을 작게 나누거나 색을 연하게 만들고 파선을 사용해 주목성을 떨어뜨립니다.

대각선 구도의 '선'도 마찬가지입니다. '선' 자체를 주역으로 쓸 때는 상관없지만, 화면의 핵심 요소로 대각선을 쓰고 싶다면 '선'이 시선을 너무 끌지 않도록 주의해야 합니다. '선'이 도드라질 때의 대처법은 디자인과 마찬가지입니다. '선'을 작게 나누거나 색을 연하게 하고, 파선(숨은 선)으로 만들어보세요. 이런 원리는 다른 구도에서도 중요합니다. 구도가 너무 강하고 의도하지 않은 화면이 되었을 때는 더 좋은 일러스트를 만들기 위해 다양하게 시험해봅시다.

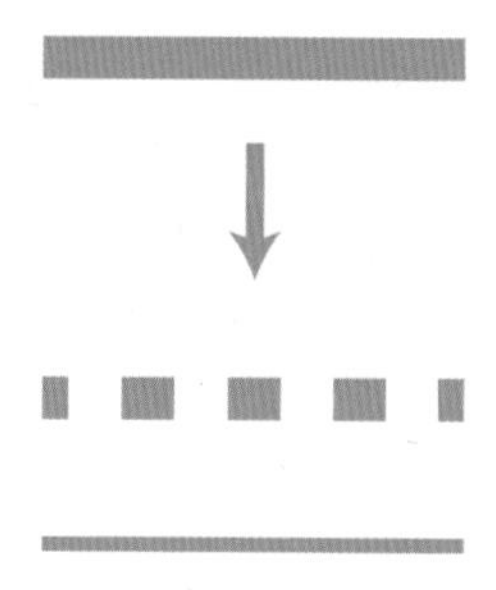

어떤 구도라도 잘 어울린다

대각선 구도를 다른 구도와 적극적으로 조합해보세요.
자유도가 높고 유연한 구도이므로 다른 구도와 조합해도 크게 방해되지 않습니다. 처음부터 다른 구도를 조합한 상태로 그려도 좋고, 화면에 '움직임', '깊이', '리듬' 등이 부족하다면 핵심 요소에 가볍게 더해도 상관없습니다.
특히 경사 구도(p.22)와 조합하면 자연스럽습니다. 원형 구도(p.34)나 집결 구도(p.38) 등 움직임이나 깊이를 표현하기 힘든 구도에 사용하면 화면이 다채로워집니다.
2분할 구도, 3분할 구도와 조합할 때는 수직/수평의 선이 주역이 되므로 약간 주의가 필요합니다. 하지만 구도의 활용법은 다양하니 단순한 화면을 개선하는 의미로도 대각선 구도를 조합하면 효과적입니다.
만약 다른 구도와 조합할 때 대각선을 도드라지지 않게 하고 싶다면, 정확한 '선'이 아니라 특정 요소를 나열하는 식으로 '흐름'을 만들어 선의 존재감을 최대한 약화시킵니다. 이때는 균형을 보면서 조절합니다.

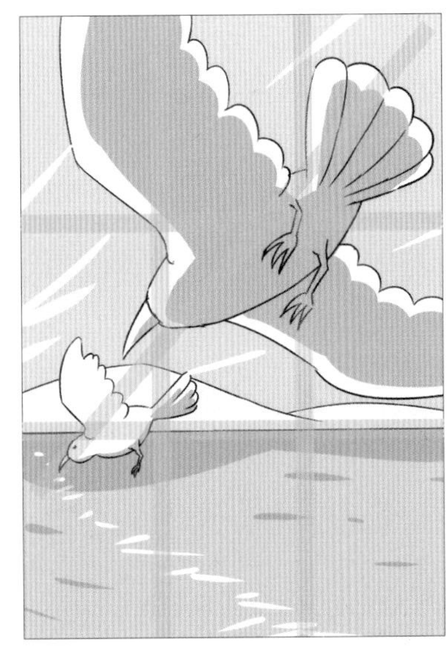

일러스트 예시

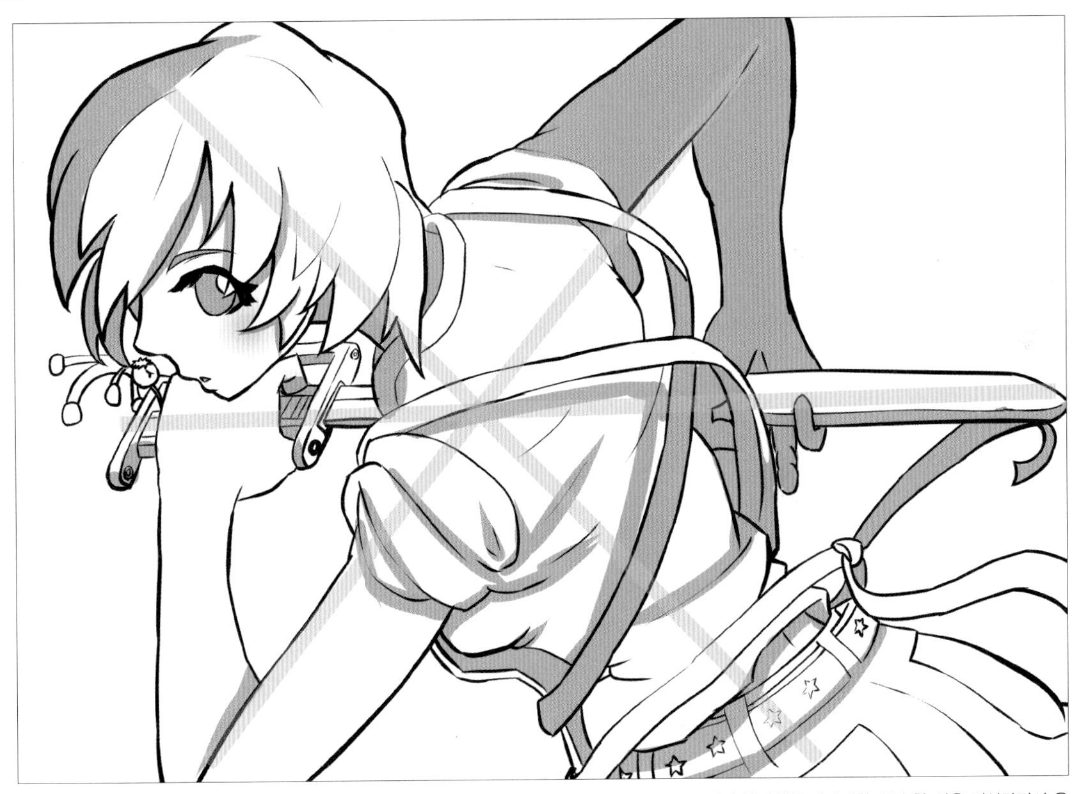

역동적인 움직임은 아니지만, 무수한 선을 의식하면서 움직임을 표현했습니다. 집중선을 이미지로 그렸으므로 시선이 집중되기 쉽습니다.

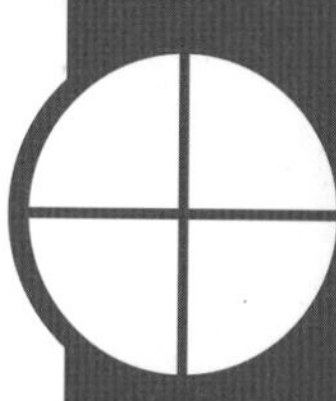
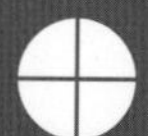

배경에 효과적인 구도

2분할 구도

2분할 구도는 화면을 상하 혹은 좌우 2개로 분할한 구도이며, '안정감', '차분함', '대비' 등을 표현할 수 있습니다.
화면 중앙을 2분할해도 한쪽에 주역, 다른 한쪽에 그것을 보충하는 요소를 넣을 수 있어 상황을 알기 쉽게 설명할 수 있습니다.

구도 포인트

구도 MEMO
차분하고 사실감 있는 일러스트를 그리고 싶어서, 정보량이 적은 공간을 만들고 2분할 구도를 사용했습니다.

화면 방향에 관계없이 상하좌우로 분할할 수 있다.

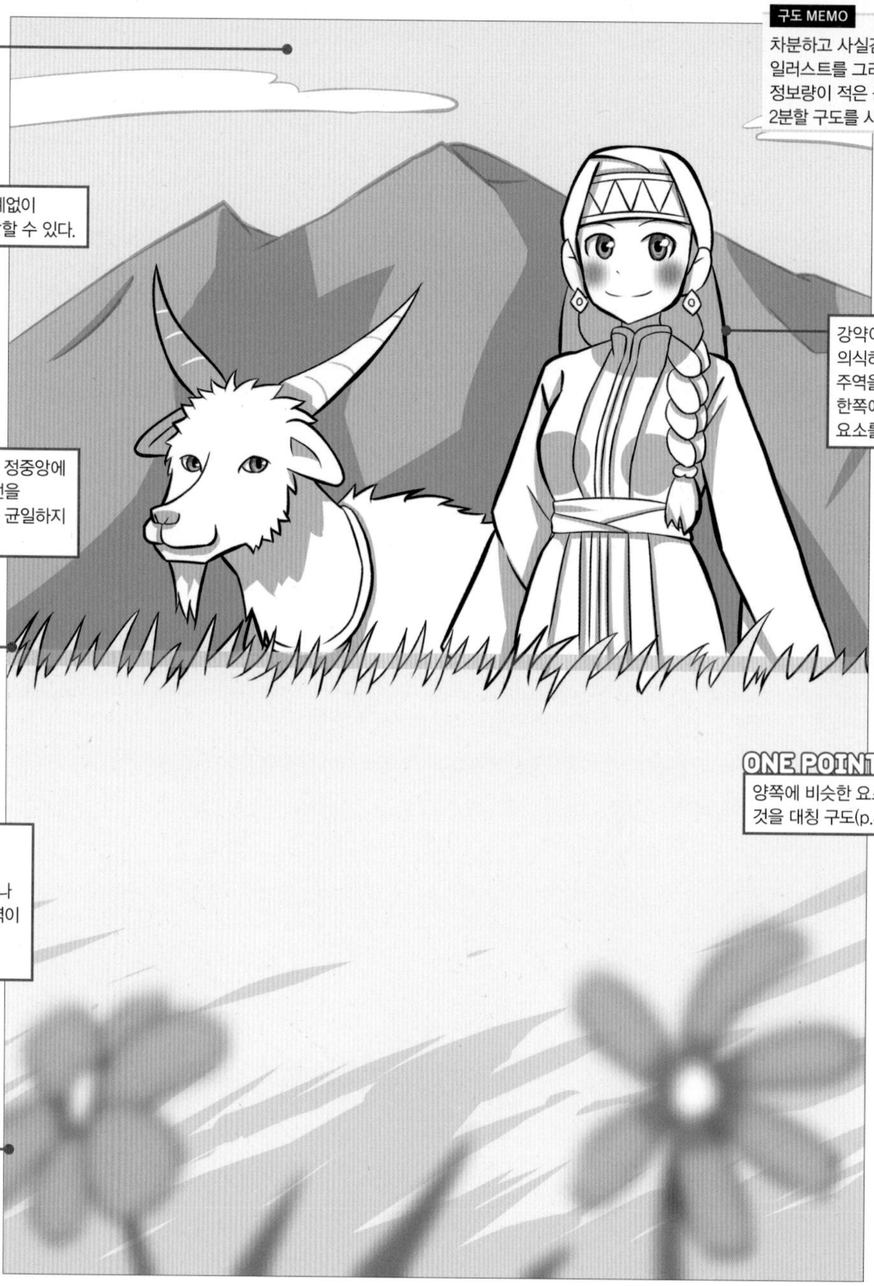

강약이 있는 화면을 의식하면서 한쪽에는 주역을 배치하고 다른 한쪽에는 대비되는 요소를 넣는다.

경계선은 화면의 정중앙에 수평으로. 경계선을 나타내는 요소는 균일하지 않아도 된다.

ONE POINT!
양쪽에 비슷한 요소를 배치한 것을 대칭 구도(p.48)라고 부른다.

다른 한편은 명암이나 색채로 차이를 나타내거나 흐리게 해서, 주역이 있는 쪽과 쉽게 구분되게 한다.

구도의 기본

2분할 구도의 기본

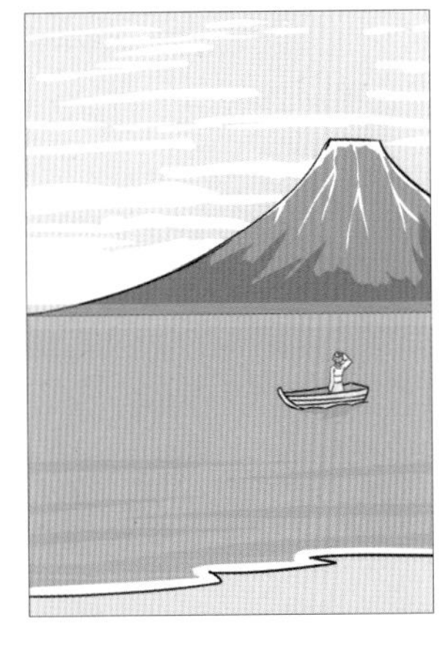

화면을 상하 혹은 좌우로 균등하게 분할한 구도입니다. 세로 화면의 구도에서도, 가로 화면의 구도에서도 사용할 수 있습니다.
수평 혹은 수직선으로 화면을 깔끔하게 분할하므로 안정감이 강합니다. 분할에 의해 화면이 정리가 되어 파악하기 쉬워지고, 화면 전체의 정보를 효과적으로 전달할 수 있는 구도입니다. 상황 설명이 필요한 일러스트에 적합합니다.
특히 풍경에 적합한 구도입니다. 알기 쉬운 예로는 바다와 하늘을 수평선으로 같은 비율로 분할해서 그리거나 꽃밭과 산을 분할해서 그리는 방법이 있습니다.

경계선은 수평 혹은 수직이다

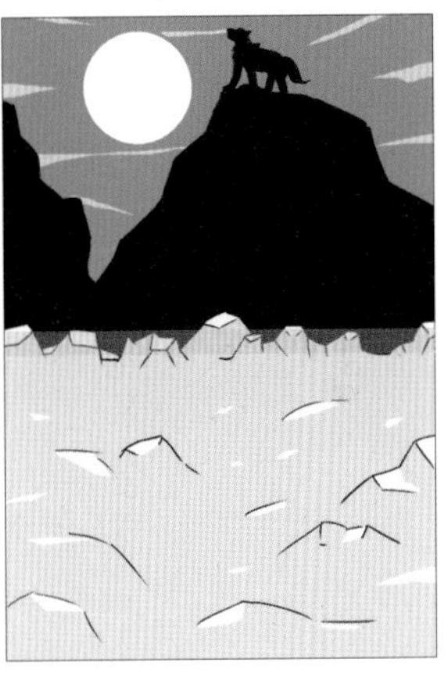

화면을 분할한 경계선은 기본적으로 수평 또는 수직으로 긋습니다.
2분할 구도는 화면을 동일한 비율로 분할하므로 중심의 경계선이 핵심입니다. 경계선이 기울어지면 위화감이 강해집니다. 비스듬한 수평선에는 다른 효과도 있습니다. 경사 구도(p.22)나 대각선 구도(p.42)를 참고하세요.
경계선을 나타내는 요소는 다소 영역을 벗어나거나 흐려져도 상관이 없습니다. 화면을 동일한 비율로 분할하는 효과가 있다면 경계선은 어떤 것이라도 좋습니다.

주역은 돋보이게, 대비를 의식하자

△의 그림은 2분할 구도지만, 강조하고 싶은 주역을 파악하기 어렵고 의도를 알 수 없는 평범한 인상입니다. 완성도를 높이려면 ○의 그림처럼 한 면에 주역을 준비해야 합니다. 한쪽에 주역을 배치하면 화면에 명확한 대비가 생기고, 일러스트의 임팩트도 한층 강해집니다.

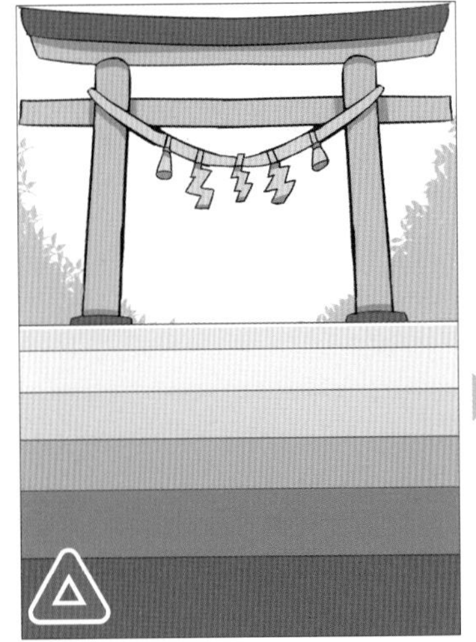

깔끔하게 2등분으로 나눴지만, 화면 전체가 밋밋해서 좀 더 강약이 필요합니다.

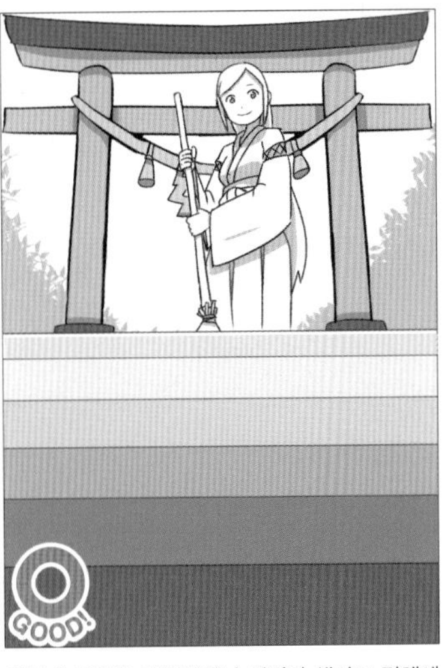

한쪽에 주역을 배치했더니 대비가 생기고 전체에 강약이 살아 있는 일러스트가 되었습니다.

구도 활용법

화면을 분할할 때 쓸 수 있는 구도

지금까지 수평선을 이용한 화면 분할법을 설명했는데, 더 재미있는 분할법을 설명하겠습니다.
나무나 전봇대 등을 화면 중앙에 배치해 화면을 분할할 수도 있습니다. 절반을 비워두고 문, 펜스 또는 벽 등도 화면을 분할하는 경계선으로 쓸 수 있습니다.
즉, 경계선의 역할을 하는 것이 수직이나 수평이며, 나눠진 화면에 그린 것이 서로 다르면 2분할 구도는 성립합니다.

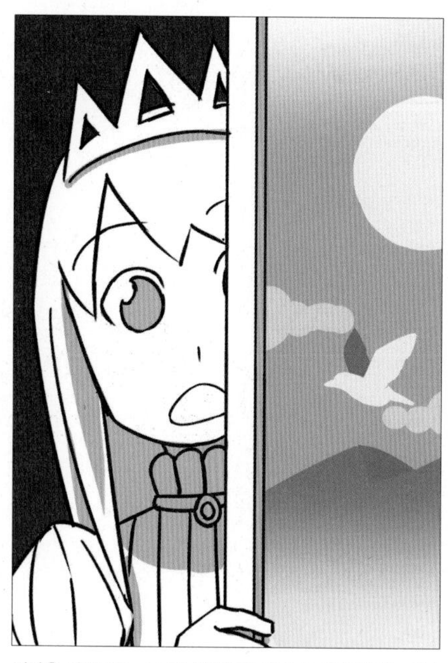

절반을 비워두고, 소녀가 창문에서 살짝 고개를 내밀고 있습니다. 창문 부분에 비친 화면 앞쪽의 배경을 묘사하면 소녀가 동경하는 바깥 세계를 동시에 표현할 수 있습니다.

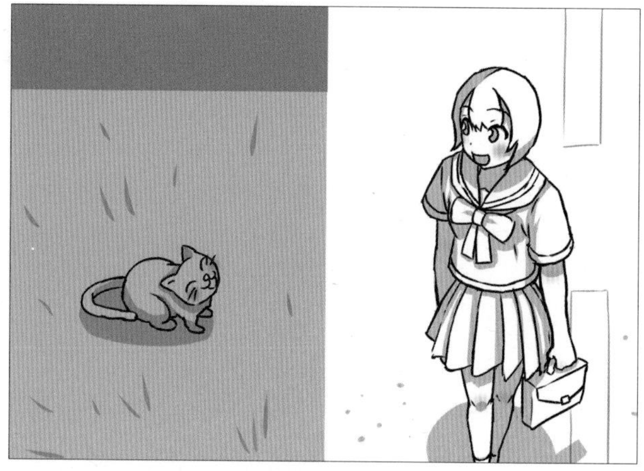

건물의 그림자로 화면을 분할했습니다. 경계선을 나타내는 요소는 반드시 실체가 있는 것이 아니라도 상관없습니다. 명암의 대비로 재미있는 화면이 완성되었습니다.

대칭 구도

2분할 구도와 비슷한 대칭 구도가 있습니다. 대칭 구도란 2개로 나눈 화면에 각각 거울에 비친 모습처럼 비슷한 요소를 그린 구도입니다. 단, 좌우로 분할하고 배치한 요소가 반드시 좌우대칭일 필요는 없습니다.
2분할 구도에서는 분할한 양쪽에 눈에 띄는 요소를 배치하면 주역의 이미지가 약해지므로 추천하지 않지만, 비슷한 요소를 배치한 대칭 구도는 화면이 좀 더 안정적인 효과가 있어서 자주 사용됩니다.
오른쪽 그림처럼 쌍둥이 일러스트를 그릴 때 유효합니다. 단, 같은 요소를 나열한 구도이므로 단조로운 화면이 될 가능성이 높은 만큼 구도의 의미와 역할을 생각하면서 인상적인 요소를 선택합니다.

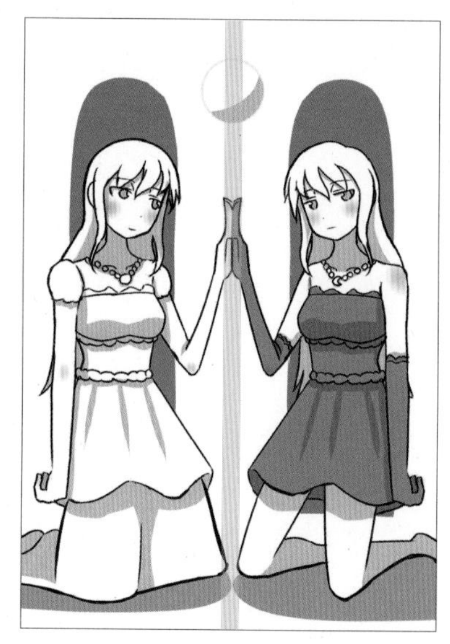

일러스트 예시

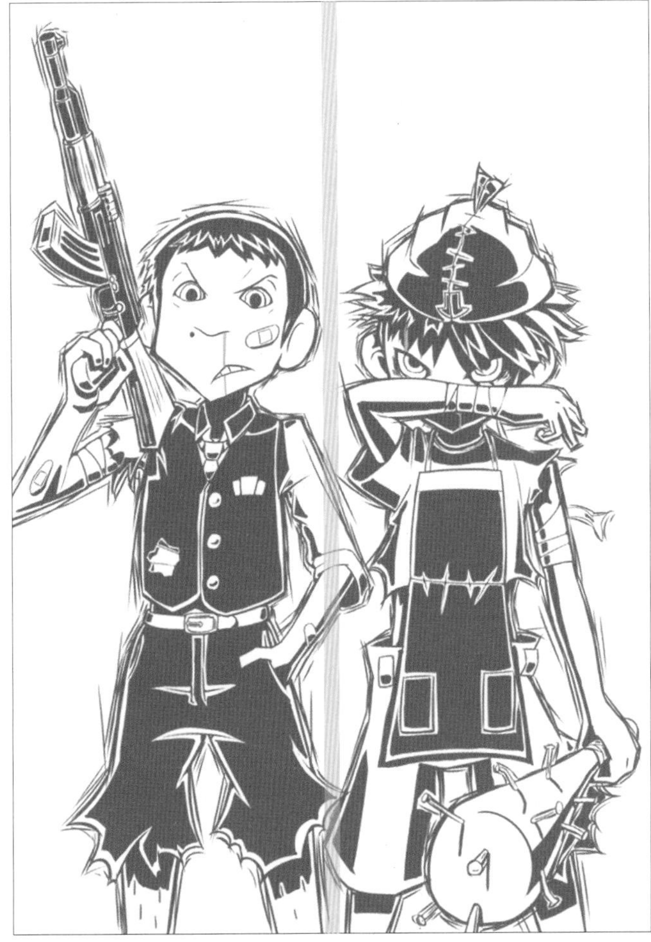

대칭 구도는 포즈와 실루엣이 좌우 대칭에서 벗어나도 성립합니다. 대강 비슷하면 됩니다.

COLUMN

게임 배경과 눈높이

비주얼 노벨 게임의 배경은 주로 야외 촬영으로 찍은 사진을 트레이싱하고, 채색을 하는 방법으로 제작합니다. 촬영할 때 화면 중앙(50%)에 눈높이(p.20)가 오도록 카메라를 설치하는 것이 기본입니다.

비주얼 노벨 게임이 아니라도 50% 위치의 눈높이가 필요한 배경이 많아서 저 역시 그런 자료를 많이 찍어두고 활용합니다.

게임이나 애니메이션의 배경을 유심히 살펴보면 눈높이가 중앙에 있는 작품이 많습니다.

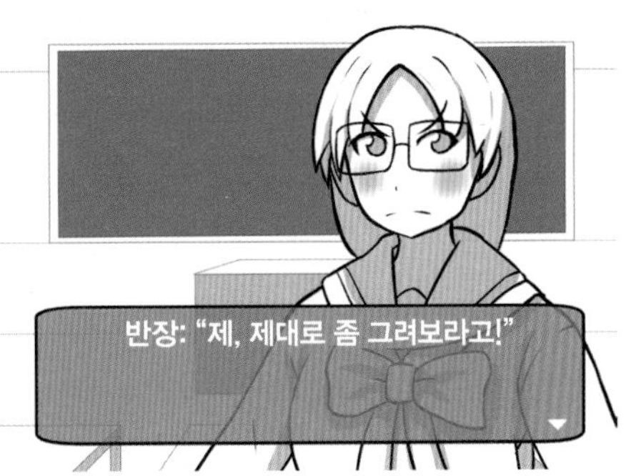

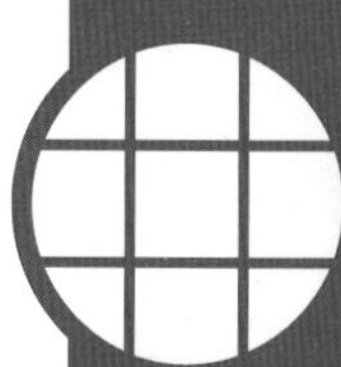
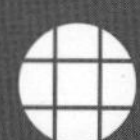

복잡한 배경에 효과적인 구도

3분할 구도

3분할 구도는 화면을 상하좌우 3개로 분할한 구도이며, 많은 요소를 그려야 할 때 '통일감'을 표현할 수 있습니다. 공간을 활용하는 기준이 되기도 합니다.
분할하는 선과 교차점을 의식하고 그리면 제각각인 요소들을 통일된 느낌으로 표현할 수 있는 구도입니다.

역동적인 물결과 후지산, 여러 척의 배를 그린 카츠시카 호쿠사이의 〈카나가와 오키나미우라(카나가와 난바다 큰 파도 속)〉에도 3분할 구도가 쓰였습니다.

구도 포인트

화면 방향에 상관없이 균등하게 3분할.

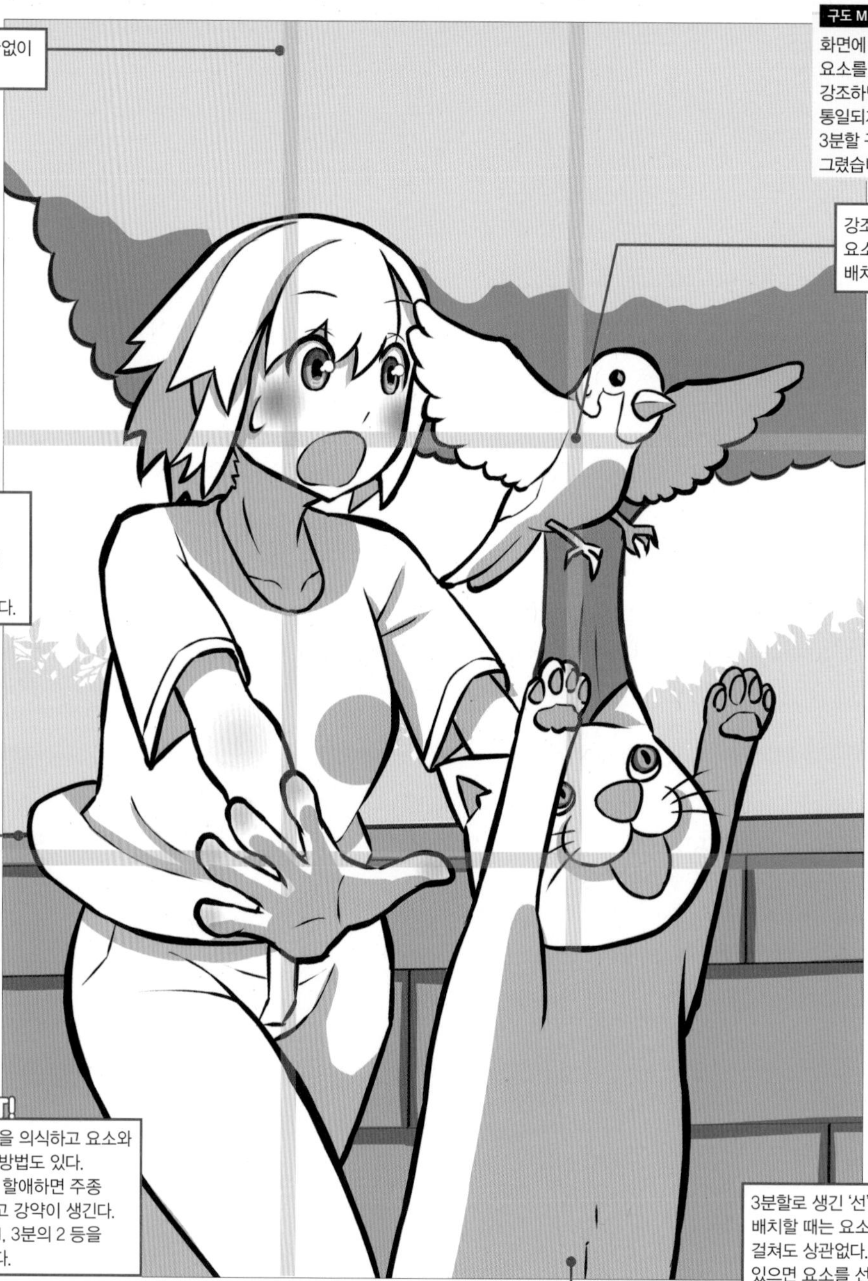

2분할 구도만큼 엄밀하지 않다. 배치한 요소가 선 위와 교차점에서 조금 벗어나도 된다.

구도 MEMO

화면에 있는 다양한 요소를 제각각 강조하면서 최대한 통일되게 표현하려고 3분할 구도로 그렸습니다.

강조하고 싶은 요소는 교차점에 배치.

ONE POINT!

3분할로 생긴 '면'을 의식하고 요소와 여백을 배치하는 방법도 있다. 주역에 면을 많이 할애하면 주종 관계가 명확해지고 강약이 생긴다. 면 전체의 3분의 1, 3분의 2 등을 의식하고 배치한다.

3분할로 생긴 '선'을 기준으로 배치할 때는 요소가 선에 살짝 걸쳐도 상관없다. 선에 걸쳐 있으면 요소를 선 전체에 채우지 않아도 OK.

구도의 기본

3분할 구도의 기본

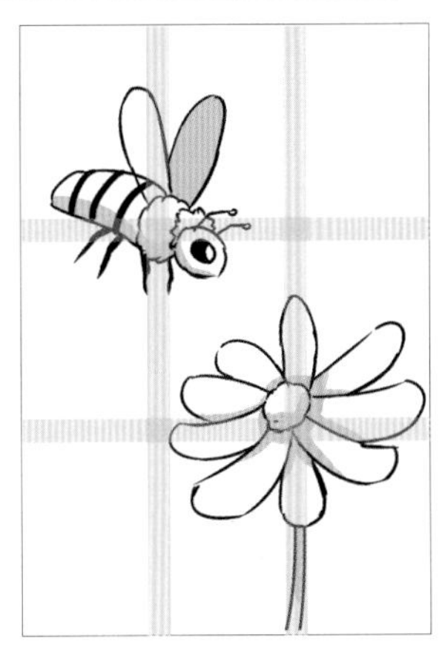

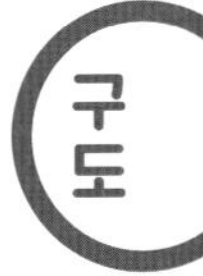

화면을 상하좌우로 3등분해 총 9개의 그리드를 기준으로 요소를 배치한 구도입니다. 그림처럼 심플한 화면에서도, p.50의 복잡한 일러스트에서도 효과를 발휘합니다. 디자인 업계에서는 그리드 레이아웃이라고 부르는 흔히 쓰는 방법입니다.

그리드를 이용하는 방법은 크게 3가지입니다.

- 그리드 선 위에 요소를 배치하는 방법
- 그리드에 있는 4개의 교차점에 요소를 배치하는 방법
- 그리드로 나눠진 면에 요소를 배치하는 방법

이 중에서 선 위나 교차점에 중요한 요소를 배치하면 효과적입니다.
면에 요소를 배치하는 방법은 공간을 배치하는 기준으로 사용하기 편리합니다.

공간을 활용한다

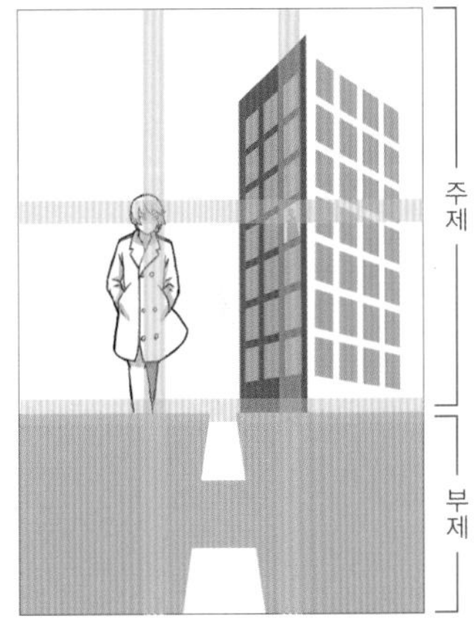

3분할 구도를 사용하면 공간에 다양한 의미를 담기 쉽습니다.
3개로 나눈 화면 가운데 3분의 1 면에 부제를 배치하거나 여백으로 이용하고, 남은 면에 주제를 그리면 공간의 밸런스가 좋고 주역도 확실히 강조할 수 있어서 매력적인 화면이 됩니다.
단, 이 방법은 2분할 구도만큼 엄밀한 것이 아니라서 공간이나 요소가 다소 어긋나도 문제는 없습니다. 적절하게 조절해보세요.

공간을 구체적으로 분할한 예

천체 관측을 주제로 한 작품입니다. △의 그림은 화면 가운데 3분의 2를 건물이 차지하니 빌딩이 테마인 작품처럼 보이고, 밤하늘이 테마인 일러스트로는 보이지 않습니다. 한편 ○의 그림은 빌딩을 3분의 1로 설정하고 3분의 2에 밤하늘을 그렸습니다. 인물을 선 위에 배치해 주제가 더 명확한 그림이 되었습니다. 표현하고 싶은 테마에 적합하게 공간을 조절해보세요.

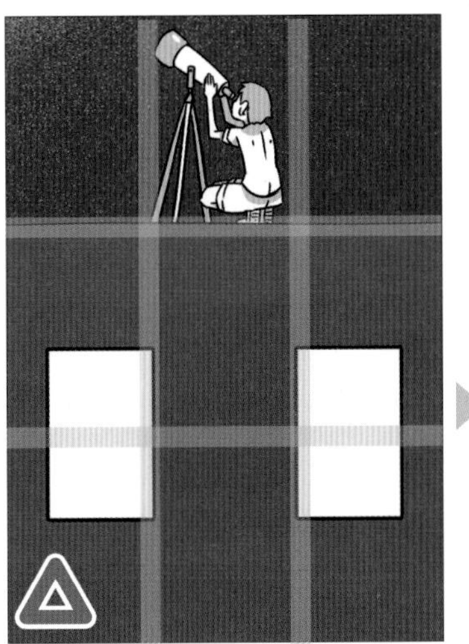

주역이 있는 공간이 좁아서 빌딩이 메인처럼 보입니다. 천체 관측이 테마인 일러스트로도 보이지 않습니다.

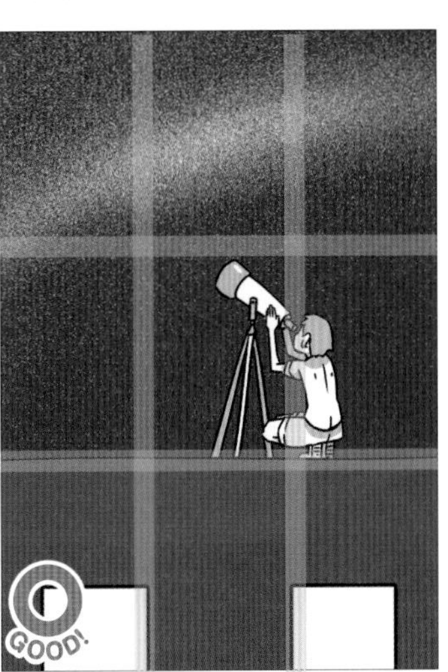

주역이 있는 공간을 넓게 잡으면 한눈에 주제가 무엇인지 알 수 있습니다. 그리드 선 위에 주역을 배치하고, 좀 더 공간을 활용한 일러스트로 만들었습니다.

구도 활용법

어느 교차점에 배치할 것인가

3분할 구도의 교차점에 주역을 배치하면 보기 좋은 화면이 된다고 설명했지만, 어떤 교차점에 배치하더라도 같은 효과가 있는 것은 아닙니다. Z구도(p.70)나 여백 구도(p.54)에서 자세히 설명하겠지만, 어디에 배치하느냐에 따라 그림의 인상이 달라집니다. 일러스트를 완성해도 캐릭터나 다른 요소의 위치를 바꿔 좀 더 인상이 좋은 위치를 찾는 것이 중요합니다.
3분할 구도는 여백을 균형 있게 표현할 수 있는 구도이므로, 구도가 잡혀 있다면 레이아웃이 크게 달라져도 균형이 무너지지 않습니다. 디지털 일러스트의 장점인 기술을 활용해 다양한 배치를 실제로 시험해보세요.

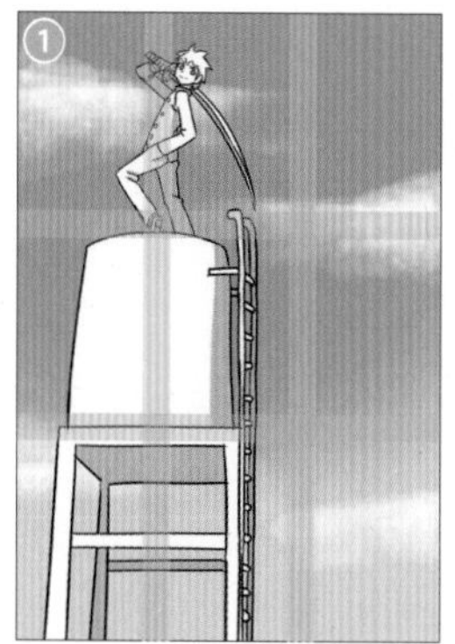

주역을 왼쪽 위에 배치한 예. 갑자기 중요한 요소가 보여서 놀라움과 위화감이 느껴지는 위치입니다.

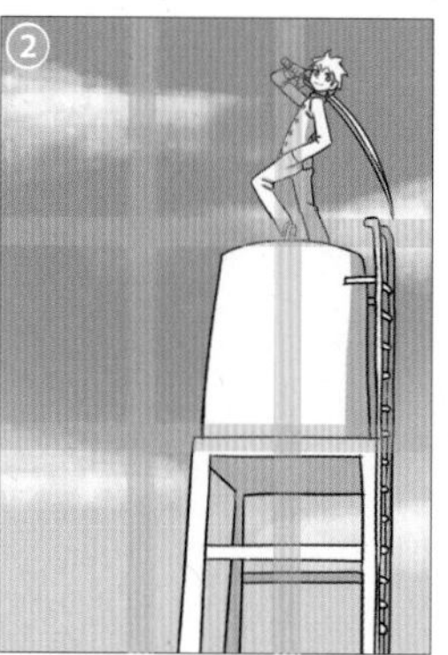

주역을 오른쪽 위에 배치한 예. ❶보다는 안정적이지만, 주역을 배치할 만한 위치가 아니라서 위화감이 느껴집니다.

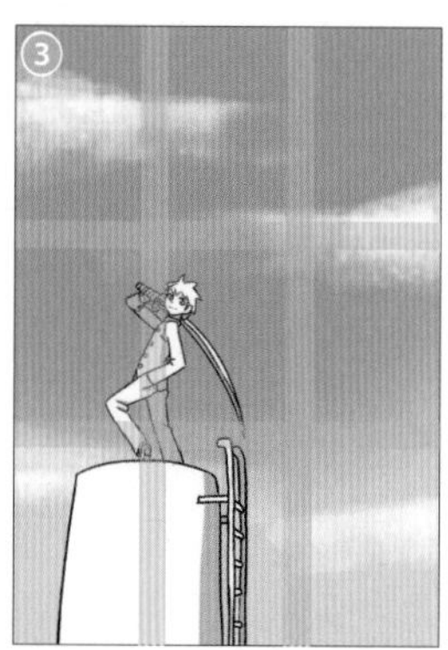

주역을 왼쪽 아래에 배치한 예. 주역을 배치할 만한 위치가 아니지만, 중요한 요소가 아래에 배치되어 있어 비교적 안정감이 있습니다.

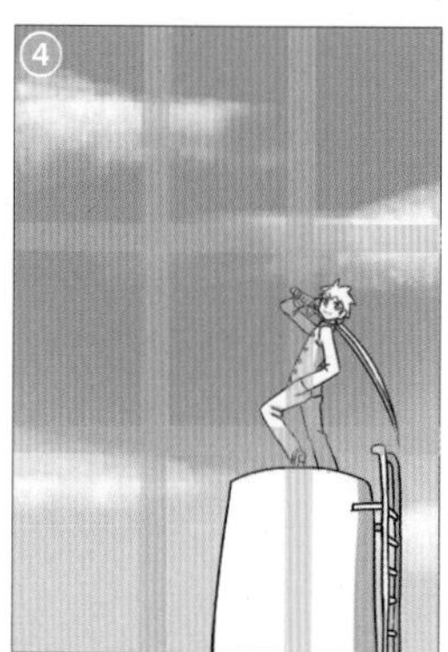

주역을 오른쪽 아래에 배치한 예. 중요한 요소를 아래에 배치해 시선이 마지막에 도달하는 위치이므로, 가장 안정감이 있습니다.

COLUMN

몇 분할 구도?

3분할 구도를 설명했는데 4분할 구도도 있습니다. 마음만 먹으면 5분할 구도도 가능합니다!
디자인 업계의 그리드 레이아웃을 설명했는데, 이쪽은 상황과 장면에 따라서 얼마든지 화면을 세분화하고 디자인의 레이아웃을 잡기도 합니다. 단, 그리드를 세분화할수록 화면 관리가 어렵고 작업이 힘들어집니다. 사람에 따라서 생각은 제각각이지만, 그림은 자유롭게 그리는 것이므로 지나치게 세분화한 그리드를 사용하는 것은 추천하고 싶지 않습니다.
3분할 구도라고 해도 어디까지나 기준입니다. 화면 배치가 쉽지 않을 때 그리기 쉽도록 도움을 주는 도구라고 생각합시다.
같은 규칙이나 배치로 그려도 누구나 좋은 그림을 그릴 수 있는 것은 아닙니다. 구도를 연구하고 남용하지 않도록 상황에 따라서 영리하게 이용해보세요.

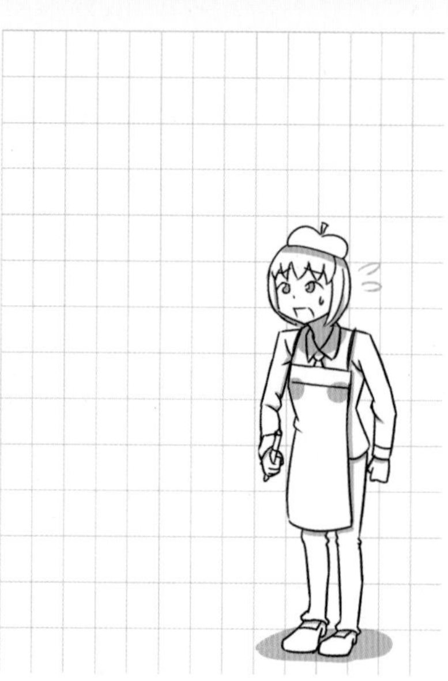

교차점의 대각선

3분할 구도에는 교차점이 4개 있습니다. 이 교차점의 대각선상에 서로 관련 있는 요소를 배치하면 관계를 강조할 수 있고 재미있는 화면을 연출할 수 있습니다.
오른쪽 그림처럼 적 캐릭터를 왼쪽 위에, 주역을 오른쪽 아래에 배치하면 대립하는 분위기가 강해지고 움직임도 생깁니다.
단순히 상하좌우로 마주 보는 교차점이라도 적대를 표현할 수 있지만, 더 임팩트가 강한 화면으로 만들고 싶다면 대각선상의 교차점에 배치하면 효과적입니다.

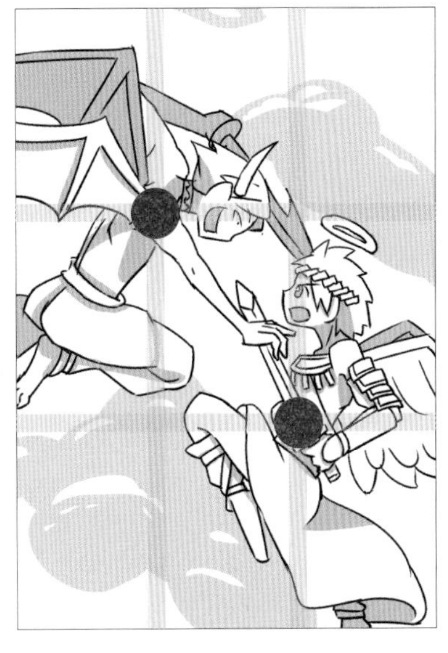

구도

3분할 구도

일러스트 예시

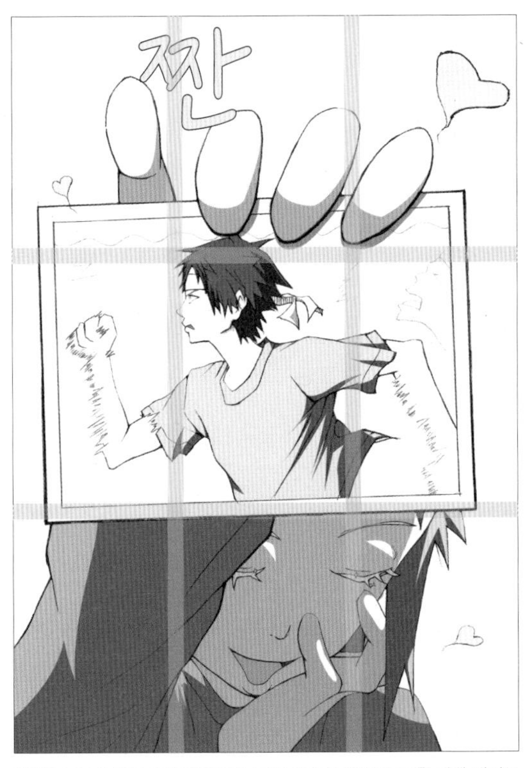

3분할 구도의 면을 사용했습니다. 크기 차이가 있어도 넓은 면에 배치를 한 캐릭터가 돋보입니다.

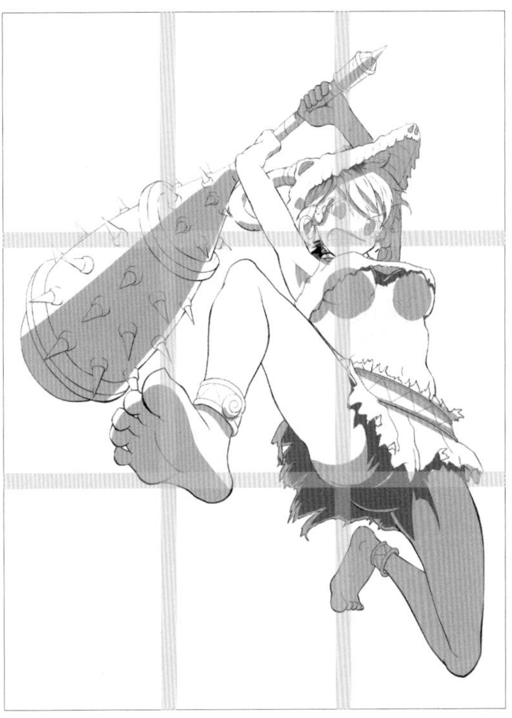

4개의 교차점에 중요 부분이 오도록 배치했습니다.

여백 구도

여백 구도는 화면 내에 의도적으로 여백을 남기는 구도로 '품위나 고급스러운 느낌', '방향성', '사실감과 여유', '쓸쓸함' 등을 표현할 수 있습니다.
주로 비싼 제품의 패키지와 품위가 요구되는 디자인에 쓰입니다. 이외에 만화 컷에도 여백을 활용한 사실감과 진행 방향을 표현하거나 눈에 띄지는 않지만 다양한 장면에서 의도적으로 사용합니다.
동양화를 제대로 표현하는 구도인 여백 구도는 오래전부터 사용해왔으며, 여백의 미를 추구하는 동양 특유의 구도입니다.

구도 포인트

구도 MEMO

전진하는 이미지와 진군하는 이미지를 표현하려고 왼쪽에 여백을 넣어 여백 구도를 선택했습니다.

아무것도 없는 공간이 큰 의미를 나타낸다.

하늘처럼 요소가 극단적으로 적은 것도 여백.

왼쪽 공간은 미래, 오른쪽 공간은 과거.

ONE POINT!

여백의 크기·형태·위치 등이 고민될 때는 원형 구도, 2분할 구도, 3분할 구도 등을 참고하면 좋다.

오른쪽 배치는 강하고, 왼쪽 배치는 약하다. 화면이 잘려도 같은 효과를 발휘한다.

구도의 기본

여백 구도의 기본

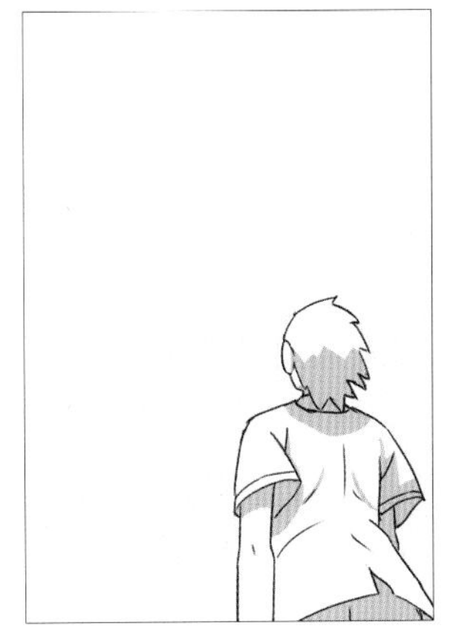

계획에 따라 '여백(공간)을 배치한 것'이 여백 구도입니다. 여백은 '아름다움'이나 '고급스러운 느낌'을 표현할 수 있습니다. 또한 캐릭터의 시선이 향하는 방향에 공간이 있으면 캐릭터가 앞으로 나아가는 '방향성'이 생깁니다.
요소가 많아서 화면이 좁아 보일 때 하늘 등으로 여백을 만들면 '사실감과 여유'가 느껴지게 됩니다. 너무 큰 여백으로는 '고요하고 쓸쓸한 느낌'을 표현할 수 있습니다.
아무것도 없는 공간이라도 효과적으로 활용하면 그만큼 의미 있는 화면이 될 수 있습니다. 여백이라고 해서 반드시 흰색일 필요는 없습니다. 요소가 적고, 눈에 띄지 않는 하늘 등도 훌륭한 여백입니다.

왼쪽 공간은 미래, 오른쪽 공간은 과거(한국 만화는 반대)

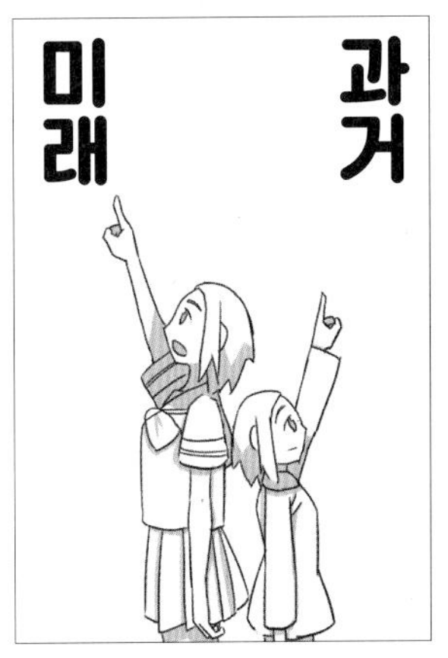

캐릭터의 왼쪽 공간과 오른쪽 공간은 다른 효과를 발휘합니다.
일본 만화는 컷도 페이지도 오른쪽에서 왼쪽으로 진행됩니다. 따라서 왼쪽에는 미래(진행 방향)를 그립니다. 이런 인상이 강해서 왼쪽에 공간이 있으면 그 방향으로 진행하는 인상이 되고, 왼쪽 공간에 그려진 이미지는 아직 일어나지 않은 것처럼 느껴집니다.
반대로 오른쪽 공간에 그려진 이미지는 지나간 과거의 일이라고 생각합니다.

공간의 방향에 따른 인상의 차이

❶은 왼쪽에 이미지가 있어서 앞으로 일어날 일을 상상하는 것처럼 보입니다. 귀가하고 나서 아이의 생일 파티를 떠올리는 긍정적인 분위기도 있습니다. 반대로 ❷는 오른쪽에 이미지를 넣어 과거의 기억을 떠올리는 것처럼 보입니다. 죽은 아이를 생각하거나 어린 시절의 즐거운 기억으로 자신을 위로하듯 부정적인 분위기가 느껴집니다.
이렇게 위치만 달라도 화면의 인상이 달라지므로 시험해보세요.

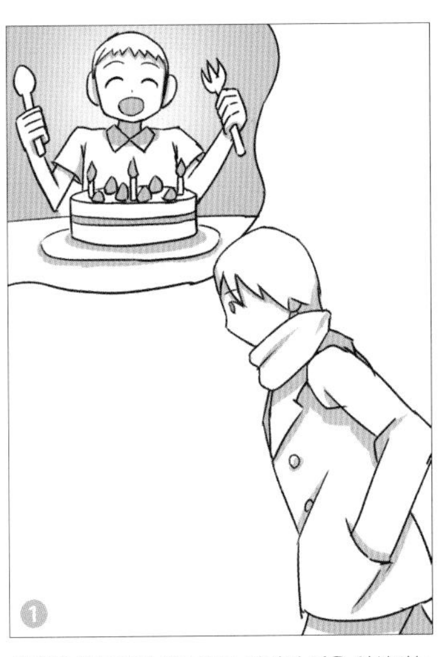

왼쪽에 이미지가 있으므로 미래의 일을 상상하는 것처럼 보입니다.

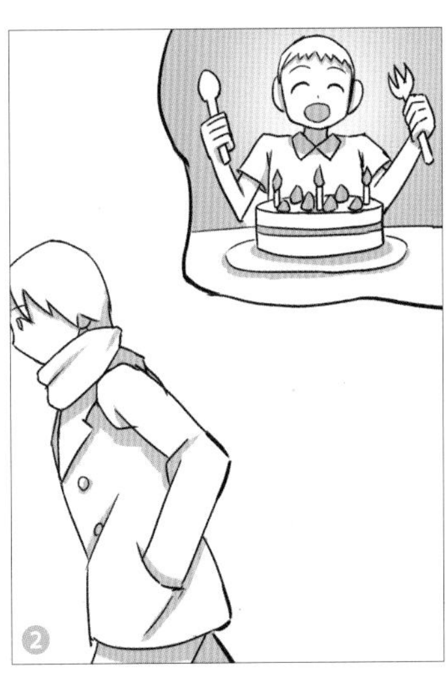

오른쪽에 이미지가 있으므로 과거의 일을 떠올리는 것처럼 보입니다.

여백 구도의 실제 예

여백 크기에 기준이 없고 경험과 감에 크게 의지하는 만큼 상급자에게 적합한 구도라고 할 수 있습니다. 하지만 좀 더 나은 일러스트를 그리려면 반드시 익혀야 하는 구도입니다.
여백을 배치할 때의 기준으로 2분할 구도(p.46), 3분할 구도(p.50), 원형 구도(p.34) 등을 활용하면 균형 있는 여백을 만들 수 있지만 절대적이지는 않습니다.
몇 가지 예를 살펴보겠습니다.

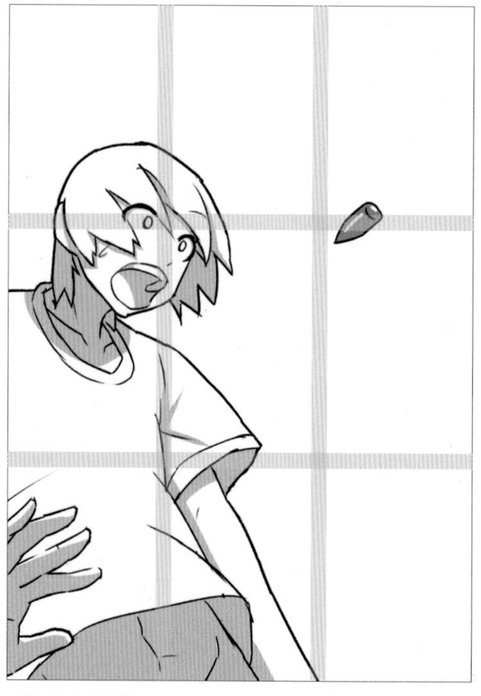

탄환 끝에 여백을 만들어 방향성을 만들었습니다. 역삼각형 구도(p.30)에서 불안정한 느낌과 긴장감을, 또는 얼굴과 심장을 3분할 구도의 점에 배치했습니다. 탄환은 3분할 구도보다 좀 더 여백이 있었으면 해서 살짝 어긋나게 그렸습니다.
탄환과 여백을 사용한 작품 가운데 그래픽 디자이너 후쿠다 시게오의 〈빅토리(VICTORY)〉가 유명합니다.

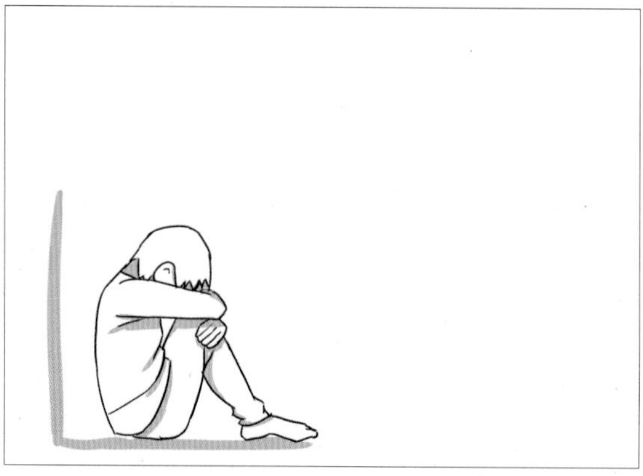

큰 여백을 잡은 다음 구체적인 표정에 의지하지 않고 고독함과 슬픔을 표현했습니다. 여백 덕분에 아무것도 없는 텅 빈 내면이 잘 나타납니다. 오른쪽 여백은 부정적인 표현에 적합하며, 그 범위가 클수록 효과를 발휘합니다.

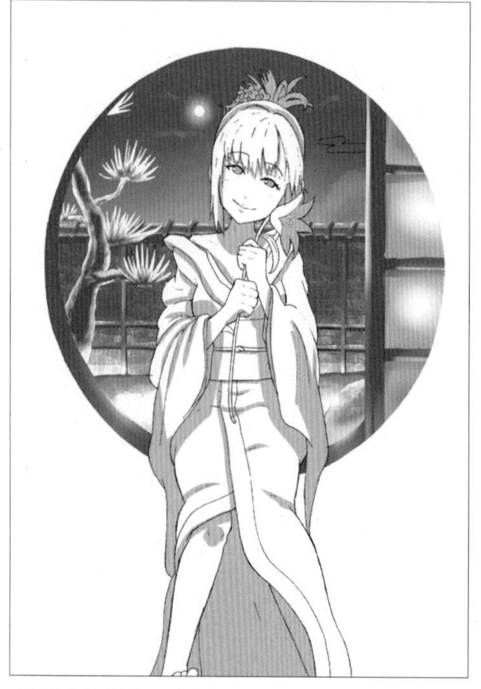

네 귀퉁이에 여백을 크게 잡아 고급스러운 품위를 연출했습니다. 일본풍 일러스트에 어울리게 배경을 원형 창문에 담았고, 주역을 원형 구도로 배치해 밸런스를 잡았습니다.

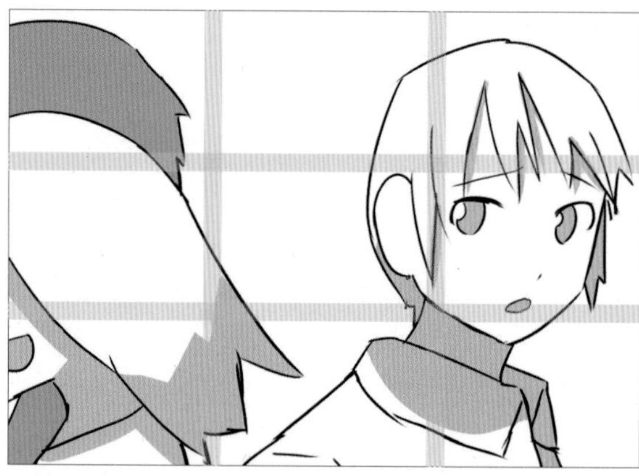

헤어진 연인을 잊지 못하는 장면을 그렸습니다. 3분할 구도의 점에 주역인 남자와 옛 연인인 여성을 배치했습니다. 여성의 안쪽에 있는 남성은 중요하지 않아서 점이나 선에 걸치지 않도록 실루엣만 그렸습니다.
여성은 왼쪽 방향인 미래로 나아가고, 얼굴이 보이지 않도록 해 주역에 대한 미련이 없음을 표현했습니다. 주역은 오른쪽 방향으로 그려 과거를 떨쳐내지 못한 상태를 표현했습니다.

구도 활용법

오른쪽 배치는 강하고, 왼쪽 배치는 약하다(한국 만화는 반대)

앞서 좌우 여백(공간)에 의한 시간 표현의 차이를 설명했습니다. 마찬가지로 만화의 페이지에서는 '오른쪽 공간에 강한 존재', '왼쪽 공간에 약한 존재'를 표현할 수 있습니다.

일본 만화는 오른쪽에서 왼쪽으로 진행되므로 오른쪽에는 흐름과 속도감이 생깁니다. 오른쪽에서 공격해 승리하는 흐름이 자연스럽습니다. 따라서 오른쪽 캐릭터가 강할 때가 많습니다. 반대로 왼쪽은 읽는 흐름을 차단하는 위치이므로 읽는 사람이 위화감을 느낍니다. 이 위화감이 패배를 예감하게 합니다.

오른쪽 그림은 오른쪽을 향하는 캐릭터(왼쪽 배치)가 오른쪽에서 오는 공격(오른쪽 배치)에 대비하는데, 이것은 '오른쪽이 강하고, 왼쪽이 약하다'이므로 방어전의 이미지가 됩니다. 반대로 왼쪽으로 향하고 왼쪽과 싸우면 같은 상황이라도 공격하는 이미지가 됩니다.

특수 촬영 히어로물이나 애니메이션 등의 영상 업계를 포함해 다양한 업계에서 사용하는 강한 원칙입니다. 오른쪽에 있는데도 지는 상황은 나중에 부활하는 식으로 고도의 복선으로 사용할 수도 있지만, 원칙을 따르는 게 좋습니다.

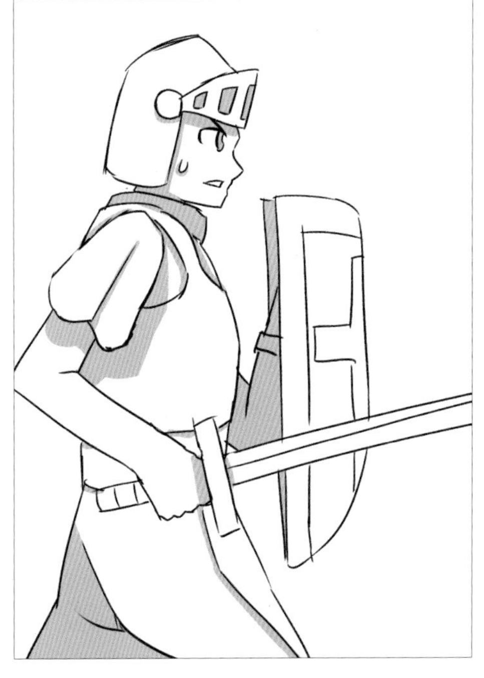

일러스트 예시

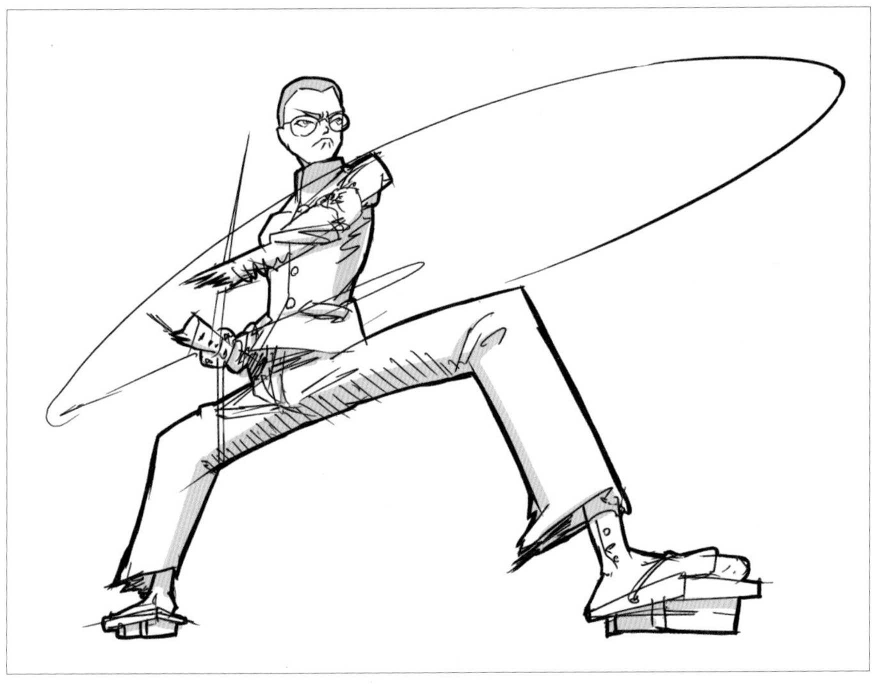

여백을 제대로 사용한 예입니다. 여백 덕분에 검이 나와 있지 않지만 휘두른 느낌이 강하게 느껴집니다. 단, 오른쪽을 바라보고 왼쪽에 배치했으므로 이 캐릭터는 패배하거나 방어전에 임할 가능성이 높은 인상이 되었습니다.

© Student: RE

틀을 의식한 구도

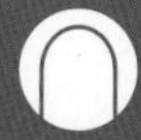

프레임 구도

프레임 구도는 정해진 틀(프레임) 속에 주역을 배치하는 구도로 '주역을 강조'하거나 '깊이' 등을 표현할 수 있습니다. 액자 구도라고도 합니다.
프레임이 집중선 역할을 해, 보는 사람의 시선을 끄는 인상적인 화면입니다.
사진과 영상의 구도로 자주 사용되고, 서부 영화의 결투 장면에서 상대방의 가랑이 사이로 주인공이 자세를 잡은 모습이 보이는 구도 역시 프레임 구도입니다.

구도 포인트

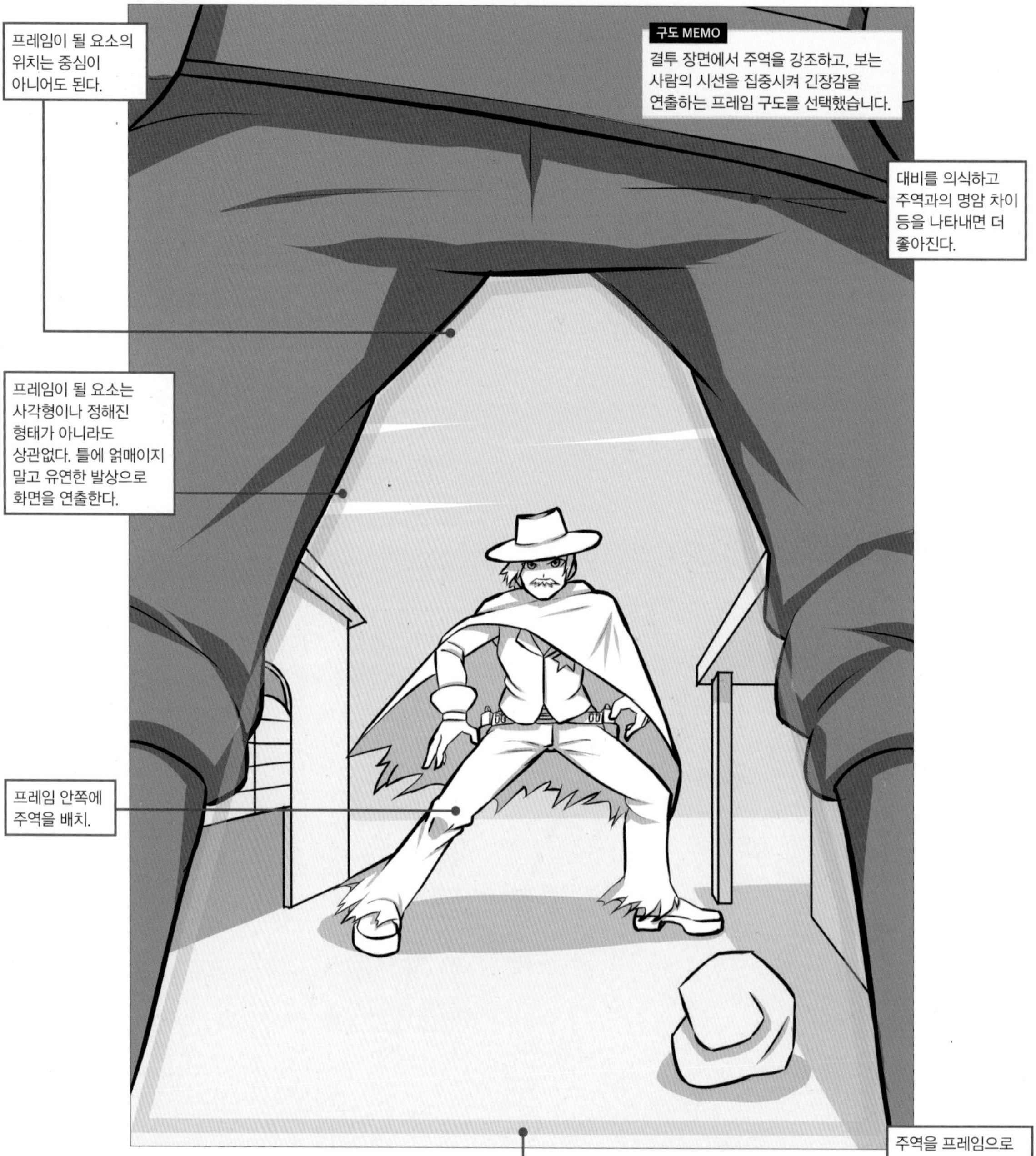

프레임이 될 요소의 위치는 중심이 아니어도 된다.

구도 MEMO

결투 장면에서 주역을 강조하고, 보는 사람의 시선을 집중시켜 긴장감을 연출하는 프레임 구도를 선택했습니다.

대비를 의식하고 주역과의 명암 차이 등을 나타내면 더 좋아진다.

프레임이 될 요소는 사각형이나 정해진 형태가 아니라도 상관없다. 틀에 얽매이지 말고 유연한 발상으로 화면을 연출한다.

프레임 안쪽에 주역을 배치.

주역을 프레임으로 활용.

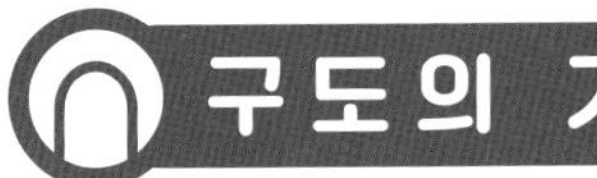

구도의 기본

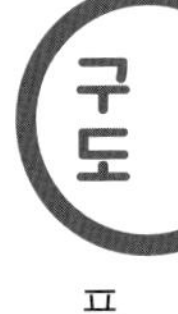

프레임 구도의 기본

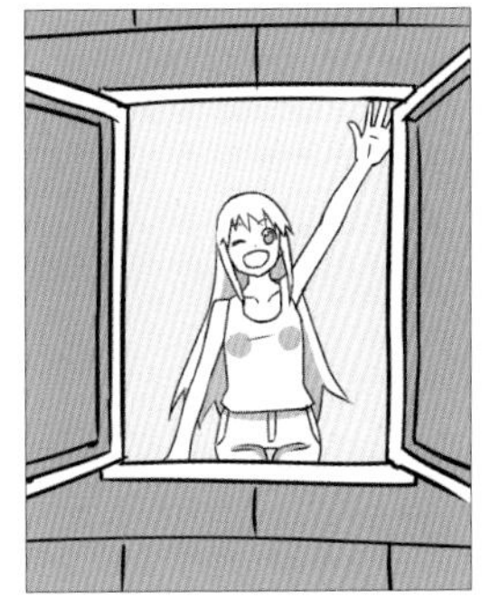

문자 그대로 주역을 '프레임(틀)'으로 둘러싼 구도입니다. '터널 구도'라고도 합니다. 앞쪽에 있는 프레임 안쪽에 주역을 배치하므로 깊이가 생깁니다. 무엇보다 프레임이 집중선의 역할을 해, 안쪽에 있는 주역이 무척 도드라집니다. 우아하고 아름다운 작품으로 완성할 수도 있습니다.
대부분은 터널이나 창문 등으로 프레임을 만듭니다.
전투 요소가 있는 만화나 게임, 영화에서는 p.58의 그림처럼 적 캐릭터의 다리도 자주 프레임으로 이용됩니다. 필연적으로 적 캐릭터를 주역보다 화면 앞쪽에 크게 묘사합니다. 그 결과 적 캐릭터가 화면을 차지하는 면적이 넓고, 주역이 적 캐릭터의 수중에 있는 듯한 인상이 되므로 적 캐릭터가 더 강하다는 묘사가 가능해 화면에 긴장감이 생깁니다.

프레임 위치는 자유롭게 정하자

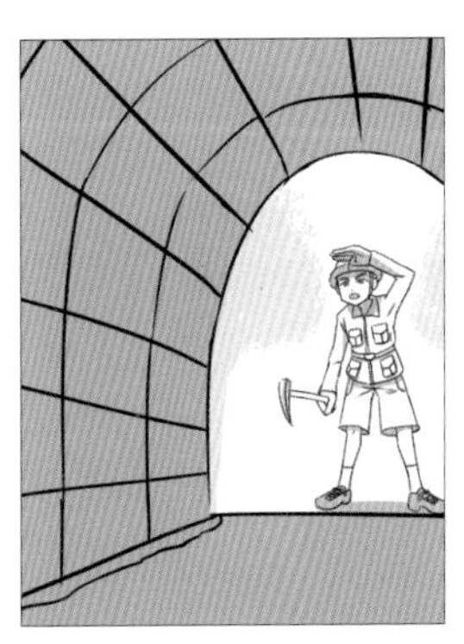

반드시 원형 구도(p.34)처럼 주역을 화면 중심에 배치할 필요는 없습니다.
주역을 강조하는 구도이지만 화면의 중심에 주역을 배치해야 하는 원형 구도에 비해, 프레임 구도는 화면의 어느 위치에 프레임을 배치하고 그 속에 주역을 넣어도 주역이 강조됩니다. 여백 구도(p.54)에서 설명했지만, 화면의 어느 위치에 어떤 요소를 배치하느냐에 따라 작품의 인상이 크게 달라집니다. 배치에 제한이 없는 프레임 구도에서 다양한 위치를 시험해 보세요.
프레임 구도와 원형 구도를 동시에 사용해도 문제는 없습니다. 그러면 주역이 좀 더 강조되는 구도가 됩니다.

프레임과 주역의 대비가 중요하다

△의 그림은 프레임 구도이지만, 프레임의 밝기와 주역의 밝기가 같아서 주역으로 시선이 집중되기 어렵고 프레임 구도의 효과를 발휘하지 못합니다. 이때는 프레임과 주역의 대비를 강화합니다. 명암 대비가 효과적입니다. ○의 그림은 프레임은 어둡고 주역은 밝아서 시선이 주역으로 집중됩니다.
명암 외에 색의 차이, 주역은 선명하게 묘사하고 프레임을 흐릿하게 처리하는 방법 등으로 대비를 만들기도 합니다.

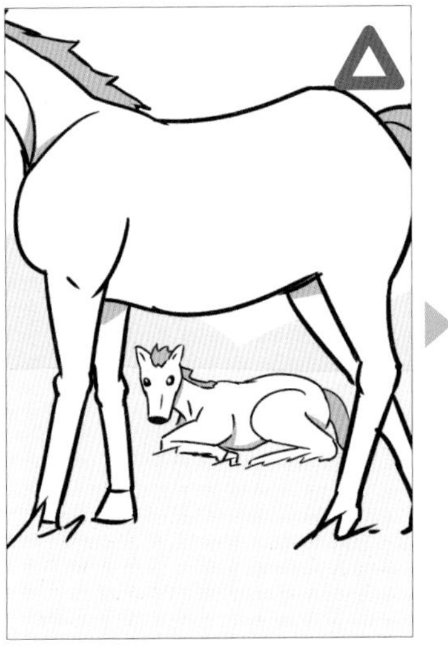

깔끔한 프레임 구도이지만, 프레임과 주역의 대비가 없어서 주역의 이미지가 약합니다.

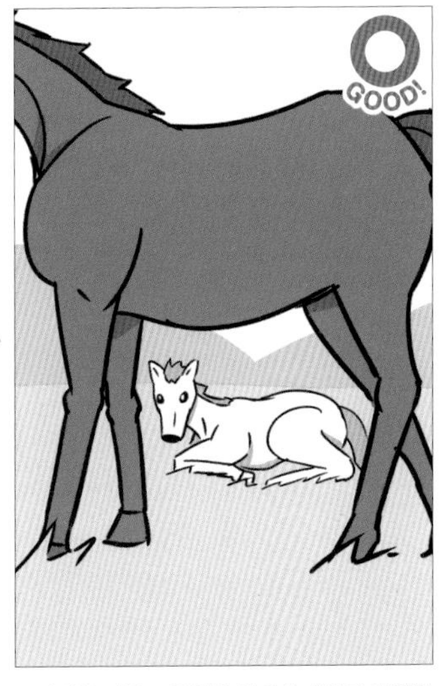

프레임은 어둡고 주역은 밝아서 대비가 명확합니다. 그러니 주역으로 시선이 집중되기 쉽습니다. 프레임 구도의 효과가 강해졌습니다.

구도 활용법

프레임을 연구하자

프레임 구도에는 약점이 있습니다. 응용의 폭이 좁아서 작품을 보는 사람이 '이것은 프레임 구도'라는 것을 바로 알아챌 수 있습니다. 그래서 평범한 화면이 되기 쉽습니다. 변화를 넣으려면 프레임을 연구해야 합니다. 요령이라면 터널이나 창문 등 흔한 프레임을 선택하지 않는 것입니다. 완성도 높은 일러스트를 그리고 싶다면 가급적 프레임 구도라고 알아차리기 힘든 자연스러운 모티브를 선택해야 합니다.

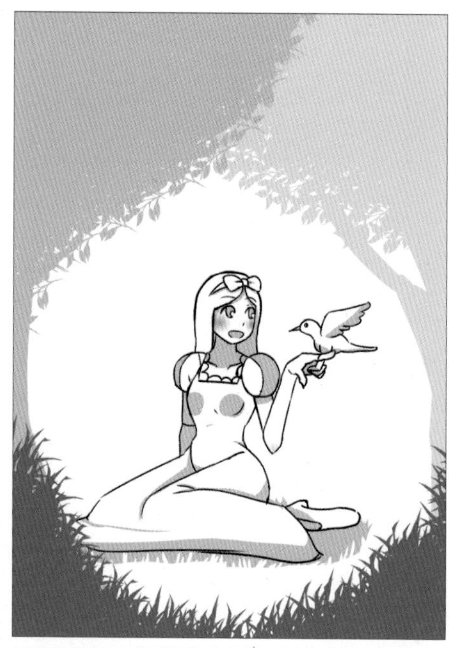

나무들과 잎으로 화면을 둘러싸서 프레임을 만든 예입니다. 깊은 숲속에 있는 인상도 느껴지고 그림의 분위기를 강화하는 효과도 얻을 수 있습니다.

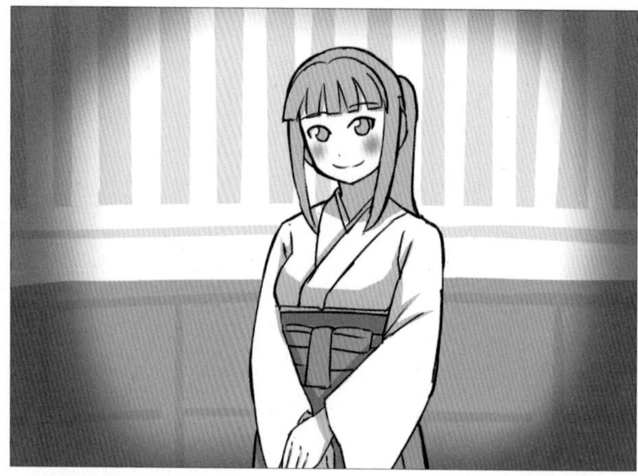

토이 카메라처럼 흐릿한 네 귀퉁이를 감싼 프레임을 만들었습니다. 레트로 사진 같은 분위기도 있으면서 손쉽게 사용할 수 있어, 이용 가능한 장면이 많은 기법입니다.

COLUMN

액자 효과

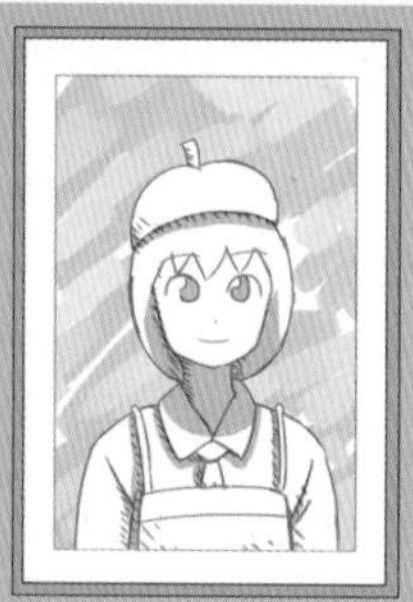

구도의 기본 항목에서 프레임 구도로 작품을 아름답게 완성할 수 있다고 설명했습니다. 그것은 프레임이 그림의 액자 역할을 할 때도 있기 때문입니다.

'프레임'을 직역하면 '틀 또는 액자'입니다. 액자는 그림을 보호할 목적도 있지만, 그림을 더 아름답게 보여주려고 사용합니다. 미술의 세계에서는 액자의 유무로 작품의 가치가 수십 배 이상 차이가 나기도 하며, '그림의 가격은 액자의 가격'이라고 할 만큼 중요하게 여깁니다.

액자는 장식 역할 외에 외부 세계와 작품 사이의 '여백'을 만드는 역할도 합니다. 여백은 디자인 용어로 '화이트 스페이스'라고 합니다. 그렇다고 반드시 흰색일 필요는 없습니다. 불필요한 요소가 적으면 화이트 스페이스는 성립합니다. 여백은 디자인을 돋보이게 하는 역할 외에 '아름다움'을 연출하기도 합니다. 애플사의 광고나 패키지 또는 손목시계 같은 고급 제품의 광고에서 이 화이트 스페이스를 능숙하게 활용하는 것을 찾아볼 수 있습니다.

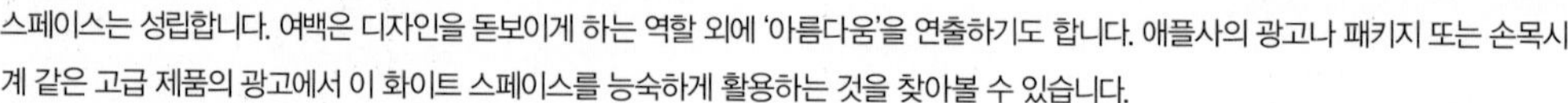

여백이 없고 정보가 가득한 슈퍼마켓의 광고지도 재미있지만, 여백이 많은 고급 제품의 광고와 한 번 비교해보세요. 아름다움이라는 관점에서 여백이 많은 디자인이 더 우세하다고 생각합니다.

그림도 마찬가지로 항상 빠짐없이 그린다고 해서 반드시 완성도가 높아지지는 않습니다. 일부러 남기거나 의도적으로 보여주지 않는 식의 연출로 표현할 수 있는 효과도 있습니다.

프레임 구도는 간혹 주역을 제외한 나머지 부분이 프레임에 가려지기도 하는데, 그런 부분은 작품을 아름답게 보여주기 위한 여백이라고 생각하면 발상의 폭이 넓어질지도 모릅니다.

프레임 자체를 주역으로 활용한다

프레임 구도의 기본은 주역을 프레임에 담는 것입니다. 반대로 주역을 역전시켜 표현하는 응용법도 있습니다. 요령은 프레임을 화려하게 꾸며서 시선을 끈 다음 프레임을 최대한 작게, 안쪽을 심플하게 하는 것입니다.
오른쪽 그림은 바깥 세계를 동경하는 병약한 공주님이라는 스토리를 그린 일러스트입니다. 공주와 호화로운 가구를 사용해 프레임을 구성하고, 안쪽에는 심플하면서 넓이를 느낄 수 있는 세계를 그렸습니다.
역발상으로 구도의 상식과 기본 개념이라는 틀에서 벗어나면 인상에 남는 작품을 그릴 수 있습니다. 프레임 구도는 발상과 응용이 중요한 구도이므로 유연한 사고로 도전해보세요.

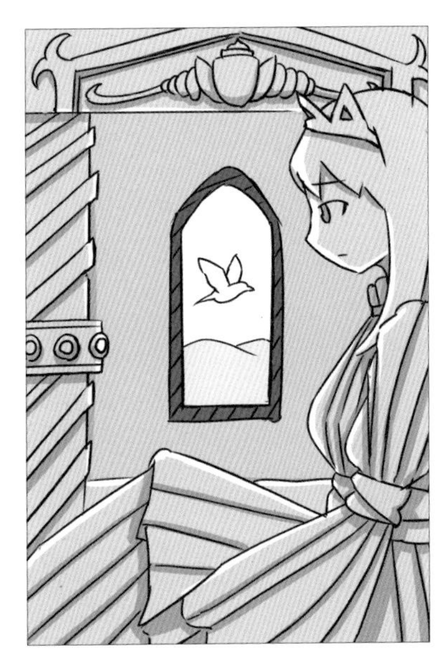

일러스트 예시

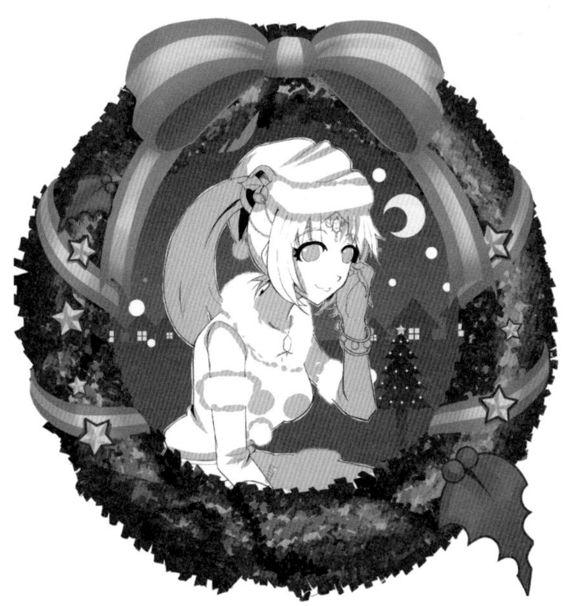

산타 복장에 어울리게 크리스마스 리스를 프레임으로 활용해 캐릭터와 배경을 담고 정리했습니다.

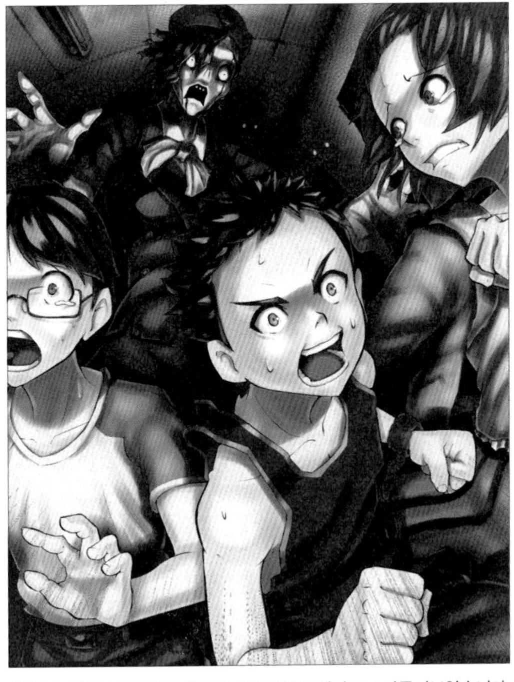

주역인 유령을 둘러싸듯 배치한 캐릭터를 프레임으로 만들어보았습니다.

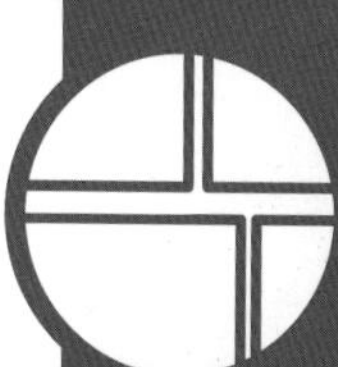

화면을 컷으로 정리한다

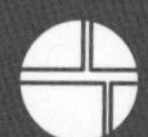

컷 분할 구도

컷 분할 구도는 일러스트에서 특이한 구도이며, '상황 설명', '시간의 경과', '구도의 정리' 등에 효과적입니다.
컷 분할은 만화라는 인상이 강하지만 일러스트에서도 많은 정보를 정리해서 표현하는 데 유용합니다.

주로 라이트노벨의 삽화처럼 본문 정보를 최대한 많이 한 장의 그림에 담을 때 쓰는 구도입니다.
만화의 흐름을 짜고, 시간의 경과를 컷 분할로 표현할 수도 있습니다.

구도 포인트

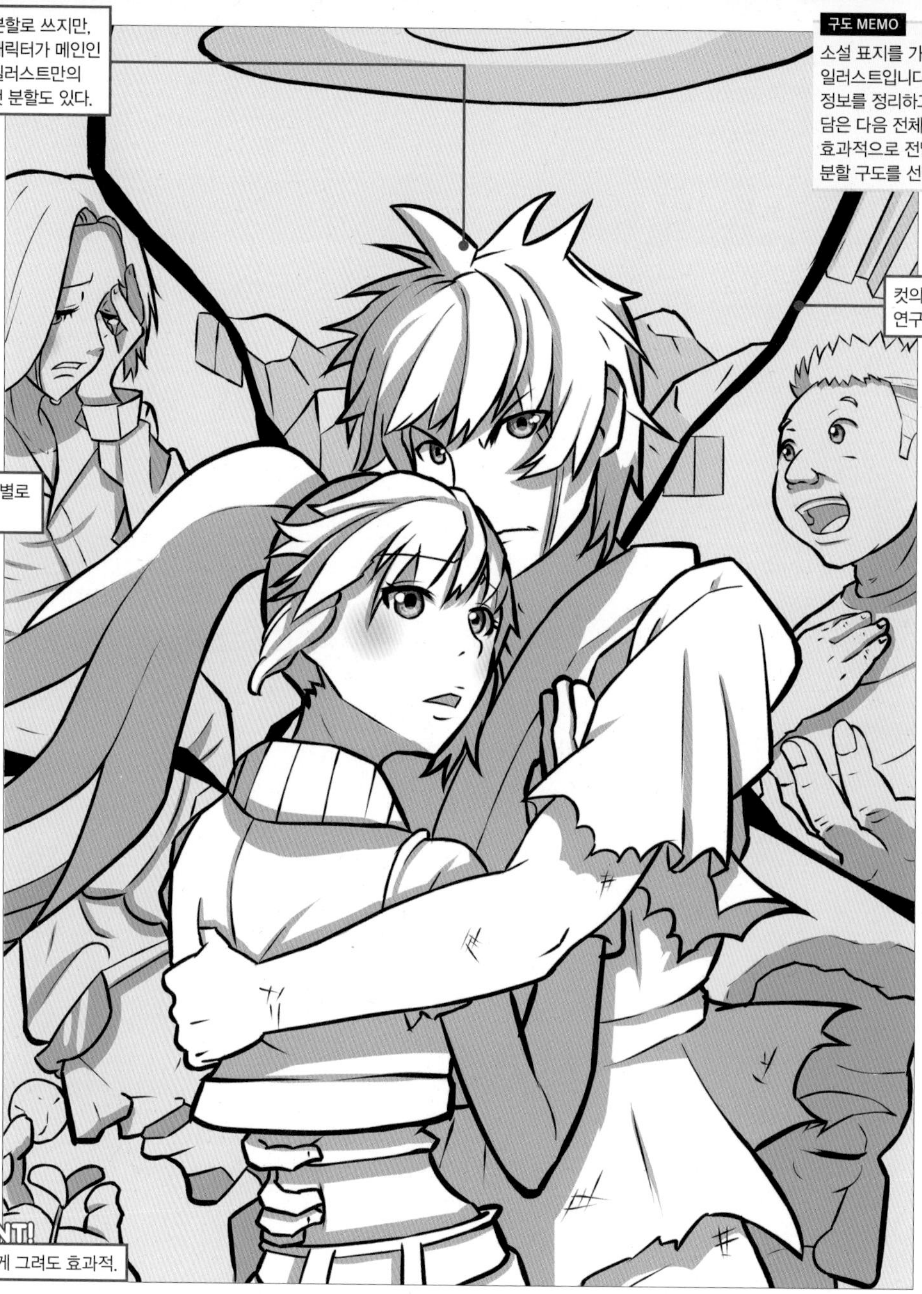

만화에서 컷 분할로 쓰지만, 이런 식으로 캐릭터가 메인인 컷을 배치한 일러스트만의 개성이 담긴 컷 분할도 있다.

구도 MEMO

소설 표지를 가정한 일러스트입니다. 많은 정보를 정리하고 한 화면에 담은 다음 전체 내용을 효과적으로 전달하려고 컷 분할 구도를 선택했습니다.

컷의 경계도 연구하자.

기본적으로 컷별로 구도를 변경.

ONE POINT!

컷에서 벗어나게 그려도 효과적.

구도의 기본

컷 분할 구도의 기본

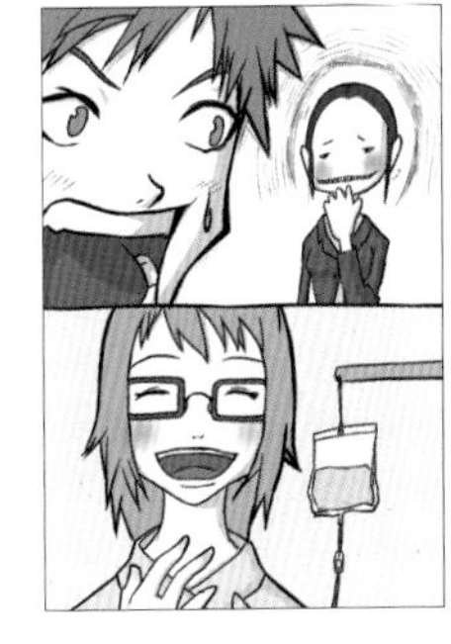

컷 분할 구도는 한 화면을 여러 컷으로 세분화해서 그리는 구도입니다.
한 장의 그림보다 정보를 많이 담을 수 있어서 '상황 설명'이 쉬운 구도입니다. 컷별로 다른 시간을 묘사할 수 있어 '시간의 변화'도 표현할 수 있습니다. 나눠진 컷별로 묘사를 하기 때문에 화면이 깔끔해서 '구도를 정리'하는 데도 유리합니다.
컷 분할 구도는 만화의 분위기를 연출하는 효과도 있습니다. 특히 발랄한 일러스트를 그릴 때 편리합니다. 만화를 좋아하는 사람은 일러스트에 집중하게 됩니다.

여러 구도를 사용하는 것이 기본

컷 분할 구도에서는 컷별로 효과적인 구도를 사용할 수 있습니다. 로우 앵글, 하이 앵글, 오버 퍼스는 물론이고 업 쇼트에 원 쇼트, 도형 구도까지 컷의 상황에 맞게 다양한 구도를 활용해보세요.
물론 구분한 컷의 개수만큼 각각 구도를 설정해야 해서 난이도가 높고, 그만큼 작업량이 많습니다. 반면 정보량이 많아지므로 한 장의 그림보다 훨씬 더 캐릭터의 매력을 전달할 수 있는 구도이기도 합니다.

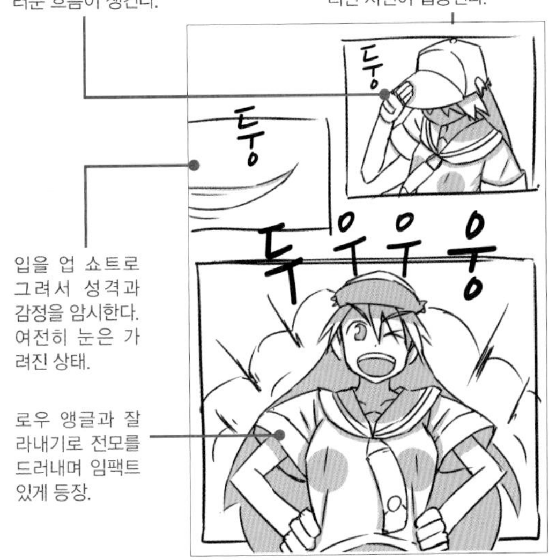

캐릭터가 컷의 진행 방향을 바라보면 자연스러운 흐름이 생긴다.

하이 앵글의 바스트 업으로 상황 설명. 모자로 얼굴을 가리면 시선이 집중된다.

입을 업 쇼트로 그려서 성격과 감정을 암시한다. 여전히 눈은 가려진 상태.

로우 앵글과 잘라내기로 전모를 드러내며 임팩트 있게 등장.

각 컷에 적합한 구도를 연구하자

△의 그림은 컷 분할 구도로 그린 작품이지만, 각 컷이 전부 평면적이고 구도도 비슷합니다. 상황은 대강 파악할 수 있지만 효과적인 화면이라고 할 수 없습니다. ○의 그림에서는 컷별로 구도를 설정하고 재미있는 화면을 만들어보려고 했습니다. 화면 전체에 박력이 있고, 보는 사람의 기분도 좋아지게 하는 효과를 기대할 수 있습니다.

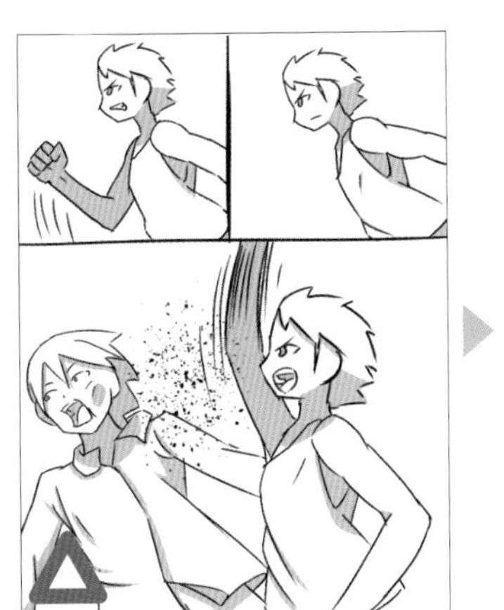

모든 컷이 비슷한 분위기이고 평면적입니다. 만화를 그리는 데 익숙지 않은 사람이 컷 분할 구도를 쓰면 이런 형태가 되기 쉽습니다.

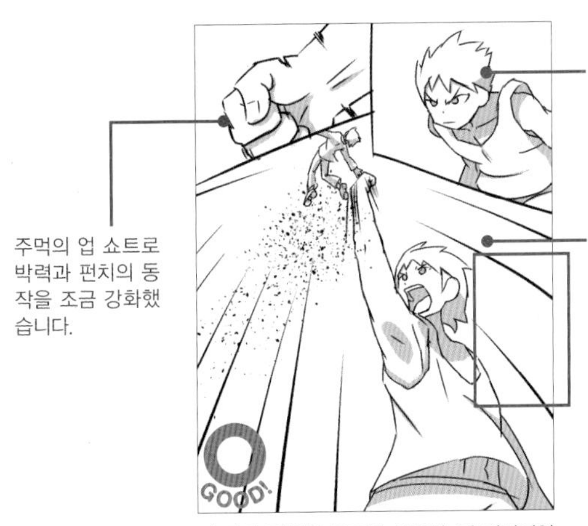

주먹의 업 쇼트로 박력과 펀치의 동작을 조금 강화했습니다.

오른쪽 위의 컷을 비스듬하게 바꾸고, 주먹 컷으로 이어지는 흐름을 만드는 오른팔을 넣었습니다.

전체적으로 변형 컷과 컷 크기의 대비를 생각하면서 움직임을 표현함과 동시에 비어 있는 상공으로 적을 해치우는 모습을 효과적으로 묘사했습니다. 공중으로 날아가는 적은 주먹을 업 쇼트로 표현한 컷에서 주역으로 향하는 대각선 구도(p.42)의 역할도 합니다.

각 컷의 적합한 구도를 설정해, 더 매력적인 일러스트가 되었습니다.

구도 활용법

컷을 효과적으로 활용한다

컷 분할 구도는 만화에서 쓰는 컷을 그대로 적용할 때가 많지만❶, 일러스트의 특징을 살린 컷 분할 표현도 있습니다❷❸. 기본적으로 컷 분할 구도는 만화의 표현으로 세로 화면에 더 어울리지만, 활용 방법에 따라 가로 화면에도 쓸 수 있습니다❹.

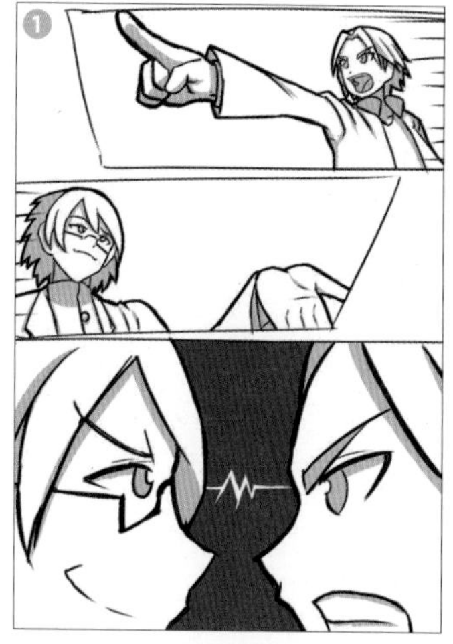

적대를 표현했습니다. 비슷한 정도로 강한 라이벌을 표현하려고 전체적으로 대비를 의식했습니다. 단, 어디까지나 주역이 강해 보이도록 여백 구도(p.54)의 원리를 적용해, 주역은 오른쪽에, 라이벌은 왼쪽에 배치했습니다. 방향성을 나타내고 아래의 컷으로 시선을 유도하려고 위에 있는 2개의 컷은 가장자리를 비스듬하게 잘랐습니다.

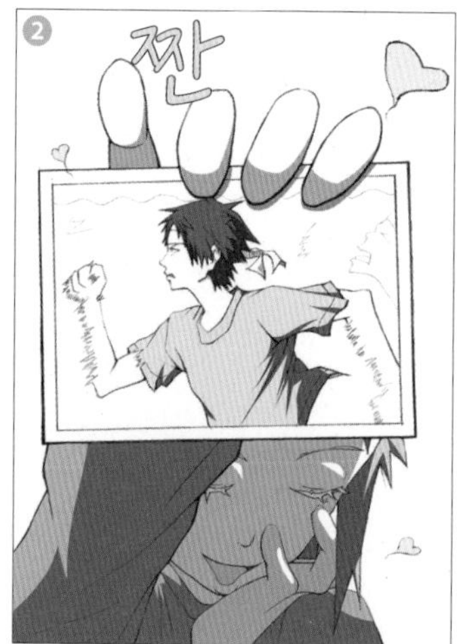

일러스트 속에 사진으로 컷을 만들어보았습니다. 원형 구도(p.34)와 프레임 구도(p.58)의 효과도 있고, 캐릭터의 크기와 움직임의 차이에 따른 대비도 노렸습니다.

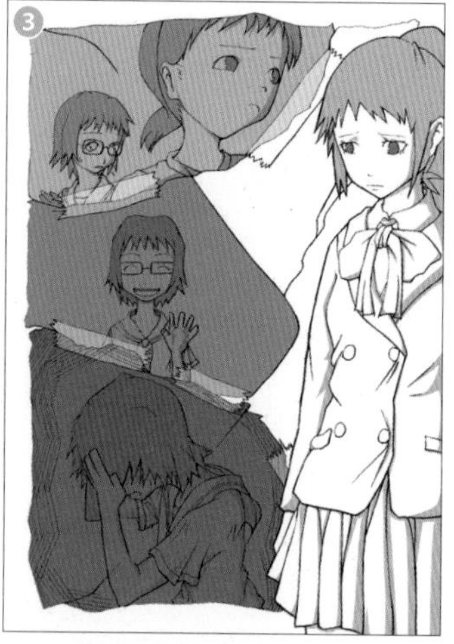

히로인과 꼬깃꼬깃 구겨진 편지로 컷을 만들었습니다. 주역을 컷과 겹치지 않도록 한쪽에 배치하고, 주역을 둘러싸듯 컷을 배치하면 화면의 짜임새가 좋아집니다. 컷의 흐름과 상황 설명이 중요한 만화의 표현법과는 많이 달라서, 만화라는 인상을 받기 쉬운 컷 분할 구도로도 일러스트만의 분위기를 표현할 수 있습니다.

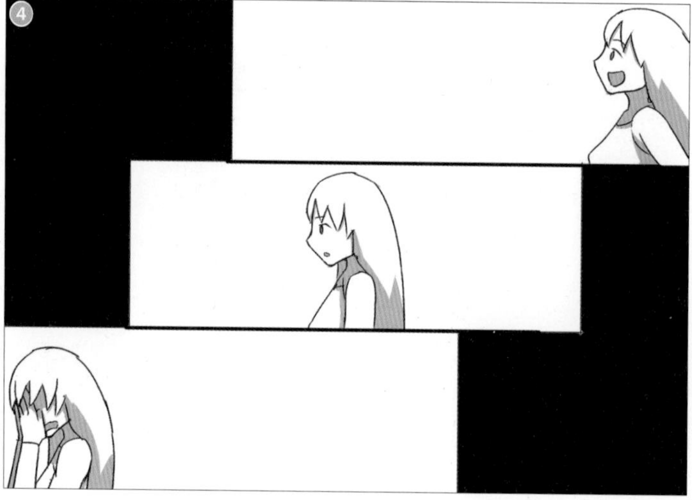

시간의 경과와 함께 점차 슬픔에 빠져드는 여성입니다. 쓸쓸함을 연출하려고 일부러 비슷한 구도를 선택했습니다. 3분할 구도(p.50)에서 컷을 작성했습니다.
여백 구도를 이용해 컷을 왼쪽으로 조금씩 옮겨서 시간의 경과를 담았습니다. 여성의 뒤에 있는 공백을 조금씩 넓혀서 부정적인 감정의 증가를 표현했습니다.
희로애락(p.146)과 표정(p.150)도 효과적으로 활용했습니다. 컷 주위를 검은색으로 채워 프레임 구도의 효과를 표현함과 동시에 흑백으로 쓸쓸함을 더 강조했습니다.

컷에서 벗어나자

캐릭터가 꼭 컷 내부에 있어야 할 이유는 없습니다. 만화에서도 많이 사용하는 방법이지만, 캐릭터가 컷에서 벗어나게 하면 재미있는 작품이 됩니다.

오른쪽 그림은 컷이 하나뿐인 화면이지만, 역동적인 캐릭터가 컷에서 벗어난 상태입니다. 이런 장면은 작품에서 캐릭터가 튀어나오는 느낌이므로 놀라움과 친근감을 표현할 수 있습니다.

여백 구도의 효과로 컷 내부의 복잡한 정보와는 전혀 다른 인상의 캐릭터의 모습을 띠어 보는 사람의 흥미를 자극하는 장면을 연출할 수 있습니다.

오버 퍼스(p.130)에서 강조한 부분을 컷에서 벗어나게 해, 인상을 강조해도 재미있는 장면이 됩니다.

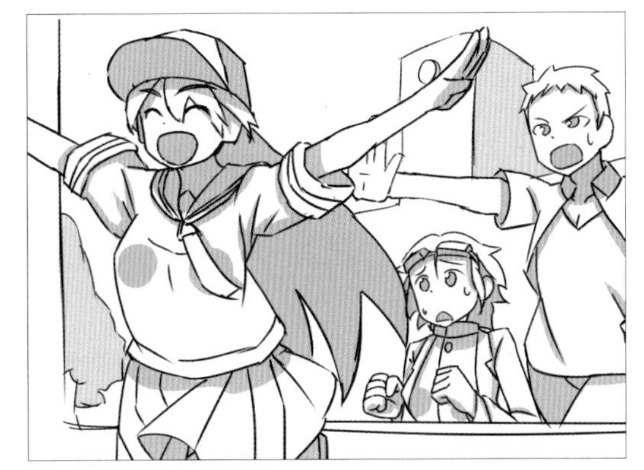

일러스트 예시

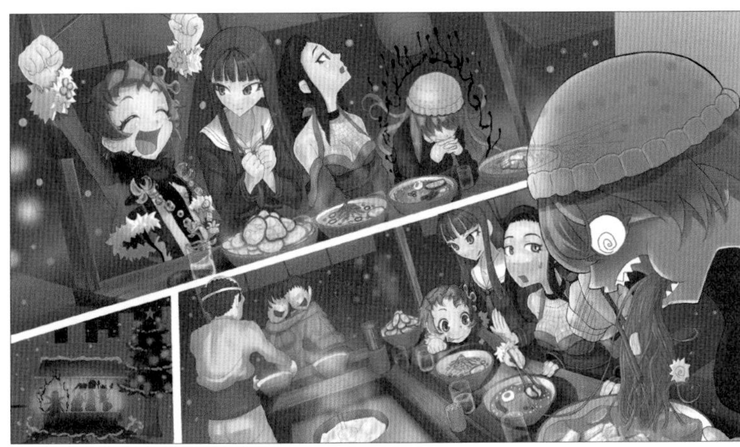

컷에 의해 장을 바꿔서 상황을 설명했습니다. 경사 구도(p.22)와 Z구도(p.70), 오버랩 구도(p.78) 등 여러 구도를 사용했습니다.

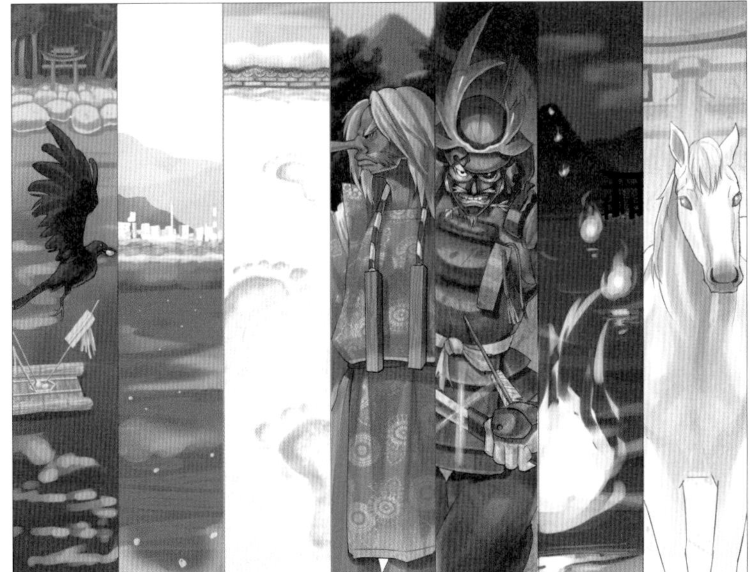

7가지 불가사의를 그린 일러스트입니다. 컷을 균일하게 분할하는 방법도 있습니다. 모든 컷의 비율이 같아서 요소가 많아도 정보를 깔끔하게 정리할 수 있고, 그룹 쇼트(p.114)에서 사용하기 쉬운 방법입니다. 오른쪽 화면은 각 컷의 구도가 다 제각각이지만, 통일감을 표현하는 데 성공한 예입니다.

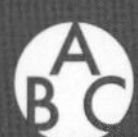

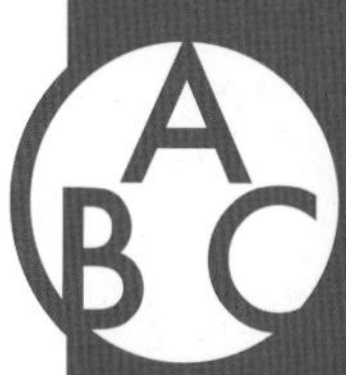

알파벳 구도

알파벳 구도는 알파벳 형태를 의식하고 그리는 구도입니다. 알파벳처럼 누구나 알고 있는 형태는 '통일감'과 '친근감'을 표현하기 쉽습니다.

바스트 업부터 전신 그림까지 폭넓게 활용할 수 있는 구도입니다. 구도뿐 아니라 포즈로도 활용할 수 있습니다.

이 책에서 설명한 원형 구도(p.34), 집결 구도(p.38), Z구도(p.70), S자 구도(p.124)도 알파벳 구도의 효과와 같은 원리입니다.

구도 포인트

구도 MEMO

전봇대와 소녀의 관계를 설명하려고 알파벳 'N' 자를 구도로 선택했습니다.

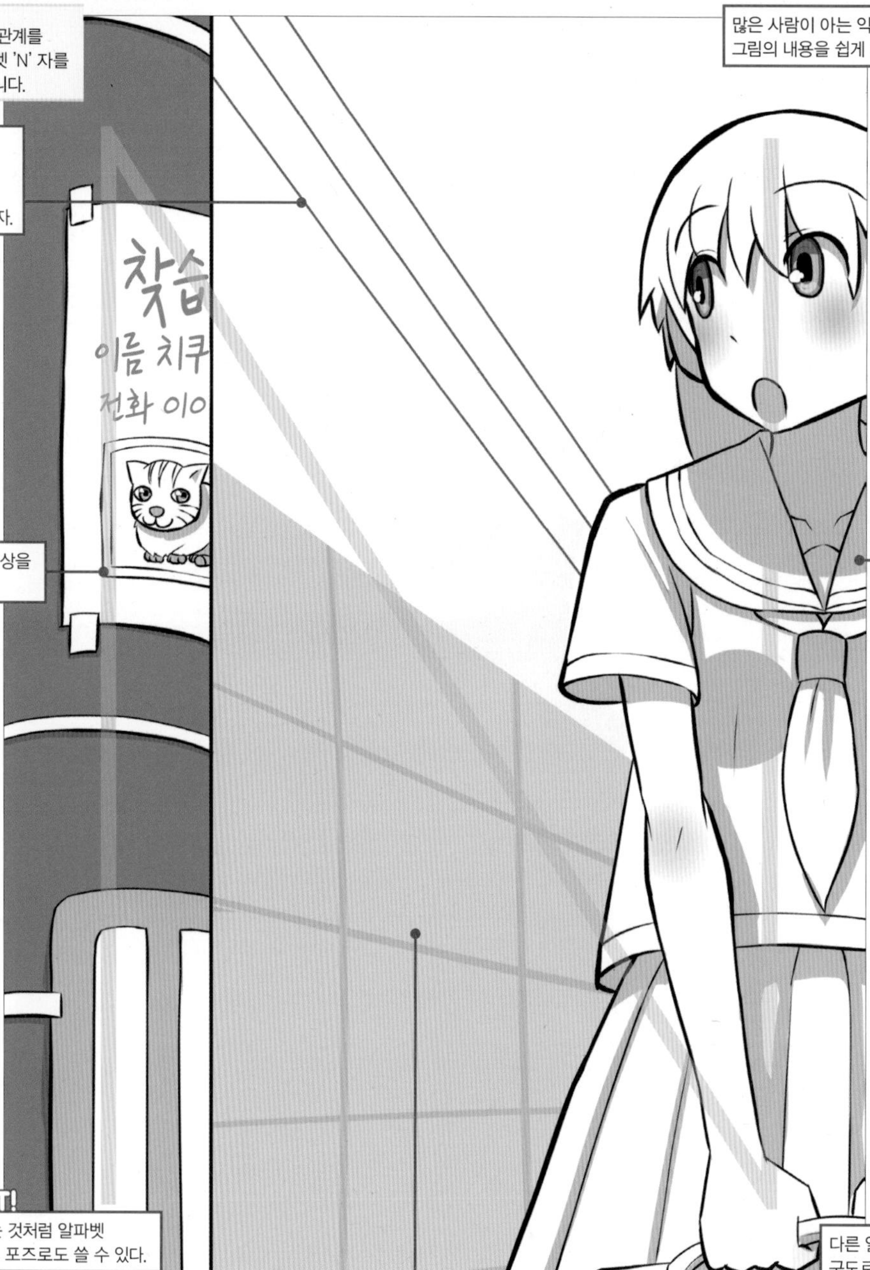

알파벳 형태에 얽매이지 않아도 된다. 대강의 형태라고 생각하자.

알파벳 형태의 인상을 기준으로 선택.

많은 사람이 아는 익숙한 형태이므로 그림의 내용을 쉽게 파악할 수 있다.

다른 알파벳 구도로 변경할 수 있는 것도 있다.

ONE POINT!

'S자 포즈'가 있는 것처럼 알파벳 형태는 구도로도, 포즈로도 쓸 수 있다.

구도의 기본

알파벳 구도의 기본

알파벳 형태를 의식하면서 그리는 구도입니다. 삼각형 구도의 칼럼(p.29)에서 설명했지만, 알파벳은 전 세계 대부분의 사람들이 아는 형태이며 친근한 모양이라는 인식이 있습니다. 이런 형태로 만든 구도를 보면 자동적으로 기억 속에 있는 형태와 대조해, 어디서 본 적이 있는 '통일감'과 '친근감'을 떠올리게 됩니다.
원형 구도, 집결 구도, Z구도는 특히 유용한 알파벳 구도입니다. 발상과 방법에 따라서 응용이 가능하고, 화면을 그리는 데 도움이 되는 구도입니다.

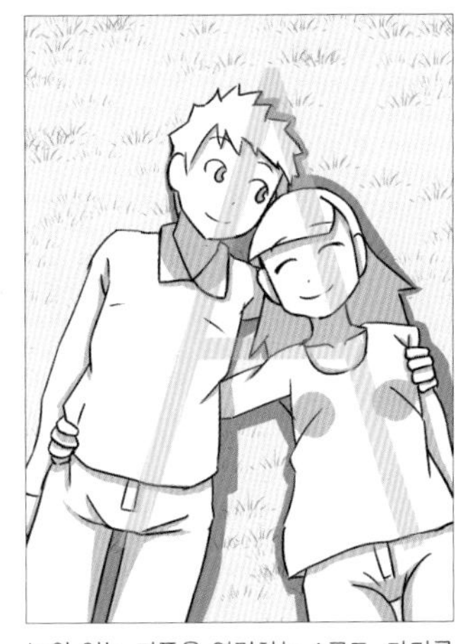

누워 있는 커플을 연결하는 A구도. 다리를 붙이고 있어서 삼각형 구도로 만족하는 A는 발군의 안정감.

어떤 알파벳을 선택할까

어떤 알파벳이든 구도로 이용할 수 있습니다.
처음부터 특정 알파벳을 정해두는 것도 좋고, 확실하게 정해지지 않을 때는 그림을 보고 떠오르는 알파벳을 선택해도 좋습니다. 어떤 형태를 기준으로 삼는 것이 중요합니다.
글자의 형태에서 느껴지는 이미지대로 선택하는 것이 포인트입니다. 알파벳의 아랫부분에 두 다리가 붙어 있어 안정적인 A와 H, 아랫부분의 면적이 넓은 L은 안정감을 표현할 때 쓸 수 있습니다. 위가 넓고 접지면이 좁은 V나 한쪽만 넓고 둥그스름한 D는 역삼각형 구도(p.30)와 마찬가지로 움직임과 불안정함을 표현하고 싶을 때 추천합니다.

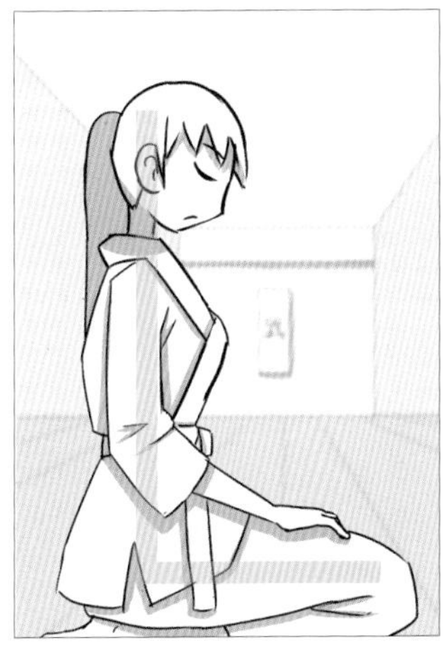

정좌를 표현한 L구도. I구도보다 접지면이 넓어서 더 안정적입니다.

다른 알파벳도 시험해보자

△의 그림은 I를 선택한 알파벳 구도입니다. 요소가 너무 적어서 표현이 빈약하고 밋밋한 막대기와 마찬가지입니다.
변화를 더하려고 다른 알파벳을 찾다가 M을 선택해서 ○의 그림처럼 인물을 추가한 뒤에 악수하는 모습을 그려 넣고, 불필요한 빈 공간을 채웠습니다.
O와 Q 혹은 C, V와 W, F와 E처럼 글자의 형태가 유사할 때는 관점을 바꿔서 다른 알파벳 구도로 만들 수 있습니다. 생각한 이미지가 아닐 때는 다른 알파벳으로 변경할 수 있는지 시험해보세요.

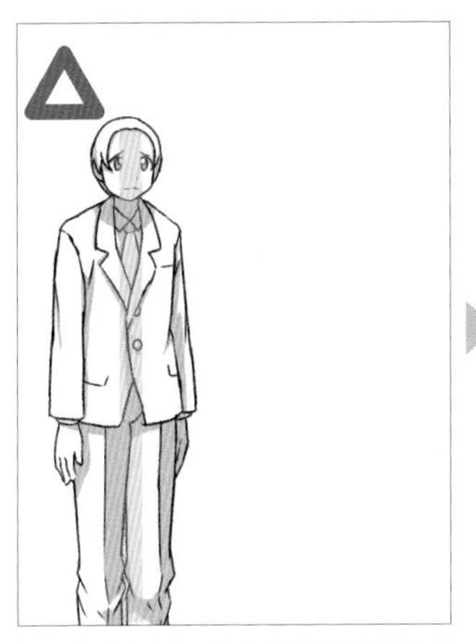

I구도입니다. 역시 막대기처럼 밋밋한 인상입니다.

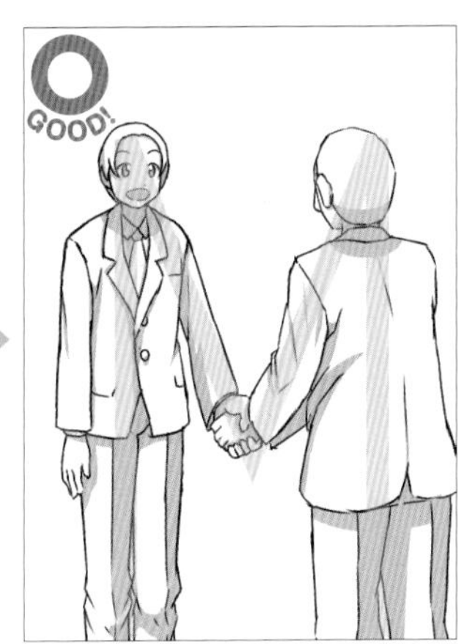

화면에 인물을 추가하고 M구도로 변형한 결과, 화면의 인상을 변경하는 데 성공했습니다. H구도로 활용할 수 있을 듯합니다.

알파벳의 형태와 요소가 겹쳐도 좋다

대각선 구도(p.42)에서 구체적인 선이 아니라 흐름상 선으로 인식할 수 있다면 된다고 설명했는데, 알파벳 구도도 같습니다. 알파벳의 형태와 일치시키려고 무리하다가 일러스트가 밋밋해지는 것보다 무언가와 비슷해 보이는 느낌이 드는 정도면 충분합니다.

각 요소가 이어지지 않고 점점이 배치되어 있어도 좋고, 겹쳐진 결과 알파벳처럼 보여도 괜찮습니다. 물론 변화를 더하고 싶은 때는 강조할 부분과 불필요한 부분을 알파벳에서 벗어나게 그려도 상관없습니다. 어디까지나 형태의 일종이라고 생각하고, 유연한 사고로 화면에 담긴 구도를 찾아보세요.

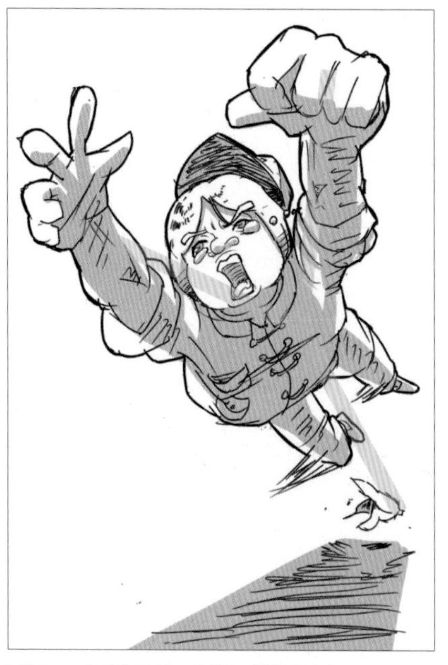

Y구도. 크게 기울어지는 기세를 표현했습니다.

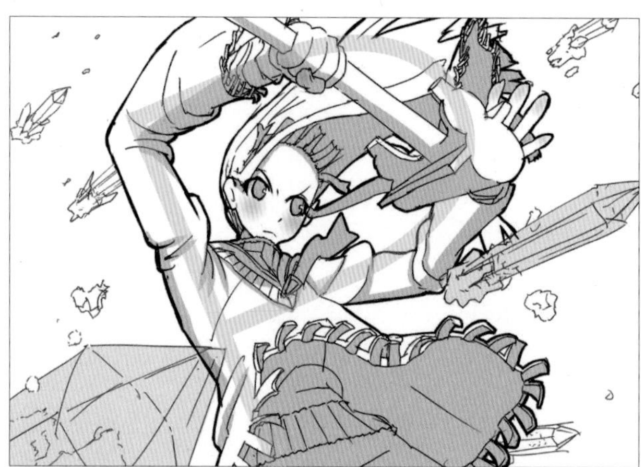

얼음 마법의 이미지. P구도. P는 오른쪽 부분에 움직임이 생깁니다. 물론 방향이 반대인 P라도 OK.

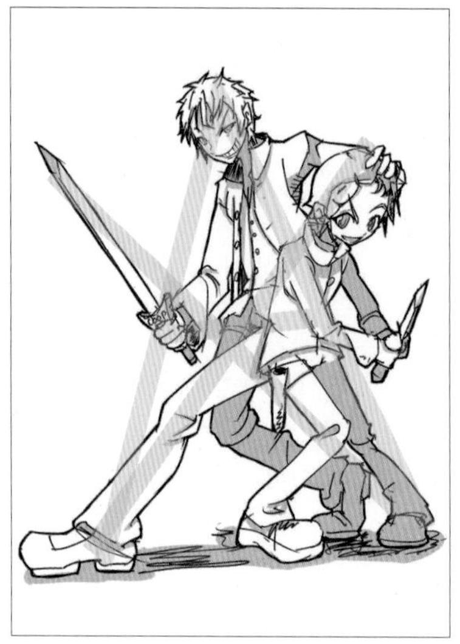

변형 X구도. A구도도 더해서 안정감을 강조했습니다.

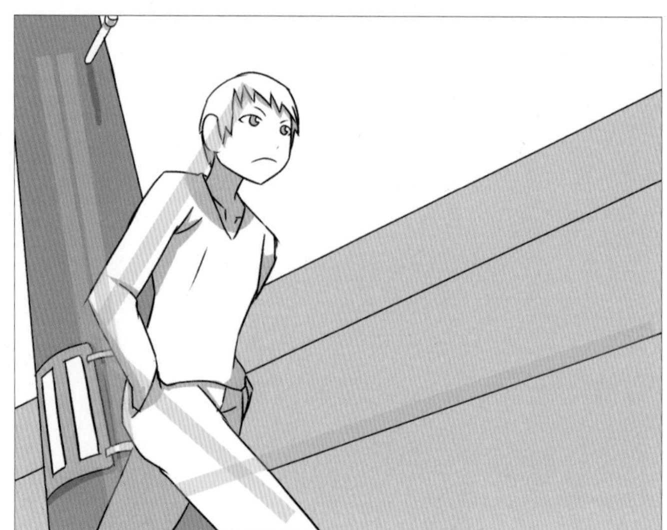

K 또는 L 등 여러 개를 조합했습니다.
아무것도 아닌 장면도 구도에 따라서는 멋지게 표현될 수 있습니다.

구도 활용법

직접 구도를 개발한다

알파벳이 아닌 형태로도 구도를 만들 수 있습니다. 알파벳 구도는 많은 사람이 알파벳을 알기 때문에 완성된 형태의 구도로 성립합니다. 많은 사람이 아는 문자나 도형이라면 구도로 쓸 수 있다는 뜻입니다.
오른쪽 그림은 하트를 모티브로 제작한 일러스트입니다. 역삼각형 구도(p.30)의 일종으로 움직임과 불안정함을 연출하면서도 귀여운 느낌을 표현했습니다.
발상과 사용법에 따라 생각 없이 그린 일러스트보다 특별한 의미와 느낌을 표현할 수 있습니다.
이런 특수한 구도는 무의식적으로 형태에 얽매이게 되는 경향이 있는데, 사용하는 의미를 잊지 않는 것이 중요합니다.
움직임이 필요하다면 경사 구도(p.22)를 추가하고, 공간을 조절하고 싶다면 3분할 구도(p.50)를 활용하는 등 다른 구도와 적극 조합해보면 좋은 결과를 얻을 수 있습니다.

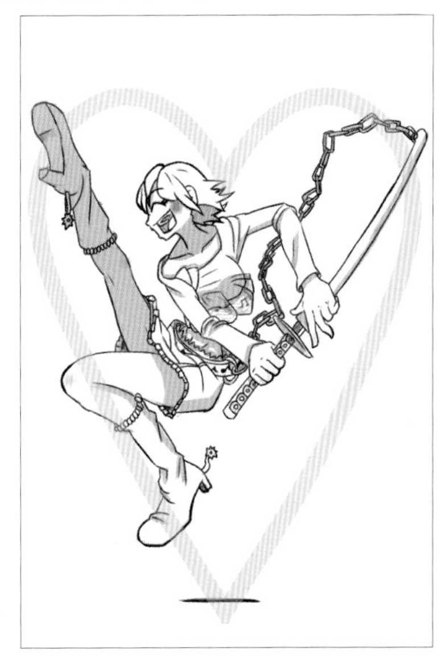

일러스트 예시

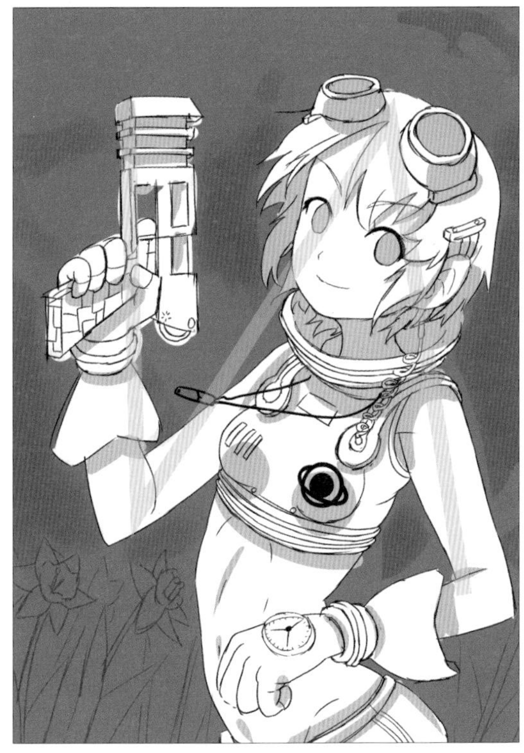

N구도입니다. 웨이스트 업이라는 제한적인 화면으로도 알파벳 구도를 만들 수 있습니다.

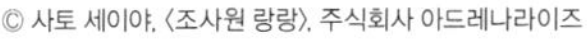

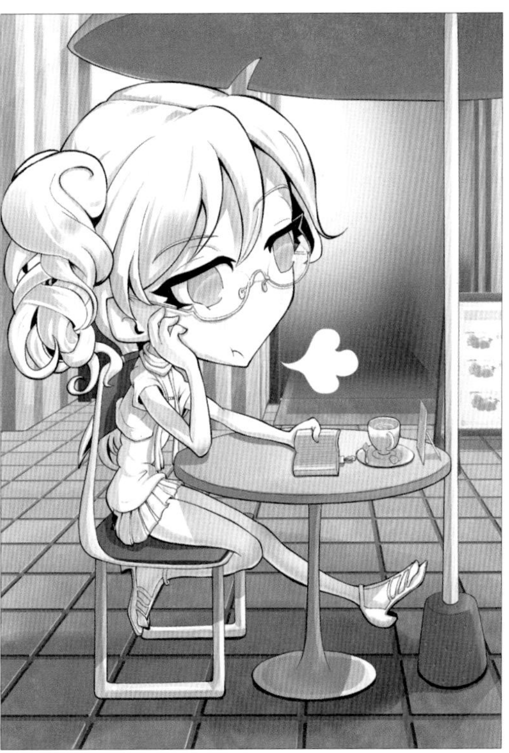

L구도이자 J구도이며, D구도입니다. 화면의 짜임새가 대단히 좋습니다.

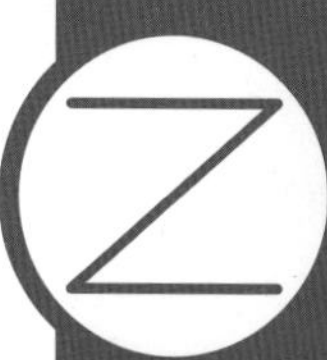

Z구도

Z구도는 보는 사람의 시선 이동을 의식한 구도로 강조하고 싶은 부분이나 그림의 모든 요소를 고르게 보여주고 싶을 때 적합합니다. 그림을 볼 때 무의식적으로 Z형태를 따라서 시선을 옮긴다는 법칙이 있습니다. 이 법칙을 사용해 보여주고 싶은 요소를 Z형태로 배치하면 많은 정보를 손쉽게 전달할 수 있습니다.

잡지 등의 레이아웃 디자인에도 쓰입니다.

Z 흐름의 시작은 꼼꼼하게 묘사하고, 나머지는 러프하게 그리는 식으로 중요도에 따라 구분하면 작업 시간도 단축할 수 있습니다.

구도 포인트

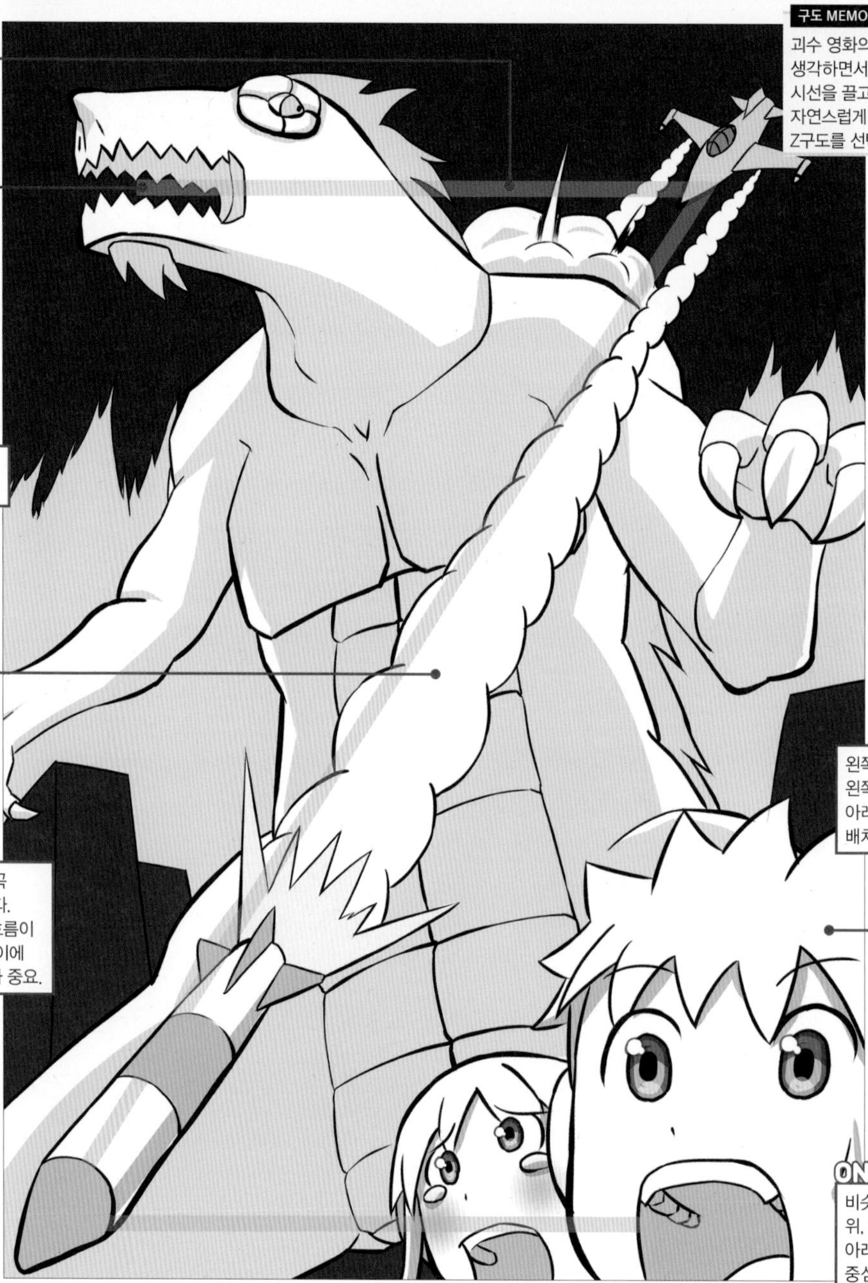

Z의 흐름을 의식하자.

Z의 네 귀퉁이에 중요 요소를 배치.

Z자 중앙의 선이 꼭 필요한 것은 아니다. 4개의 점으로도 흐름이 생기므로 네 귀퉁이에 무엇을 배치할지가 중요.

구도 MEMO

괴수 영화의 장면을 생각하면서 그렸습니다. 시선을 끌고, 정보를 자연스럽게 전달하고 싶어서 Z구도를 선택했습니다.

왼쪽 위, 오른쪽 위, 왼쪽 아래, 오른쪽 아래. 어디에 무엇을 배치할지도 중요.

ONE POINT!

비슷한 원리로 왼쪽 위, 오른쪽 위, 왼쪽 아래, 오른쪽 아래의 중심에 배치하는 방법도 있다.

Z 구도의 기본

Z구도의 기본

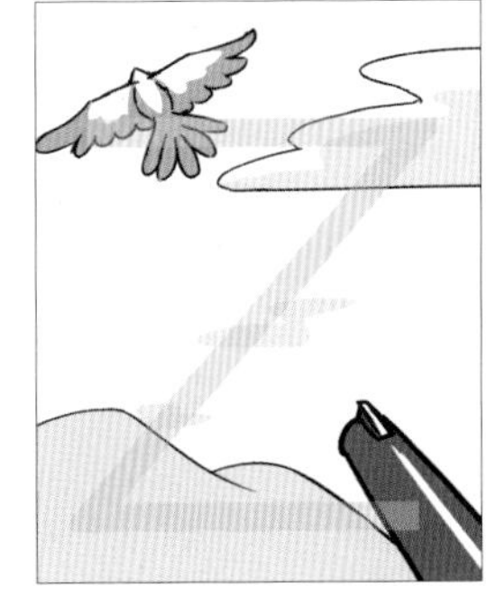

Z자의 흐름을 의식하면서 요소를 배치하는 구도이며, 알파벳 구도(p.66)의 일종입니다.
보통 사람의 시선은 '왼쪽 위, 오른쪽 위, 왼쪽 아래, 오른쪽 아래'처럼 Z자의 흐름을 따라서 이동한다는 법칙이 있습니다. 이 흐름으로 정보를 배치하면 보는 사람의 시선이 화면을 따라서 이동하기 때문에 정보를 자연스럽게 받아들일 수 있습니다. 어디에 핵심 요소를 배치할지에 따라 작품 자체의 주목도를 높일 수도 있습니다.
시선 유도로 작품에서 중요한 요소를 효율적으로 전달할 수 있는 구도입니다.

구텐베르크 다이어그램과 Z구도

Z구도는 네 귀퉁이에 중요한 요소를 배치하면 효과적입니다. 이 네 점은 전부 같은 역할을 하는 것이 아니라 장소에 따라 중요도가 다릅니다. 이 법칙을 구텐베르크 다이어그램이라고 합니다. 사람의 시선은 왼쪽 위❶ 에서 시작해 오른쪽 위, 왼쪽 아래를 지나 오른쪽 아래❷ 로 Z자의 형태처럼 흐릅니다. 중간 지점인 오른쪽 위와 왼쪽 아래는 크게 주목받는 위치가 아니므로 중요하거나 강조하고 싶은 것을 배치해도 그다지 효과를 발휘하지 못합니다. 그러나 시선이 지나는 위치이므로 일러스트에 필요한 요소를 배치하면 화면 전체의 밸런스가 좋아지고, 정보를 자연스럽게 전달할 수 있습니다.

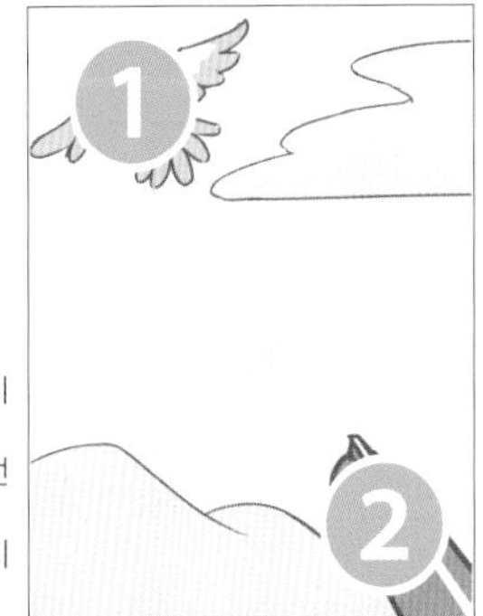

왼쪽 위는 시선이 시작되는 가장 중요한 지점입니다❶. 여기에 시선을 끄는 요소를 배치하면 더 효과적입니다.
오른쪽 아래는 끝나는 지점이므로 두 번째로 중요합니다❷. 시선이 집중되는 인상 깊은 요소를 배치합니다.
오른쪽 위와 왼쪽 아래는 통과점이며, 주목도가 낮습니다. 그다지 중요하지 않은 요소를 배치합니다.

중요도를 의식한 배치의 예

△의 그림은 네 점에 요소를 배치했지만, 요소의 중요도는 생각하지 않았습니다. 오른쪽 아래에 주제인 소녀를 배치한 탓에 시선의 흐름이 자연스럽게 흐르지 않고, 의도하지 않은 위화감이 생겼습니다.
○의 그림은 구텐베르크 다이어그램을 기준으로 요소의 배치를 정리한 것입니다. 정보가 매끄럽게 전달되고 시선 유도에 성공한 일러스트가 되었습니다.
반드시 구텐베르크 다이어그램을 따라갈 필요는 없습니다. 일러스트에 따라서는 어쩔 수 없이 오른쪽 위나 왼쪽 아래에 중요한 요소를 배치해야 할 때도 있고, 의도적으로 위화감이 있는 배치로 신비한 분위기를 연출하는 방법도 있습니다. 어디까지나 기준으로만 활용합니다.

△

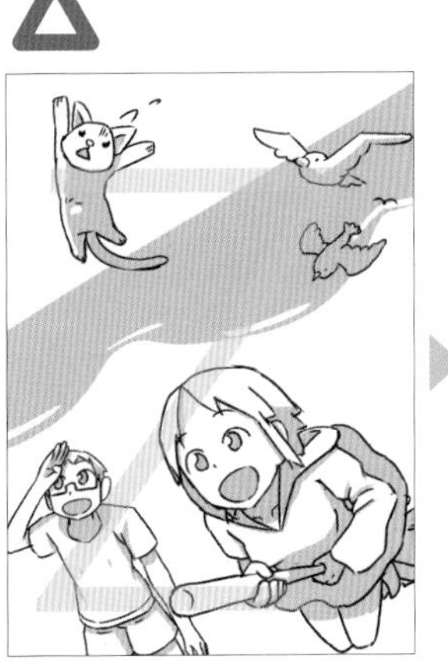

중요한 요소의 배치가 제각각이라서, 의도하지 않은 위화감이 생겼습니다.

○ GOOD!

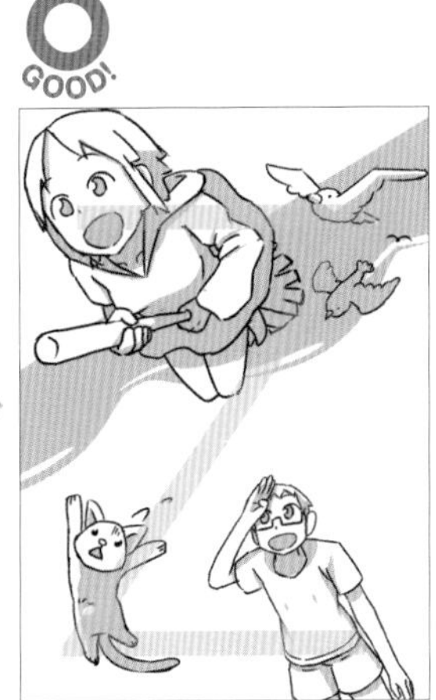

구텐베르크 다이어그램을 기준으로 배치를 변경했습니다. 시선의 흐름이 자연스럽고 정보가 더 쉽게 전달됩니다.

Z 구도 활용법

Z의 크기

Z구도에서 Z의 크기에 주의하세요.

Z의 크기는 다소 작거나 커도 성립합니다. 물론 Z의 형태에 원근법을 적용하고 깊이를 표현해도 상관없습니다. 단, 아주 작은 Z는 효과적이지 않습니다. Z 주변의 여백이 넓으면 여백의 인상이 강해진 결과, 사람은 Z의 흐름을 인식하지 못해서 시선 유도의 효과가 없기 때문입니다. 구도를 여러 개 조합하는 것도 중요하지만, 네 점에 요소를 배치하는 구도라 해도 중심에 치우쳐서 배치하는 3분할 구도(p.50)와는 궁합이 좋습니다.

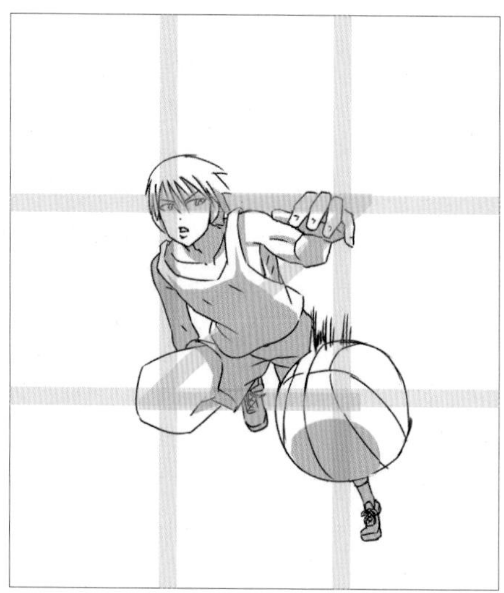

3분할을 너무 의식하면 원형 구도(p.34)의 비율이 커집니다.

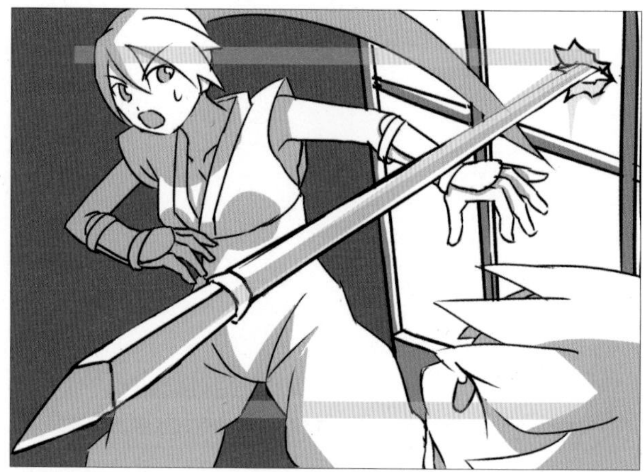

Z는 역동적인 장면에 써야 효과를 발휘합니다.

COLUMN

레이아웃 디자인과 일러스트

여러 번 레이아웃 디자인을 언급했지만, 디자인과 일러스트는 관련이 깊습니다. 양쪽 모두 보는 사람을 의식한 미술에 관한 것이므로 구도의 원리는 상당 부분이 같습니다. 애초에 '디자인'의 어원은 '데생'과 같은 '데시그나레(designare, 계획을 기호로 표기하다)'입니다. 보는 사람에게 정보를 전달하기 위해 효과적인 계획을 세우고, 구체적인 형태로 표현하는 것을 뜻합니다. 그림도 디자인도 근본 목적은 같습니다.

일러스트뿐 아니라 그림은 자유로운 것이라고 생각합니다. 하지만 일로 그림을 그리거나 팬을 늘이고, 그림을 수단으로 구체적인 목적을 달성하고 싶다면 이 책에서 설명한 기술을 적극적으로 익힐 필요가 있습니다. 특히 Z구도는 실무에 도움이 됩니다. 포스터, 책, 잡지 등 일러스트레이터의 일은 디자이너와 강한 연대가 필요합니다. 서로의 분야에 대한 지식이 있다는 것은 강점입니다.

일러스트 전문학교에서도 디자인 수업이 커리큘럼에 포함되어 있고, 디자인 전문학교에서도 일러스트 수업이 포함되어 있는 곳이 많습니다.

일러스트와 레이아웃 디자인은 상호 영향을 주고받는 소중한 지식과 기술이므로 반드시 자신의 것으로 만들어야 합니다.

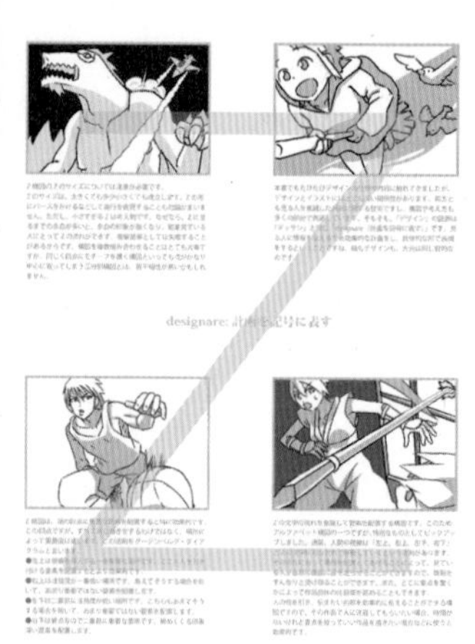

화면에서의 중심과 균형

Z구도와 관계가 깊은 원리가 '화면의 무게 중심'입니다. '무게'를 기준으로 화면의 네 귀퉁이에 요소의 배치를 정하는 방법입니다. 화면을 상하로 나누었을 때 위에 가벼운 요소, 아래에 무거운 요소를 배치하면 화면이 안정적입니다.
화면을 좌우로 나누었을 때는 왼쪽에 가벼운 요소, 오른쪽에 무거운 요소를 배치하면 화면이 안정적입니다. 오른손잡이의 인구가 많고 오른손으로 무거운 물건을 들기 때문이라는 설이 있습니다.
이 2가지 내용을 합쳐보겠습니다. 왼쪽 위에 가장 가벼운 요소, 오른쪽 위에 두 번째로 가벼운 요소, 왼쪽 아래에 두 번째로 무거운 요소, 오른쪽 아래에 가장 무거운 요소를 배치하는 것이 보는 사람이 가장 안정감을 느끼는 화면이 되는 것입니다. 무게가 가벼운 것은 연하게, 무거운 것은 진하게 색을 칠하거나 가벼운 것은 작게, 무거운 것은 크게 그리면 조절이 가능합니다. 이 원리는 반드시 네 점 모두에 요소를 배치할 필요가 있는 Z구도뿐 아니라 다른 구도에서도 배치의 기준으로 활용할 수 있습니다.
구텐베르크 다이어그램도, 무게 중심을 잡는 방법도 절대적인 것은 아니며 어디까지나 기준입니다. 서로 상반되는 부분도 있습니다. 이 2가지에 지나치게 신경을 쓰면 혼란스럽고 그림이 밋밋해지므로, 구도가 떠오르지 않거나 용도에 적합하다고 생각될 때는 가볍게 시도해보는 정도로 이용해보세요.

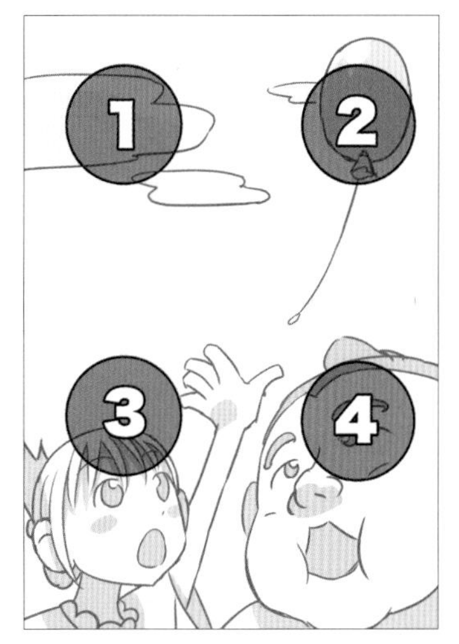

Z 일러스트 예시

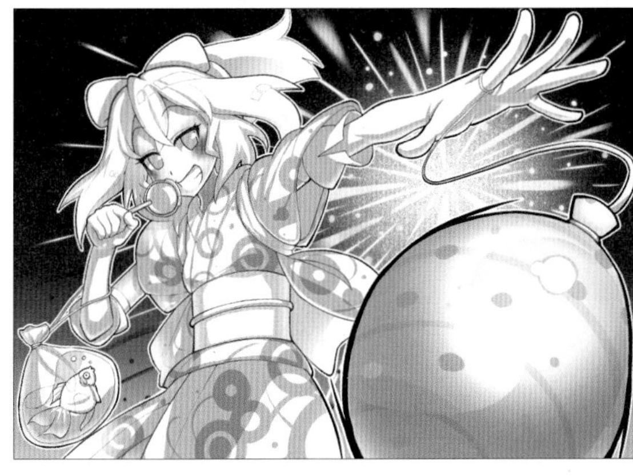

구텐베르크 다이어그램의 기준에 따른 Z구도입니다.

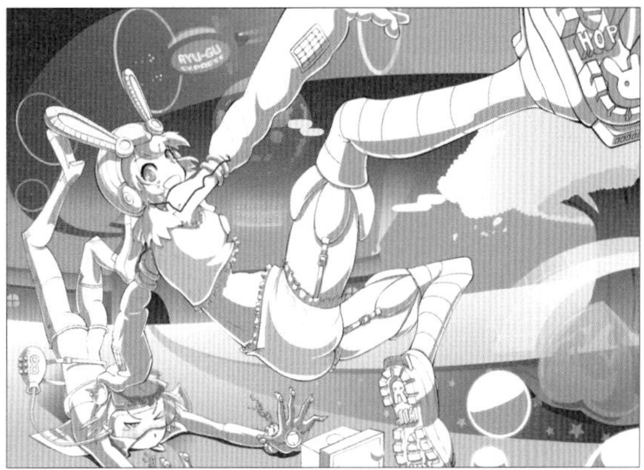

주역의 얼굴에서 시작해, 도둑이 경단을 훔치려고 하는 정보로 끝나는 구텐베르크 다이어그램입니다. 모든 정보가 자연스럽게 전달됩니다.

황금비

황금비는 인간의 눈에 가장 아름다운 비율의 법칙으로 아름다움을 표현하거나 화면에 조화를 우선하고 싶을 때 적합합니다.

이 책에서는 황금비를 따라서 그린 황금 나선을 사용한 구도를 중심으로 설명합니다. 일러스트나 캐릭터 디자인뿐 아니라 배경이나 로고에도 쓸 수 있는 구도입니다.

기업 로고 등에서도 볼 수 있고, 게임 캐릭터인 소닉도 황금 나선의 원리대로 제작해 화제가 되기도 했습니다. 〈모나리자〉의 얼굴도 황금비의 원리대로 그린 작품이며, 다양한 곳에 활용됩니다.

구도 포인트

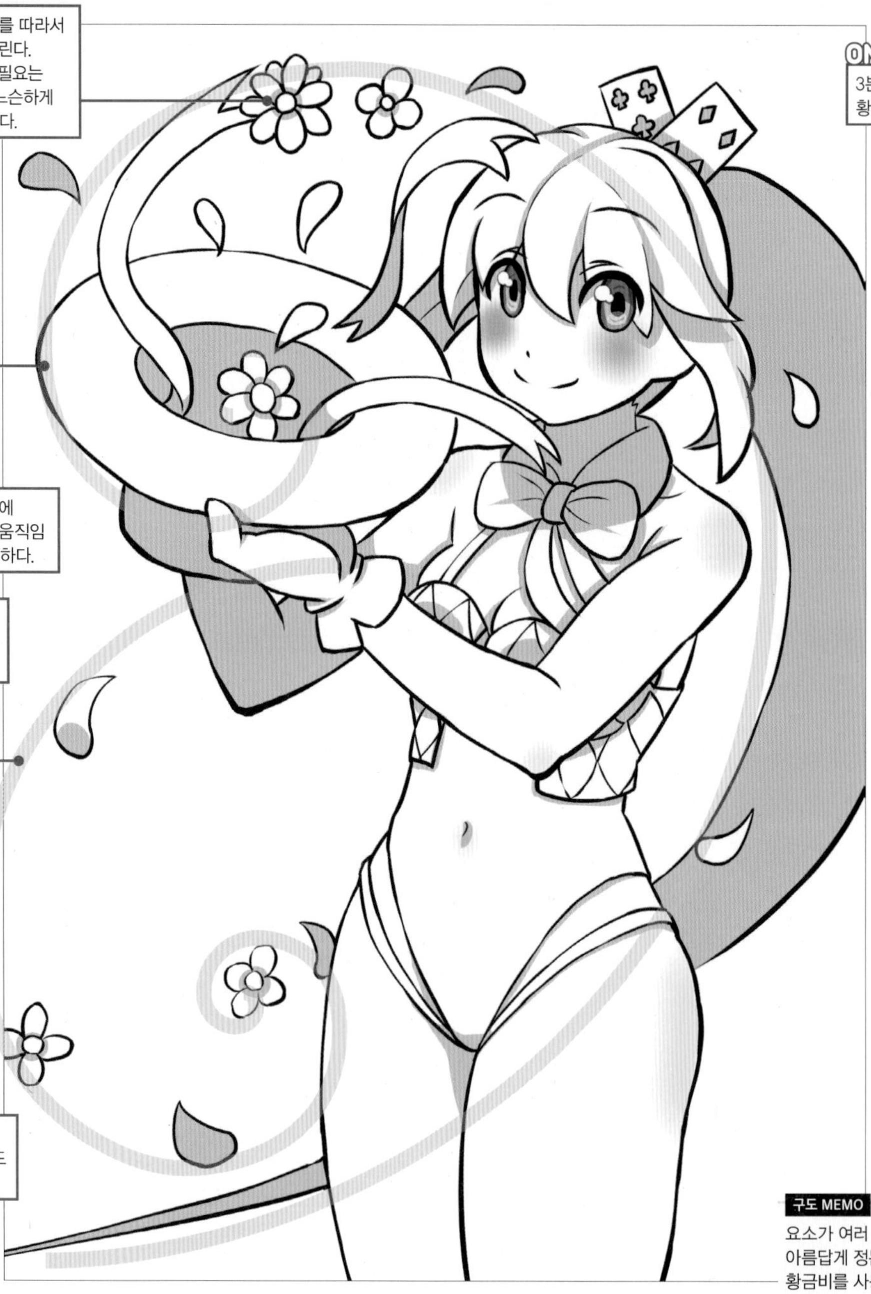

황금 나선의 형태를 따라서 요소와 구도를 그린다. 지나치게 얽매일 필요는 없고, 어느 정도 느슨하게 그려도 효과는 있다.

ONE POINT!
3분할 구도도 황금비에 가깝다.

나선의 형태 자체에 움직임이 있어서 움직임 있는 작품에 적합하다.

황금 나선은 한 화면에 여러 개가 있어도 상관없다.

황금 나선의 일부분만 사용해도 크게 문제없다.

구도 MEMO
요소가 여러 개인 일러스트를 아름답게 정돈하고 싶어 황금비를 사용해 그렸습니다.

황금비의 기본

황금비는 인간이 발견한 가장 아름다운 비율이며, 엄밀하게는 '1 : 1.618'의 비율을 뜻합니다. 이 비율을 도형으로 나타낸 것을 '황금 직사각형'이라고 하며, 직사각형의 좌우 혹은 상하 어느 한쪽을 1.618배로 늘인 것을 가리킵니다❶.

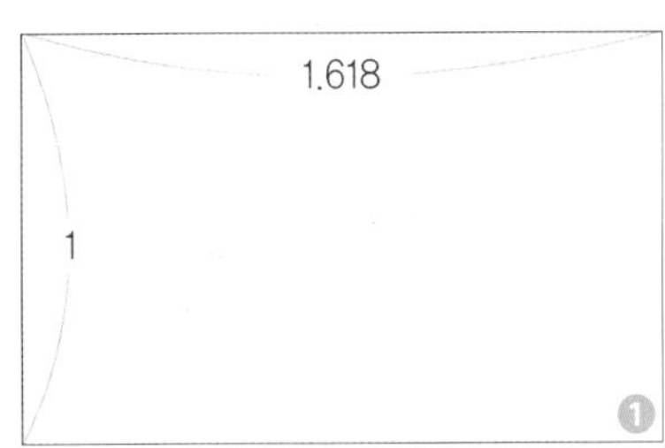

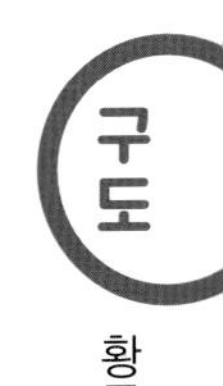

황금 직사각형은 무수히 많은 직사각형으로 세분화할 수 있습니다❷.
직사각형도 조화가 거의 완벽한 형태이지만, 황금 직사각형은 직사각형의 집합체라는 의미로 대단히 치밀하고, 조화로운 형태라는 것을 알 수 있습니다.

세분화한 직사각형의 집합체를 기준으로 각 직사각형의 대각선상의 모서리를 곡선으로 연결하면 나선 형태가 나타나는데, 이것을 '황금 나선'이라고 부릅니다❸.
황금비를 사용한 구도라고 하면 기본적으로 황금 나선을 가리킵니다.
캐릭터 디자인은 물론이고 구도와 레이아웃 디자인도 황금 나선을 기준으로 하면 무척 아름답고 조화로우며 매력적인 형태가 된다고 알려져 있습니다.

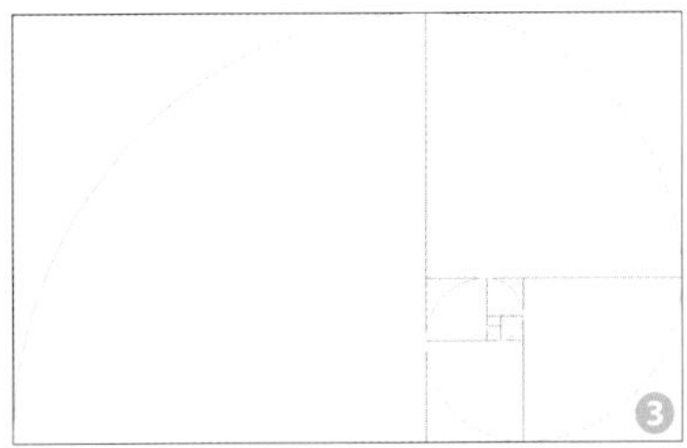

세계에서 가장 아름다운 법칙

황금 나선을 사용하면 매력적인 작품을 쉽게 만들 수 있습니다.
하지만 황금 나선과 완전히 일치하는 작품을 만들기는 대단히 어렵습니다. 그리는 요소의 전체가 아니라 일부분만 나선에 일치해도 충분하고, 반대로 일부분만 나선에서 벗어나도 상관없습니다. 그렇다고 황금 나선을 따라가기만 하면 무조건 아름다운 작품이 되는 것은 아니며, 황금 나선에 얽매이면 개성이 없는 작품이 됩니다. 기준으로만 활용합시다.
황금 나선의 형태는 오른쪽 그림처럼 세로 방향이든, 가로 방향이든 또는 상하좌우로 반전해도 상관없습니다.
사용하기 쉽다고 해도 나선의 형태가 복잡해서 완벽하게 활용하기에는 난이도가 높은 구도입니다. 다소 애매해도 상관없다는 마음가짐으로 편하게 써보세요.
3분할 구도(p.50)를 황금비, 황금 분할이라고 부르기도 합니다. 엄밀하게는 다르지만, 황금 직사각형을 3등분한 화면은 선이 황금비와 가까운 위치를 지나기 때문입니다. 3분할 역시 아름다운 구도로 알려져 있습니다.

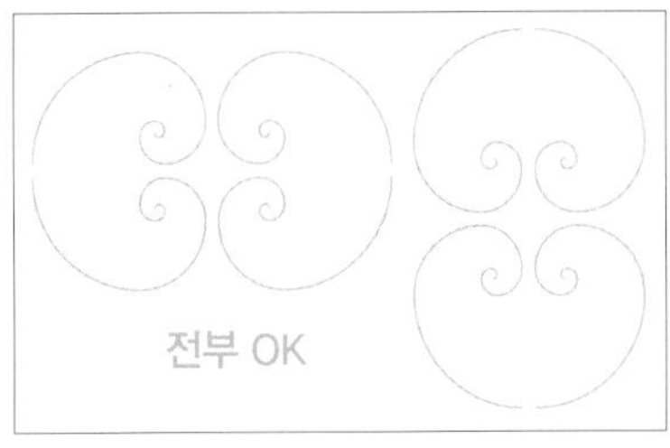

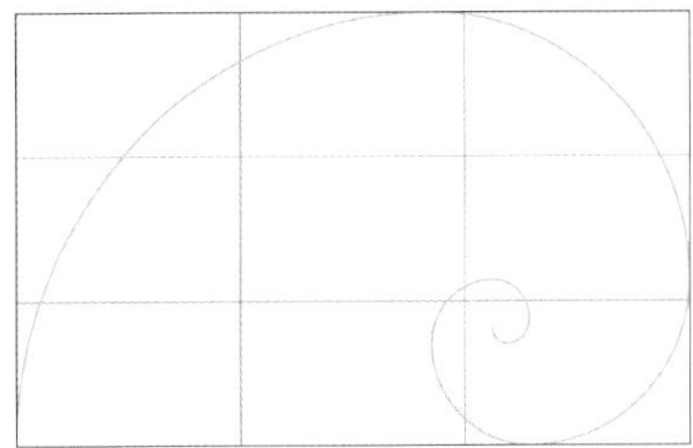

구도 활용법

황금 나선의 활용 예

황금 나선은 포즈와 구도, 어느 쪽으로도 사용할 수 있습니다.

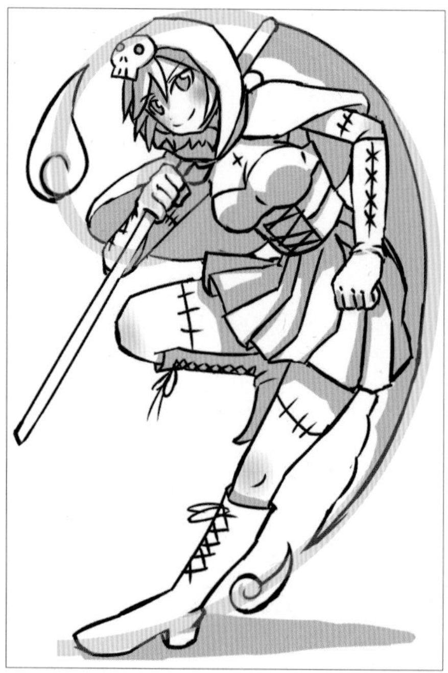

캐릭터 디자인에 사용했습니다. 나선의 형태에서 영혼의 이미지가 떠올랐고, 좀 더 나선과 일치하는 형태의 물건을 들고 있다는 설정으로 저승사자를 그려보았습니다. 나선과 일치되게 그리면 통일감이 생길 뿐 아니라 나선 자체에서 느껴지는 움직임으로 인해, 움직임이 있는 작품에 적합합니다.

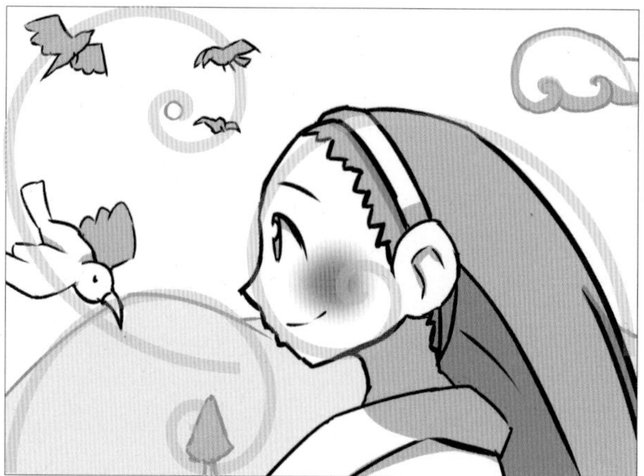

황금 나선은 꼭 하나만 쓸 필요는 없습니다. 여러 개를 써도 상관없습니다. 이 그림에는 4개를 사용했습니다. 구름처럼 보이는 형태를 그대로 쓰거나 옆얼굴처럼 약간 끊어진 형태로 사용해도 좋습니다. 산은 곡선을 따라서 그리고, 나무에서 끝나도록 하거나 태양과 새처럼 황금 나선을 따라서 점점이 배치해도 좋습니다.

COLUMN

자연계의 황금 나선

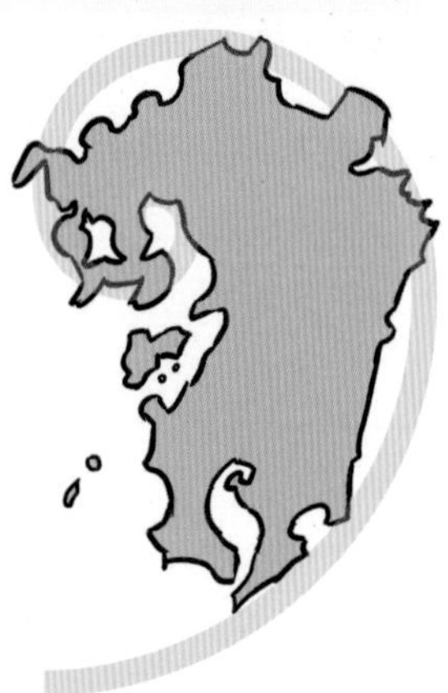

황금비는 인간이 발견한 가장 아름다운 법칙이라고 설명했지만, 자연계에서도 종종 볼 수 있는 형태입니다.

해바라기, 솔방울, 고사리 등의 곡선이 많은 식물과 고둥의 나선, 태풍이나 은하 등 황금 나선의 형태를 나타내는 것을 주변에서 쉬 찾아볼 수 있습니다. 2016년에 화제가 되었던 큐슈의 지형도 황금 나선의 형태와 일치한다는 사실이 밝혀졌습니다.

자연계는 의외로 물리학과 수학의 법칙에 일치하는 양상을 보일 때가 적지 않습니다. 전체 형태를 세분화해도 원형과 크게 달라지지 않는 도형을 '프랙탈'이라고 하는데 브로콜리, 눈 결정, 번개, 나뭇가지의 분기, 인간의 창자벽 등에서도 볼 수 있습니다.

기나긴 지구의 역사에서 동식물이나 자연 현상은 다양한 변화를 거쳐 오늘날의 모습이 되었습니다. 이런 모습을 아름답다고 생각하는 것은 생물이 가진 본능인지도 모릅니다.

화면에서 벗어난 황금 나선

황금 나선 전체를 반드시 화면에 담을 필요는 없습니다. 황금 나선의 일부를 잘라내도 상관없습니다.
다소 제약은 커지겠지만 황금 나선을 잘라내면 화면이 더 복잡해집니다. 황금비를 사용한 것이 드러나지 않도록 활용하는 프로도 있는데, 그럴 때 유용한 방법입니다.
황금비는 그 자체로 이미 완성된 구도이지만 익숙한 사람이나 프로는 '황금 나선'을 금방 알아차립니다. 들켜서 곤란한 일은 아니지만, 가능하다면 작품은 순수한 시선으로 봐주었으면 합니다. 황금 나선의 크기를 키우거나 줄이거나 비스듬하게 기울이는 등 다른 구도와 적극적으로 조합해서 시험해보세요.

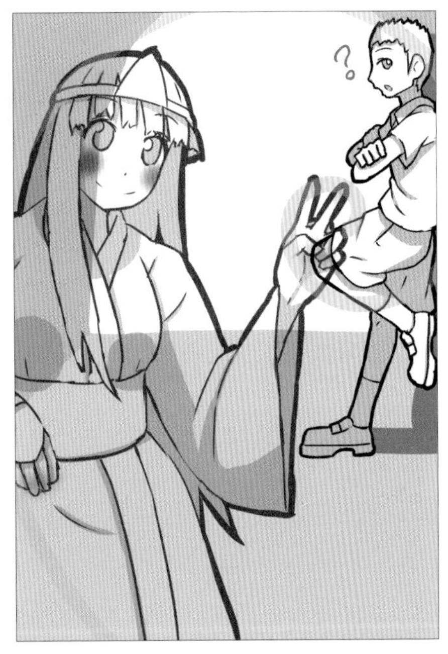

일러스트 예시

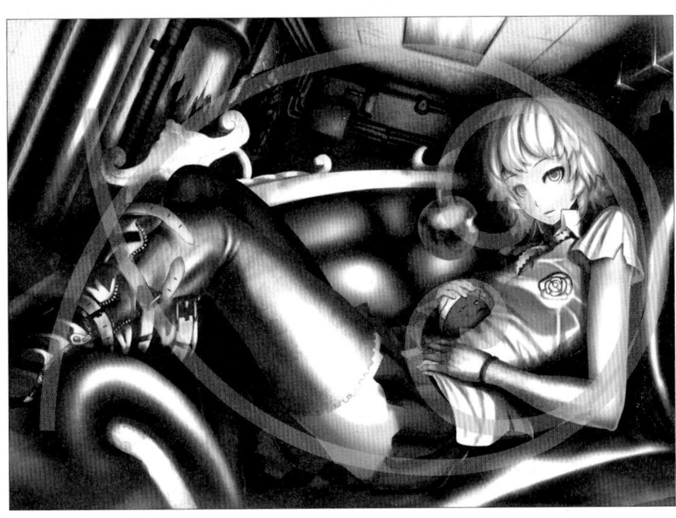

위아래로 2개의 황금 나선을 사용해, 각각 캐릭터와 고양이가 있는 위치에서 나선이 끝나도록 했습니다.

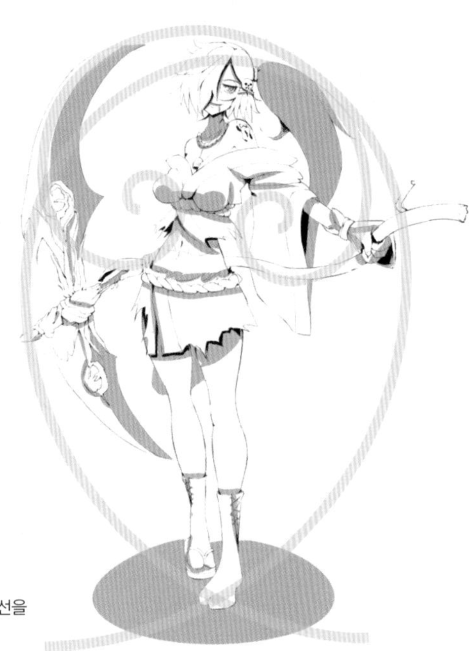

좌우로 2개의 황금 나선을 사용했습니다.

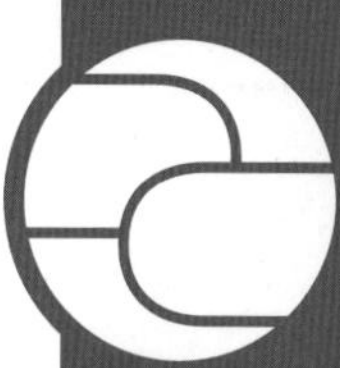

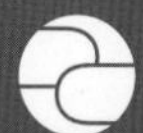

오버랩 구도

오버랩 구도는 화면 앞쪽의 요소와 안쪽의 요소가 겹치는 구도입니다. '깊이를 표현하고 싶을 때', '작품의 내용을 제대로 전달하고 싶을 때' 적합한 구도입니다.
오버랩 구도란 집필 과정에서 만든 용어이며, 영상 기술의 오버랩과는 다릅니다. 이 책에서는 요소를 겹쳐서 깊이를 표현하는 것을 오버랩이라고 부릅니다.
일러스트뿐 아니라 회화, 조각, 정물 데생 등에서도 요소를 겹쳐서 그리는 것을 중요하게 생각합니다. 살짝 의식하는 것으로도 작품의 완성도가 크게 향상됩니다.

구도 포인트

구도 MEMO

삼각관계인 세 사람을 그저 막연하게 그리는 것이 아니라 이야기도 전달되고 매력적인 일러스트를 그리려고 오버랩 구도를 선택했습니다.
중앙의 주역과 동경하는 인물을 겹쳐서 주역의 친밀감과 마음을 표현하고, 조금 떨어져 있는 소녀는 마음을 숨기고 있어 주역과는 겹치지 않게 했습니다.

캐릭터를 겹쳐도 OK. 과감하게 주역에 다른 요소를 겹쳐도 효과적.

오버랩 구도는 자연스럽게 다른 구도와 조합할 수 있다. 전체는 삼각형 구도(p.26)로 구성. 여백 구도(p.54)로 각각의 캐릭터 입장을 암시했다.

겹친 요소는 크기나 위치가 적절하도록 꼼꼼하게 확인.

겹친 것은 주역보다 도드라지지 않도록 주의.

서로 관계성 있는 요소를 겹치게 그리면 일러스트의 이야기를 쉽게 표현할 수 있다.

핵심이 되는 동경하는 인물은 의도적으로 크게 그렸지만, 눈을 숨기거나 잘라내 존재감을 조절했다.

오버랩 구도의 기본

모티브가 되는 2가지 이상의 요소를 하나는 화면 앞쪽에, 하나는 안쪽에 겹치도록 배치하면 간단히 '깊이'를 표현할 수 있습니다. 이것을 이 책에서는 '오버랩'이라고 부릅니다.
깊이를 나타내는 원근법과 공기원근법 등이 유명하지만 오버랩 구도에서는 요소와 요소를 겹치게만 해도 깊이를 표현할 수 있습니다. 그러나 단순하기 때문에 제대로 모르면 쓸 수 없는 구도입니다.
화면에서 세로축을 나타내는 Y축, 가로축을 나타내는 X축을 인식하는 사람은 많지만, 일러스트를 막 시작한 사람은 깊이를 나타내는 Z축까지는 신경 쓰지 못할 때가 많습니다. 그래서 오버랩 구도를 활용하면 작품의 완성도가 한층 높아 보입니다.
물론 프로에게도 중요한 구도입니다.

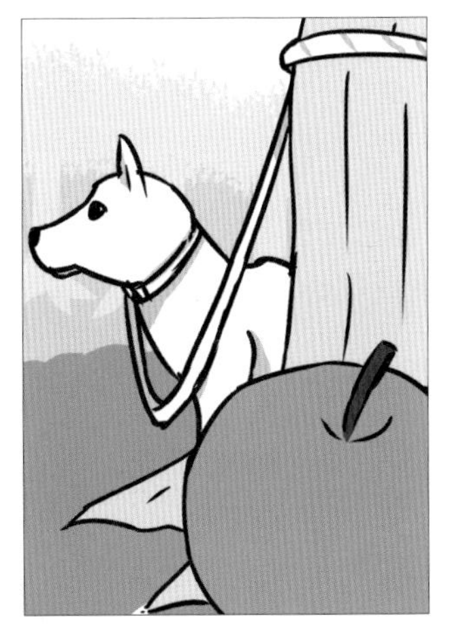

과감하게 주역을 가린다

효과적인 오버랩 구도에는 과감함이 중요합니다.
캐릭터에도, 배경에도 오버랩 구도는 유용합니다. 일러스트의 주역인 캐릭터에 다른 요소를 겹쳐 일부분을 가릴 용기가 필요하지만, 겹치기만 해도 깊이를 표현할 수 있으니 과감하게 겹치는 편이 일러스트의 세계관을 더 깊이 있게 표현할 수 있습니다.
디지털 일러스트에서는 겹친 뒤에 위치를 움직여서 확인할 수 있으니 배치의 밸런스는 얼마든지 조정이 가능합니다. 다양하게 시험해보세요.

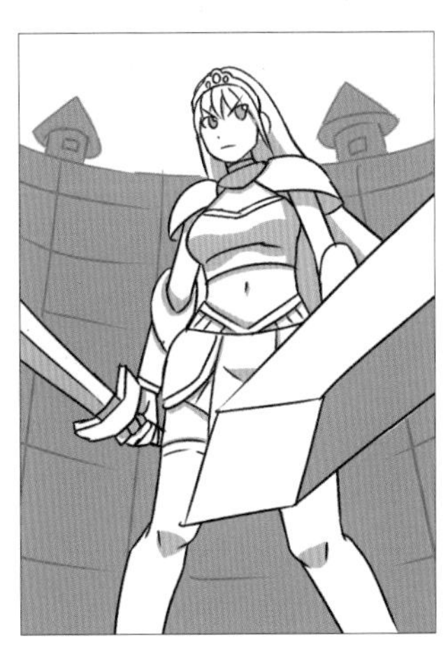

겹치는 요소의 크기와 위치

△의 그림은 오버랩 구도를 활용해, 주역과 꽃을 겹치게 배치했습니다. 그러나 너무 크고 색도 진해서 주역보다 더 눈에 띕니다. 꽃이 주역이라면 이것도 좋지만 과감함에도 정도가 있습니다. 이럴 때는 겹친 요소의 '크기를 줄인다', '얼굴을 가리지 않는다', '색과 존재감을 주역보다 흐리게 한다', '흐림 효과를 적용한다' 등의 방법이 있습니다.
특히 흐림 효과를 적용하면 사진의 아웃포커스(p.118)처럼 깊이감이 더 강해집니다.

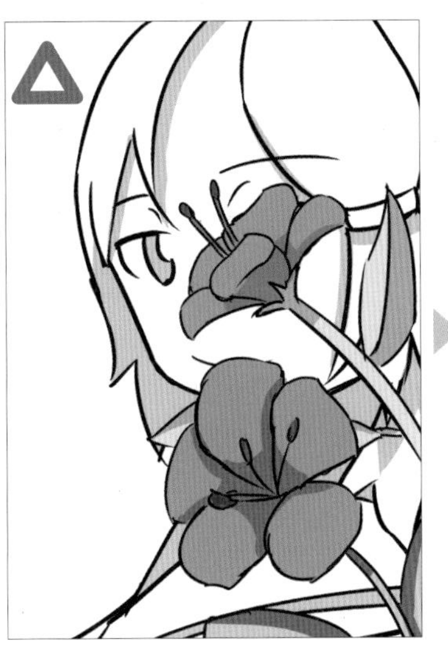

주역보다 꽃의 임팩트가 너무 강해서, 꽃이 주역인 일러스트가 되어버렸습니다.

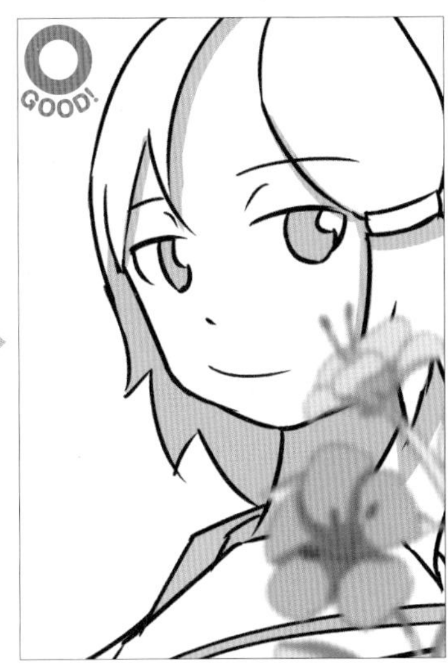

꽃의 존재감을 낮춰 메인이 부각되도록 했습니다. 이렇게 완성한 뒤에도 조절하면 작품의 완성도가 높아집니다.

구도 활용법

겹치는 요소를 연구하자

오버랩 구도에서는 구성 요소를 겹치는 것보다 간단하게 깊이를 표현할 수 있습니다. 관련 있는 요소를 활용하거나 멋을 표현하기 쉬운 요소를 겹치면 일러스트의 매력이나 전달하려는 메시지가 더 명확해집니다.

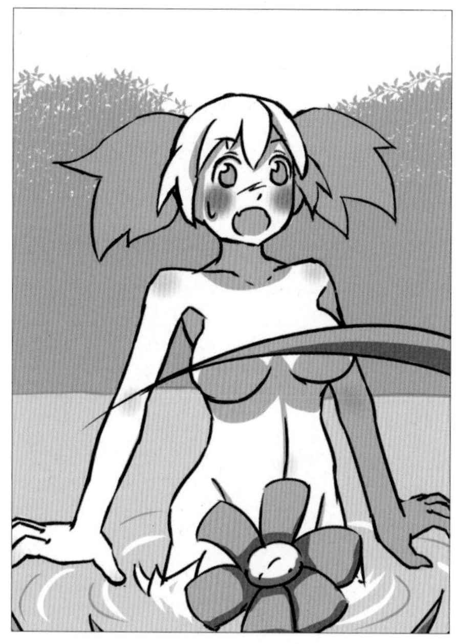

미소녀 만화에서 자주 볼 수 있는 구도입니다. 화면 앞쪽의 꽃으로 묘사할 수 없는 부분을 가렸습니다.

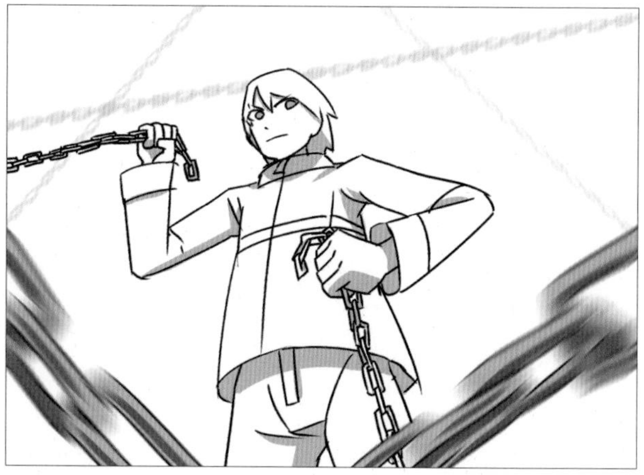

주역의 일부(무기)를 사용해 오버랩을 구성했습니다.
화면 전체를 주역으로 효과적으로 채우면서 거리감과 속도감을 표현했습니다. 대각선 구도(p.42)를 사용해 움직임을 더 강조했습니다. 추가로 박력이 생기도록 로우 앵글(p.8)도 사용했습니다.

COLUMN

오버랩 구도란

오버랩 구도는 이 책에서만 쓰인 용어입니다. 지금까지 다양한 기법서를 읽어봤는데, 해당하는 내용을 본 적이 없습니다. 그렇지만 무척 중요한 내용이고, 심도 있게 설명하고 싶을 정도로 유용한 도구입니다.

제 경험상 오버랩 구도의 사용법 자체는 무척 간단합니다. 저도 우연히 영화를 보다가 구성 요소를 겹치면 다양한 효과를 얻을 수 있다는 것을 깨달았습니다. 그 후 그림에도 의식적으로 사용할 수 있게 되었습니다. 그만큼 의식하는 것이 중요합니다.

실력 있는 사람의 그림과 비교해 자신의 작품에는 어떤 벽이 존재하는 듯한 느낌이 든다면, 그림을 그리면서 '겹친다', '겹친다'를 의식하면서 그려보세요. 익숙해지면 자연히 오버랩 구도를 그릴 수 있게 됩니다.

겹치는 방법 외에 Z축의 깊이 요소를 종종 잊을 때가 많습니다. 깊이라는 개념은 그림 실력을 키우는 데 반드시 필요한 것으로 한 가지라도 많은 기술을 습득할 수 있도록 노력합시다.

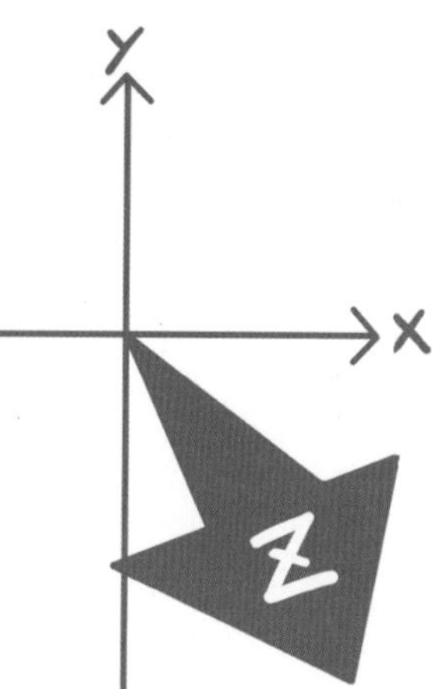

투명하게 겹친다

오버랩 구도는 반드시 다른 요소로 주역을 가려야만 표현할 수 있는 것은 아닙니다. 마법과 이펙트처럼 반투명한 요소나 유리나 플라스틱 등의 투명한 요소를 활용하면 주역을 가리지 않고도 오버랩 효과를 활용할 수 있습니다.
일러스트에서 투명감은 무척 중요합니다. 연필 데생에서도 상급자를 대상으로 한 '투명한 비닐을 씌워서 그리는 연습 방법'이 있습니다. 다시 말하면 투명한 것을 그릴 수 있으면 작품의 완성도가 대단히 높아집니다. 작품을 제대로 표현하는 것도 오버랩 구도를 사용하는 목적의 하나이므로, '투명하게 그린다'는 기법과 궁합이 무척 좋습니다.
디지털에서는 투명도를 조절하기만 해도 쉽게 반투명으로 만들 수 있습니다. 주역을 더 강조하면서 오버랩 구도를 표현하고 싶을 때 투명하게 겹치는 방법을 시험해보세요.

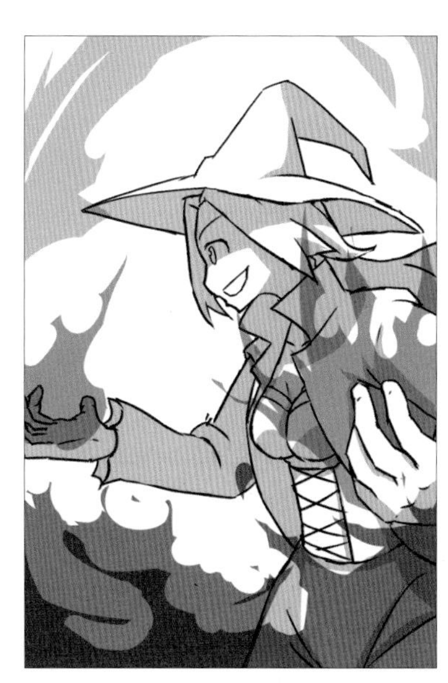

일러스트 예시

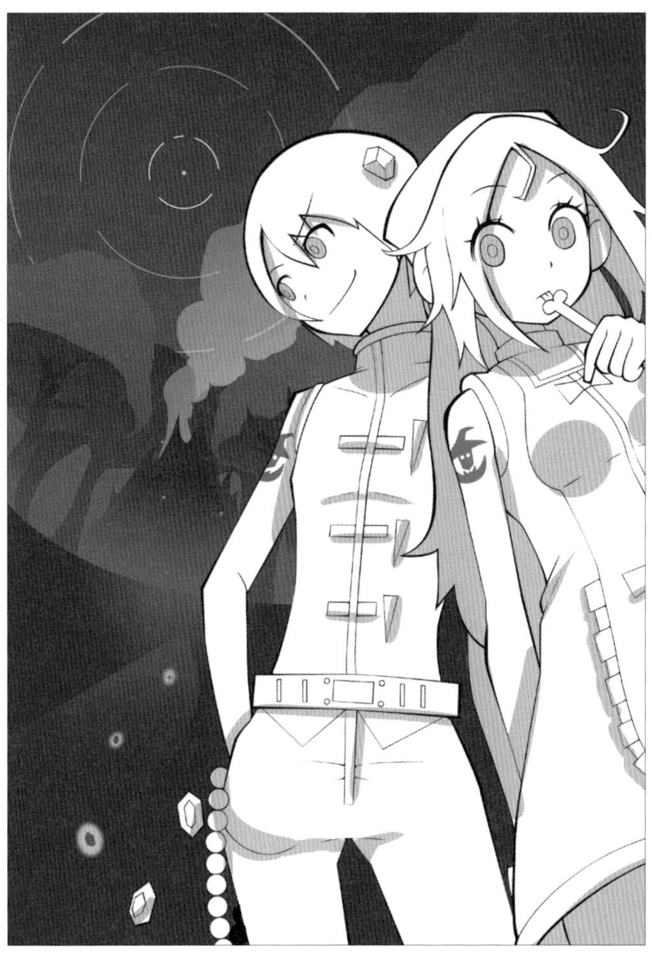

헨젤과 그레텔입니다. 겹쳐서 두 사람의 관계를 강조할 뿐 아니라 한쪽으로 기울여서 밸런스를 무너뜨리면 화면에 움직임과 캐릭터가 서로 의지하는 모습을 표현할 수 있습니다.

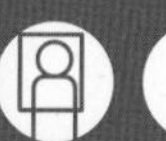

잘라내서 구도를 변경한다

트리밍

트리밍은 작품을 완성하고 나서 가공하는 기술입니다. 구도나 주역을 변경하고 싶을 때, 그림의 일부를 잘라내서 특수한 표현을 하고 싶을 때 쓰는 기술입니다.
게임 업계에서는 원 쇼트로 잡은 전신 그림을 트리밍으로 업 쇼트, 바스트 업, 니 쇼트 등으로 수정할 때도 있습니다. 이런 특수한 상황을 제외하고 작품의 최종 인상을 조절하는 데 주로 씁니다.
디지털이라서 가능한 기술이지만 알아두면 다양한 장면에 활용할 수 있습니다.

구도 포인트

트리밍 전

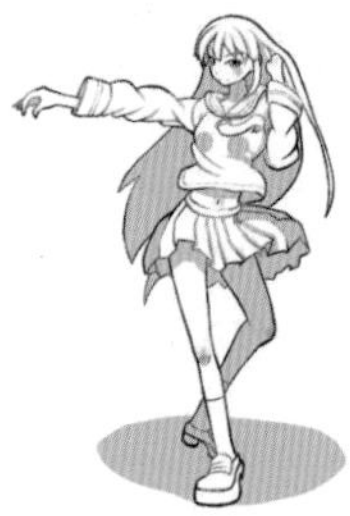

기본은 완성 원고의 확대로 조절.

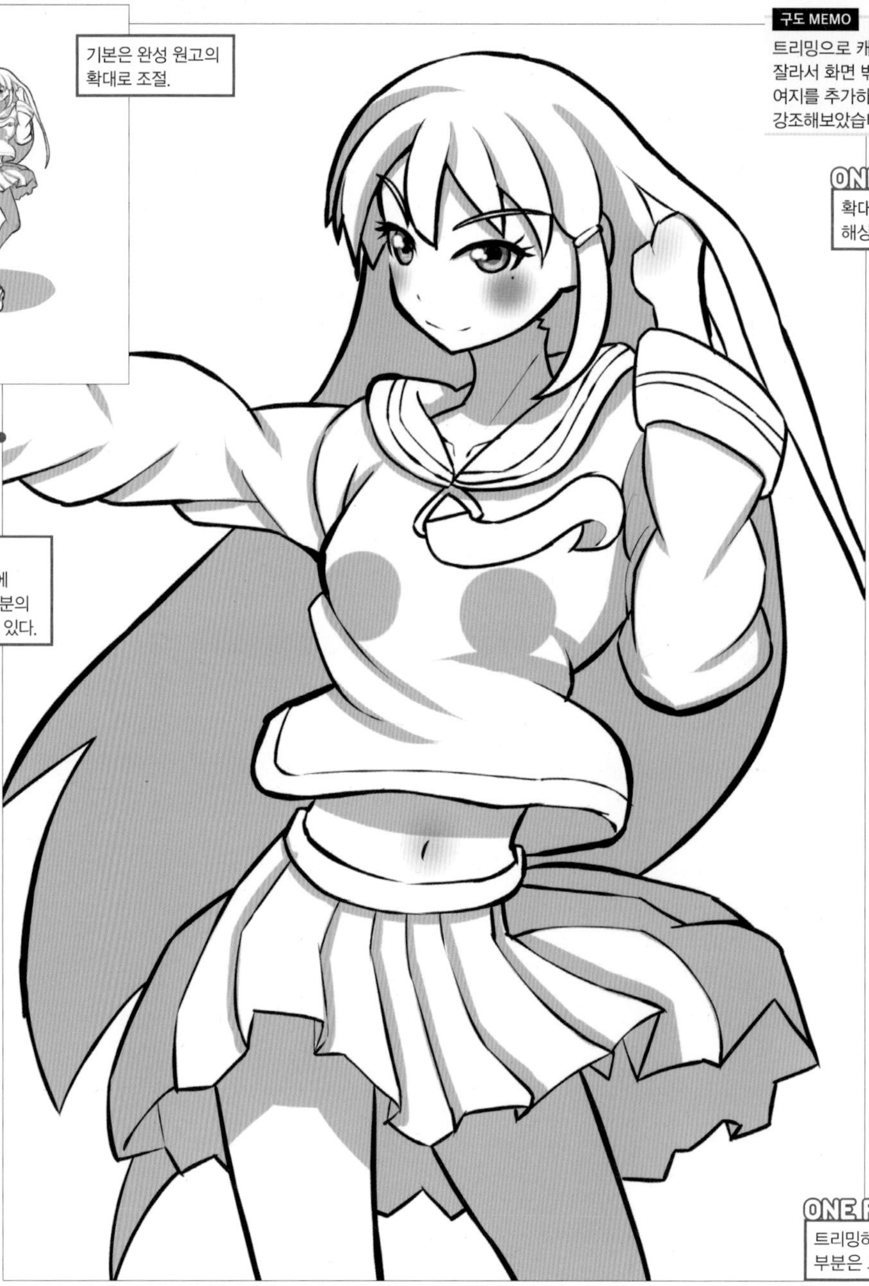

캐릭터의 매력과 움직임이나 화면에 나타나지 않는 부분의 표현을 강화할 수 있다.

구도 MEMO

트리밍으로 캐릭터의 일부를 잘라서 화면 밖을 상상할 여지를 추가하고 움직임을 강조해보았습니다.

ONE POINT!

확대할 때는 해상도에 주의하자.

ONE POINT!

트리밍하고 나서 부족한 부분은 보강해도 된다.

구도의 기본

트리밍의 기본

트리밍이란 '불필요한 부분을 잘라내서 화면을 정리하는 기법'입니다. 의미 그대로 완성한 다음 작품을 정리하고 작품의 완성도를 더 높이기 위한 과정을 가리킵니다.

시작에서 완료까지 일관되게 수준 높은 작업을 할 수 있는 사람은 드뭅니다. 캐릭터가 너무 크거나 작아서 의도한 이미지가 아닐 때도 있고, 웨이스트 업으로 시작했지만 나중에 바스트 업으로 변경하고 싶을 수도 있습니다. 그때 확대/축소로 조절하면 구도를 바꾸거나 두 캐릭터 중에 한 명을 확대해서 주역으로 설정할 수 있고, 다른 한 명도 트리밍으로 화면에 존재하는 의미로 변경할 수 있습니다. 트리밍은 제대로 사용하면 무척 도움이 되는 기법입니다. 특히 여백 구도(p.54)와 잘 어울리는 기법입니다.

러프 단계에서 트리밍한 다음 깔끔하게 다시 그리거나 채색을 하는 사람도 있습니다. 잘못된 것은 아니지만 색을 칠하면 인상이 달라지고 최종적으로 크기와 위치를 조절할 필요가 있습니다. 그래서 트리밍한 부분(본래의 전체 그림)에 채색을 한 상태라면, 그림을 움직이거나 축소했을 때 화면 안에 채색하지 않은 부분이 생깁니다. 다시 그 부분을 그려 넣어야 하므로 채색은 트리밍을 끝내고 하는 편이 좋습니다.

트리밍 전

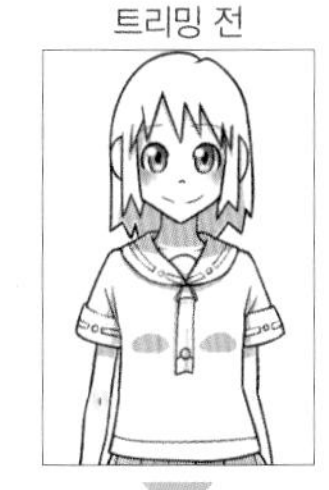

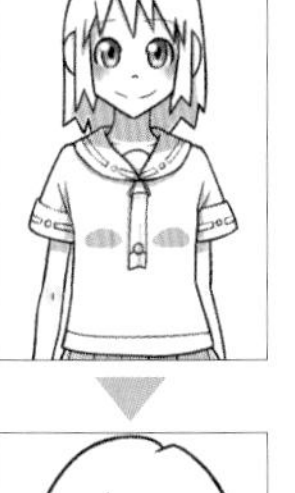

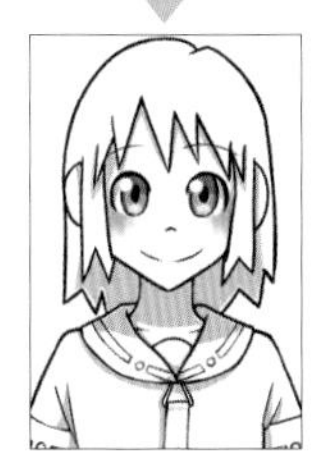

단순하게 확대한 트리밍

△의 그림은 박력을 표현하는 로우 앵글(p.8)과 원형 구도(p.34)를 조합해 주역을 강조하려고 했지만, 카메라에서 너무 멀어 여백이 차지하는 비율이 넓고 조용한 인상으로 박력도 표현되지 않았습니다. 그래서 주역을 확대하고 여백을 트리밍으로 잘라낸 다음 화면에 가득 차도록 구도를 변경했습니다. 그 결과 로우 앵글뿐 아니라 인체와 무기로 인해 대각선 구도(p.42)로 박력이 생겼고, 더 매력적인 캐릭터가 되었습니다.

이 정도는 완전한 트리밍이 아니지만 약간 확대하고 미세하게 조절하는 정도의 트리밍도 무척 효과적입니다.

트리밍 전

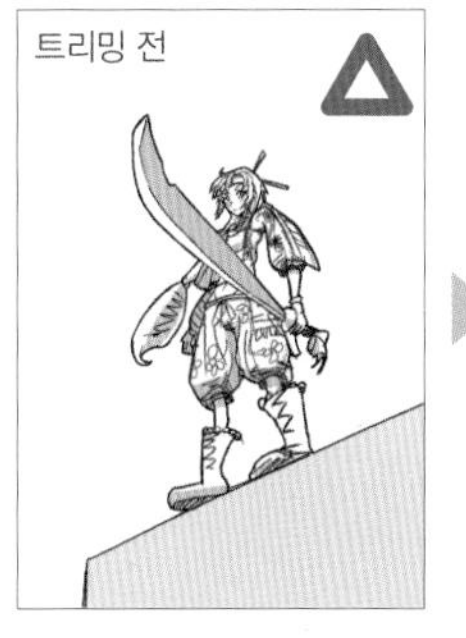

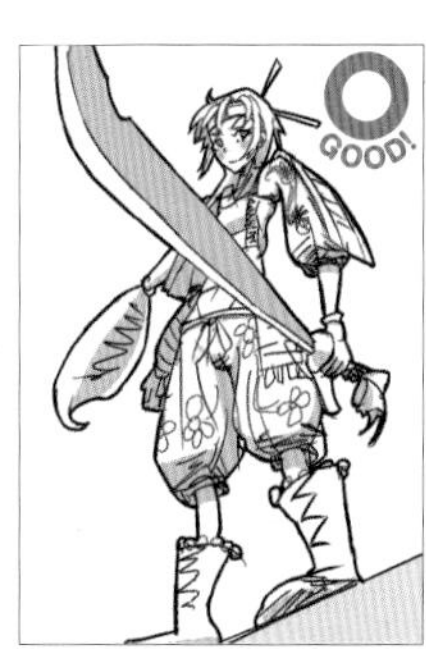

해상도에 주의

트리밍은 작품의 확대가 기본입니다. 확대하면 그만큼 해상도가 낮아지는데, '원고 크기 정하는 법'(p.171)을 참고하세요. 확대 비율이 커질수록 이미지 손상도 커지고, 여러 번 확대를 반복하면 점점 더 이미지가 흐려집니다.

확대보다 축소하는 편이 이미지의 손상이 덜하기 때문에 처음부터 완성 원고의 크기보다 몇 배 크기(같은 배율)로 일러스트를 그리고, 완성한 뒤에 원하는 크기로 '축소'하는 트리밍도 있습니다. 이런 방식으로 이미지 손상을 최대한 줄일 수 있습니다. 가능하면 확대/축소를 한 번에 끝내야 합니다. 원고를 복사해서, 복사본으로 여러 번 시험해보고 이상적인 트리밍의 결과를 찾은 다음 원본의 트리밍 작업을 하면 한 번에 확대/축소를 끝낼 수 있습니다.

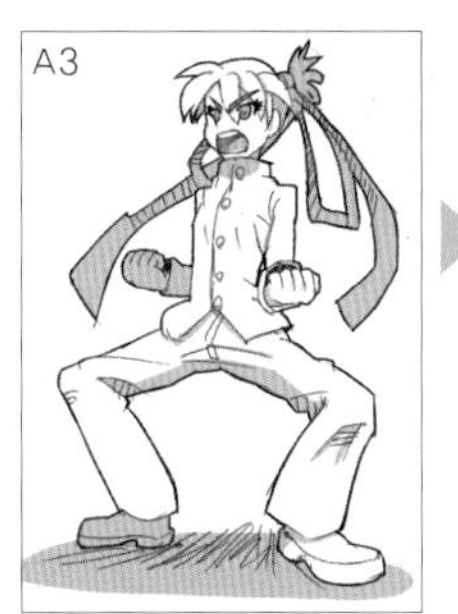

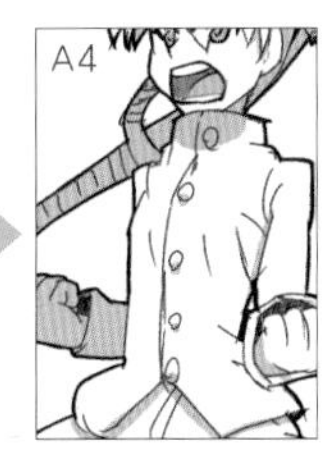

A3에서 A4로 트리밍하면 A3에서 그릴 때보다 크게 표시됩니다. 이 원고 크기라면 '축소'할 수 있으므로 이미지 손상이 거의 발생하지 않습니다.

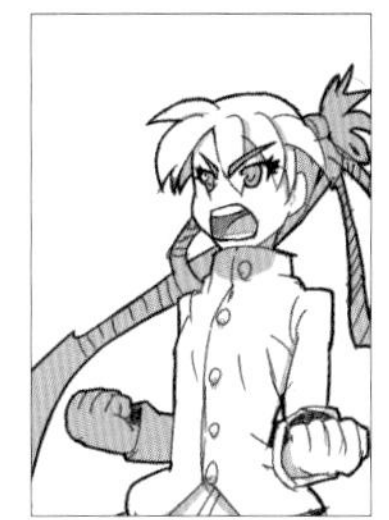

이상적인 트리밍을 찾고 구도를 정리했습니다. 미리 완성 크기보다 크게 그리면 작업이 수월하니 습관을 들여보세요.

구도 활용법

잘라내기

캐릭터와 구성 요소를 화면 밖으로 벗어나게 하는 것도 무척 유용한 표현 방법입니다. 화면에 모든 것을 담으면 설명은 가능하지만 상상의 여지가 없고, 화면이라는 닫힌 세계에서 캐릭터가 갇힌 느낌이 듭니다. 일부분을 잘라내면 보는 사람은 화면 밖에 있는 무언가를 상상할 수 있고, 더 재미있는 작품이 됩니다. 게다가 화면 밖으로도 세계가 펼쳐져 있다는 사실을 암시할 수 있어서 생동감 있는 캐릭터 묘사가 가능합니다.

잘라내기는 움직임을 표현하는 데도 효과적입니다. ○의 그림처럼 다리를 잘라내면 앞으로 나아가는 인상이 강화되고, 보는 사람이 화면 밖에 있는 움직임을 상상하게 하는 효과도 기대할 수 있습니다.

그러나 전신을 그리지 않으면 인체의 밸런스를 잡지 못하는 사람도 적지 않습니다. 일단 원 쇼트로 전신을 그리고 확대하는 식으로 가장 효과적인 트리밍 결과를 찾는 방법을 추천합니다. 물론 앞서 설명한 해상도는 부디 주의해야 합니다.

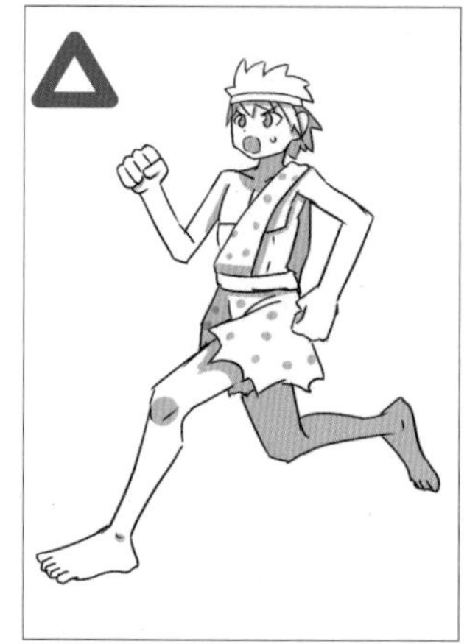

흔한 달리기 그림입니다.
좀 더 재미가 있으면 좋겠습니다.

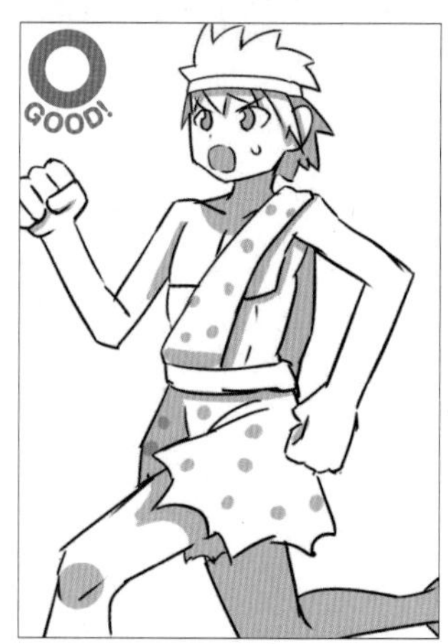

잘라내기, 화면에서 벗어나는 부분을 만들고 달려가는 방향에 있을 듯한 세계를 상상할 여지를 주었습니다.

주역을 달라지게 하는 가로와 세로 트리밍

트리밍과 잘라내기로 주역을 변경할 수 있습니다. 화면의 방향을 변경하는 편이 효과적이라면 가로 화면을 세로 화면으로 변경해도 문제없습니다.

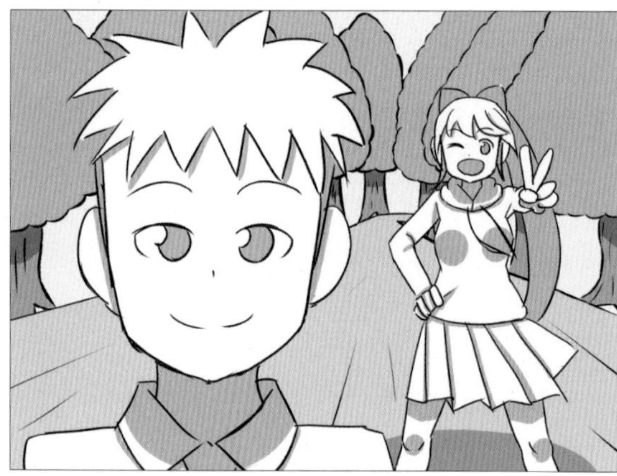

앞쪽 캐릭터가 커서 아무리 봐도 앞쪽 캐릭터가 주역입니다.

큰 캐릭터를 과감하게 잘라내자 캐릭터의 존재감이 약해졌습니다. 그만큼 안쪽 캐릭터의 존재감이 강해지고 주역처럼 느껴집니다. 잘라낸 캐릭터도 어떤 역할을 할 수 있게끔 시선을 소녀에게 향하도록 했습니다. 세로 화면으로 변경하는 편이 효과적인 잘라내기가 되고 불필요한 여백이 없어지므로, 화면을 세로로 변경했습니다. 잘라내기는 캐릭터의 매력을 드러나게 할뿐 아니라 매력과 존재감을 떨어뜨릴 수도 있습니다.

축소해서 구성 요소를 추가한다

트리밍과는 반대로 바스트 업과 니 쇼트 등 그리다가 어딘가 부족한 느낌이 들 때는 완성 일러스트를 축소하고, 추가로 그려 넣어서 보강하는 방식도 디지털에서만 가능한 작업입니다.
원하는 부분에 원하는 형태로 일관되게 그릴 수 있으면 좋지만, 현실에서는 좀처럼 그렇게 되지 않습니다. 트리밍 기법은 디지털 방식의 장점을 극대화한 유용한 기술이므로, 더 좋은 작품을 목표로 한다면 반드시 익혀야 합니다.

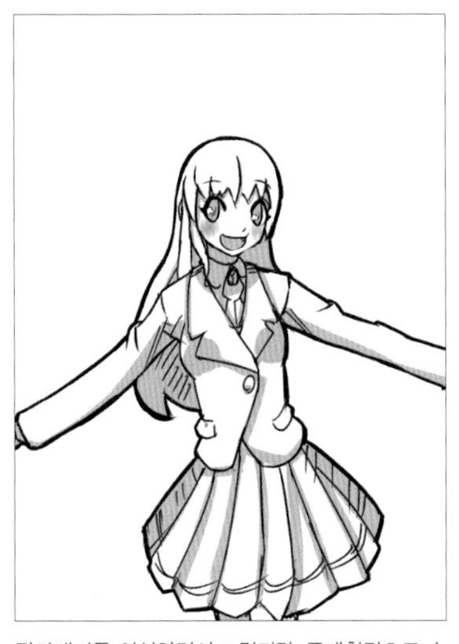
잘라내기를 의식하면서 그렸지만, 무계획적으로 수정한 결과 부족한 부분이 많아서 전신을 그리고 싶어졌습니다.

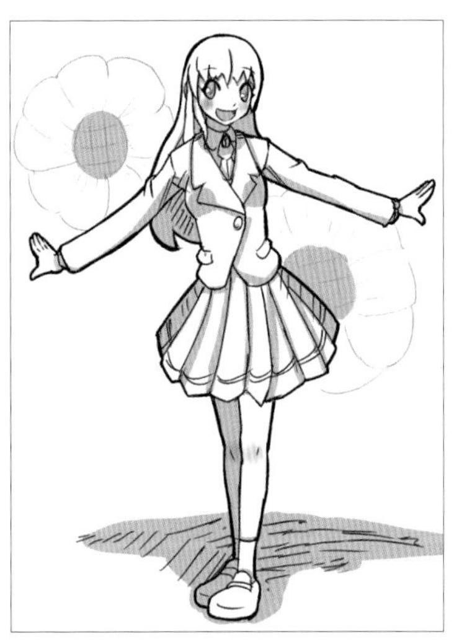
축소하고 전신을 그려 넣었습니다. 추가로 빈 공간에 배경을 넣어 화려한 일러스트로 완성했습니다.

배치 변경 · 반전

엄밀하게 말하면 트리밍과는 다르지만, 최종 처리로 캐릭터의 배치를 변경하는 것도 완성도에 크게 영향을 끼칩니다. 물론 반전으로 인상의 차이를 확인하는 것도 좋습니다.
이 기능에 너무 의지하면 처음의 의도를 잃을 가능성이 있지만, 최종 조절 작업은 작품의 완성도를 높여줍니다. 디지털 작업의 강점이니 최대한 유용하게 활용합시다.
여백 구도(p.54) 같은 지식을 활용해 반드시 도전해보세요.

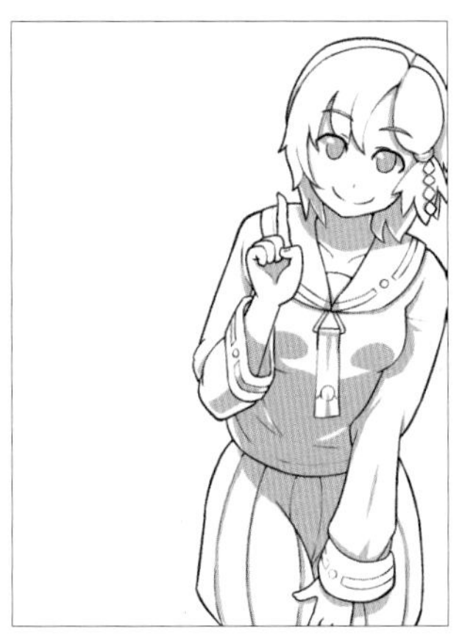
오른쪽 배치. 오른쪽으로 기울인 잘라내기입니다.
여백 구도에서 설명했지만 오른쪽은 과거처럼 부정적인 인상을 풍깁니다.

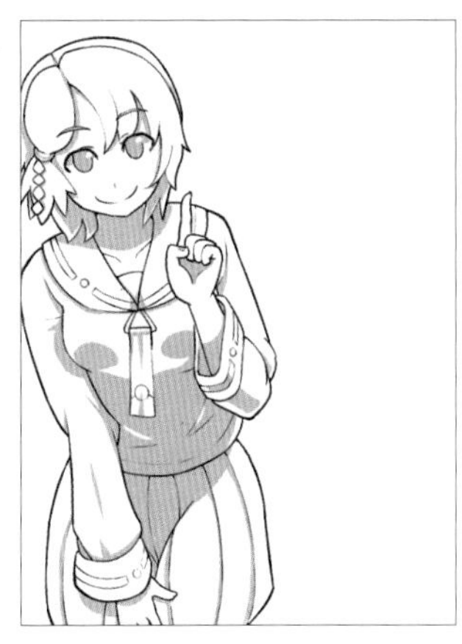
반전으로 왼쪽 배치. 왼쪽으로 기울인 잘라내기가 되었습니다.
여백 구도에서 설명했지만 왼쪽은 미래처럼 긍정적인 인상을 풍깁니다.

물론 깊은 의미는 없습니다. 그저 보기 좋은 쪽을 선택해도 상관없습니다. 마무리 작업을 하면서 다양하게 정리 방법을 시험해 보는 것이 중요합니다.

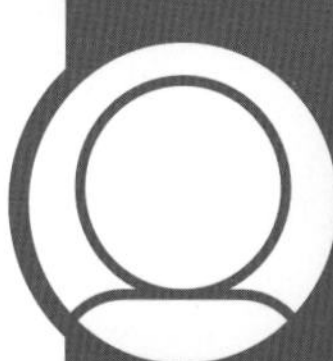

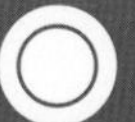

업 쇼트

지금부터 각 쇼트를 그릴 때 효과적인 방법과 패턴을 설명합니다.
업 쇼트는 주로 얼굴을 확대한 구도이며, '주역에 대한 감정이입', '호소력', '감정 연출' 등의 표현이 가능합니다.

오래전부터 초상화의 형태로 인물의 얼굴을 그려왔습니다. 제가 오랫동안 그려온 초상화도 업 쇼트의 일종입니다.

구도 포인트

구도 MEMO

서스펜스 영화처럼 광기를 강렬한 임팩트로 그리고 싶어서 업 쇼트를 선택했습니다.

잘린 머리처럼 보이지 않도록 주의.

그림의 터치는 카메라가 가까워질수록 사실적으로 묘사하는 것이 효과적.

ONE POINT!

얼굴의 각도에 따라서 인상이 굉장히 달라진다.

얼굴을 크게 그리므로 표정이나 각 부위의 데생에 주의하자.

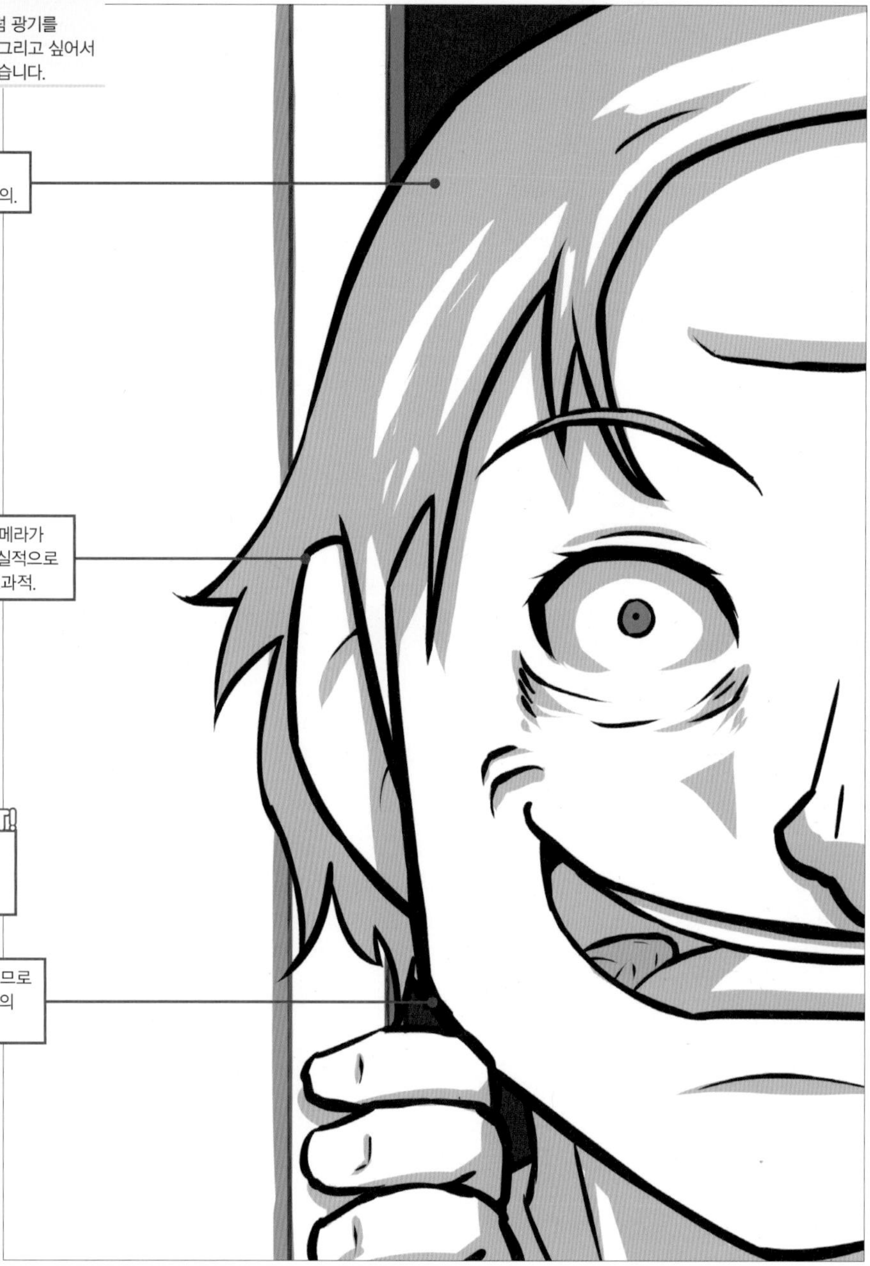

구도의 기본

업 쇼트의 기본

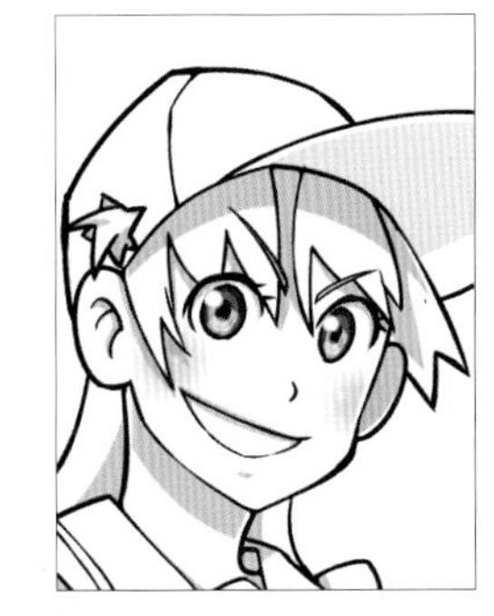

업 쇼트는 얼굴이 중심인 '구도'입니다. 막연하게 얼굴만 표현하기 쉬운데, 심플하기 때문에 작은 기술과 지식이 빛을 발합니다. 캐릭터의 얼굴이 화면을 가득 채우므로, 당연히 다른 어떤 구도보다 감정 이입이 쉽고, 대담한 구도라서 '임팩트'가 강합니다. 얼굴을 크게 그리기 때문에 '감정을 연출'하는 데도 효과적입니다.

그러나 엉뚱하게 사용하면 '잘린 목'처럼 보이고, '얼굴만 그리는 사람', '얼굴밖에 못 그리는 사람' 같은 취급을 받는 일도 있습니다. 용기가 필요한 구도이지만 필요한 순간에 효과적으로 사용합시다.

표정과 데생에 주의해서 그린다

업 쇼트는 얼굴뿐이므로 핑계를 댈 수 없는 정정당당한 구도입니다. 이후에 설명하는 방법으로 얼굴을 묘사하면 매력적인 일러스트로 완성할 수 있습니다.

당연한 말이지만 최대한 조잡하지 않게 그립니다. 캐릭터의 매력이 여실히 드러나도록 표정과 데생에 주의해서 그리는 것이 중요합니다.

카메라가 얼굴에 바짝 접근한 것처럼 묘사를 더 보강하고, 사용하는 선을 늘리는 식으로 클로즈업한 느낌을 표현하면 더 현실적으로 보입니다. 애니메이션의 업 쇼트에서 자주 사용하는 기법입니다.

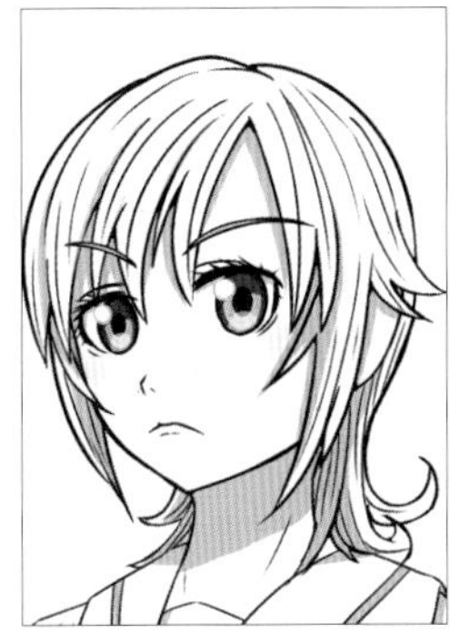

데포르메의 정도를 변경할 때는 터치가 너무 달라지지 않도록 주의합니다. 머리카락, 눈꺼풀과 눈썹, 옷의 주름부터 조금씩 늘리면 좋습니다.
눈두덩과 콧구멍, 입술에 선을 추가하면 터치를 유지하면서 더 사실적인 표현이 가능합니다.

잘린 머리가 되지 않도록 주의한다

△의 그림은 업 쇼트를 의식하지 않은 예입니다. 그림에 입문한 사람이 낙서처럼 자주 그리는 유형입니다. 업 쇼트를 의식하는 순간 낙서에서 '작품'으로 변합니다.

머리카락을 집결 구도(p.38)의 원을 의식하면서 그리면 제대로 된 인물화가 되고, 매력이 드러나게 됩니다.

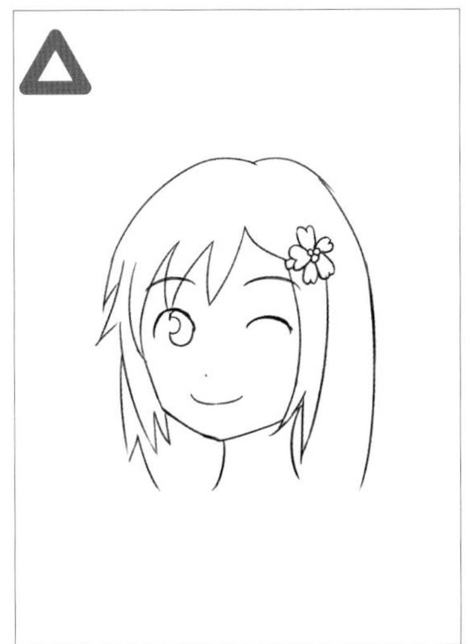

막연하게 그린, 잘린 목처럼 보이는 상태입니다. 의도하지 않은 여백, 미안할 정도로 기본 얼굴만 있는 목 등이 특징입니다. 물론 그림자와 색도 없습니다. 그림에 익숙지 않은 사람에게 흔히 나타나는 패턴입니다.

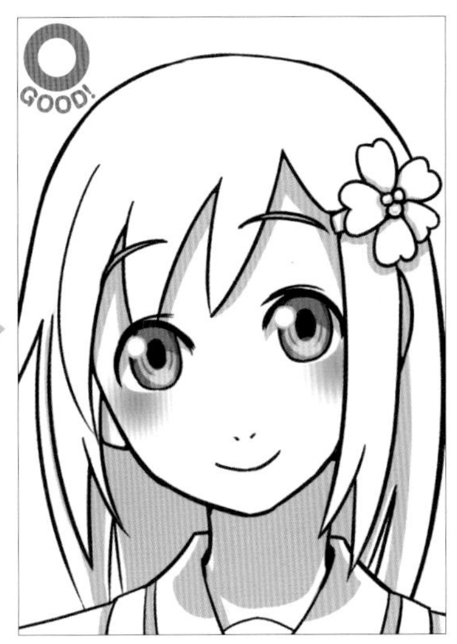

업 쇼트라는 의식을 담아서 다시 그렸습니다. 임팩트 있게 그리고, 그림자와 볼에 색을 넣었습니다. 어깨까지 이어지는 선을 제대로 그려서 화면 밖에 있는 캐릭터의 인체와 세계를 상상할 여지를 더했습니다.

각도에 따른 차이

업 쇼트는 얼굴의 각도와 표정 묘사가 중요합니다.
가장 임팩트 있는 얼굴은 정면 얼굴입니다❶. 숨기는 감정이 없고 정직한 인상을 표현할 수 있습니다. 정면 얼굴은 대칭이 기본이지만 안대를 하거나 좌우 비대칭인 머리 모양이라도 괜찮습니다. 머리카락의 흐름을 이용해 구도를 만들기 쉽습니다.
비스듬한 얼굴의 업 쇼트는 정면보다 약간 복잡한 감정을 전달하는 데 적합합니다❷.
옆얼굴의 업 쇼트는 밀어내는 느낌으로 임팩트는 약간 떨어지지만 독자에게 특별한 감정, 즉 주로 애수와 강한 의지 등을 전달하는 데 적합합니다❸.
얼굴을 살짝 기울이면 더 깊은 인상을 전달할 수 있습니다❹. 움직임이 생기고 대각선 효과도 나타나므로 활기찬 얼굴을 표현할 수 있습니다.

❶

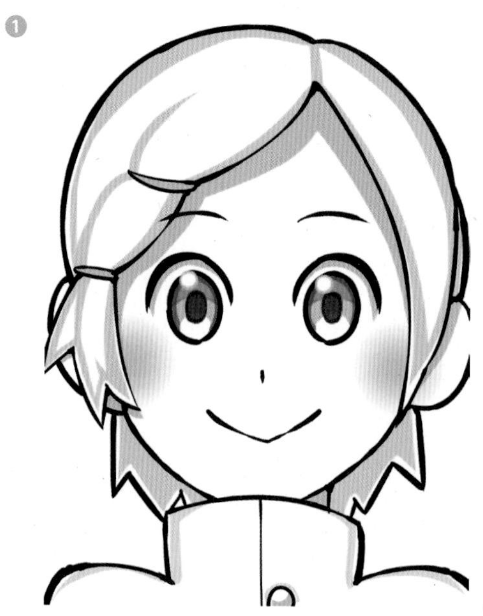

정면으로 솔직한 캐릭터를 묘사했습니다. 머리카락도 원형을 의식하고 부드러움과 솔직함을 표현했습니다.

❷

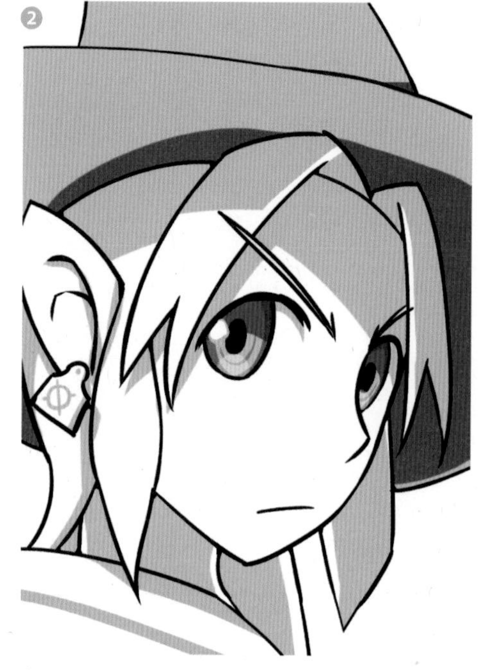

비스듬한 얼굴로 까다로운 성격의 캐릭터를 묘사했습니다. 심기가 불편하지만 참고 있는 듯한 복잡한 표현을 나타냈습니다.

❸

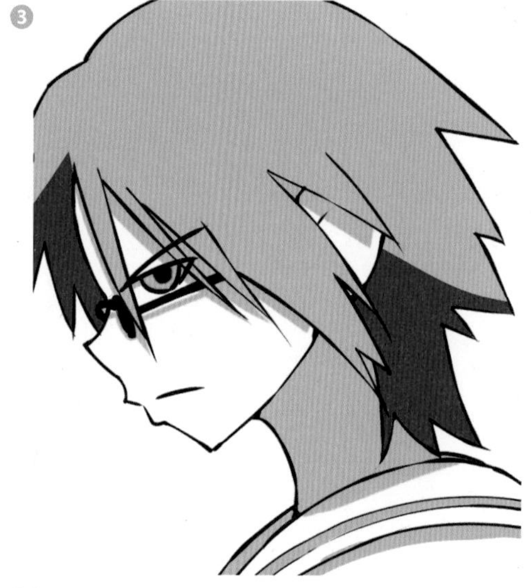

옆얼굴로 냉정한 인상을 노렸습니다. 차가운 눈이 강한 분노를 나타냅니다. 왼쪽을 잘라내고 곧 떠나갈 듯한 인상도 더했습니다.

❹

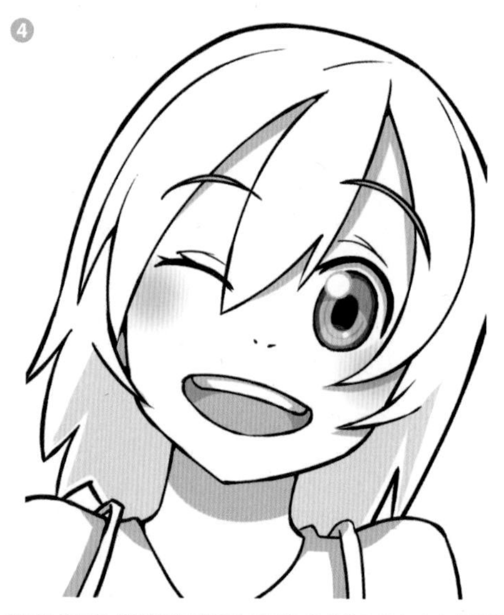

기울인 얼굴로 움직임을 만들어 건강한 인상을 노렸습니다. 천진함을 표현하려고 정면을 그렸습니다.

구도 활용법

구도와 소품을 사용하자

업 쇼트는 구성이 대단히 심플하지만 활용법은 다양합니다.
로우 앵글(p.8)로 압박감 또는 고압적인 느낌을 표현하거나, 하이 앵글(p.12)로 귀여움과 실망으로 고개를 숙인 표정 등도 표현할 수 있습니다. 표지 일러스트로도 쓸 수 있는데, 화면에서 벗어나게 하는 것도 효과적입니다. 당연히 보여야 하는 것을 숨기면 좀 더 임팩트 있는 표현이 가능하고 얼굴을 반쯤 숨겨 양면성이나 광기, 냉혹함 등을 표현하는 것도 가능합니다.
얼굴뿐 아니라 지나치지 않는 범위에서 소품을 넣는 것도 효과적입니다. 예를 들면 부끄러움과 초조함을 나타내는 땀, 무언가를 먹는 모습으로 불손함과 여유를 표현할 수 있습니다.
발상과 활용법에 따라 얼마든지 다양한 표현이 가능합니다.

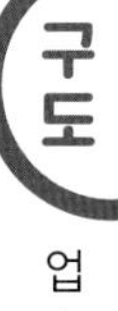

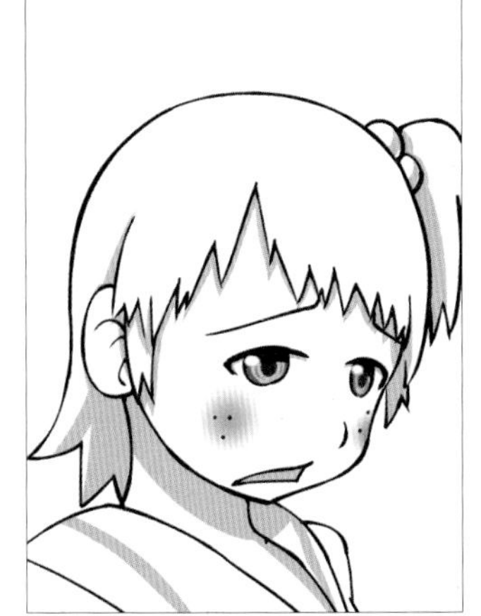

약간 하이 앵글로 자신 없음, 낙담을 표현했습니다. 하이 앵글과 로우 앵글이 아니라 정면 그림이라도 얼굴을 위나 아래로 향하면 동일한 효과를 얻을 수 있습니다.

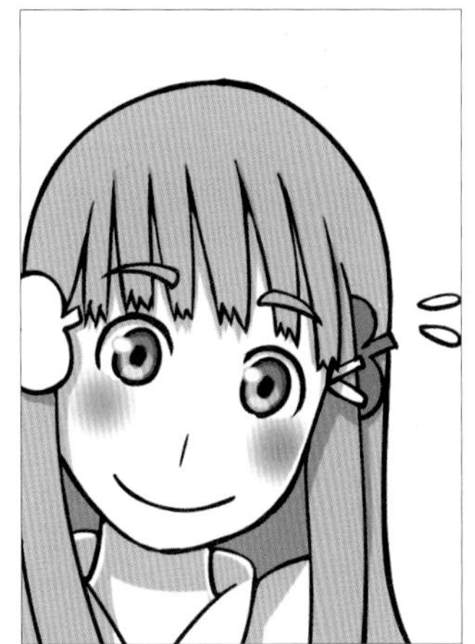

땀으로 부끄러움을 표현했습니다. 가장자리를 잘라내서 숨으려는 느낌을 연출해, 부끄러움을 강조했습니다.

일러스트 예시

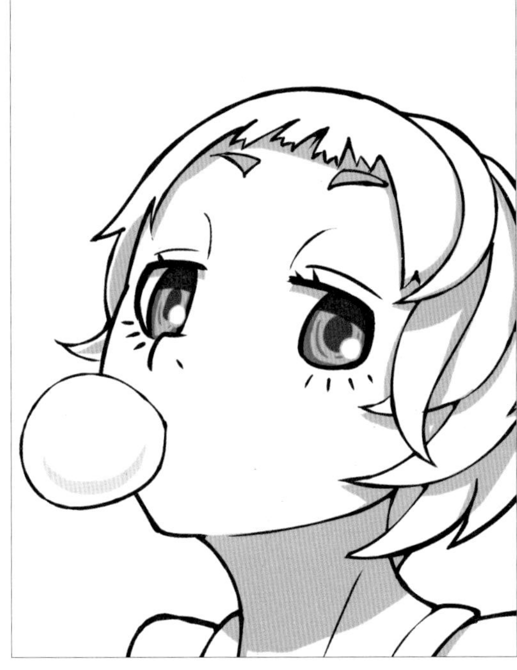

껌으로 불손과 무례를 나타내고, 로우 앵글의 시선으로 사람을 내려다보는 모습을 표현했습니다.

© Student: RE

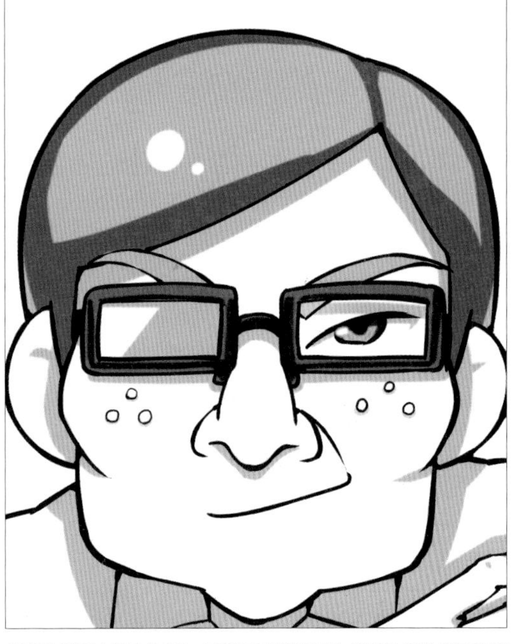

사각형 얼굴로 융통성 없는 성격을 표현했습니다. 안경의 한쪽 렌즈에 빛의 반사 표현을 넣고 눈을 가려서 어떤 생각을 하는지 알 수 없는 캐릭터를 묘사했습니다.

© Student: RE

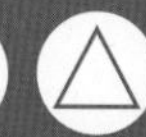
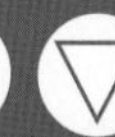
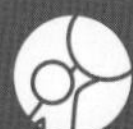

가슴 위를 강조한 구도

바스트 업

바스트 업은 인물이나 초상화에 가장 기본이 되는 구도이며, '캐릭터에 대한 감정 이입', '안정감', '감정 연출' 등을 표현할 수 있습니다.
노벨 게임 등에서 서 있는 캐릭터 그림에 사용합니다.

큰 움직임은 표현하기 쉽지 않지만, 팔과 머리카락 등을 사용하면 제대로 표현할 수 있습니다.
바스트 업 얼굴을 그릴 수 있게 된 사람이 자주 선택하는 구도로 빈번하게 그리는 낙서도 등도 여기에 해당합니다.

구도 포인트

구도 MEMO

게임에서 흔히 볼 수 있는 바스트 업을 그렸습니다. 캐릭터의 성격과 감정을 전달할 수 있는 포즈와 표정을 연구했습니다.

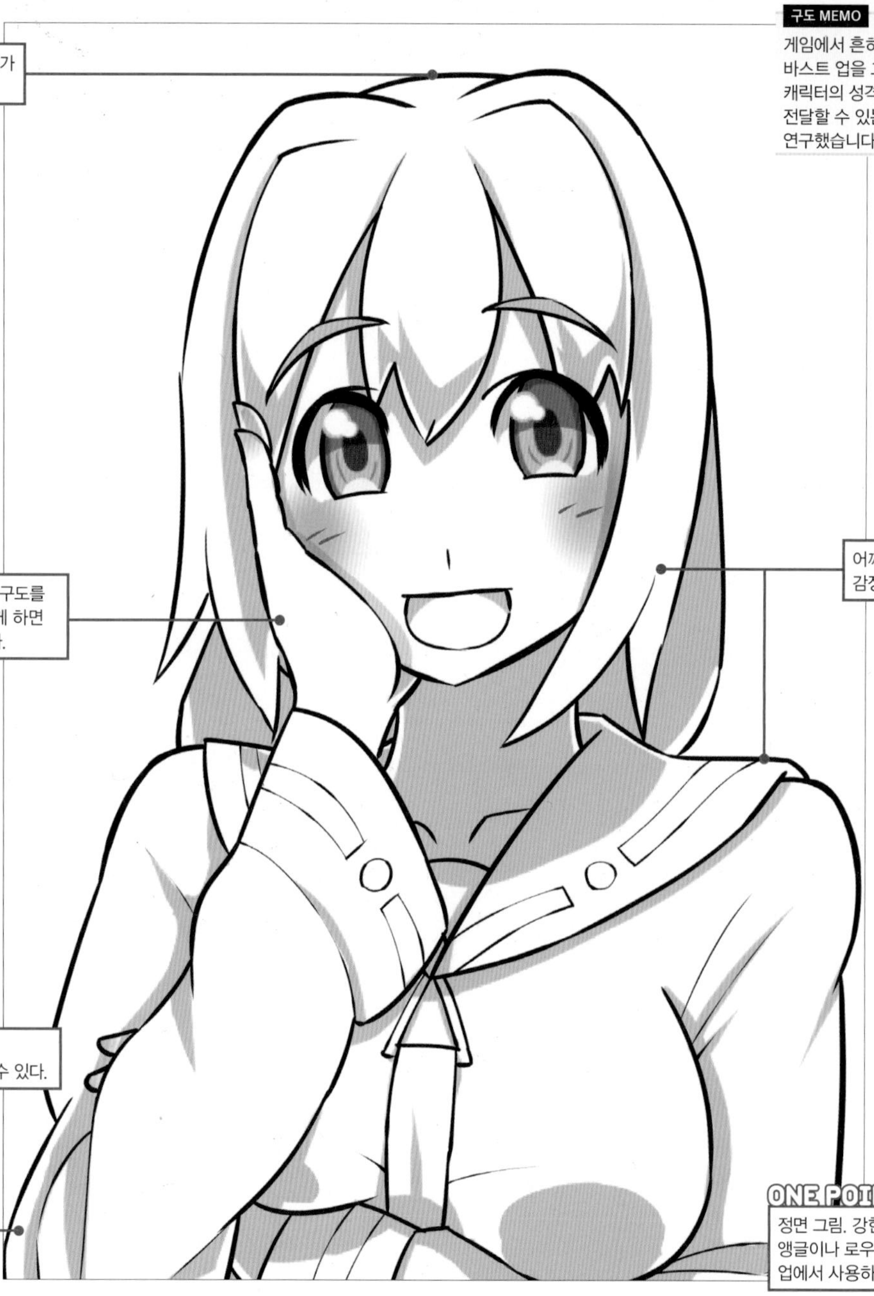

삼각형 구도(p.26)가 되기 쉽다.

손을 올려 포즈나 구도를 잡거나 물건을 들게 하면 표현력이 강해진다.

어깨와 머리카락의 감정 표현도 의식.

다양한 방법으로 움직임을 나타낼 수 있다.

ONE POINT!

정면 그림. 강한 하이 앵글이나 로우 앵글은 바스트 업에서 사용하기 쉽지 않다.

구도의 기본

바스트 업의 기본

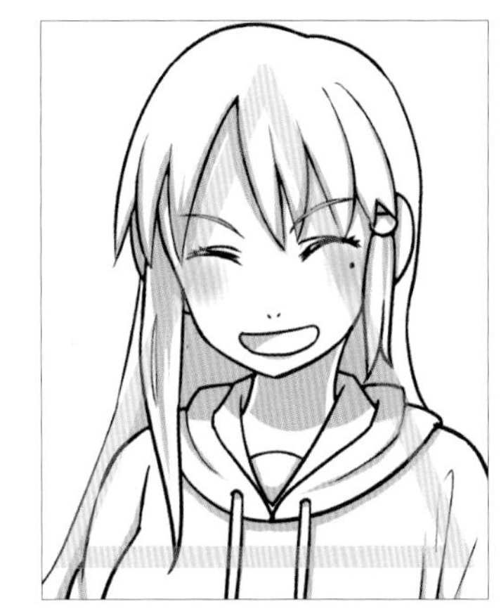

머리에서 가슴까지 그리는 구도입니다. 간혹 웨이스트 업(p.94)과 혼동해 한데 묶어서 '바스트 업'이라 부르기도 하는데, 이 책에서는 바스트 업과 웨이스트 업을 구분해 설명하겠습니다.

바스트 업은 얼굴에서 어깨까지가 메인입니다. 가슴은 절반이나 많아도 아랫부분까지만 표현합니다. 바스트 업은 얼굴을 크게 묘사하므로 '캐릭터에 대한 감정 이입'을 유도하기 쉽고, 표정도 잘 드러나서 감정을 표현하기 쉽습니다. 장면에 따라서는 손을 그려 넣을 수도 있어 감정을 표현하기 쉽습니다. 게다가 몸에 걸치고 있는 요소가 웬만큼 기발하지 않는 한, 머리를 정점으로 어깨까지 들어가는 깔끔한 삼각형 구도라서 '안정감'도 발군입니다.

바스트 업을 그리는 요령

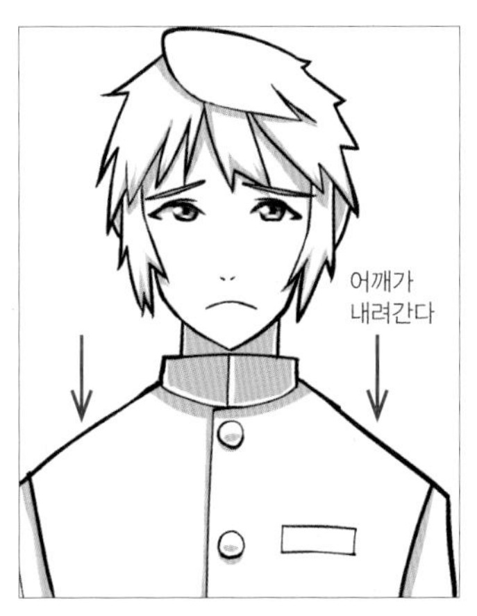

바스트 업은 전신을 그릴 수 없어서 움직임을 표현하기가 좀 곤란합니다. 업 쇼트에서는 얼굴 묘사를 설명했지만, 바스트 업은 얼굴을 포함해 어깨 묘사에도 주의해야 합니다. 흔히 어깨로 감정을 나타낸다고 합니다. 화가 났을 때는 양어깨가 올라가고, 실망했을 때는 양어깨가 내려갑니다. 놀랐을 때는 양어깨가 날카롭게 솟아오르는 등 어깨로 표현할 수 있는 감정은 다양합니다.

머리카락도 비슷하게 활용할 수 있습니다. 화가 났을 때는 화가 머리끝까지 오른 느낌으로 머리카락을 세우거나 실망했을 때는 반대로 내리고, 놀랐을 때는 날카롭게 뻗친 형태로 그려 감정을 표현할 수 있습니다. 바스트 업은 사용 가능한 요소가 적어서 인체 부위를 효과적으로 사용해야 합니다.

이미 있는 요소로 감정 표현

△의 그림은 놀람을 나타내는 바스트 업입니다. 분명히 놀란 표정이지만 다른 요소로도 좀 더 감정을 표현했으면 좋겠습니다. ○의 그림은 화면의 모든 것을 사용해 놀라움을 표현했습니다. 머리카락과 어깨를 올리고, 놀란 모습을 더 강조했습니다. 업 쇼트, 바스트 업은 얼굴이 커서 표정에만 의지해도 충분하지만, 감정을 좀 더 풍부하게 표현하고 싶다면 다양하게 활용해보세요.

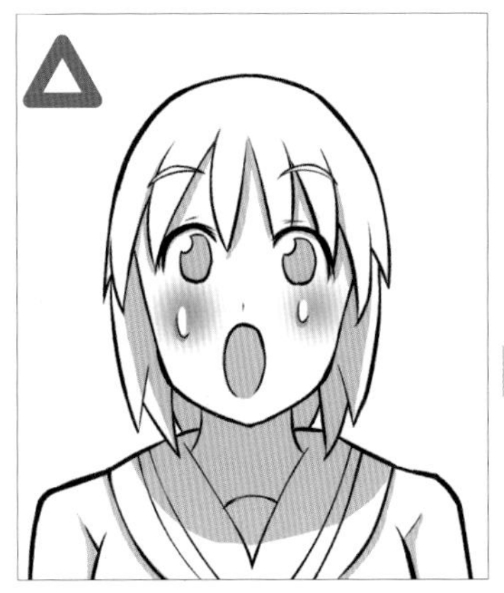

눈을 부릅뜬 표정과 입으로 놀람을 표현했습니다. 목적은 느껴지지만 개선할 수 있습니다.

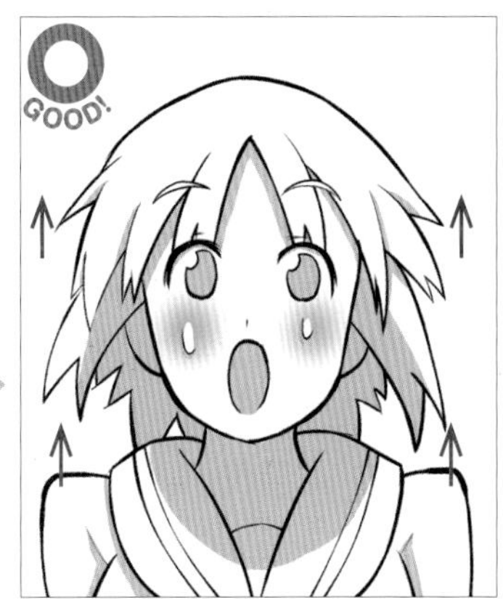

어깨와 머리카락을 사용하면 놀람을 더 크게 표현할 수 있습니다. 다음 항목에서 설명할 손을 사용한 감정 표현도 사용하면 효과적입니다.

움직임이 있는 바스트 업

바스트 업에서는 팔과 손을 사용한 포즈로 감정 표현을 추가할 수 있습니다.
손은 특히 감정을 나타내기 쉬운 부위입니다. 손과 팔을 사용한 감정 표현의 예를 살펴보겠습니다.

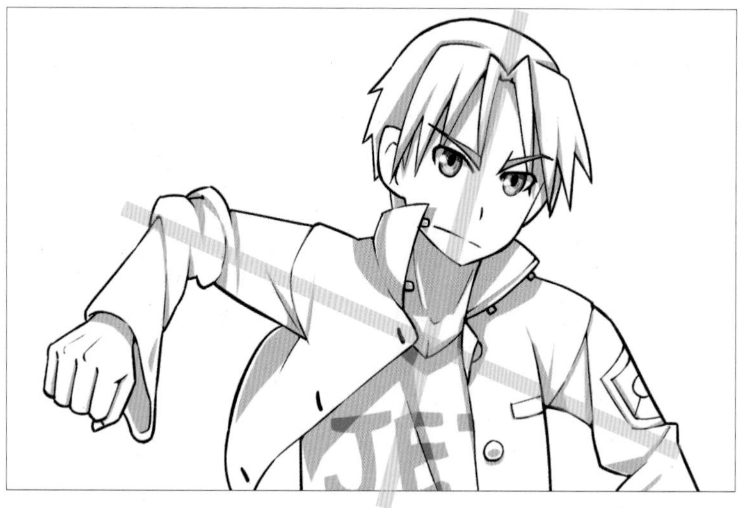

팔을 돌려서 약간의 스트레스와 조바심을 표현했습니다. 인체를 비스듬히 기울이고 팔도 선을 의식하면서 X구도를 구성해 움직임을 강조했습니다.

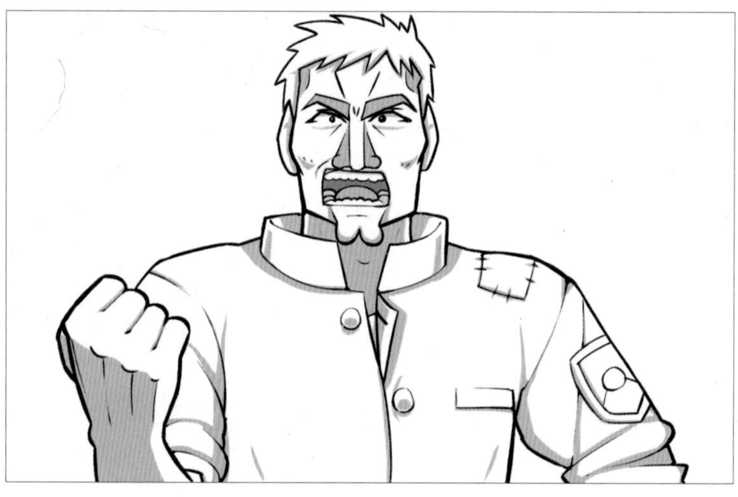

덤벙거리는 사람에 대해 질타와 격노를 담은 분노가 아니라서 어깨는 올리지 않았지만, 힘을 담은 표현이라 주먹에 힘줄을 넣었습니다.

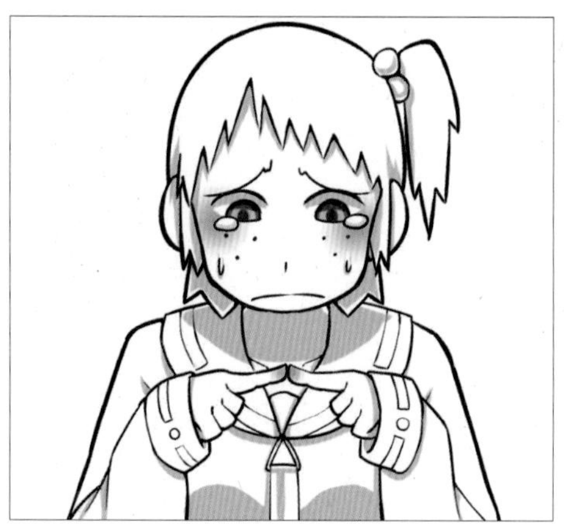

일반적인 주눅이 든 포즈입니다. 주먹을 대강, 손가락은 세세한 감정을 표현하는 데 효과적입니다.

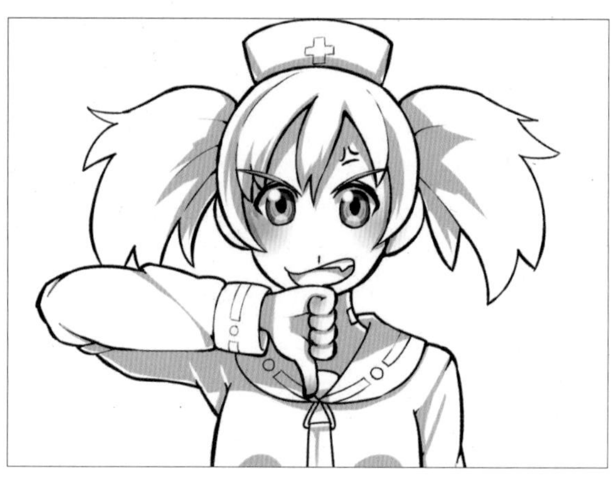

분노도 폭력을 연상시키는 표현법만 있는 것은 아닙니다. 한 손의 엄지를 아래로 향하도록 해, 상대에 대한 도발을 표현했습니다.

구도 활용법

구도와 소품도 적극 활용

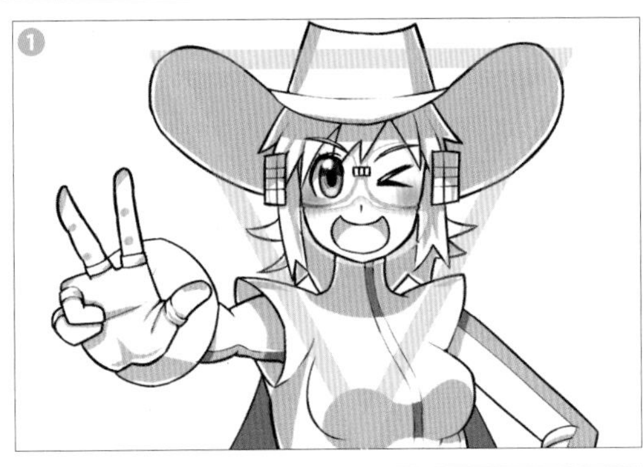

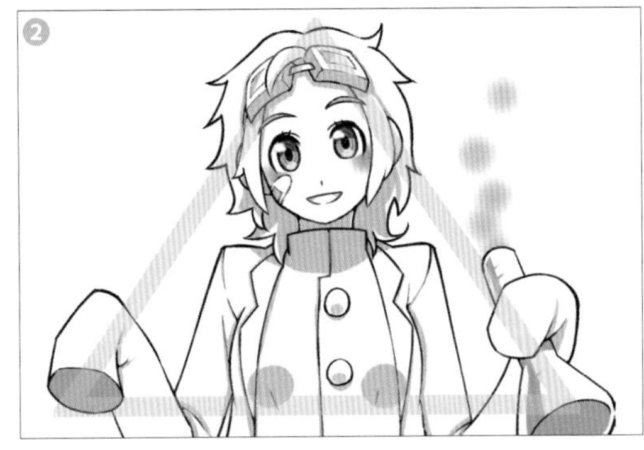

❶은 오버 퍼스(p.130)를 사용했습니다. 기본적으로 임팩트가 강한 바스트 업에 더 강한 임팩트를 더하고 싶을 때 효과적입니다. 카우보이모자를 사용해 역삼각형 실루엣을 구축했습니다. 마녀 모자나 뿔 달린 투구 등으로도 가능합니다. 역삼각형 실루엣은 신비함과 불안함이 느껴지는 캐릭터에게 적합합니다.

❷는 플라스크를 이용해 연구자라는 느낌을 표현했습니다. 소품으로 이미지를 더 명확하게 표현할 수 있습니다. 두 팔을 벌려서 삼각형 구도를 강화했더니 더 안정적인 화면이 되었습니다.

응용에 따라서 바스트 업이라도 몇 가지 구도는 쓸 수 있지만, 게임 그래픽이라면 강한 로우 앵글, 강한 하이 앵글, 강한 오버 퍼스 등은 그다지 적합하지 않습니다.

화면에서 캐릭터를 작게 포착하면 조합할 수 있는 구도는 많아집니다.

일러스트 예시

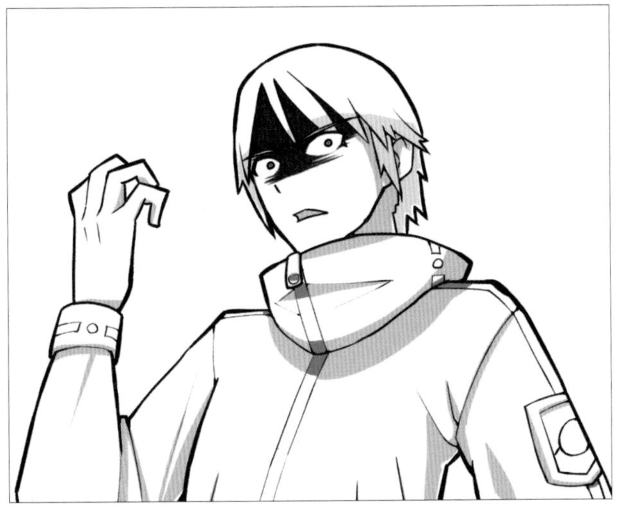

강한 로우 앵글은 게임 그림에 적합하지 않습니다. 살짝 로우 앵글이라면 고압적인 태도를 표현하고 싶거나 용도에 따라 효과적으로 쓸 수 있습니다.

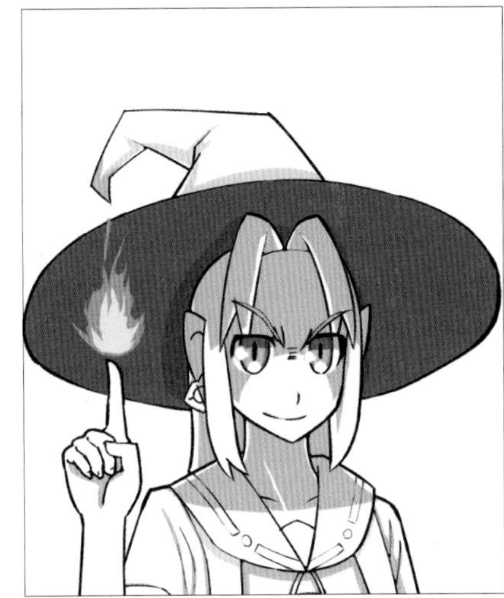

손을 그려 넣어서 마법을 추가할 수 있었습니다. 마녀 모자와 마법으로 캐릭터 설정이 더 강해졌습니다.

상반신을 강조한 구도

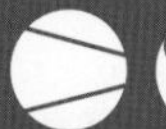
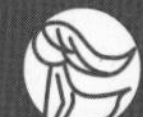

웨이스트 업

웨이스트 업은 바스트 업(p.90)과 마찬가지로 인물이나 초상화에 가장 기본이 되는 구도이며, '캐릭터에 대한 감정 이입', '안정감', '감정 연출' 등을 표현할 수 있습니다. 바스트 업보다 화면에 담을 수 있는 요소가 많아서 움직임을 표현하기 쉽습니다.

구도 포인트

구도 MEMO

게임의 서 있는 캐릭터 그림을 다양하게 표현하고 싶어서 웨이스트 업 구도를 선택했습니다.

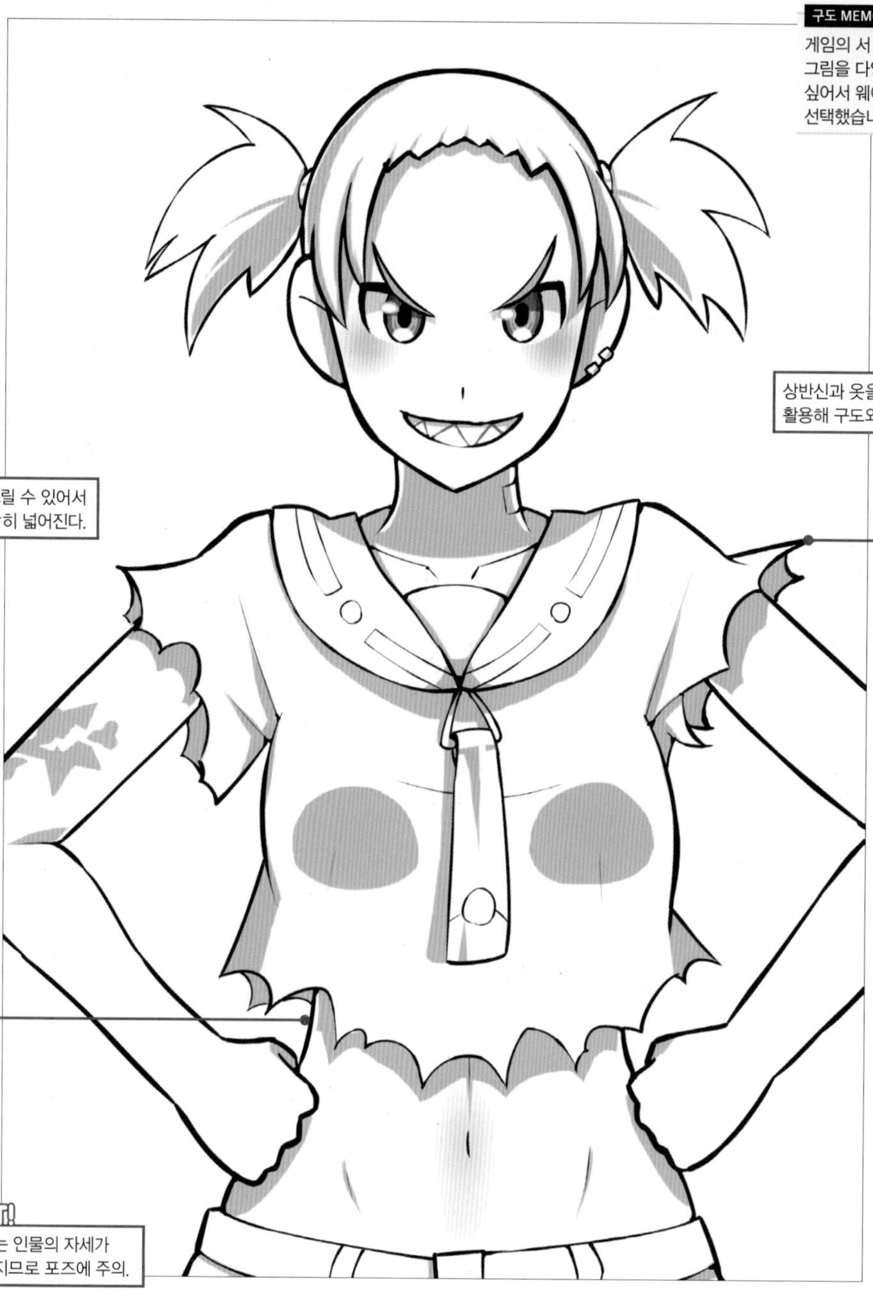

상반신과 옷을 효과적으로 활용해 구도와 포즈를 만든다.

허리 부분까지 그릴 수 있어서 포즈의 폭이 대단히 넓어진다.

ONE POINT!

웨이스트 업부터는 인물의 자세가 뻣뻣하면 이상해지므로 포즈에 주의.

구도의 기본

웨이스트 업의 기본

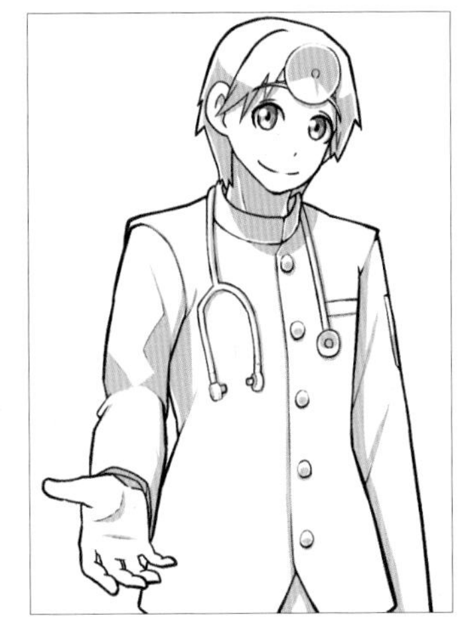

기본적으로 머리에서 허리까지 그리는 구도입니다. 넓은 의미로 보면 바스트 업으로 분류되기도 합니다.
웨이스트 업은 머리에서 허리 아래(허벅지까지는 들어가지 않는다)까지의 범위가 기본입니다. 업 쇼트(p.86), 바스트 업보다 얼굴이 작고 그리는 요소가 증가하지만 여전히 '캐릭터에 대한 감정 이입'은 강합니다. 거의 확실하게 팔과 손이 들어가고 허리도 쓸 수 있어서 '감정 표현과 감정 연출'에 유리하며, '움직임'도 표현하기 쉽습니다. 대부분 삼각형 구도(p.26)가 되지만, 바스트 업보다 밑변이 좁을 때가 많아서 '안정감'은 약간 떨어집니다.
종합적으로 밸런스가 좋은 구도입니다.

웨이스트 업을 그리는 요령

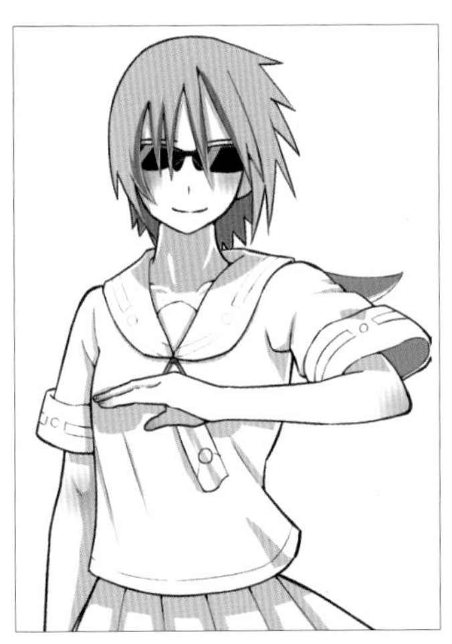

업 쇼트, 바스트 업에서 활용한 요령을 그대로 쓸 수 있습니다.
업 쇼트와 바스트 업에서는 무척 많았던 제약이 웨이스트 업에서는 상당 부분 해소됩니다. 그만큼 임팩트가 약해지는 구도를 보강하는 포즈와 구도를 연구할 필요가 있습니다.
양손을 자연스럽게 표현하는 것도 가능해야 하고, 상반신의 옷도 묘사할 수 있어야 합니다. 익숙해지면 상의나 망토로 움직임을 나타내기 쉬워집니다. 롱 헤어도 허리까지 묘사할 수 있어 유용하게 활용 가능합니다. 이 부분은 머리카락·옷(p.142)을 참고하세요.

변화를 더하는 방법

△의 그림은 막대기처럼 뻣뻣해 웨이스트 업의 장점을 살리지 못했습니다. 바스트 업이라면 얼굴의 임팩트가 강한 만큼 보는 사람도 제약이 많다는 점을 이해하므로, 포즈를 잡지 않아도 그다지 문제가 없습니다.
하지만 웨이스트 업에서는 자세가 뻣뻣하면 바로 티가 납니다. 머리카락, 옷 등 상반신 전체를 사용해 더 매력적인 포즈를 만들어서 캐릭터를 꾸며야 합니다.

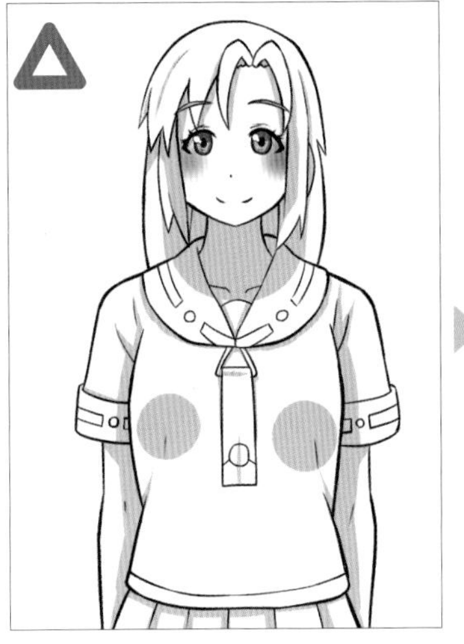

바스트 업을 익힌 사람이 흔히 하는 실수인 막대기 포즈입니다. 표현해야 하는 것들이 갑자기 늘어서, 포즈까지 신경을 쓰지 못한 패턴입니다.

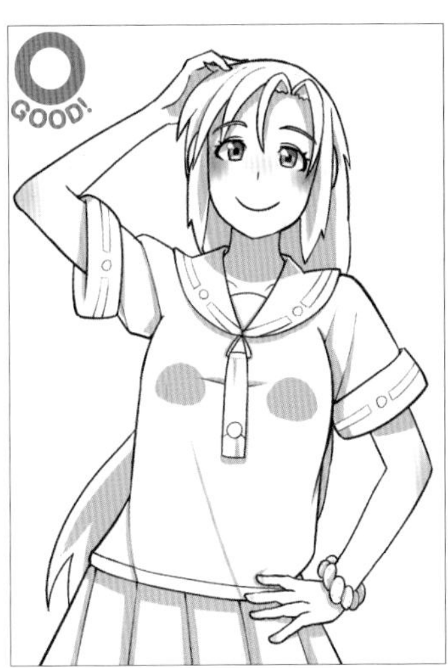

쓸 수 있는 모든 요소를 이용해 매력적으로 꾸몄습니다.

허리를 묘사했을 때의 효과

웨이스트 업은 업 쇼트나 바스트 업과 달리 허리를 묘사할 수 있다는 큰 이점이 있습니다. 허리를 사용하면 비틀거나 구부린 자세도 가능해집니다. 특히 여성 캐릭터는 엉덩이로 이어지는 아름다운 라인을 표현할 수 있습니다.
허리를 쓸 수 있다는 것은 콘트라포스토(p.120)를 활용한 포즈가 가능하다는 말입니다. 웨이스트 업은 스타일리시한 포즈부터 격투 묘사의 구도까지 다양한 응용이 가능합니다.

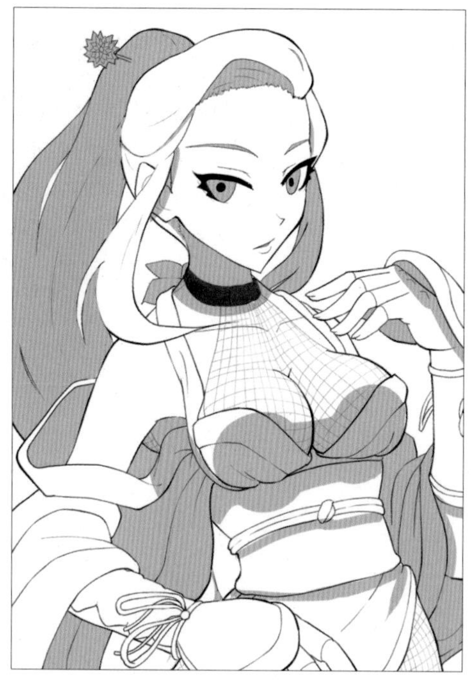

웨이스트 업은 가슴에서 허리, 엉덩이의 콘트라포스토를 아름답게 표현할 수 있는 구도입니다.

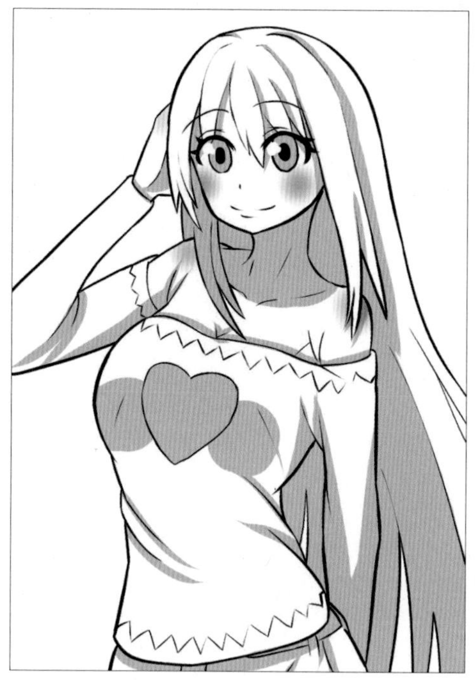

허리를 그리면 콘트라포스토를 효과적으로 쓸 수 있습니다.

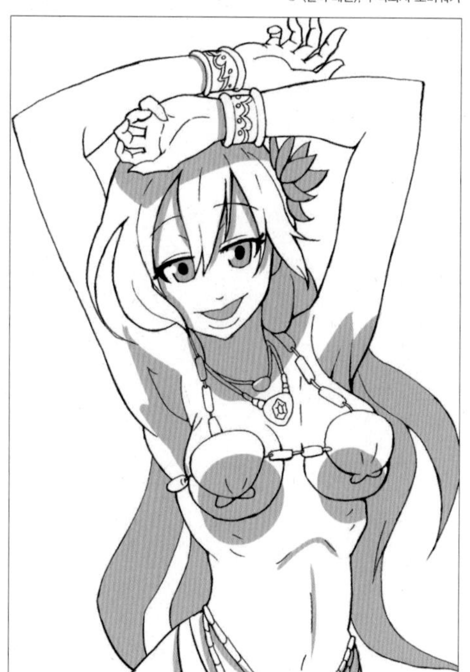

웨이스트 업에서는 허리 표현이 추가되어 바스트 업으로 표현하기 어려운 역삼각형 구도(p.30)와 롱 헤어도 그릴 수 있습니다.

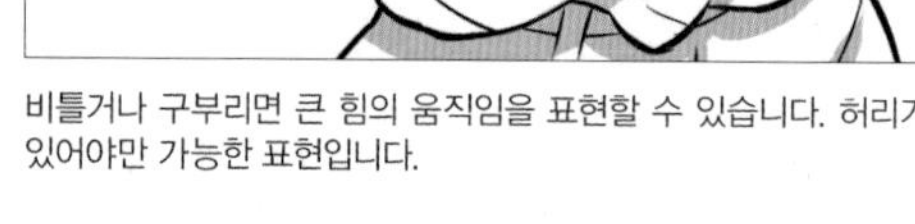

비틀거나 구부리면 큰 힘의 움직임을 표현할 수 있습니다. 허리가 있어야만 가능한 표현입니다.

구도 활용법

2명 이상인 구도에도 추천

크게 그리지 않으면 임팩트가 약한 업 쇼트와 어깨 너비까지 화면의 폭을 넓게 잡는 바스트 업은 한 화면에 1명 이상의 캐릭터를 넣기가 대단히 힘든 구도입니다. 웨이스트 업에서는 캐릭터가 면적을 많이 차지하지 않아서 2명 이상의 캐릭터를 쉽게 묘사할 수 있습니다. 니 쇼트 (p.98)도 마찬가지입니다.

게임에 따라서 바스트 업에도 2명 이상의 캐릭터가 등장하는 작품이 있지만, 포즈 선택의 폭이 넓은 웨이스트 업과 니 쇼트에서는 캐릭터 사이에 나타나는 감정이 풍부해집니다. 따라서 있는 것을 제대로 사용해야 하는 '업 쇼트', '바스트 업', '웨이스트 업'의 중요한 점을 반드시 자신의 것으로 만들어보세요.

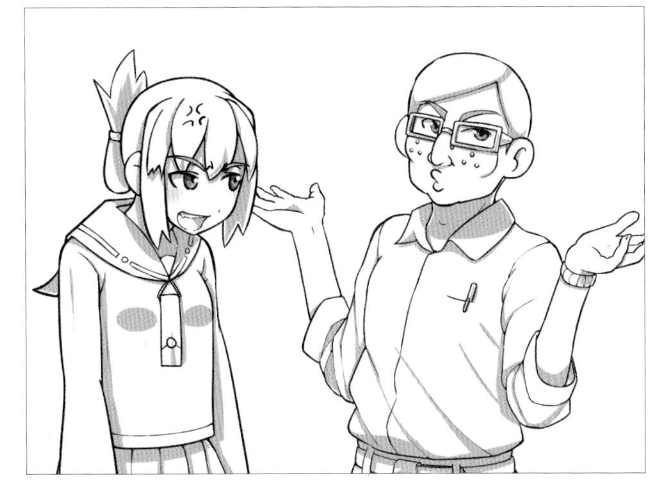

일러스트 예시

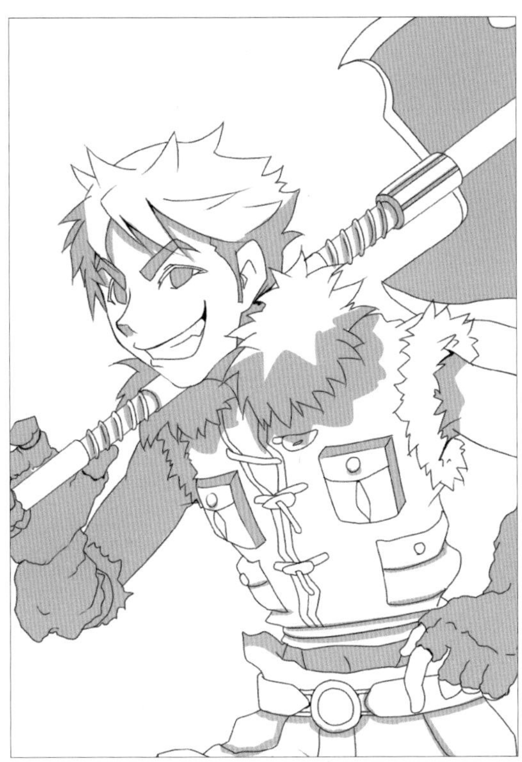

바스트 업에서는 힘들었지만 허리를 구부려 앞으로 숙인 자세로 촌스러운 캐릭터를 묘사하는 것도 가능합니다.

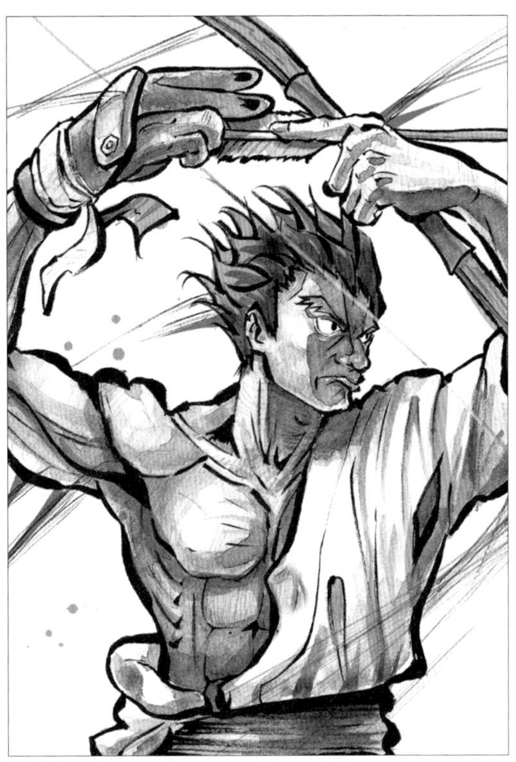

웨이스트 업에서는 큰 무기도 화면에 넣을 수 있고, 역삼각형 구도도 활용하기 쉽습니다. 잘라내기로 방향성과 크기를 표현하는 것도 아주 효과적입니다.

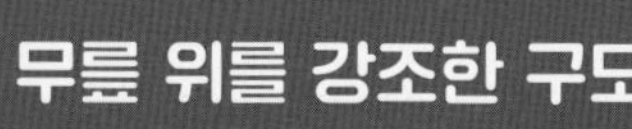

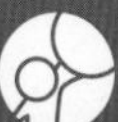

니 쇼트

니 쇼트도 인물이나 초상화에 기본이 되는 구도이며 '캐릭터에 대한 감정 이입', '안정감', '감정 연출', '움직임', '섹시함' 등을 표현할 수 있습니다.

웨이스트 업(p.94)에 다리 표현이 추가되었습니다. 표현의 폭이 넓어지므로 S자 포즈(p.124)나 오버 퍼스(p.130) 등을 사용해 더 다양한 움직임을 표현할 수 있습니다.

구도 포인트

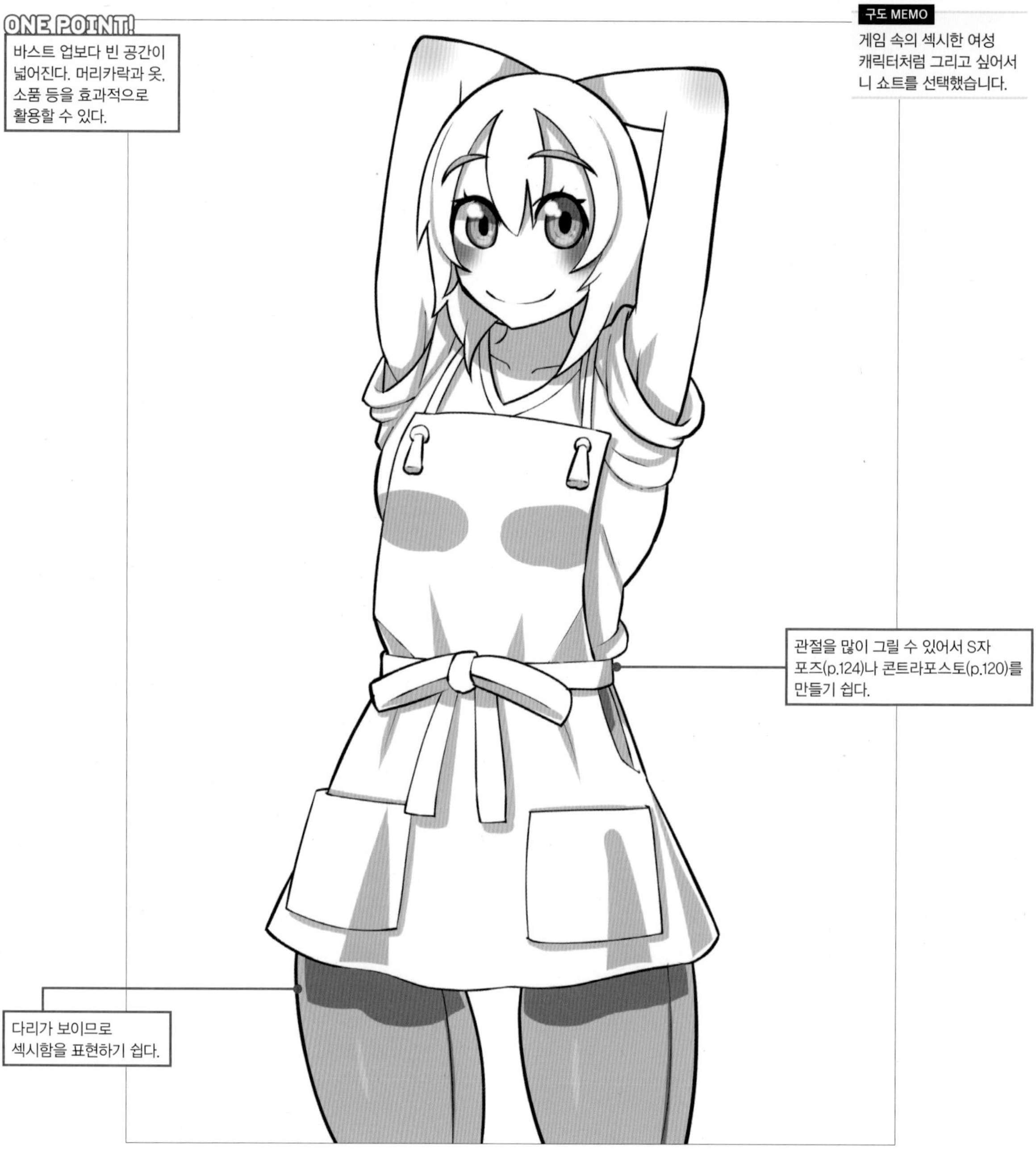

ONE POINT!

바스트 업보다 빈 공간이 넓어진다. 머리카락과 옷, 소품 등을 효과적으로 활용할 수 있다.

구도 MEMO

게임 속의 섹시한 여성 캐릭터처럼 그리고 싶어서 니 쇼트를 선택했습니다.

관절을 많이 그릴 수 있어서 S자 포즈(p.124)나 콘트라포스토(p.120)를 만들기 쉽다.

다리가 보이므로 섹시함을 표현하기 쉽다.

구도의 기본

니 쇼트의 기본

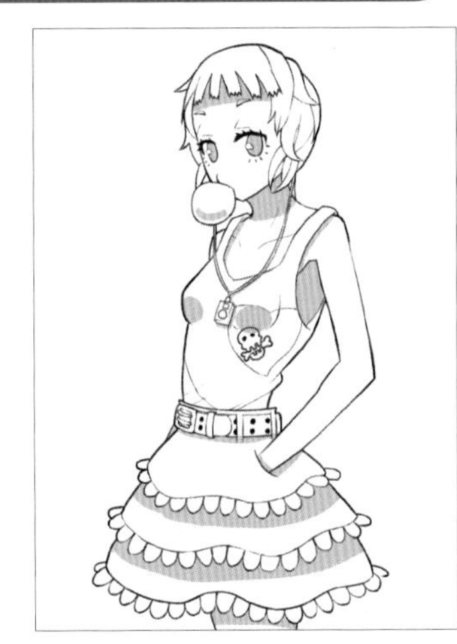

얼굴에 집중하는 '업 쇼트', 가슴까지 들어가는 '바스트 업', 허리까지 들어가는 '웨이스트 업'에 이어서 무릎까지 들어가는 '니 쇼트'입니다. 드디어 다리의 일부가 등장했습니다. 니 쇼트에서는 허벅지까지 그리는 것이 일반적입니다. 무릎까지 그리는 일은 흔치 않습니다.

표현하는 부분이 많아진 만큼 캐릭터가 작아지므로, '캐릭터에 대한 감정 이입'은 낮아지지만, 전신 일러스트에 비교하면 높다고 할 수 있습니다. '움직임'을 표현하기 쉬워서 감정 표현이 더 강해집니다. 하반신의 요소가 등장하므로 '섹시함'을 표현하기 쉽습니다. 앞서 설명한 3종류의 구도(업 쇼트, 바스트 업, 웨이스트 업)에 비해 게임에서는 거의 볼 수 없는 그림입니다. 화면에서 멀어져 친근감이 약해지기 때문입니다. 다만, 거리감까지 고려한 게임에서는 멀어지면 니 쇼트, 가까워지면 바스트 업으로 표시하는 식으로 구분해서 사용합니다.

섹시함을 연출하는 요령

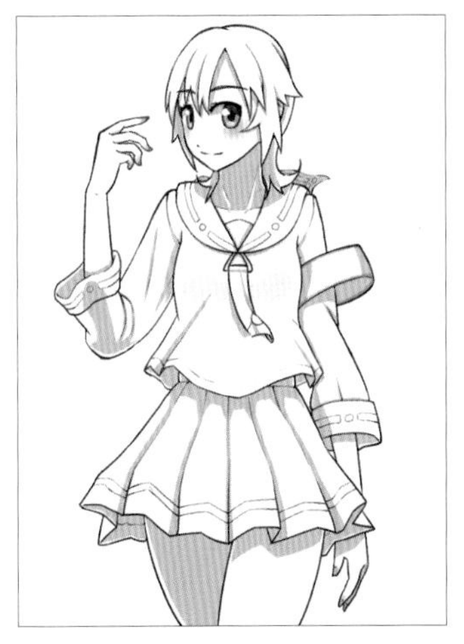

니 쇼트로 섹시함도 표현할 수 있다고 설명했습니다. 특히 여성 캐릭터를 표현하는 데 효과적입니다. 여성스러움의 상징인 스커트를 그릴 수 있고, 매력적인 허벅지도 묘사할 수 있습니다. 화면에서 묘사할 수 있는 관절이 많아 S자 포즈가 무척 만들기 쉽습니다.

남성 캐릭터도 섹시함을 표현할 수 있습니다. 허리 위치를 높게 그려서 다리를 길게 그리면 웨이스트 업보다 더 스타일리시한 실루엣을 표현할 수 있습니다.

웨이스트 업과 니 쇼트의 차이

△의 그림은 춤을 추는 캐릭터로 웨이스트 업으로 그린 것입니다. 이 정도로도 움직임은 느껴지지만, 더 매력적으로 표현하는 방법이 없는지 연구해보겠습니다.

○의 그림은 다리를 약간 그려 넣고 니 쇼트로 변경해보았습니다. 다리의 움직임이 더해져 더 역동적이고, 여성 캐릭터의 다리가 드러나 좀 더 매력적인 그림이 되었습니다.

반드시 처음 결정한 구도를 그대로 사용해서 완성할 필요는 없습니다. 완성도를 높일 수 있다면 다리를 넣어서 니 쇼트로 변경하거나 반대로 니 쇼트를 확대해 웨이스트 업으로 만드는 등 인상의 변화를 시험해볼 필요가 있습니다.

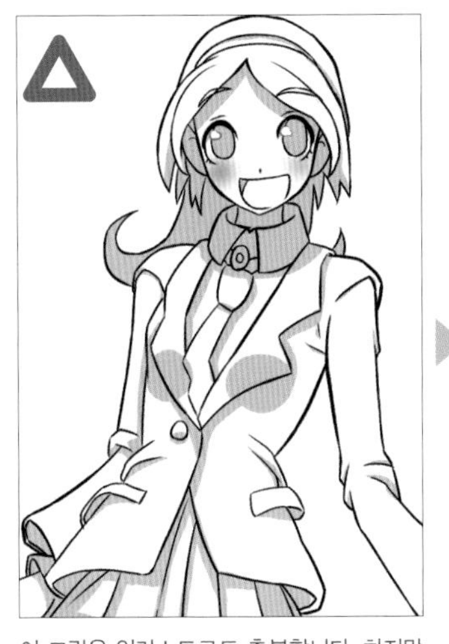

이 그림은 일러스트로도 충분합니다. 하지만 만족하지 말고 좀 더 완성도를 높일 수 있는 방법을 찾아야 합니다.

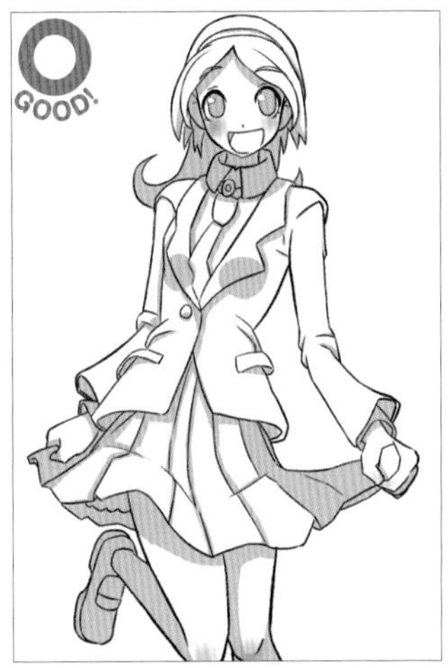

화면을 아래로 늘이고 니 쇼트로 변경하면, 움직임과 S자 포즈의 효과가 나타납니다. 움직임의 묘사는 웨이스트 업보다 좀 더 효과적입니다.

움직임을 표현해보자

니 쇼트는 다리까지 묘사할 수 있습니다. 보는 사람이 화면 밖에 있는 부분인 하반신의 움직임까지 상상하기 때문에 다른 구도에 비해 훨씬 더 움직임을 표현하기 쉽습니다.

니 쇼트는 발끝까지 들어가지 않아서 잘라내기를 하지 않아도 외부 세계까지 느껴지게 만들어 움직임을 강조할 수 있습니다. 한마디로 움직임을 표현하는 데 무척 뛰어난 구도입니다.

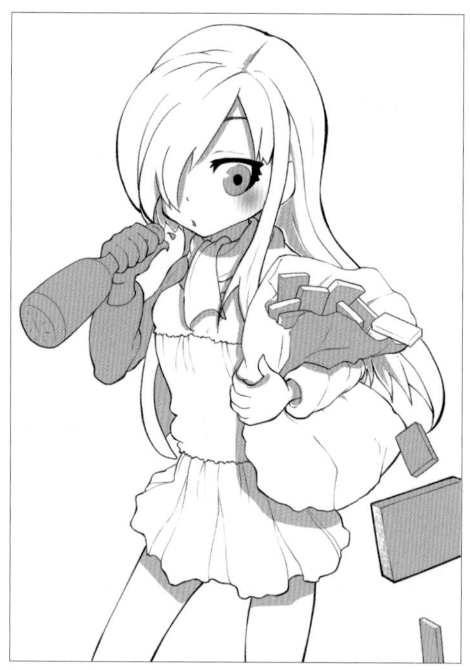

빈 공간을 소품으로 채우는 수단도 효과적입니다.
S자를 의식하면서 다리를 표현하면 어린 캐릭터도 매력적으로 표현할 수 있습니다.

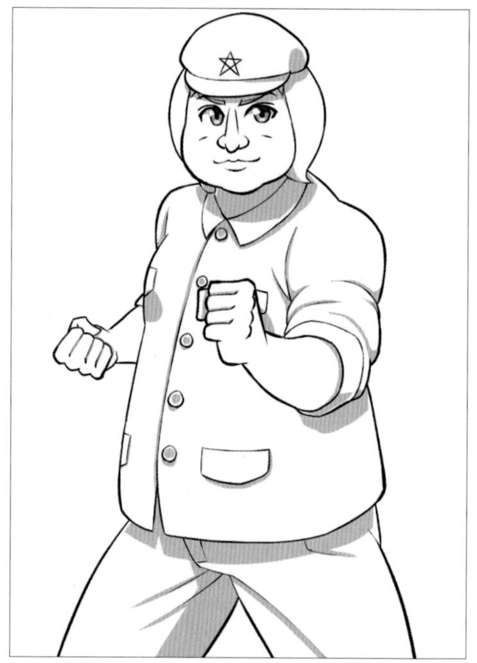

다리까지 묘사할 수 있으므로 중심을 의식한 격투기 자세도 표현할 수 있습니다.

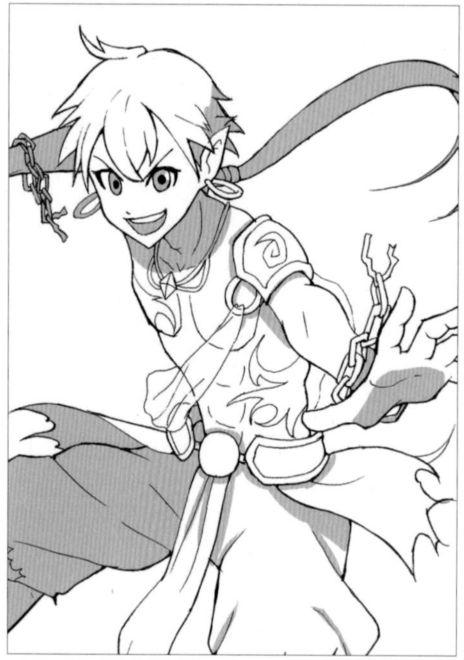

자세를 낮춰도 상관없습니다. 이처럼 니 쇼트는 큰 움직임도 효과적으로 표현할 수 있습니다.

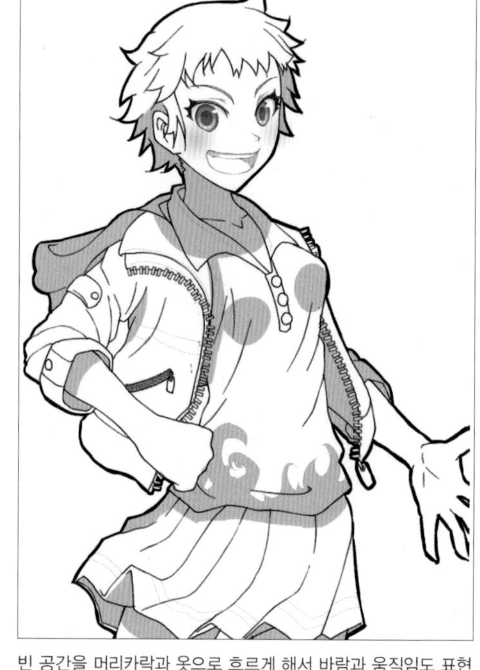

빈 공간을 머리카락과 옷으로 흐르게 해서 바람과 움직임도 표현할 수 있습니다.

구도 활용법

성적인 표현

니 쇼트는 섹시함을 표현하는 데 적합한 구도입니다. 이런 특징을 더 강조할 수 있는 구도를 연구해보겠습니다.
니 쇼트에서는 요소가 많아서 얼굴을 잘라내도 일러스트가 성립됩니다. 오른쪽 그림은 과감하게 여성 캐릭터의 얼굴을 잘라내고, 가슴과 엉덩이 같은 성적인 부위를 화면에 남겨두었습니다. 그 결과 섹시한 일러스트가 되었습니다.
얼굴은 본래 주역인 부위입니다. 얼굴을 제외시키면 남은 부분 중에 눈에 띄는 부분(이번에는 가슴과 엉덩이)으로 주역이 바뀝니다. 그 결과 얼굴이 있는 상태보다 섹시함이 더 부각되는 작품이 되었습니다. 성인 광고에서 이런 표현을 사용합니다.
구도를 사용하는 특수한 방법이지만 '얼굴을 잘라내면 안 된다'는 원칙은 없습니다. 적절한 장면에 사용해보세요.

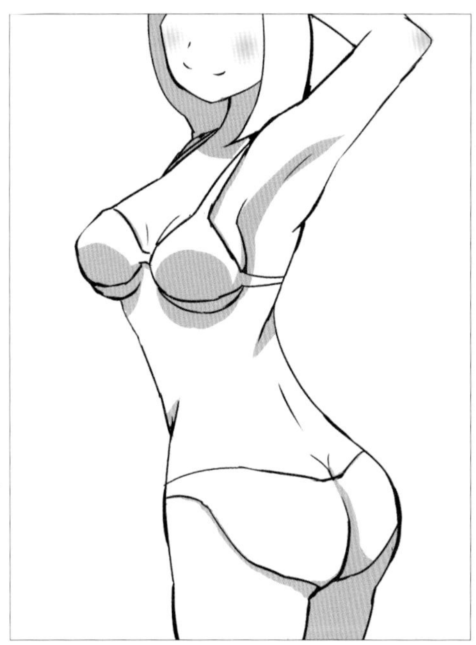

일러스트 예시

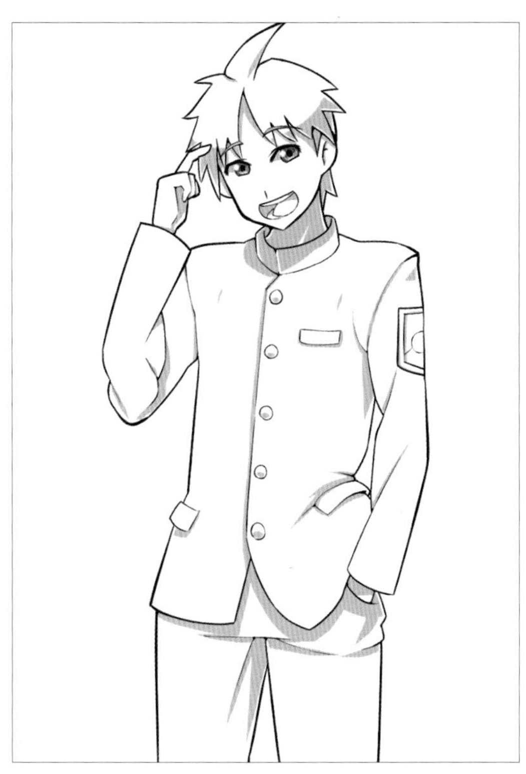

섹시함은 여성 캐릭터에게만 해당하는 요소가 아닙니다. 가랑이를 높은 위치에 설정하고 다리를 길게 표현하면 남성의 섹시함을 어느 정도 표현하기 쉽습니다.

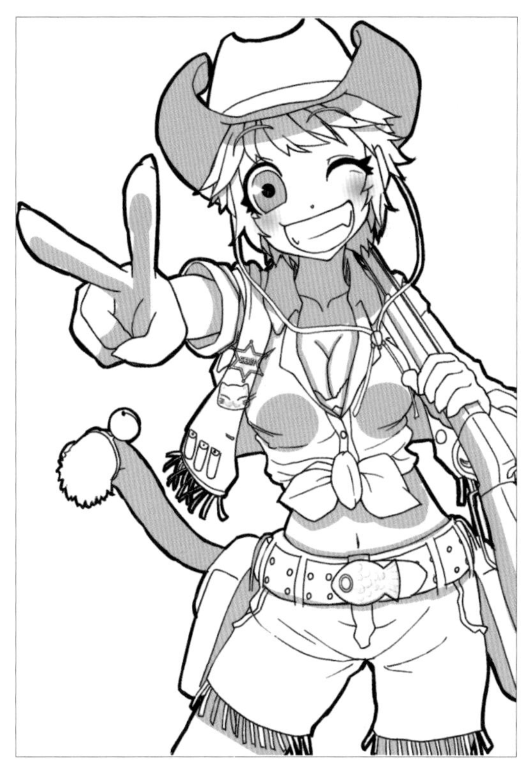

니 쇼트에서는 카메라가 상당히 먼 위치에 있으므로, 무기와 오버 퍼스(p.130)도 힘들지 않게 넣을 수 있습니다.

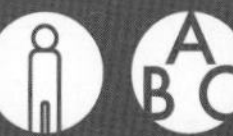

원 쇼트(전신)

원 쇼트는 인물이나 초상화에 기본이 되는 구도이며, '캐릭터에 대한 감정 이입', '감정 연출', '움직임', '설명' 등을 표현할 수 있습니다. 게임이나 애니메이션의 캐릭터 디자인에서 주로 쓰입니다. 얼굴이나 몸의 일부분만 그리는 것을 졸업하고 전신을 그릴 수 있게 되면 표현의 폭이 넓어집니다.

구도 포인트

구도 MEMO

캐릭터 디자인용 일러스트입니다. 어떤 캐릭터인지 설명하면서 매력적으로 완성하려고 원 쇼트로 그렸습니다. 삼각형 구도(p.26)의 실루엣에, 들고 있는 꽃 모양의 종이우산을 이용해 집결 구도(p.38)를 더해 원의 중심에 배치한 얼굴로 시선이 유도되도록 했습니다.

구도나 포즈를 조합해 독창성을 표현.

특히 발 언저리가 중요하다. 가장 주의해서 그려야 한다.

ONE POINT!

전신을 사용해 표현할 수 있으므로 구도나 포즈의 자유도가 높고, 어떤 캐릭터인지 설명하는 데 적합하다.

구도의 기본

원 쇼트의 기본

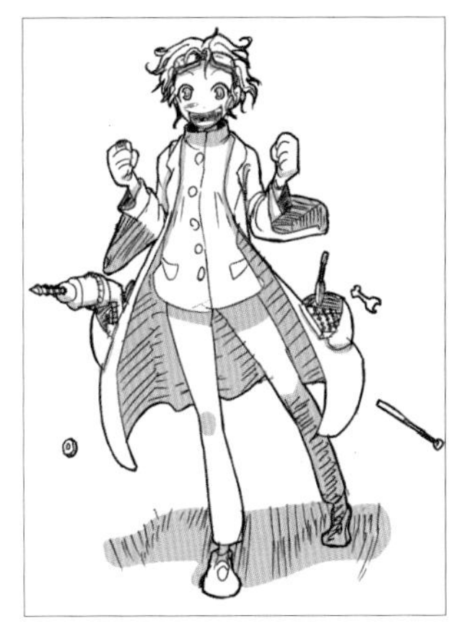

머리에서 발끝까지 전신을 그리는 구도입니다. 업 쇼트나 니 쇼트와 비교하면 로우 앵글, 하이 앵글이 아닌 다음에는 화면에서 가장 멀리 떨어진 캐릭터를 그리는 것입니다. '캐릭터에 대한 감정 이입'이라는 의미로는 가장 약하지만 약간의 효과는 얻을 수 있습니다.

전신을 사용할 수 있어 '감정 연출', '움직임' 등을 표현하는 데 효과적인 구도입니다. 전신을 빠짐없이 묘사하기 때문에 어떤 캐릭터인지 '설명'하는 데도 유리합니다. 부분만 확대한 구도보다 요소가 많아서 구도와 포즈를 가장 만들기 쉽고 선택의 폭도 넓습니다. 반면 습관적으로 그리다 보면 비슷한 자세의 캐릭터만 그리게 됩니다. 다양한 구도와 포즈를 활용해 새로운 스타일에 도전해보세요.

원 쇼트의 요령

전신이 들어가므로, 지면에 닿은 발끝이 가장 중요한 부위입니다. 반드시 '지면'이 느껴지도록 발을 그려야 합니다. 발끝 묘사에 실패하면 공중에 떠 있거나 현실이 아닌 듯한 강한 위화감이 생깁니다.

뻣뻣한 자세로 서 있는 캐릭터라고 해도 엄밀하게 지킬 필요는 없으니 처음에는 눈높이를 설정합니다. 그다음 상자 그리기를 하고 입체를 의식하면서 화면에 캐릭터를 그려가는 과정이 중요합니다. 머릿속으로 입체를 구축하기 어려운 사람은 어떻게든 입체에 익숙해질 수 있도록 연필 데생을 할 것을 추천합니다.

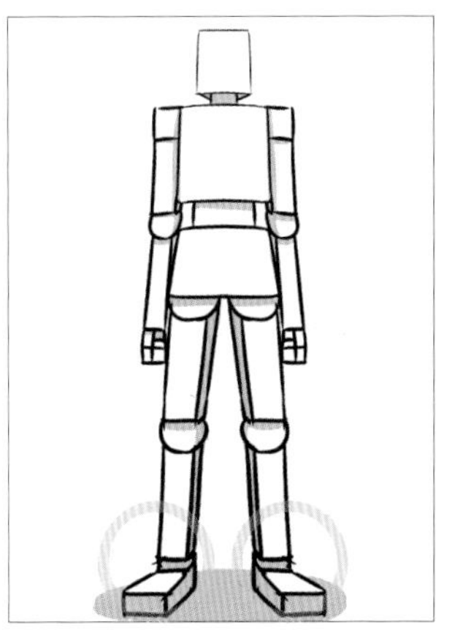

발이 가장 중요. 서 있는 캐릭터는 반드시 지면을 의식해야 합니다.

발을 대충 그리면 효과가 없다

✕의 그림은 서 있는 일러스트이지만 발을 막연하게 그린 탓에 공중에 뜬 것처럼 보입니다. 이때는 발의 접지면을 의식하고 수정하면 위화감을 지울 수 있습니다.

단순히 발의 접지면을 표현할 뿐이지만 일러스트의 완성도를 좌우할 정도로 중요합니다.

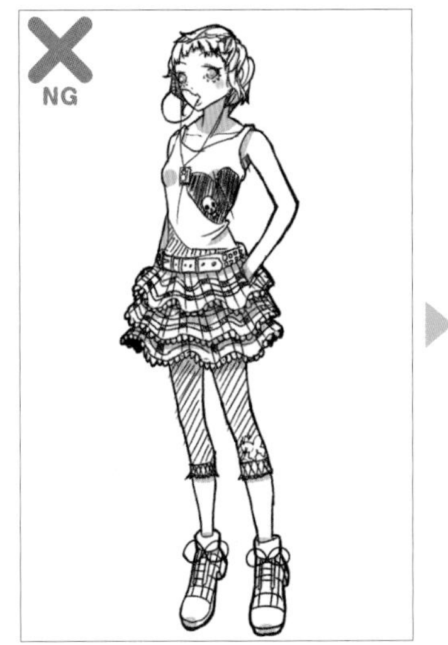

다른 부분은 위화감이 없지만, 발이 지면에 붙어 있지 않아서 위화감이 느껴집니다.

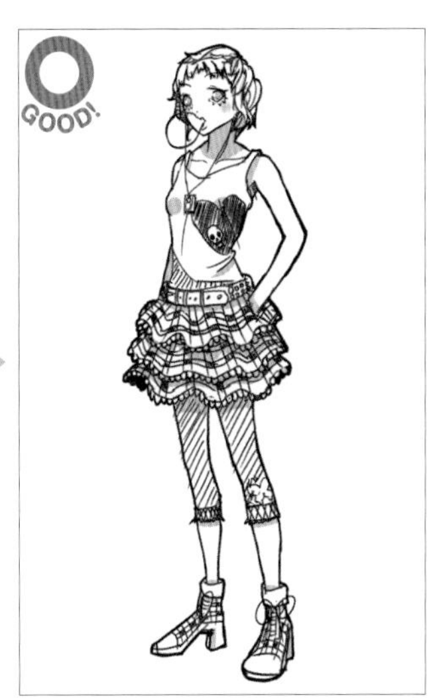

발만 수정해도 위화감을 크게 감소시킬 수 있습니다.

구도를 조합한다

원 쇼트는 그림에 익숙해진 사람이 가장 많이 쓰는 구도입니다. 막연하게 느낌대로 그리는 사람이 적지 않은데, 때때로 다양한 방법을 연구해서 효과적인 원 쇼트를 그려보세요.
캐릭터 디자인도 중요하지만 요소와 자유도가 높고 주역뿐인 원 쇼트는 구도와 포즈가 핵심입니다. 물론 기본 구도도 효과적이지만 개성을 표현하고 싶을 때는 알파벳 구도(p.66)를 이용해 개성적인 이미지를 연출하면 좋습니다.
다양한 구도와 포즈를 효과적으로 조합하면, 상황과 장면에 따라 고정 관념에서 벗어난 화면을 만들 수 있습니다.

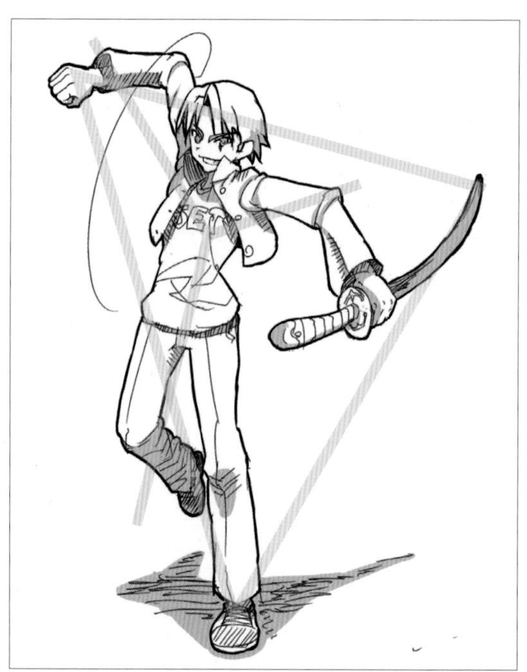

역삼각형 구도(p.30)&변형 Y구도로 움직임을 더하고, 3분할 구도(p.50)로 배치했습니다. 콘트라포스토(p.120)를 이용한 포즈에, 무기에는 살짝 오버퍼스(p.130)를 적용해 박력을 연출했습니다.

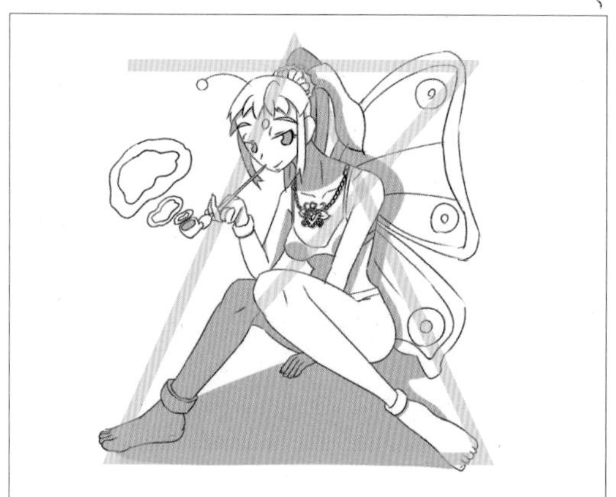

앉은 포즈도 상관없습니다. 앉으면 삼각형 구도가 되기 쉽습니다. 원을 의식한 담배 연기와 담뱃대로 시선을 얼굴로 유도했습니다. Z구도(p.70)도 적용했습니다.

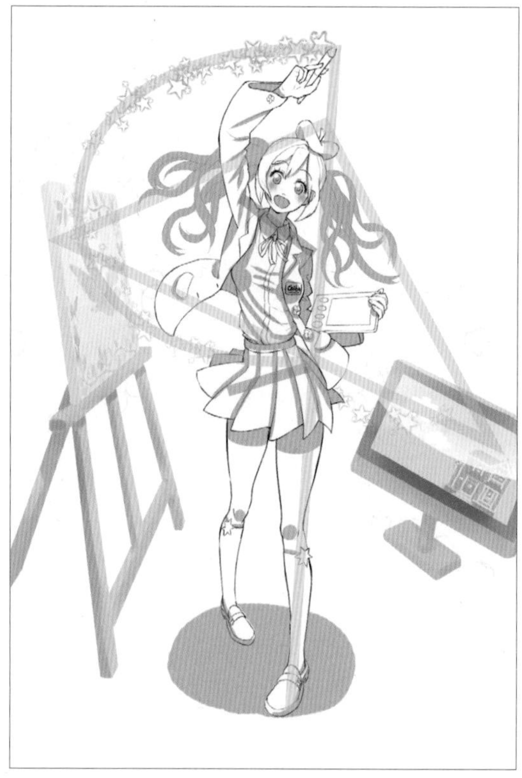

콘트라포스토의 포즈, 이펙트로 9구도를 만들었습니다. 소품으로 삼각형 구도를 구성해, 움직임이 있으면서도 안정감 있는 화면입니다.

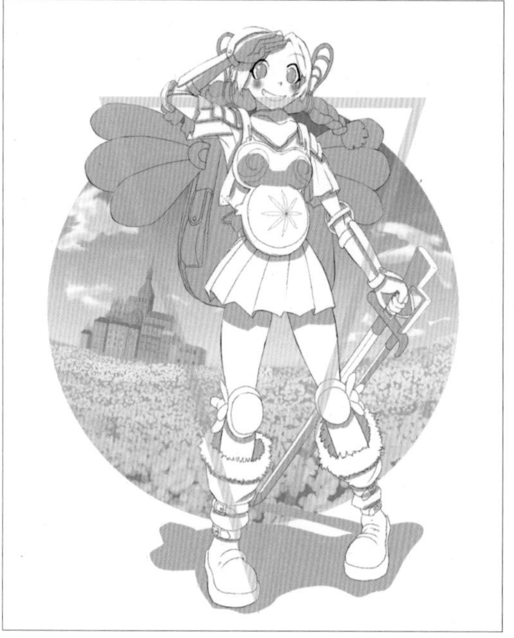

역삼각형 구도의 실루엣에 집결 구도의 배경을 합쳤습니다. 원 쇼트라면 큰 무기도 어렵지 않게 들어갑니다.

COLUMN

하이퍼앵글의 원 쇼트

하이퍼앵글이란 역동적으로 뛰어오른 캐릭터를 밑에서 본 로우 앵글이나 캐릭터를 바로 위에서 내려다본 강렬한 하이 앵글처럼 일상적으로 보기 어려운 앵글을 가리킵니다.

그리는 요령은 상자 그리기를 활용해 형태를 잡고 입체를 의식하면서 그리는 것입니다. 형태를 잡을 때부터 좌우반전 기능으로 데생의 위화감이 없는지 확인합니다. 입체 파악이 서툰 사람은 데생 인형을 참고합시다. 3D 데생 인형을 사용해도 효과적입니다.

촬영이 가능한 앵글이라면 디지털카메라의 타이머 기능을 사용합니다. 로우 앵글이면 지면에 카메라를 두고, 하이 앵글이면 높은 위치에 설치하거나 셀카봉을 활용해 찍은 사진을 참고하는 것도 좋은 방법입니다.

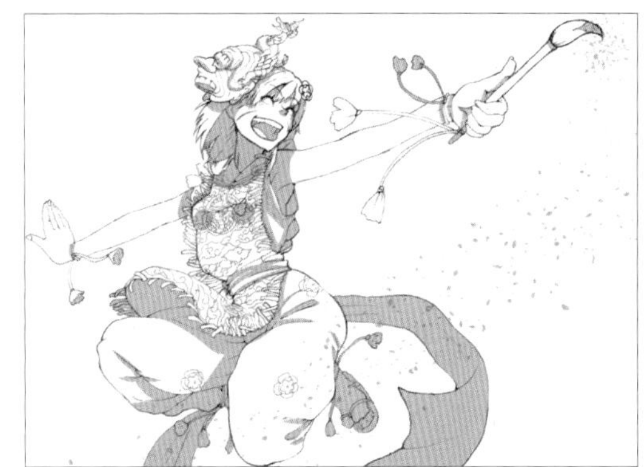

로우 앵글로 포착한 점프 포즈는 난이도가 높지만, 일상적으로 보기 드문 앵글이므로 임팩트가 무척 강합니다.

일러스트 예시

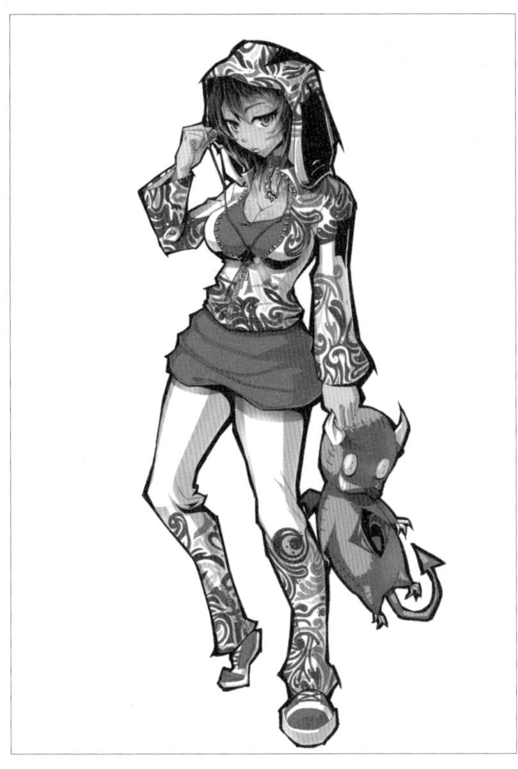

스트리트 패션 스타일을 요구해 발에 오버 퍼스를 약간 적용했습니다.

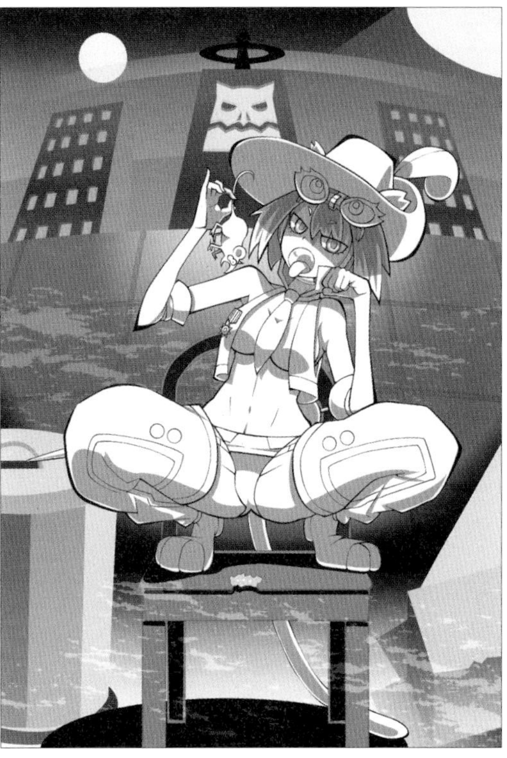

삼각형 구도와 원형 구도(p.34)입니다. 장면을 좀 더 재미있게 표현하려고 삼각형의 접점을 기울였습니다.

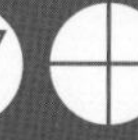
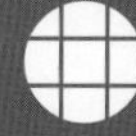
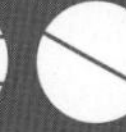
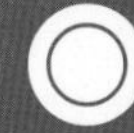
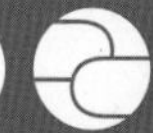

투 쇼트

투 쇼트는 2명을 한 화면에 그린 구도로 '대비', '동료', '연애', '적대' 등 두 사람의 관계를 표현할 수 있습니다.
캐릭터가 2명 이상이 되면 일러스트의 세계가 무척 넓어집니다. 구도에 따라서 두 사람의 관계가 달라지기도 합니다. 만화처럼 여러 명의 인물이 등장하는 작품에서는 필수인 구도입니다.

구도 포인트

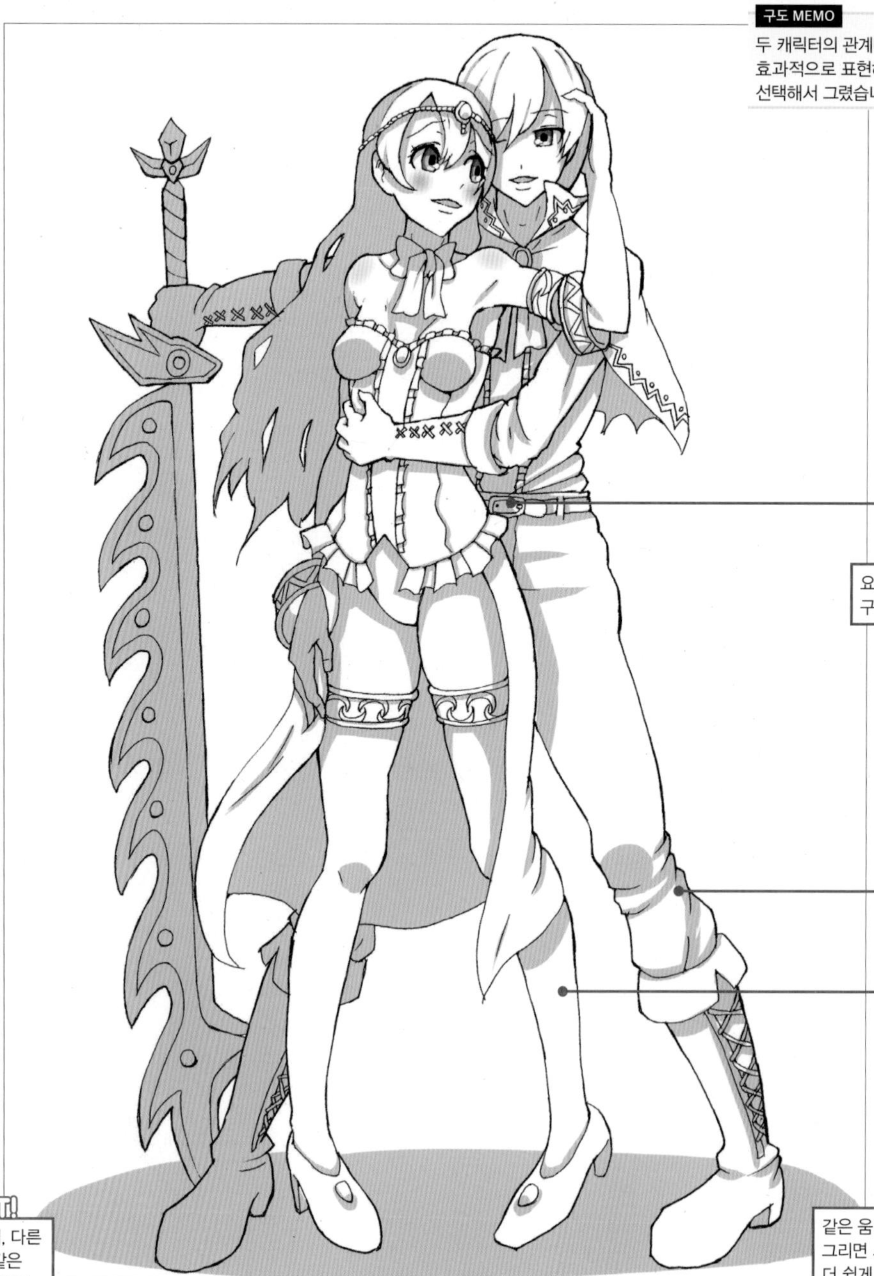

구도 MEMO

두 캐릭터의 관계나 사연을 효과적으로 표현하려고 투 쇼트를 선택해서 그렸습니다.

요소가 많을 때는 구도를 확실하게!

같은 움직임으로 그리면 서로의 관계를 더 쉽게 표현할 수 있다.

ONE POINT!

한쪽은 바스트 업, 다른 한쪽은 원 쇼트 같은 식으로 해도 문제없다.

구도의 기본

투 쇼트의 기본

2명을 동시에 그리는 구도입니다. 화면이 한 사람의 세계가 아니라 두 사람의 세계가 되므로, 두 캐릭터의 '대비'를 표현할 수 있습니다. 특별한 두 사람을 그려서 '동료'나 '연인'을 표현하는 데도 적합하고, 싸움도 효과적으로 묘사할 수 있어서 '적대' 표현도 가능합니다.
두 사람을 무의미하게 그리는 일은 거의 없습니다. 서로의 관계와 이야기가 일러스트에도 묻어납니다. 따라서 묘사하려는 내용을 제대로 그리면 더 뜻깊은 작품을 만들 수 있습니다.
2명 이상을 그릴 때는 무작정 그리지 말고 '이런 표현을 하고 싶으니까 이렇게 하자'라는 계획을 반드시 세우고 나서 그립니다.

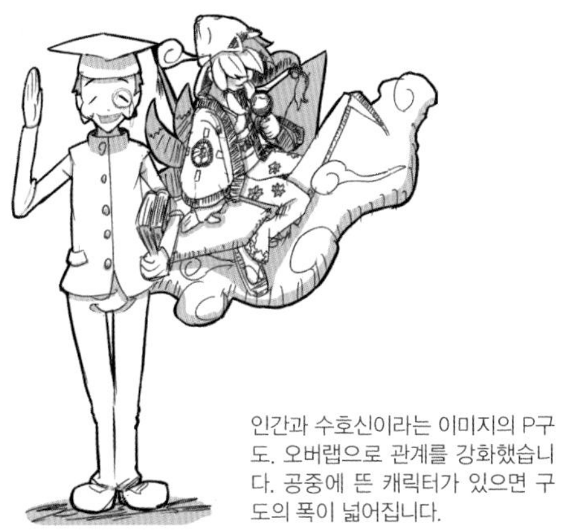

인간과 수호신이라는 이미지의 P구도. 오버랩으로 관계를 강화했습니다. 공중에 뜬 캐릭터가 있으면 구도의 폭이 넓어집니다.

대등과 대비

여러 인물을 그릴 때 캐릭터의 관계를 '대등'과 '대비' 가운데 어느 쪽으로 그릴 것인지 선택하는 것이 중요합니다. '대등'으로 그리면 동료나 연인이라는 관계를 효과적으로 묘사할 수 있지만, 제대로 묘사하지 못하면 아래에 있는 △의 일러스트처럼 화면이 밋밋하고 임팩트가 약한 그림이 되기 쉽습니다.
한편 '대비'로 그리면 무척 강한 임팩트를 표현할 수 있습니다. 그러나 화면에서 나타나는 힘의 관계로 인해 주역과 조역이 생기므로 캐릭터를 똑같은 비중으로 취급할 수 없습니다. 2가지 모두 틀린 것은 아니니 목표로 하는 표현에 알맞게 구분하면 됩니다.

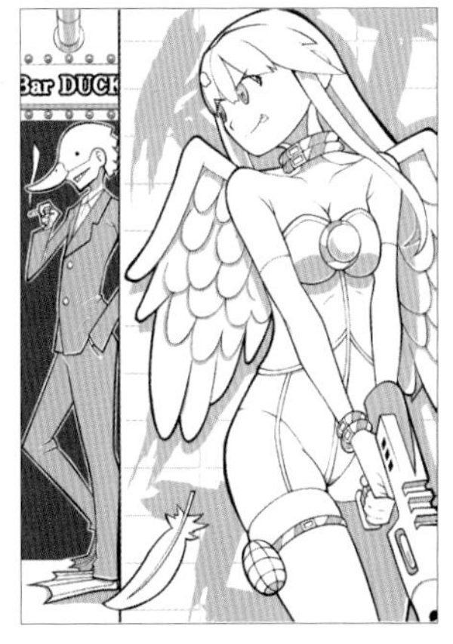

크기에 의한 대비, 남녀에 의한 대비, 니 쇼트와 원 쇼트에 의한 대비. 여기에 화면 안쪽의 캐릭터는 프레임 구도를 적용하고 대비를 표현했습니다.

적대 관계 표현

△와 ○의 그림은 모두 적대를 의식하고 그린 작품입니다. △의 그림은 계획 없이 그리다가 우연히 대칭이 되었지만, 효과적인 사용법이 아니라서 적대적인 느낌이 거의 없습니다. ○의 그림은 계획을 세우고 대칭으로 격돌하는 장면을 그린 것입니다. 서로를 죽이려고 적대하는 인상이 강합니다.
대칭은 투 쇼트에 효과적인 구도이지만 상황에 따라 적절하게 사용할 필요가 있는 구도입니다.

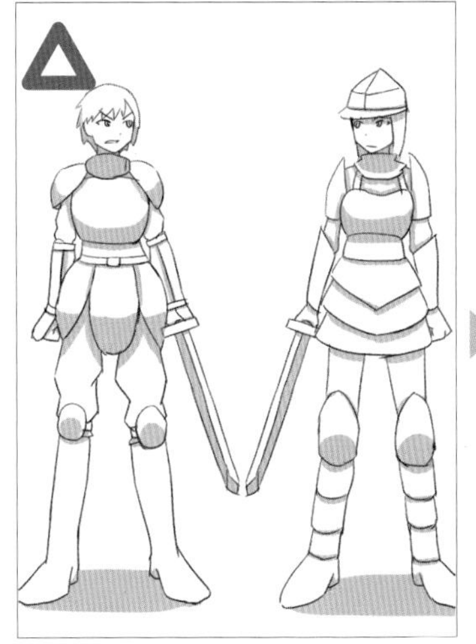

서로 노려보는 시선 외에 적대적인 표현이 없습니다. 대칭과 M구도이므로 안정감은 있지만, 적대를 표현하는 데 안정감은 적합하지 않습니다.

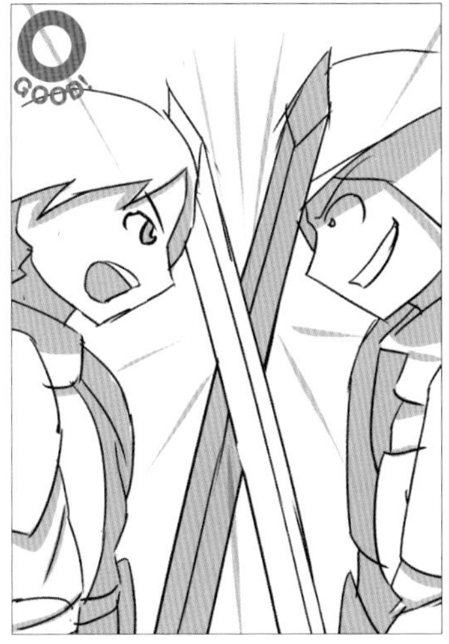

같은 대칭이지만, 확대해서 서로 증오하는 표정을 볼 수 있게 했습니다.
싸움의 상징인 검을 사용한 대각선 구도(p.42)로 화면을 분할해서 각자의 세계(사고방식)가 다르다는 사실을 어필하고, X구도로 검을 교차시켜 관계가 개선될 수 없다는 의미도 담았습니다.

구도를 조합한다

투 쇼트는 2명을 그리므로 원 쇼트보다 그려야 할 요소가 2배입니다. 계획을 확실하게 세우고 구도를 결정하는 것이 중요합니다. 단순한 통일감보다 두 캐릭터의 사연을 담을 수 있다면 가장 좋습니다. 투 쇼트에서는 삼각형 구도(p.26), 역삼각형 구도(p.30), 집결 구도(p.38), 대각선 구도(p.42), 2분할 구도(p.46, 대칭 구도), 3분할 구도(p.50) 등이 잘 어울립니다.

업 쇼트와 바스트 업 등 일부분을 그린 캐릭터와 원 쇼트로 전신을 그린 캐릭터가 같은 화면에 있어도 문제는 없습니다. 임팩트를 표현하고 싶을 때는 적극적으로 대비를 의식하면서 그려보세요.

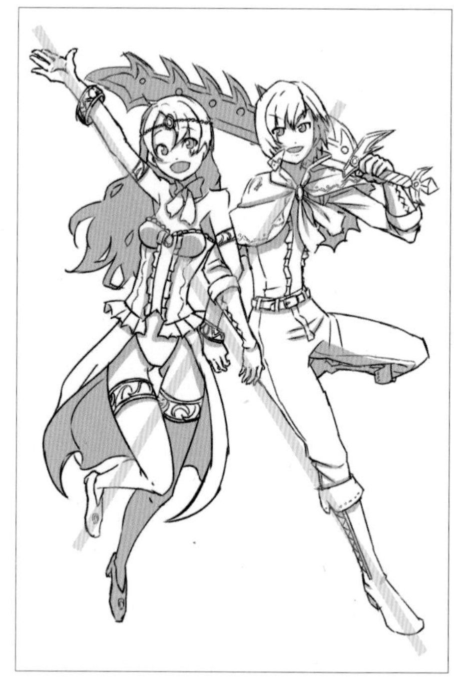

대칭 구도에 대각선 구도와 X구도를 조합해, 교차한 팔로 관계를 강화했습니다.

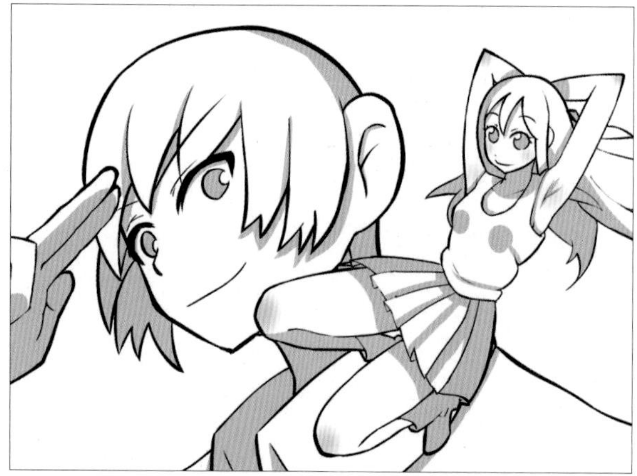

바스트 업과 원 쇼트, 남녀의 대비, 로우 앵글(p.8)과 하이 앵글(p.12)을 동시에 사용한 드문 형태의 대비로 강렬한 임팩트를 표현했습니다.

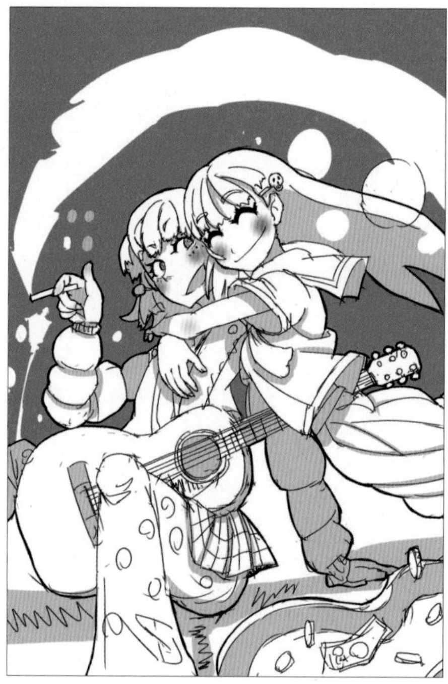

집결 구도를 더해 두 캐릭터를 삼각형 구도가 되도록 했고, 원형 구도(p.34)로 배치했습니다.

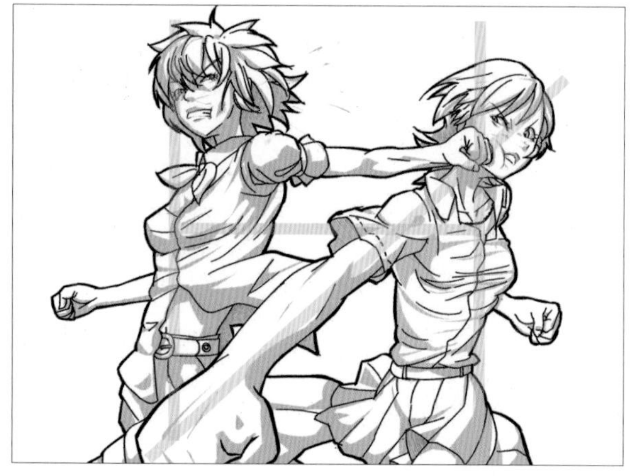

대칭에 대각선 구도와 H구도를 조합했습니다. 대칭 구도에서의 격투 표현은 움직임이 부족한 인상이므로 오버 퍼스(p.130)도 더했습니다.

구도 활용법

화면을 더 풍부하게 표현하는 방법

적합한 구도를 선택해 요소를 정리하고 구도의 효과를 유용하게 활용하면서 화면을 구축하는 작업은 멋진 일입니다. 투 쇼트를 더 멋진 장면으로 연출할 수 있는 방법을 한 가지 소개합니다.

바로 '캐릭터들이 같거나 관련 있는 동작을 취하는 것'입니다. 오른쪽 그림은 두 캐릭터가 춤을 추는 장면입니다. 마른 여자아이와 체격 좋은 남성이 서로 다른 춤을 추고 있습니다. 움직임, 체격, 성별로 대비를 나타냈으며 구도는 대칭입니다.

두 사람은 완전히 다른 개성을 가진 캐릭터이며, 댄스 스타일도 제각각입니다. 하지만 '춤을 춘다'는 공통의 포즈로 인해 사이가 좋아 보이고, 즐거워하는 분위기가 느껴집니다. 이렇게 어떤 관련성이 있는 포즈를 취하면 단순한 구도나 일회성 포즈 이상의 매력을 표현할 수 있습니다.

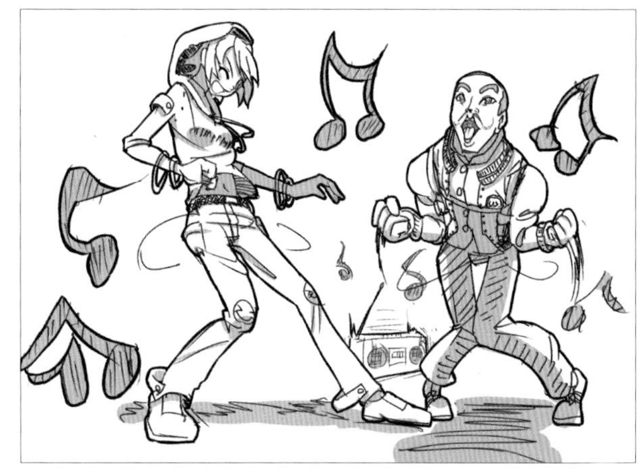

일러스트 예시

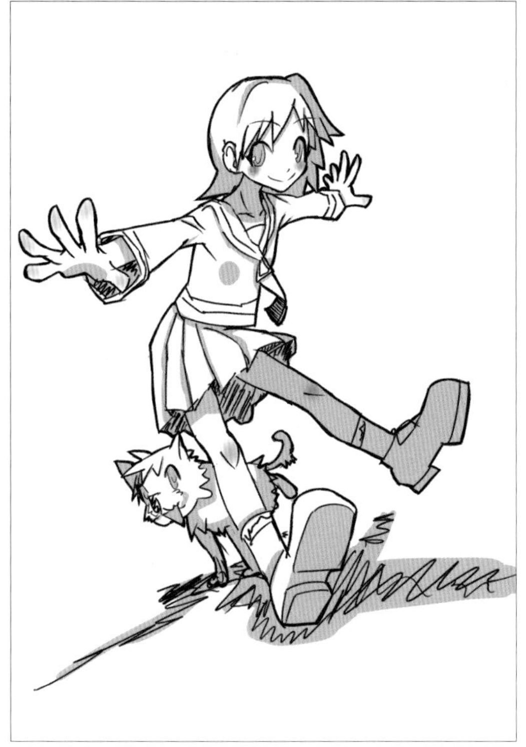

인간과 동물도 멋진 투 쇼트입니다. 크기로 대비를 표현하기 쉽고, 종의 차이로 큰 대비를 기대할 수 있습니다.

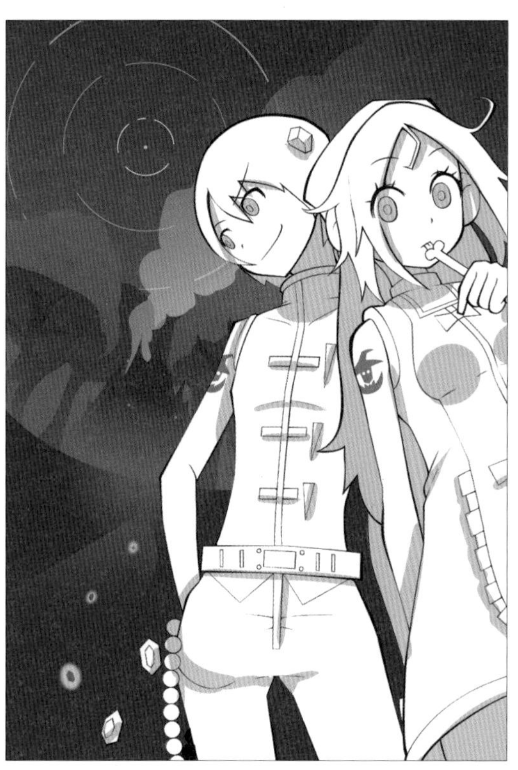

헨젤과 그레텔을 그린 작품인데 배경에는 집결 구도를 사용했습니다. 불타는 집의 연기로 시선을 유도했습니다. 오버랩 구도(p.78)로 관계를 강화했습니다. 투 쇼트는 대칭이 되기 쉬워서, 의도적으로 캐릭터를 오른쪽 가장자리에 배치하고 잘라내기로 재미를 더했습니다.

 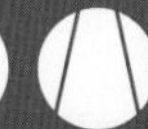 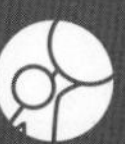 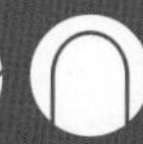 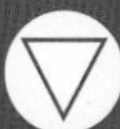

쓰리 쇼트

쓰리 쇼트는 3명을 한 화면에 그리는 구도입니다. '대비', '동료', '연애', '적대' 등을 표현할 수 있습니다.

캐릭터가 2명 이상이면 일러스트의 세계가 넓어지지만, 화면에 배치했을 때의 밸런스를 생각해야 합니다.

구도 포인트

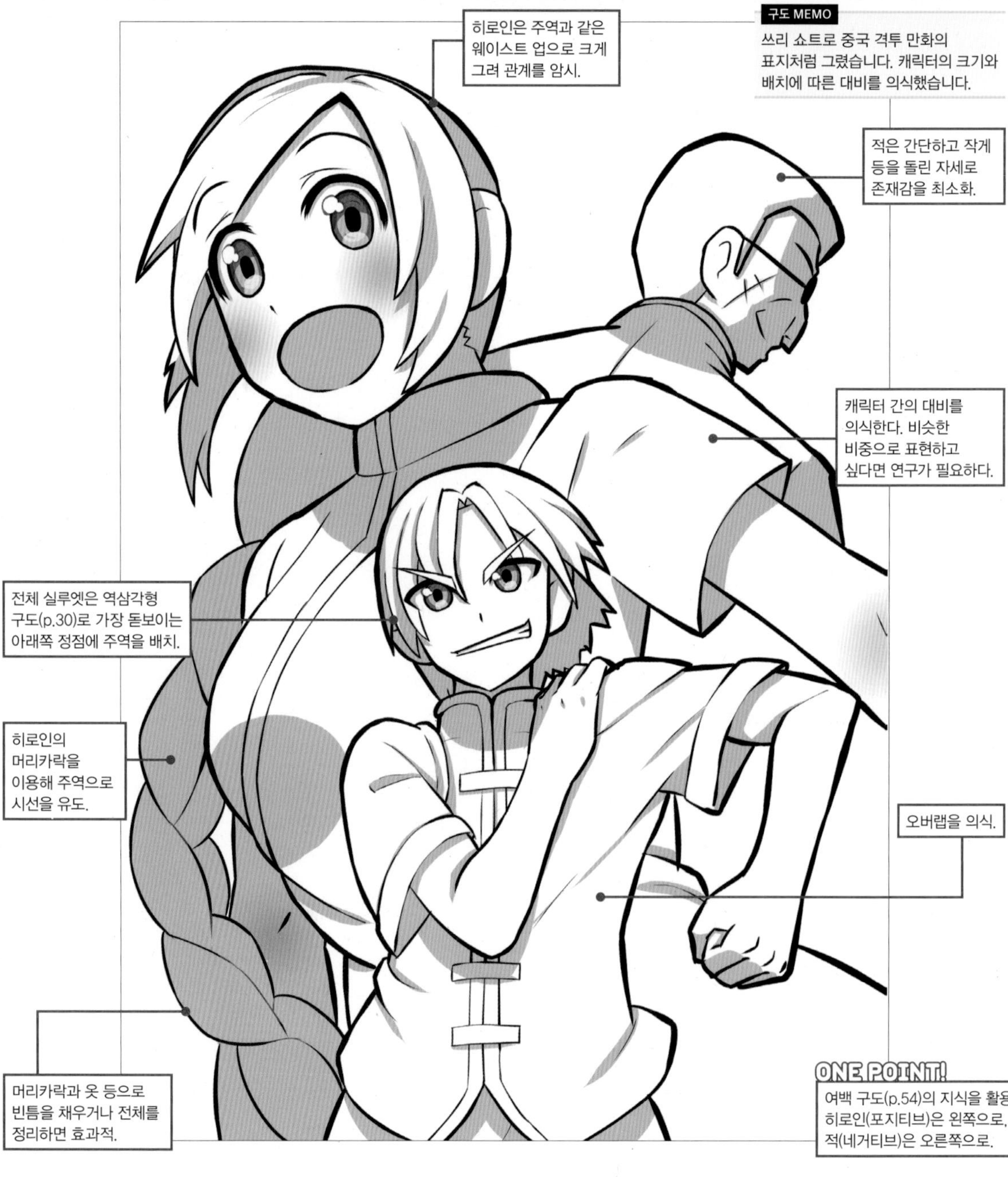

히로인은 주역과 같은 웨이스트 업으로 크게 그려 관계를 암시.

구도 MEMO

쓰리 쇼트로 중국 격투 만화의 표지처럼 그렸습니다. 캐릭터의 크기와 배치에 따른 대비를 의식했습니다.

적은 간단하고 작게 등을 돌린 자세로 존재감을 최소화.

캐릭터 간의 대비를 의식한다. 비슷한 비중으로 표현하고 싶다면 연구가 필요하다.

전체 실루엣은 역삼각형 구도(p.30)로 가장 돋보이는 아래쪽 정점에 주역을 배치.

히로인의 머리카락을 이용해 주역으로 시선을 유도.

오버랩을 의식.

머리카락과 옷 등으로 빈틈을 채우거나 전체를 정리하면 효과적.

ONE POINT!

여백 구도(p.54)의 지식을 활용해 히로인(포지티브)은 왼쪽으로, 적(네거티브)은 오른쪽으로.

구도의 기본

쓰리 쇼트의 기본

3명을 동시에 그리는 구도입니다. 세 사람의 세계가 존재하므로 캐릭터들의 '대비'를 표현할 수 있습니다. 세 사람의 관계성은 물론이고 삼각관계처럼 복잡한 '연애'를 표현하는 데 적합합니다. 1 : 1, 1 : 2 등의 '적대'도 표현할 수 있습니다.
캐릭터가 3명이나 있으면 화면을 구성하는 요소가 무척 많습니다. 미리 계획을 세우고 요소를 정리한 다음 구도와 포즈를 선택하는 작업 방식이 중요합니다.
사람이 많으면 아무래도 화면은 캐릭터 메인이 됩니다. 배경을 묘사하고 싶다면 카메라를 멀리 떨어진 위치에 설정하는 식으로 구도를 연구하는 자세가 중요합니다.

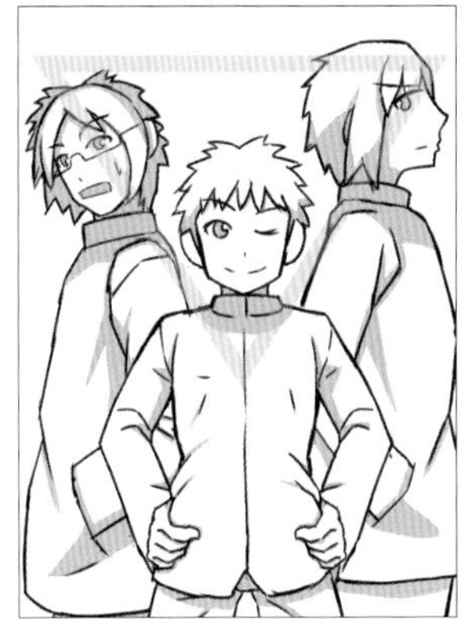

3명이 있으면 신장의 높낮이로 손쉽게 역삼각형 구도(p.30)가 성립합니다.

쓰리 쇼트의 대등과 대비

투 쇼트까지는 화면 속 캐릭터를 대등하게 표현하더라도, 어느 정도 매력이 있는 작품을 만들 수 있었습니다. 하지만 쓰리 쇼트는 등장인물이 많아서 대등하게 표현하는 것이 더 어렵습니다. 이것은 인물에만 해당하는 내용이 아닙니다.
추천하는 방법은 대비입니다. 캐릭터 크기를 다르게 하거나 강조하고 싶은 캐릭터를 중요한 위치에 배치하고, 캐릭터를 원경·중경·근경에 배치해 깊이를 표현하는 것도 효과적입니다. 무엇보다 주역을 의식해야 합니다. 장면에 따라서는 나머지 두 사람을 장식처럼 묘사하는 것도 필요합니다.

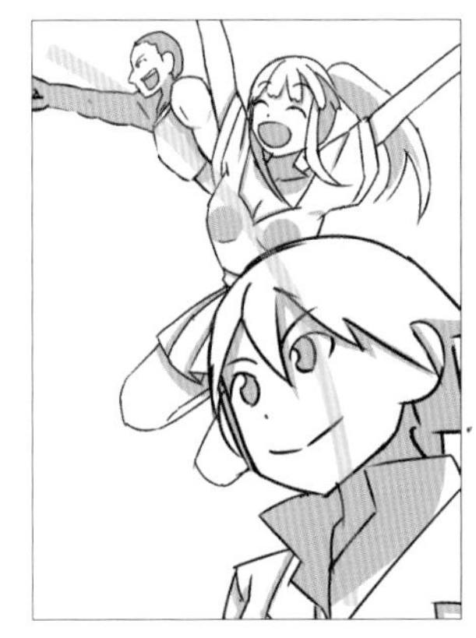

3명이 있으면 요소가 많아서 인물만으로 집결 구도(p.38)를 만들 수 있습니다.

삼각관계 표현

여성 1명과 남성 2명의 삼각관계를 의식하면서 그린 작품입니다. 두 남성을 사랑해 흔들리는 여성이 주역입니다.
✕의 그림은 대비를 표현했지만, 두 남성은 앞에 있고 여성은 뒤로 돌아서 있습니다. 두 남성이 주역이면서 한 여성을 좋아하는 것처럼 보여 의도를 제대로 표현하지 못했습니다.
○의 그림은 반대로 여성을 앞에 그리고 안쪽에 돌아선 두 남성을 배치했습니다. 의도한 스토리에 적합한 일러스트가 되었습니다. 사용법이 틀리면 의도가 정확하게 드러나지 않습니다.

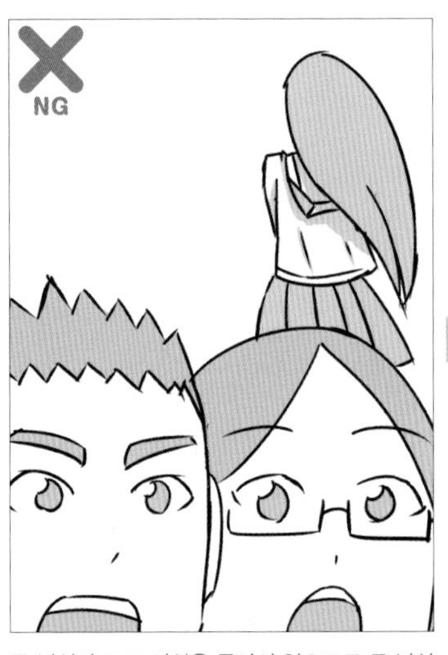

두 남성이 크고 여성은 돌아서 있으므로 두 남성이 주역으로 보입니다.

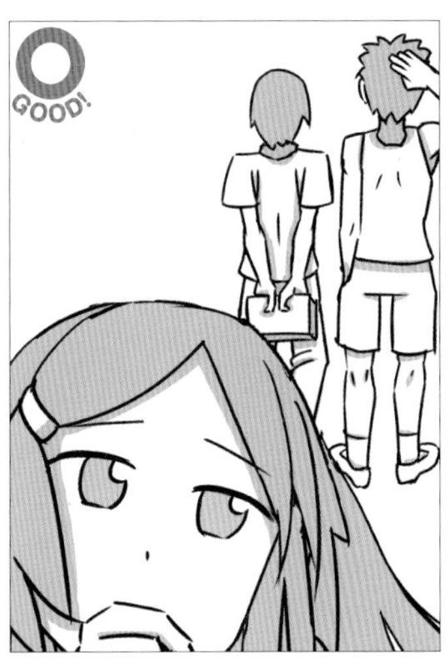

주역을 크게 그리고 두 남성을 어디까지나 조역으로 취급하면, 같은 구도로 정확한 스토리를 묘사할 수 있습니다.

구도를 조합한다

쓰리 쇼트는 3명이 메인 요소이므로 삼각형 구도, 역삼각형 구도와 아주 잘 어울립니다. 각 캐릭터별로 업 쇼트, 바스트 업, 웨이스트 업, 니 쇼트, 원 쇼트 중에 어떤 것을 선택할지, 구분하는 것이 중요합니다. 무조건 모든 캐릭터를 같은 크기로 그리고 싶다면 강조하고 싶은 캐릭터를 중앙에 배치하거나 평면적인 인상이 되지 않도록 화면 전체에 다양한 요소를 추가하는 방법도 있습니다. 구도의 빈틈도 많으니 머리카락과 옷으로 보강하는 것도 효과적입니다.

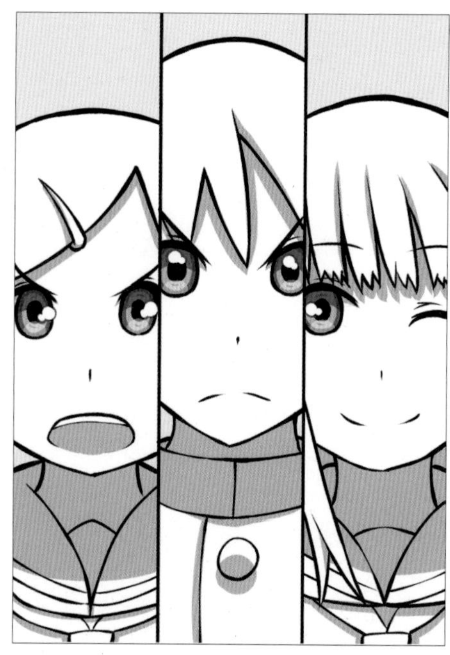

3분할 구도(p.50)이며 대비라는 느낌이 거의 없습니다. 대비가 없어서 업 쇼트(p.86)로 박력을 보충해, 대비가 없음에도 불구하고 매력적으로 완성했습니다. 게임의 컷인과 합체 공격의 이펙트 등으로 동료뿐 아니라 적대도 표현할 수 있습니다. 요령은 얼굴의 일부분만 있으니 꼼꼼하게 그려야 하고, 적은 요소로 변화를 더하거나 각 캐릭터의 개성을 표현해야 합니다.

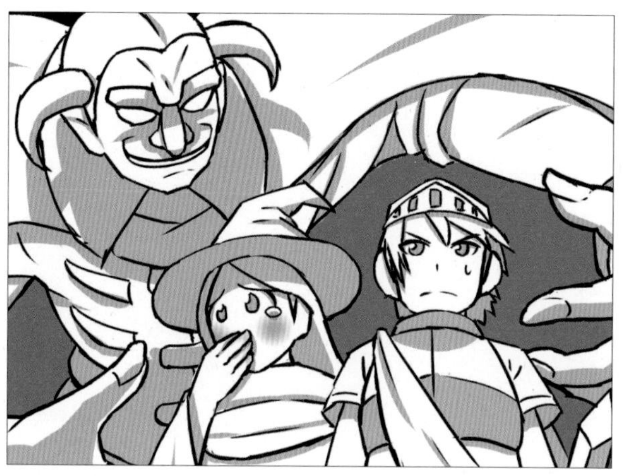

2 : 1의 적대 표현이며, 적이 우위에 있도록 묘사했습니다. 크게 그린 적 캐릭터의 이미지가 주역을 집결 구도로 둘러싸 강조되도록 했고, 적의 수중에 떨어진 상황도 묘사했습니다.

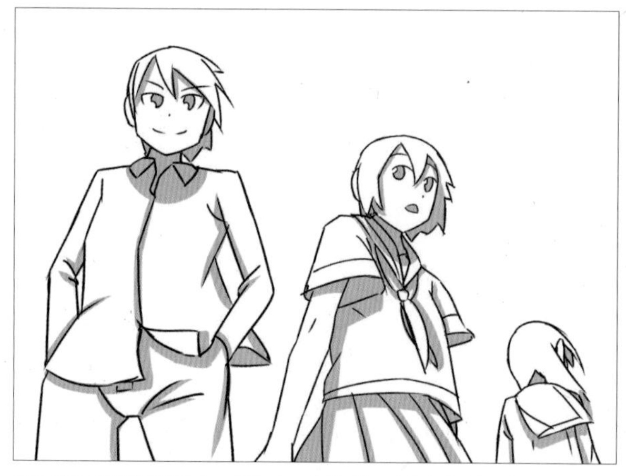

실사 같은 화면에 캐릭터의 크기를 다르게 할 때는 카메라 위치를 제대로 파악해야 합니다. 가장 크게 묘사하고 싶은 캐릭터 앞에 카메라가 있다는 이미지입니다. 이 일러스트처럼 로우 앵글(p.8)을 사용하면 같은 화면을 자연스럽게 니 쇼트, 웨이스트 업, 바스트 업으로 묘사할 수 있고 멋진 느낌으로 완성됩니다.

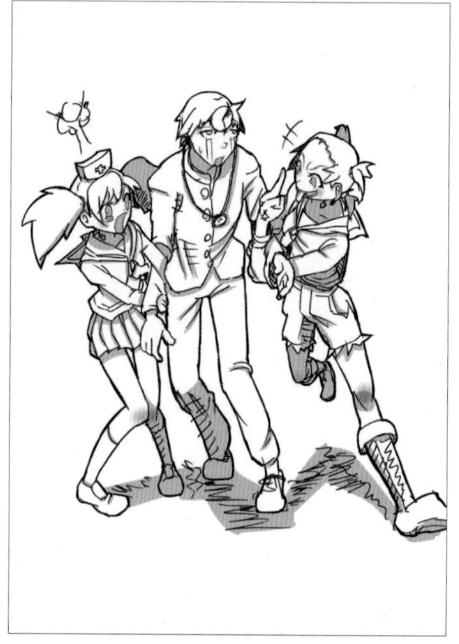

적대 표현을 하기 어렵거나 표현하고 싶지 않을 때는 등장인물이 많은 구도 특유의 표현법인 '캐릭터들의 관계가 뒤엉킨 느낌'을 전면에 드러내 매력적인 장면을 연출합니다.

구도 활용법

미니 캐릭터를 활용하자

3명 이상 등장하는 작품과 그룹 쇼트에는 꼬마 캐릭터를 사용하는 것도 효과적입니다. 1990년대에 유행한 기법이지만 지금도 만화나 라이트노벨의 표지 등에서 볼 수 있습니다.

꼬마 캐릭터를 사용하는 장점은 캐릭터가 작아서 배치가 편하고, 화면이 엉망진창이 되지 않습니다. 무엇보다 화면이 짜임새가 좋아지고 귀여운 느낌이 듭니다.

단점은 꼬마 캐릭터의 영향으로 코믹한 분위기가 되어버려서 진지한 내용의 작품에는 적합하지 않습니다.

꼬마 캐릭터를 사용할 때는 대비를 의식해야 합니다. 모든 캐릭터를 작게 그려서 밋밋한 화면이 되지 않도록 하는 방법도 있지만, 주역은 데포르메를 적용하지 않고 그려야 임팩트 있는 작품을 만들기 쉽습니다.

쓰리 쇼트에서 주역이 마스코트 같은 역할이라면 조역 둘을 크게 그리고, 주역을 작게 그려도 재미있는 작품이 됩니다.

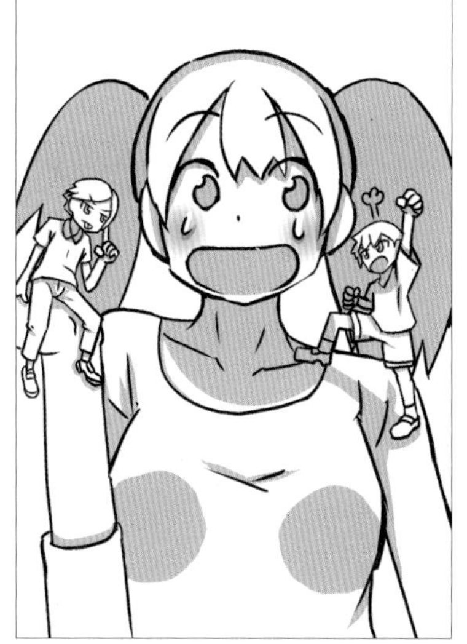

큰 캐릭터의 시선을 다음으로 강조하고 싶은 캐릭터로 향하도록 하면, 화면 속 캐릭터의 순위를 나타낼 수 있습니다.

일러스트 예시

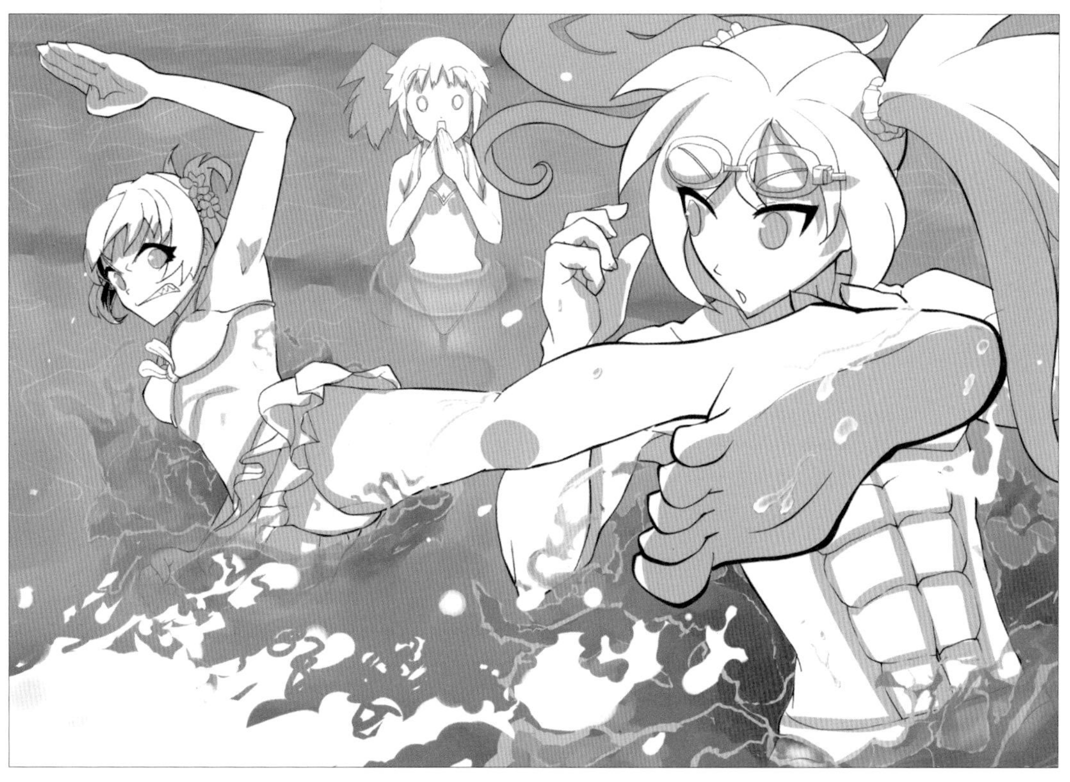

주역 캐릭터는 크게 그리고, 다음으로 중요한 캐릭터의 발에 오버 퍼스(p.130)를 적용해 박력을 더하고, 가장 안쪽의 캐릭터에는 머리카락과 인체로 프레임 구도(p.58)를 만들어 시선을 유도했습니다. 모든 캐릭터에 시선이 가도록 유도했습니다.

 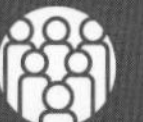 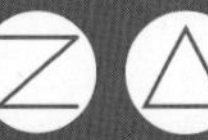 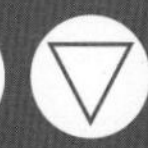 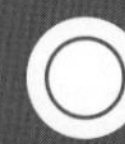 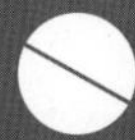 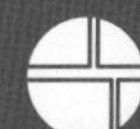

그룹 쇼트

그룹 쇼트는 많은 인물을 한 화면에 그린 구도로 몹 쇼트(mob shot)라고도 합니다. '대비', '동료', '연애', '적대', '박력' 등을 표현할 수 있습니다.

인물이 늘어날수록 밸런스를 유지하기 어려워집니다. 우선 순위를 명확하게 결정하는 것이 중요합니다.

캐릭터가 많고 어려운 구도이지만, 그룹 쇼트에는 독특한 박력이 있어서 활용할 가치가 있습니다.

구도 포인트

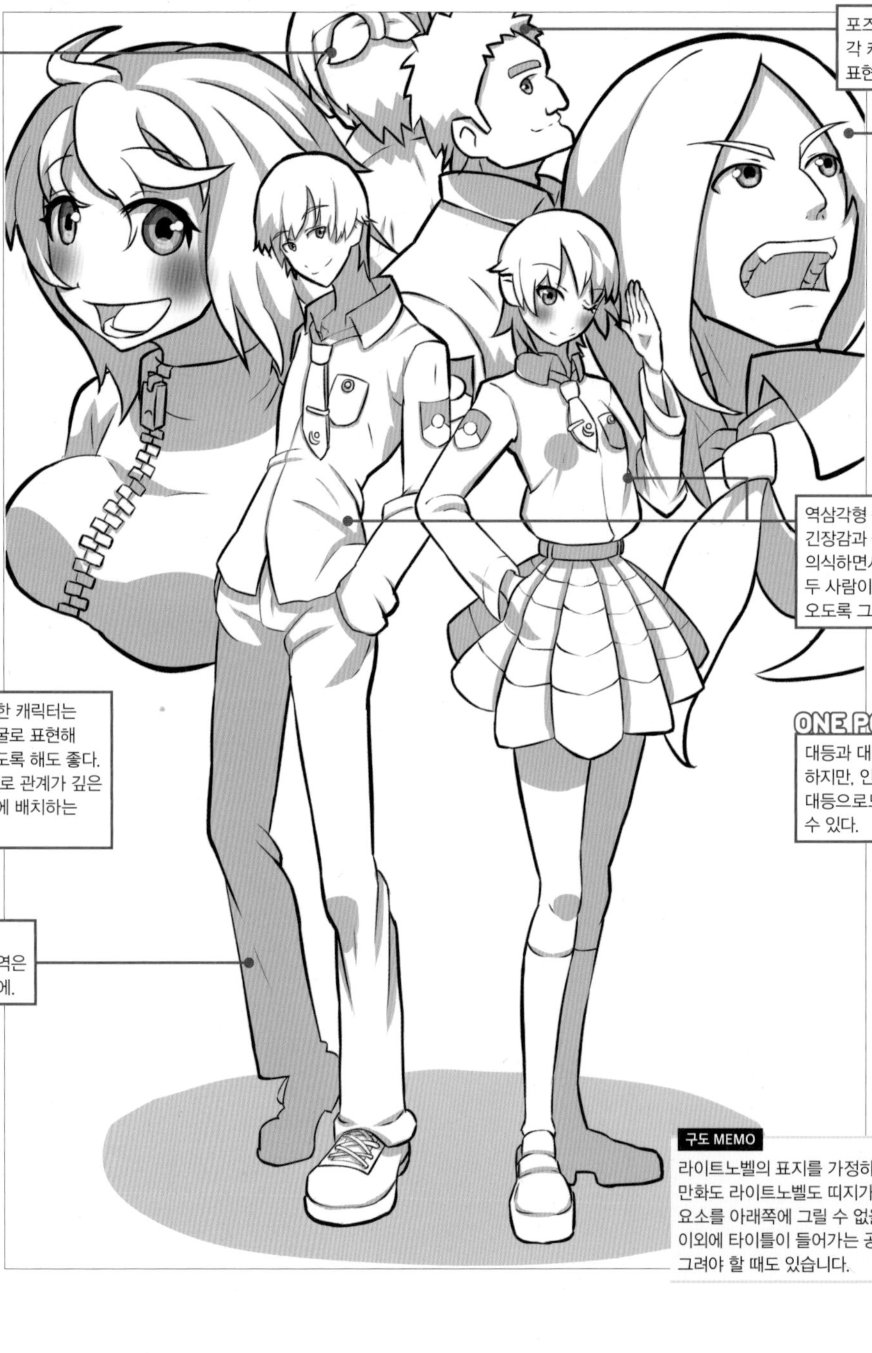

포즈와 표정으로도 각 캐릭터의 개성을 표현할 수 있다.

역삼각형 구도(p.30)로 긴장감과 불안정한 느낌을 의식하면서 주역과 히로인 두 사람이 아래쪽 정점에 오도록 그렸다.

이탈했거나 사망한 캐릭터는 뒷모습이나 옆얼굴로 표현해 이야기가 전달되도록 해도 좋다. 여유가 있다면 서로 관계가 깊은 캐릭터를 가까이에 배치하는 방법도 있다.

ONE POINT!

대등과 대비는 중요하기는 하지만, 인물이 많을 때는 대등으로도 박력을 표현할 수 있다.

어떤 표현을 사용하더라도 주역은 도드라지는 위치에.

구도 MEMO

라이트노벨의 표지를 가정하고 그렸습니다. 만화도 라이트노벨도 띠지가 있어서 중요한 요소를 아래쪽에 그릴 수 없을 때가 있습니다. 이외에 타이틀이 들어가는 공간을 남겨두고 그려야 할 때도 있습니다.

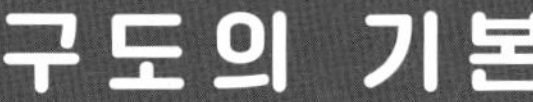

구도의 기본

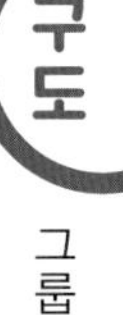

그룹 쇼트의 기본

4명 이상을 동시에 그리는 구도입니다. 사람이 많아서 캐릭터들의 '대비'를 표현할 수 있습니다. 동료 관계는 물론이고 하렘 같은 '연애'를 표현하는 데도 적합합니다. 분기가 많고 상대할 인물이 많은 '적대' 표현도 가능합니다. 사람의 수가 많아질수록 화면에 '박력'이 강해지는데, 다른 구도에서는 웬만해서 보기 힘든 박력입니다.
인물이 많을수록 통일감을 표현하기가 대단히 힘들어집니다. 그리기 전에 어떤 요소로 어디에 주역을 배치할지 쓰리 쇼트보다 훨씬 치밀한 계획을 세워야 합니다. 그릴 요소도 많아서 끈기와 캐릭터에 대한 애정도 필수입니다.
그러나 그룹 쇼트에는 강한 박력과 캐릭터의 개성과 관계로 표현되는 이야기, 아래 일러스트에 표현한 '밀집의 미'처럼 독특하고 강렬한 매력이 있습니다.

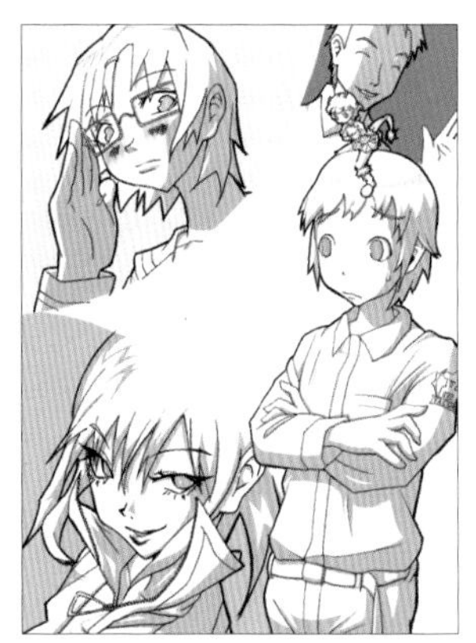

그룹 쇼트의 대등과 대비

그룹 쇼트에서도 대비와 대등은 필요합니다. 주역은 대등하게 표현하면 드러나지 않아서 다른 캐릭터보다 크게 그리거나 존재감이 있는 위치에 배치하고, 포즈와 의상을 눈에 띄게 묘사합니다. 하지만 그룹 쇼트는 대등 표현으로도 독특한 매력이 생깁니다. 미술에는 '밀집의 미'라는 개념이 있습니다. 이것은 많은 정보가 화면에 있으면 '밋밋함'을 초월해 전체적으로 '박력'이 발생한다는 원리입니다.
차분히 끈기 있게 묘사와 채색을 한 작품이 매력적으로 보이는 이유는 바로 이 때문입니다. 그리고 싶은 일러스트의 테마에 따라 대비와 대등을 적절히 구분해서 사용합니다. 대등은 가급적 주역의 위치에 주의해야 합니다. Z구도(p.70)를 의식하면서 오른쪽 아래에 주역을 두는 식으로 지금까지의 지식을 활용합니다.

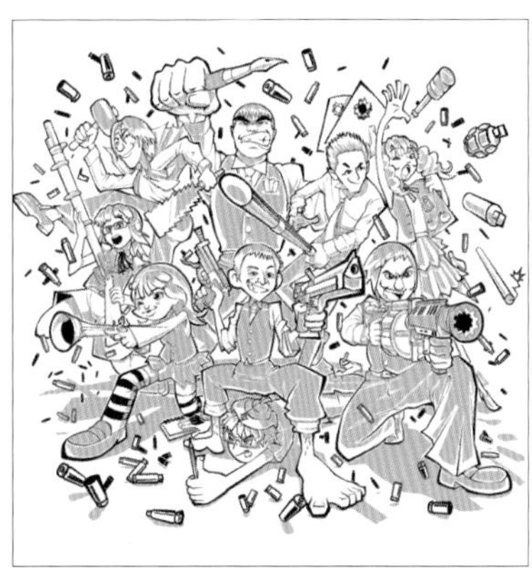

주역을 센터에 두고 집결 구도(p.38)로 그렸지만, 크기가 거의 같으면서도 '밀집의 미'로 박력을 나타낸 작품입니다.
© 게키단vs.

단체 사진처럼 표현

△의 그림은 단체 사진 같은 그룹 쇼트입니다. 전원을 대등하게 배치한 데다 주역도 미묘한 위치에 있어서 누가 주역인지 차이가 나지 않습니다. 구도를 활용하지 않고 정보를 정리하는 데만 치중해 밀집의 미도 위력을 발휘하지 못하는 상태입니다.
이때는 주역을 센터에 배치하는 식으로 강조할 필요가 있습니다. 단체 사진이라면 빠진 사람의 사진이 들어가는 오른쪽 위도 유용하게 활용할 수 있습니다. 이 위치에 주역 다음으로 중요한 캐릭터를 배치해도 좋습니다.

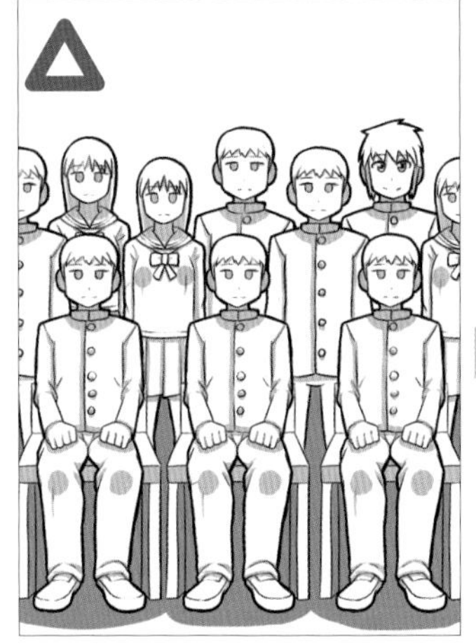

주역은 오른쪽 위에 있는 캐릭터입니다. 조역은 조역답게 그려서 주역과 대비되도록 했지만, 그 정도로 작품에 큰 영향을 주지는 못했습니다.

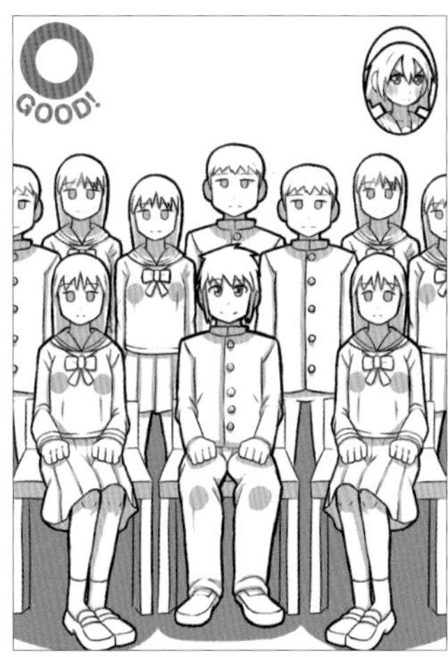

주역은 정중앙에 그리고, 양쪽에 여자아이를 그려서 남녀의 대비를 표현했습니다. 여자아이의 발이 주역으로 향하도록 해 시선을 유도했습니다. 오른쪽 위에는 히로인이 될 듯한 캐릭터도 배치해보았습니다. 구성 요소를 최대한 유용하게 활용하는 것이 중요합니다.

구도를 조합한다

그룹 쇼트와 조합하기 쉬운 구도는 삼각형 구도(p.26), 역삼각형 구도(p.30), 집결 구도(p.38), 대각선 구도(p.42)입니다. 여기에 각 캐릭터의 장면을 변경하고 싶다면 컷 분할 구도(p.62)를 활용합니다.
캐릭터 배치에는 여백 구도(p.54)와 Z구도를 가미해도 좋습니다. 캐릭터의 우선순위를 정하고 어디에, 누구를, 어떤 식으로 배치할지를 생각하면서 그리면 그룹 쇼트의 성공률이 높아집니다.

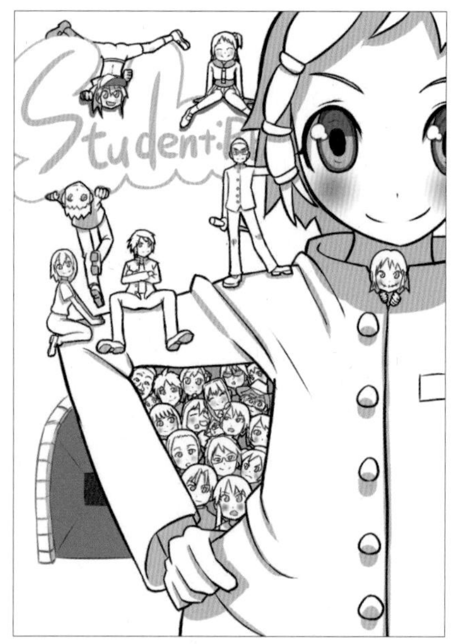

꼬마 캐릭터를 사용한 예입니다. 캐릭터의 수가 많아서 주역의 팔로 프레임을 만들고, 중요하지 않은 캐릭터는 업 쇼트(p.86)로 정리했습니다. 이외에 강조하고 싶은 캐릭터와 중요한 캐릭터는 전신을 그리거나 눈에 띄는 위치에 배치했습니다.

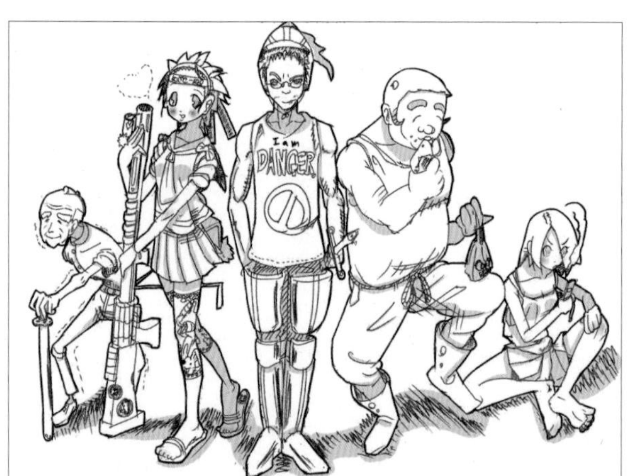

기본을 지킨 솔직한 삼각형 구도입니다. 기본 구도로 깔끔하게 5명을 담았습니다. 주역 캐릭터를 정점에 배치하는 원칙도 지켰습니다.

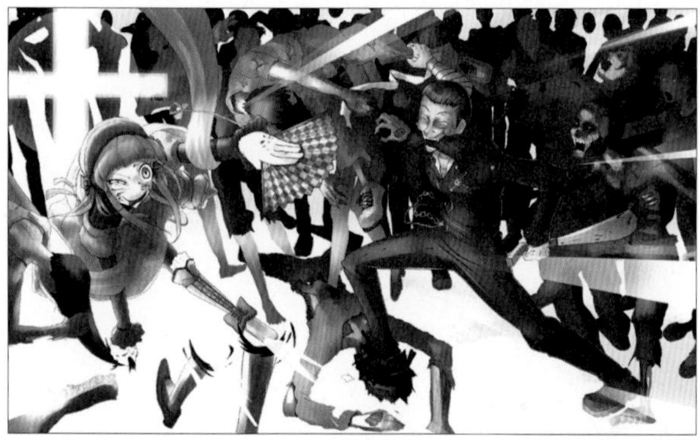

좀비와의 난전을 벌이는 모습인데, 10여 명의 캐릭터를 그렸습니다. 게임에서도 하이 앵글(p.12)로 카메라를 설정할 때가 많지만, 아주 많은 인물을 제대로 그리고 싶다면 하이 앵글이 가장 효과적입니다. 주역인 두 사람을 약간 크게 그린 다음 여백을 약간 잡아 뒤에 있는 이펙트 등으로 보는 사람의 시선이 집중되게 했습니다.

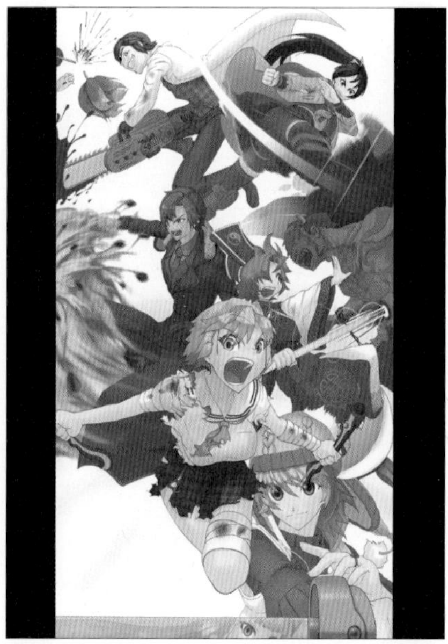

난전을 표현한 이미지 컷입니다. 적은 어디까지나 덤이라 생각하고, 주역들을 메인으로 묘사했습니다. 큰 역삼각형 구도로 움직임과 긴장감을 더하고 각 캐릭터를 다른 구도로 그렸습니다. 오버랩 구도(p.78)를 활용해 동료들의 인체 일부를 겹치면 함께 싸우는 느낌이 생깁니다. 적을 바깥쪽에 배치하고 잘라내서 정보를 정리했습니다.

© 〈실버 레인〉, 주식회사 토미워커

구도 활용법

각 캐릭터의 개성을 살리자!

그룹 쇼트를 매력적으로 표현하려면 구도의 조합이 가장 중요합니다. 하지만 포즈와 표정으로 각 캐릭터에 개성을 나타내는 것도 더 매력적인 작품을 완성하는 데 대단히 중요한 작업입니다. 전원이 방긋 웃고 있는 작품도 보기 좋지만, 그 속에 화를 내는 캐릭터, 놀란 캐릭터, 우는 캐릭터 등이 섞여 있으면 표정의 대비가 생기고 화면이 풍부해집니다.
활기찬 성격의 캐릭터는 역동적으로 움직이는 모습으로 그리고, 얌전한 캐릭터와 소극적인 캐릭터는 움직임이 적은 포즈로 그려서 포즈의 대비를 표현하면 좋습니다. 그룹 쇼트는 모든 캐릭터의 존재감이 약해질 때가 많으므로 각 캐릭터의 개성으로 보완하면 더 좋은 작품이 됩니다.

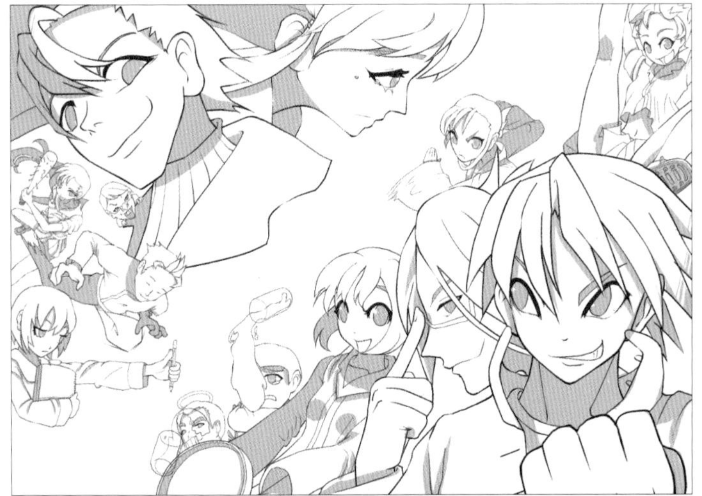

다대다의 적대 구도입니다. 무척 정보가 많습니다. 각각 '개성'이 표현될 수 있도록 표정과 포즈에 신경을 썼습니다.
주역 진영(오른쪽 아래)은 안정감과 강력함을 표현하려고 삼각형 구도를 활용했고, 라이벌 진영(왼쪽 위)에 불안정한 느낌과 불길함을 표현하려고 역삼각형 구도를 활용했습니다. 전체 배치는 Z구도에 적대를 표현하려고 여백으로 대각선도 넣었습니다.
각 캐릭터는 이미지에 어울리는 구도로 그렸습니다.
적 캐릭터와 붙잡힌 히로인, 공격하는 사람 등은 왼쪽 위에 크게 배치할 때가 많습니다. 왼쪽 위는 Z구도의 아이 캐치인 위치이며 지는 쪽이라는 인상을 표현할 수 있고, 위라는 위치로 압력도 표현이 가능하기 때문입니다.
주역은 주로 오른쪽 아래에 배치합니다. Z구도의 종착점이며 이기는 쪽이라는 인상을 표현할 수 있고, 아래라는 위치로 도전하는 표현도 가능합니다.

일러스트 예시

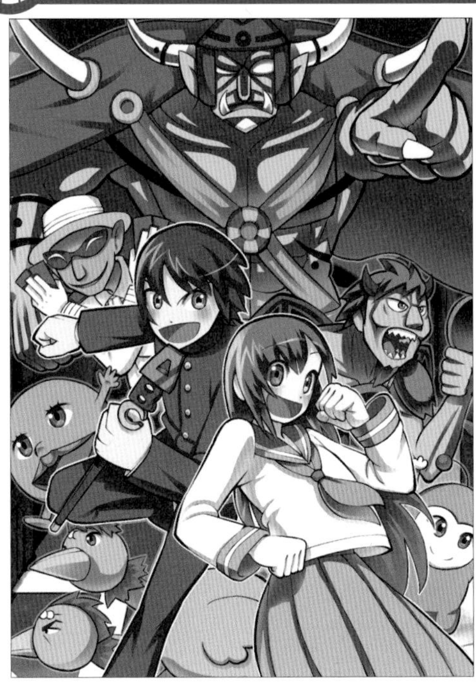

적과 동료를 흩어놓은 RPG 게임의 패키지 일러스트입니다. 주역들을 삼각형 구도를 활용해 안정적이고 강력하게 묘사했습니다. 적이 될 캐릭터들은 수가 많고 개성적이므로 집결 구도로 나타냈습니다. 적의 보스는 역삼각형 구도를 의식하면서 주역들의 위에 배치해 불안정한 느낌을 표현했습니다.

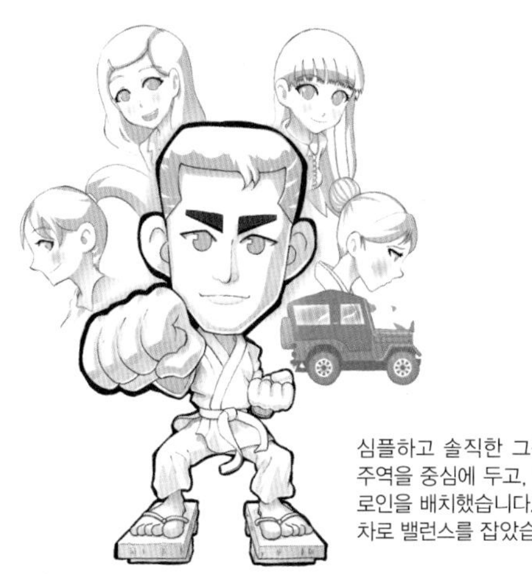

심플하고 솔직한 그룹 쇼트입니다. 주역을 중심에 두고, 집결 구도로 히로인을 배치했습니다. 오른손과 지프차로 밸런스를 잡았습니다.

COLUMN

흐리기를 활용한다

사진과 영상에서 초점을 맞춘 물체를 제외하고 배경이 흐릿한 것을 본 적이 있으십니까?
이 흐릿한 효과를 일러스트에 활용할 수 있습니다. 메인인 인물을 제외하고 흐려지게 하면, 일러스트에 입체감이 생길뿐 아니라 주역과 보조를 명확하게 구분할 수 있어서 효과적인 기법입니다.
오버랩 구도(p.78)에서 앞쪽에 있는 것을 흐리게 하고, 메인인 인물을 강조하는 데 활용할 수 있습니다.

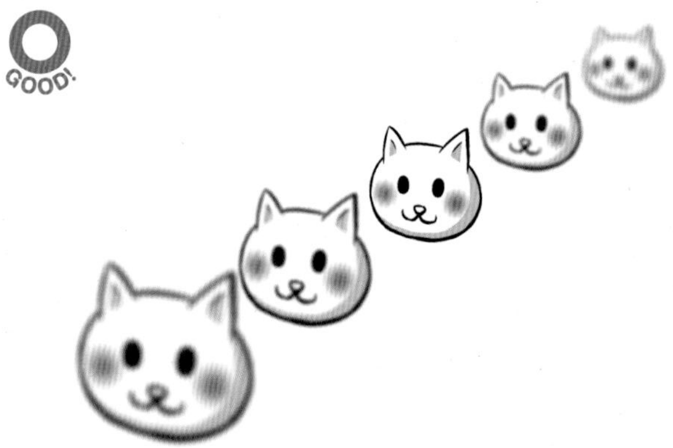

O의 그림에서는 중앙에 있는 고양이에 초점을 맞춘 상태입니다.
중앙에서 멀어질수록 흐림 효과도 강해집니다.

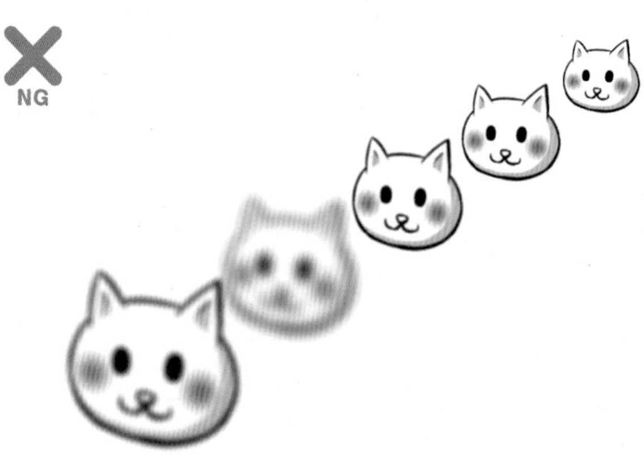

X의 그림은 NG 예입니다. 가장 멀리 있는 고양이에게 초점을 맞추고, 앞으로 올수록 점점 흐림 효과가 강해져야 하는데, 중간에 있는 고양이가 너무 흐려서 원근감이 엉망진창이 되었습니다.

제대로 원칙을 지키면서 사용하면 일러스트 표현의 폭도 넓어지니 꼭 활용해보세요.

Part 2

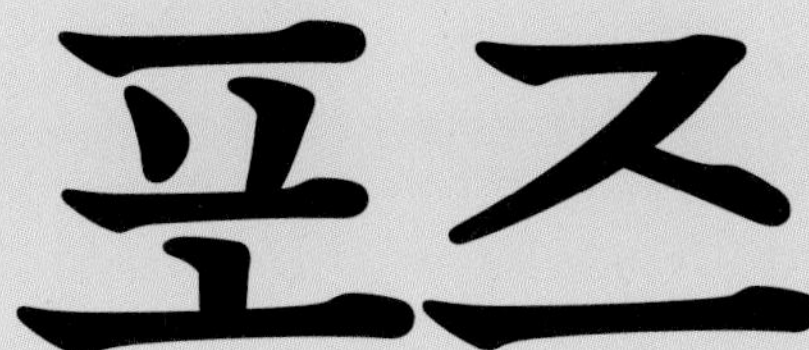

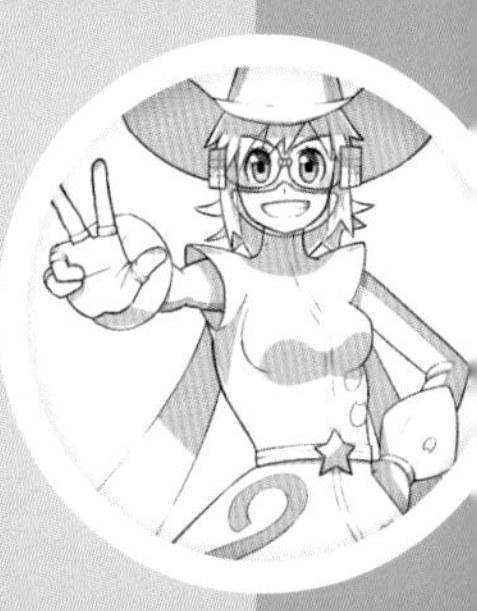

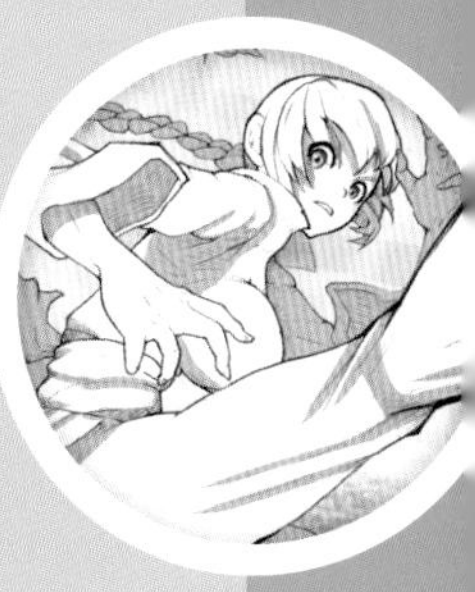

콘트라포스토
S자 포즈
오버 퍼스
실루엣
중심
머리카락·옷
희로애락
표정
액션
필살기
마법 발동

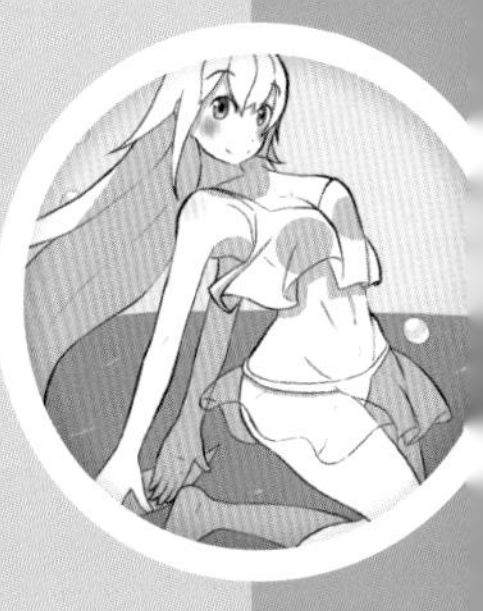

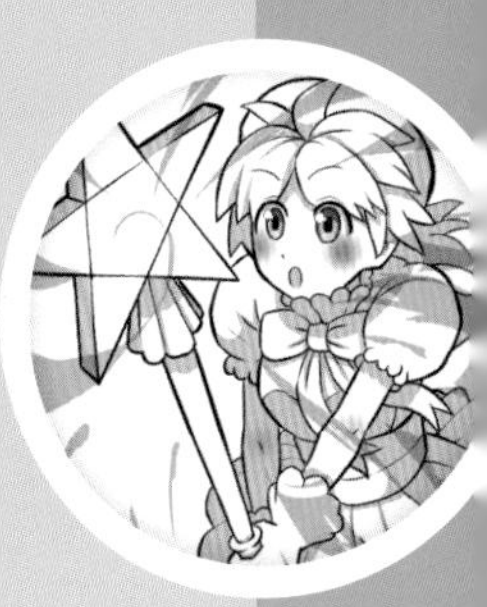

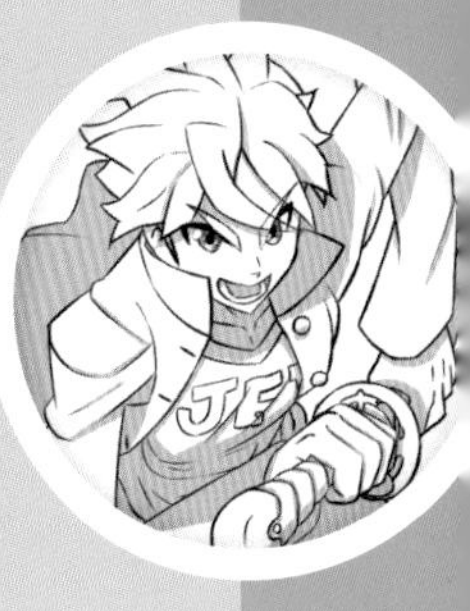

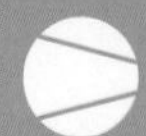

콘트라포스토

콘트라포스토란 인물을 더 아름답게 표현하기 위한 포즈를 잡는 방법이며, '움직임'이 있는 포즈를 그리고 싶을 때 적합합니다. 잘 활용하면 보다 자연스러운 포즈를 그릴 수 있습니다.

고대 그리스 시대의 조각부터 현대의 조각 등 현대 미술에서 많이 사용해왔는데, 최근에는 일러스트의 세계에서도 쓰는 용어입니다.

포즈 포인트

포즈 MEMO

수영복 모델처럼 매력적인 움직임이 있는 일러스트를 그리고 싶어 콘트라포스토를 의식하면서 포즈를 그렸습니다.

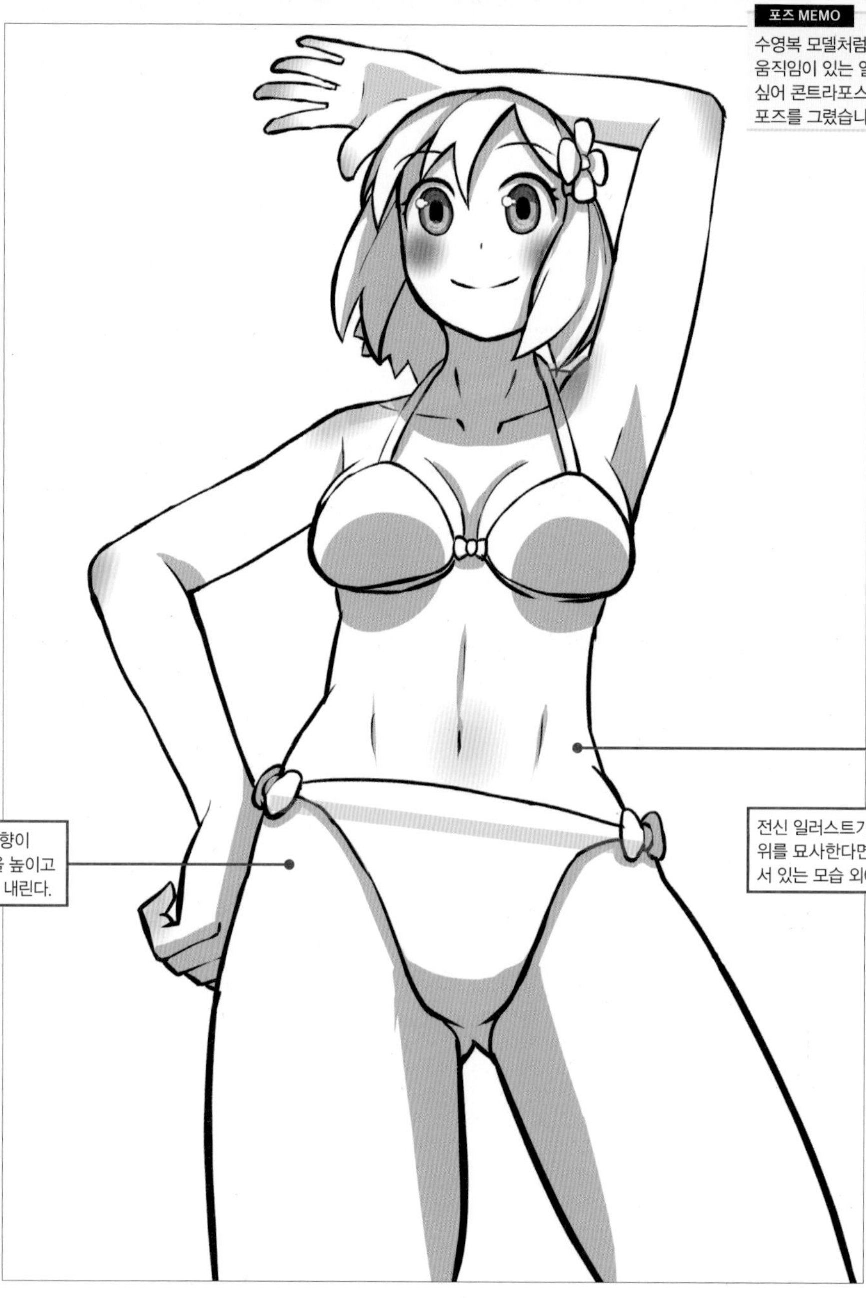

골반과 어깨의 방향이 중요. 한쪽 골반을 높이고 같은 쪽의 어깨를 내린다.

전신 일러스트가 아니라도 허리 위를 묘사한다면 사용할 수 있다. 서 있는 모습 외에 사용이 가능.

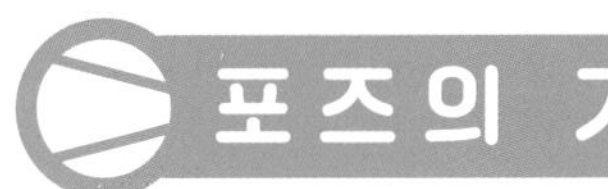

포즈의 기본

콘트라포스토의 기본

콘트라포스토란 골반과 어깨의 기울기가 각각 반대인 포즈를 가리킵니다. 한쪽 다리로만 중심을 잡으면 다른 한쪽 다리는 옆으로 벌어지므로 중심이 쏠린 쪽의 골반이 위로 올라갑니다. 반대로 상반신은 밸런스를 잡으려고 중심이 쏠린 쪽의 어깨가 밑으로 내려갑니다. 그 결과 골반과 어깨가 서로 '좌우 비대칭'이 되고, 포즈에 '움직임'이 생깁니다.
서 있는 모습 이외에도 응용이 가능한 포즈입니다. 인체의 밸런스를 잡는 방법은 자연스러운 행위이므로 콘트라포스토를 의식하면 자연스러운 일러스트를 그릴 수 있게 됩니다. 도저히 캐릭터를 제대로 묘사할 수 없거나 움직임이 부자연스러울 때, 특히 유용합니다.

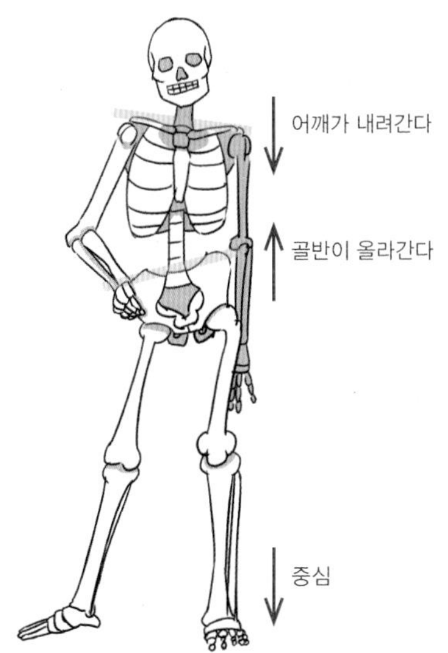

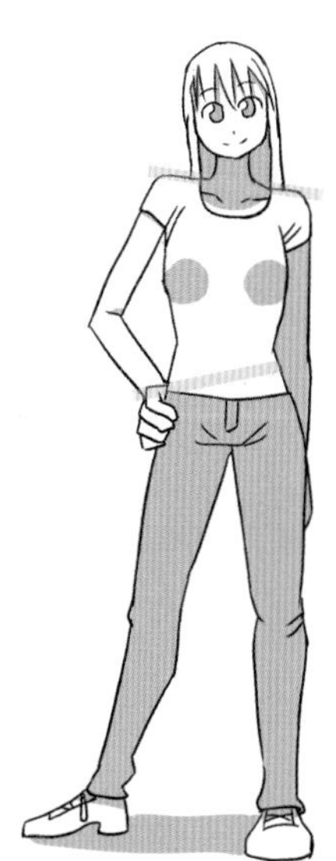

골반과 양어깨가 기울어진 방향을 정한다

콘트라포스토에서는 골반과 어느 쪽 어깨가 올라가고, 어느 쪽이 내려가는지 방향 파악이 중요합니다.
콘트라포스토를 의식한 포즈를 목표로 한다면 처음에 골반의 방향을 정해야 합니다. 맨 먼저 단순한 선으로 어느 쪽이 올라갈지 정합니다.
다음으로 골반 선과 반대쪽으로 어깨 선을 그립니다. 이때 척추 라인을 넣으면 이미지를 잡기 쉽습니다.

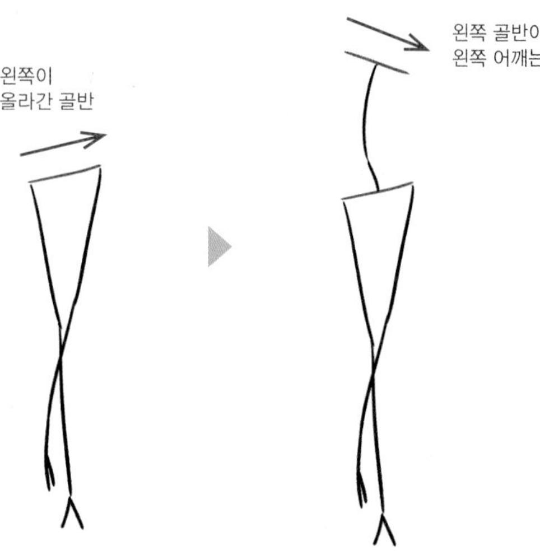

상자를 활용해 이미지를 보강한다

골반과 어깨의 선이 정해지고 나서 필요하다면 상자 그리기로 형태를 잡습니다. 이것은 인체의 형태이므로 이미지가 잡힌 사람은 바로 그려도 상관없습니다.
마지막으로 근육을 덧붙입니다.
콘트라포스토를 의식한 자연스러운 걷는 포즈를 완성했습니다.

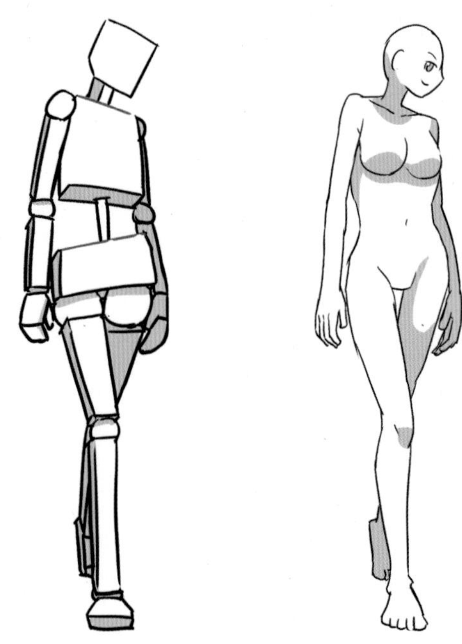

콘트라포스토의 유무

옷으로 인해 움직임이 생기지 않아 쉽게 파악할 수 있는 맨몸으로 설명하겠습니다.
△의 그림은 콘트라포스토를 적용하지 않은 예입니다. 움직임이 없는 밋밋한 인상입니다. ○의 그림은 콘트라포스토를 의식하면서 왼쪽 골반이 올라가고 왼쪽 어깨는 내려왔습니다. 더 자연스러운 움직임이 되었고, 포즈의 매력도 강해졌습니다. 콘트라포스토는 익숙해지기 전까지 혼란스러울 때가 많은 포즈입니다. '골반과 어깨의 상하를 반대로 한다'는 것만 알고 있으면 충분합니다.

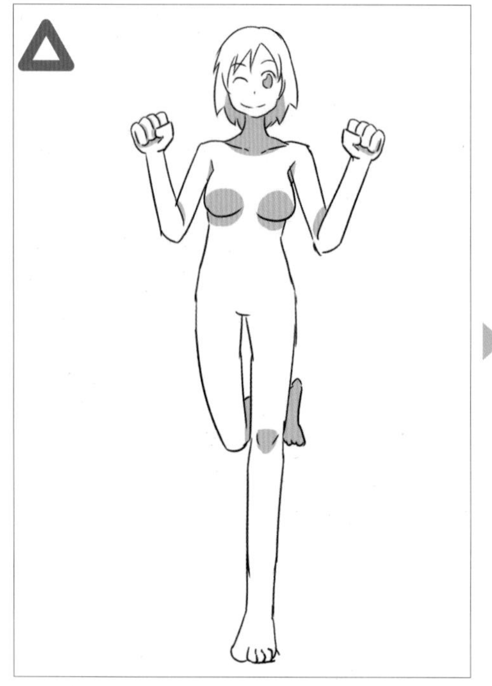

활기찬 분위기를 연출했지만, 콘트라포스토를 적용하지 않아 어딘가 움직임이 없고 밋밋해 보입니다.

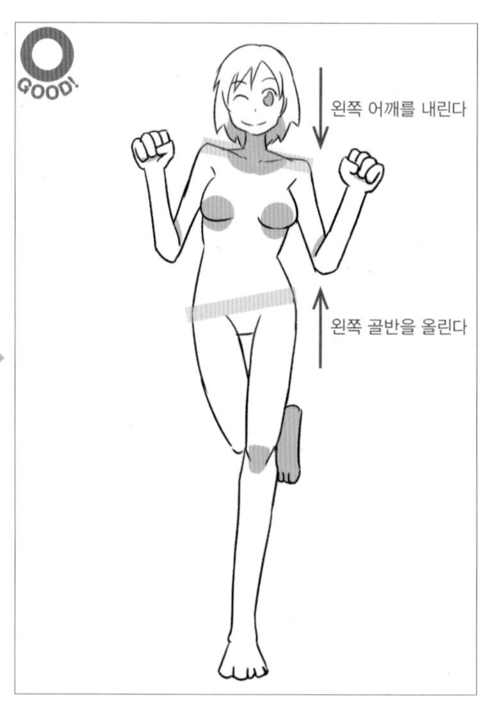

콘트라포스토를 의식하면서 어깨와 골반을 비스듬하게 고치기만 했습니다. 살아 있는 느낌이 들고 포즈가 매력적으로 보입니다.

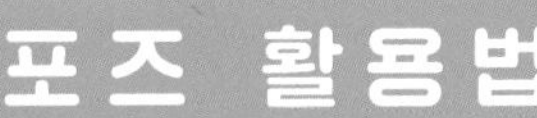

포즈 활용법

서 있는 자세를 제외한 콘트라포스토

콘트라포스토는 앉아 있어도, 누워 있어도❶, 뛰어올라도❷ 쓸 수 있습니다. 생동감 있는 캐릭터를 묘사하기 위해 다양한 포즈에 적용하고 활용할 수 있습니다.

❶

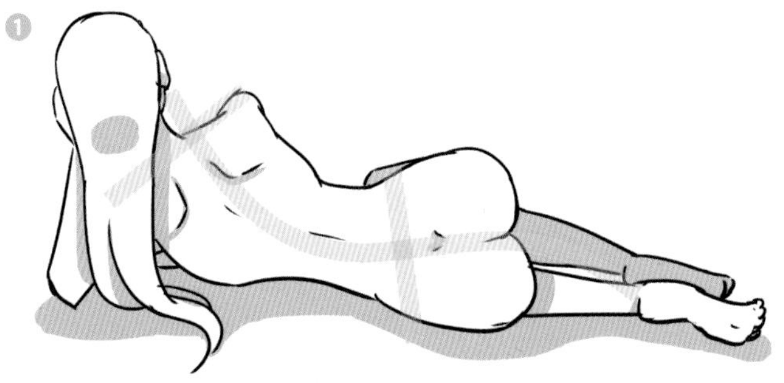

옆으로 누운 모습의 콘트라포스토입니다.
인체를 구부릴 필요가 있으므로 자연히 섹시함이 느껴집니다. 인체 라인도 강조할 수 있어 S자 포즈와 마찬가지로 여성스러운 부드러움을 표현하는 데도 적합합니다.

❷

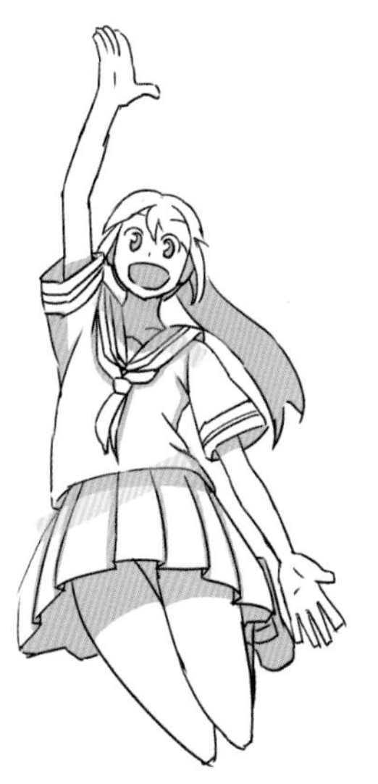

점프한 포즈에 적용했습니다. 액션(p.154)에서 설명하겠지만 역동감을 표현하는 방법은 다양합니다. 콘트라포스토도 그중 하나입니다. 인체를 크게 젖히면 역동감을 강조할 수 있습니다.

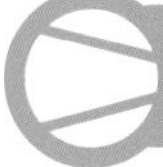

일러스트 예시

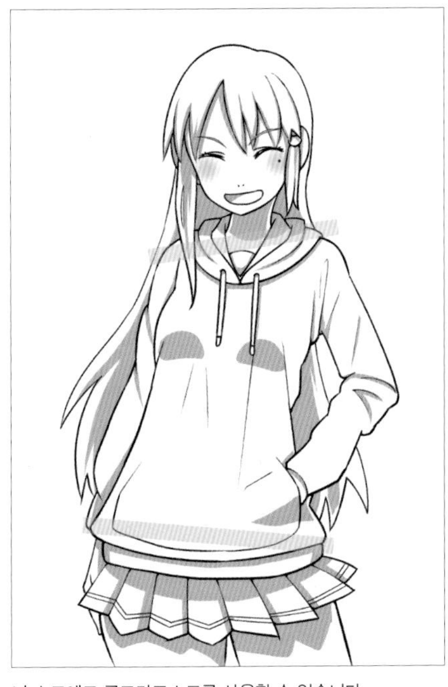

니 쇼트에도 콘트라포스토를 사용할 수 있습니다.

© Student: RE

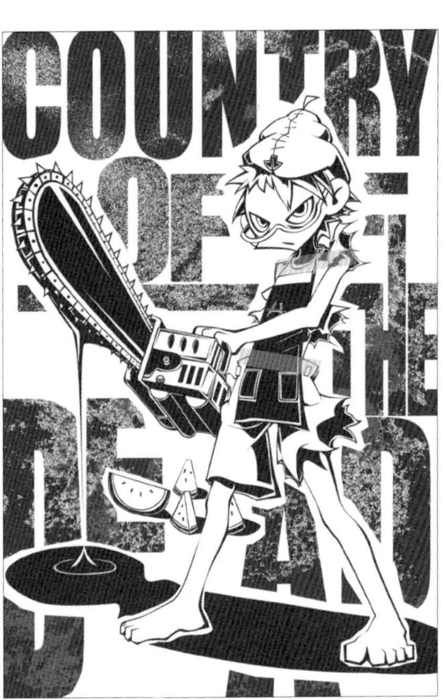

남성의 콘트라포스토도 멋집니다. 이렇게 깊이가 느껴지도록 인체가 향하는 방향을 살짝 비틀어도 좋습니다.

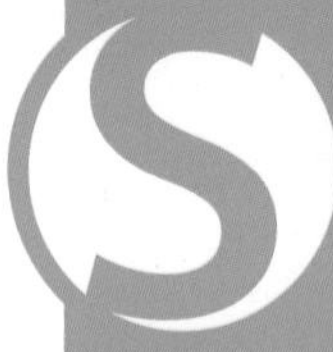

여성의 부드러운 움직임을 표현

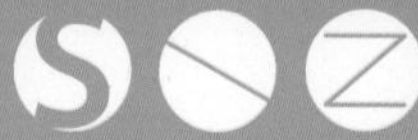

S자 포즈

S자 포즈는 알파벳의 S자를 의식하면서 그린 포즈입니다. '아름다움', '부드러움', '자연스러운 깊이' 등을 표현할 수 있습니다.

특히 여성의 아름다움을 표현하는 데 적합한 포즈입니다.

세계적으로 유명한 일본의 전통 미술 작품인 히시가와 모로노부의 〈돌아보는 미인도〉의 자세도 S자 포즈라고 할 수 있습니다.

포즈 포인트

포즈 MEMO

여성의 매끄러운 아름다움을 표현하려고 S자 포즈로 그렸습니다.

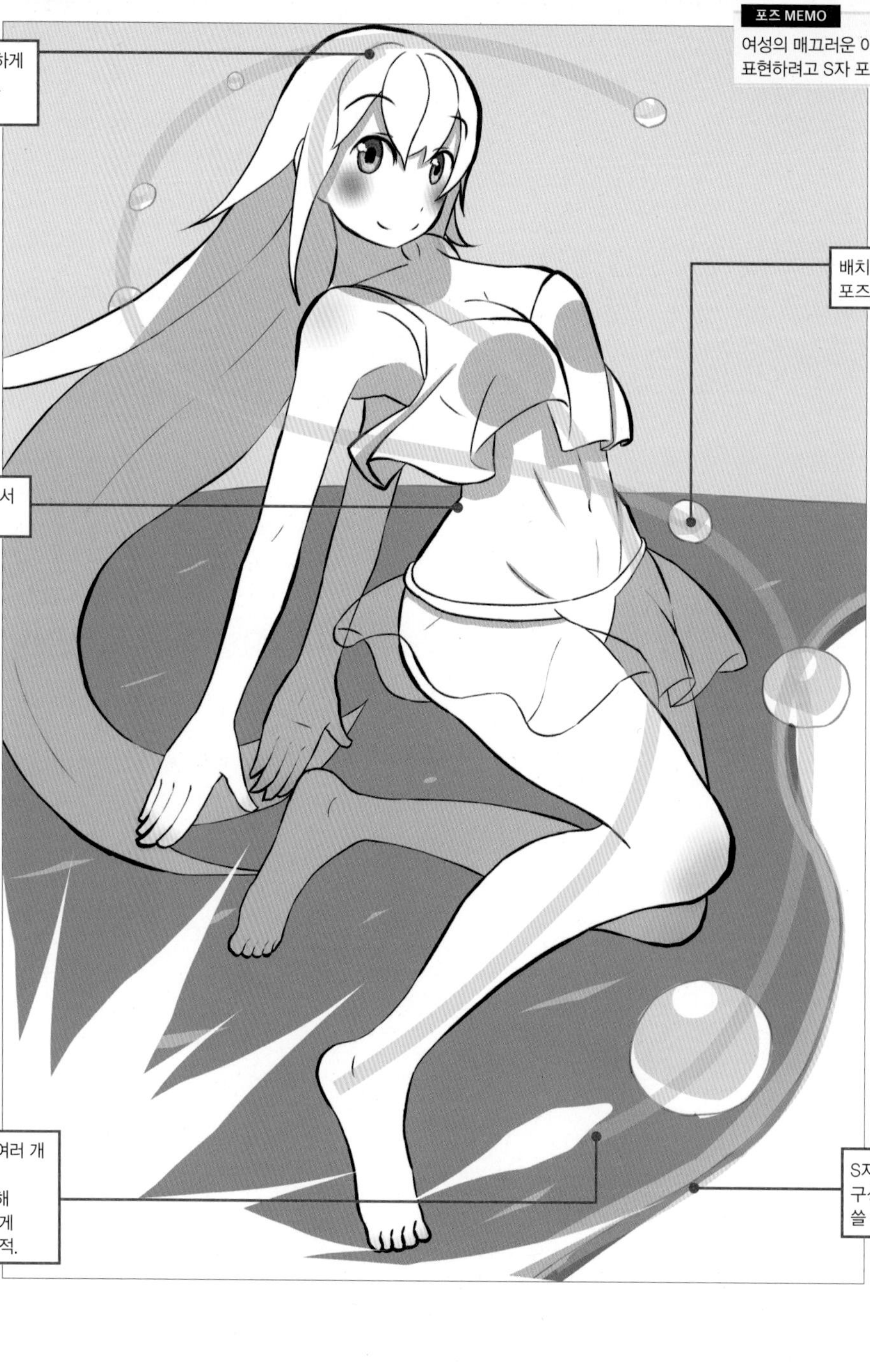

S자 형태를 엄격하게 지킬 필요는 없다. 곡선을 의식하자.

배치한 요소로도 S자 포즈는 만들 수 있다.

인체를 크게 젖혀서 S자를 강조.

화면에서 S자는 여러 개 있어도 좋다. 여러 S자를 조합해 화면을 더 다채롭게 만드는 것도 효과적.

S자 포즈는 배경과 구성 요소 등에도 쓸 수 있다.

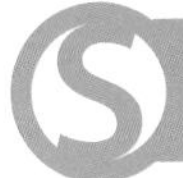

포즈의 기본

S자 포즈의 기본

S자 라인을 의식하고 그리는 포즈입니다. 인체의 요소를 매끄러운 곡선으로 그리면 '아름다움', '부드러움', '자연스러운 깊이' 등을 표현할 수 있습니다. 화면이 단조롭지 않아 리듬도 생깁니다.

S자 포즈라 해도 반드시 포즈와 요소가 S자의 형태일 필요는 없습니다. 어디까지나 선언적인 명칭이므로 인상 깊은 곡선이라면 S자가 뒤집혀도 상관없습니다. 곡선이 중요합니다.

아름다움이나 부드러움을 표현할 수 있어 여성의 인체를 그릴 때 자주 사용합니다. 특히 인체에 곡선이 많은 글래머 여성을 그릴 때 효과적입니다.

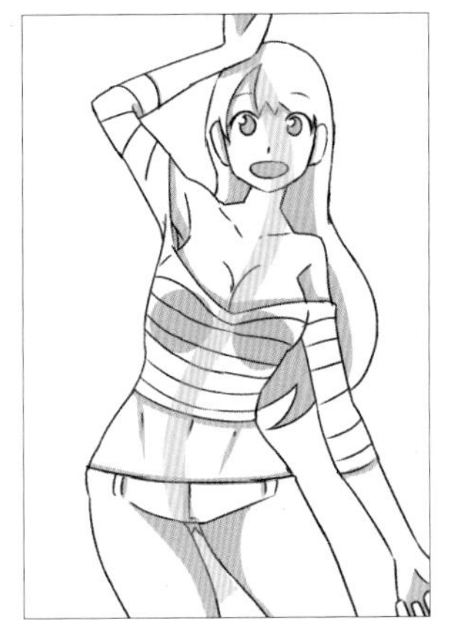

쓸 수 있는 요소는 적극 활용한다

S자의 인상을 돕는 요소를 적극 사용합니다. 특히 유용한 것은 곡선입니다. 추가한 곡선은 S자를 기준으로 배치하지 않아도 됩니다. 화면 속에 곡선이 증가하는 것이 중요합니다.

인체의 요소만으로도 S자의 인상을 강조할 수 있는 것은 많습니다. 머리카락은 쉽게 움직이므로 곡선을 만들 수 있고, 스카프처럼 길고 흔들리는 것도 마찬가지입니다.

배경도 장면에 따라서 인물과 함께 표현합니다. 일러스트는 밸런스만 잡히면 다소 무리한 포즈로 그려도 사진보다 위화감이 덜 느껴지지만, 포즈만으로 밸런스가 이상할 때는 인체나 손을 배경에 추가해 밸런스를 잡는 식으로 조절하는 것도 좋은 방법입니다.

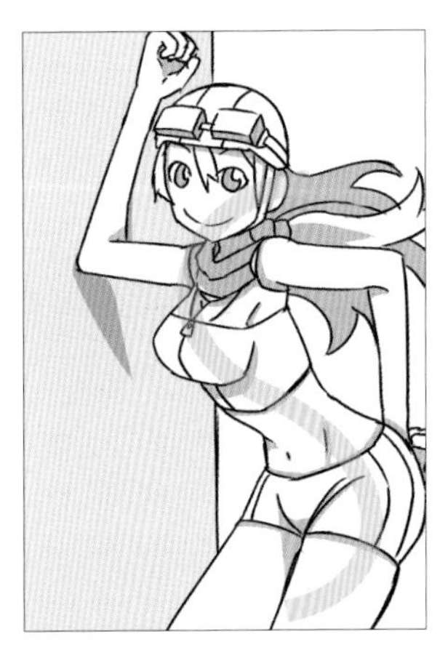

대담한 S자 포즈

S자 포즈는 과감함이 중요합니다. △의 그림은 글래머 여성을 그렸으므로 S자로 보이기는 하지만 곡선이 약합니다. 이때는 과감하게 인체를 구부리거나 비틉니다. 중요한 부분은 정점에 있는 주목성이 높은 머리, S자의 형태를 만드는 핵심인 허리, 마무리는 다리입니다. 곡선을 만드는 핵심인 바스트와 힙의 돌출 등도 유용하게 활용해야 합니다. 그래야 캐릭터의 매력이 한층 더 강해집니다.

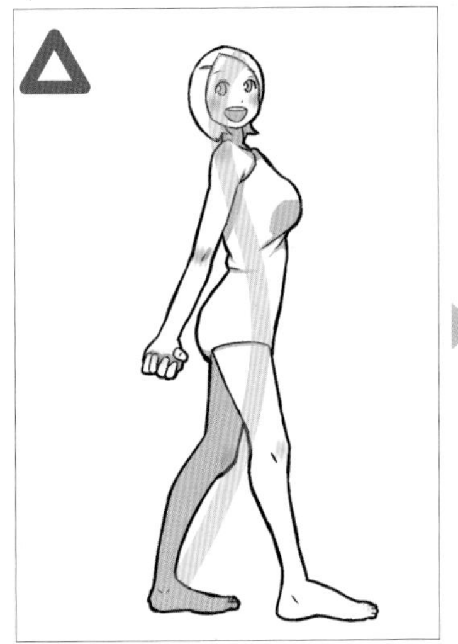

바스트와 힙 등이 곡선을 만들지만, S자가 약하고 좀 더 임팩트가 있었으면 좋겠습니다.

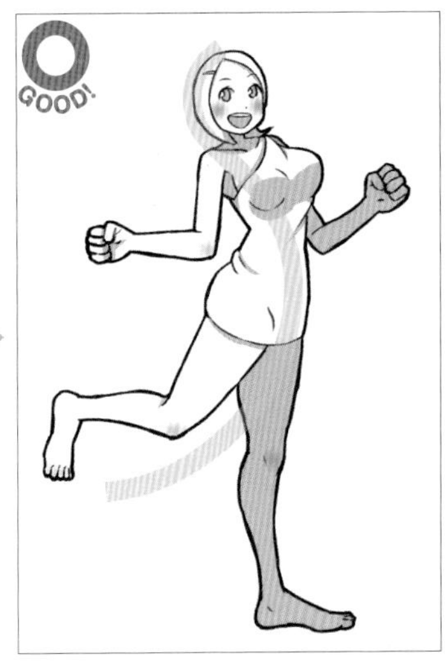

허리를 비틀고 다리를 구부리는 등 흐름이 더 큰 S자를 만들었습니다. 군데군데 돌출된 부분으로 인해 여성의 아름다운 인체가 더 돋보입니다.

S 구도로 활용

구도로 활용한 S자

S자는 배경의 구도를 정할 때도 유용합니다. 깊이를 표현하는 데도 뛰어나고, 화면에 리듬감을 더하는 핵심 요소로도 활용할 수 있습니다.
S자를 구도로 사용할 때는 딱 적당한 눈높이를 선택하는 것이 요령입니다.
아무리 S자라고 해도 길을 바로 위에서 본 것처럼 그리거나❶, 눈높이를 낮춰서 S자의 안쪽을 너무 압축하면❷ 효과가 약간 약해집니다. 적절한 높이의 눈높이❸로 자연스러운 깊이를 표현해야 합니다.

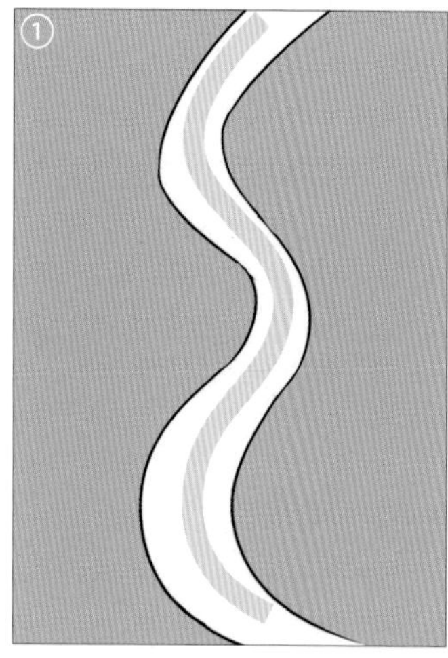

바로 위(너무 높은 위치)에서 본 S자 길입니다. 평면적이고 깊이가 느껴지지 않습니다.

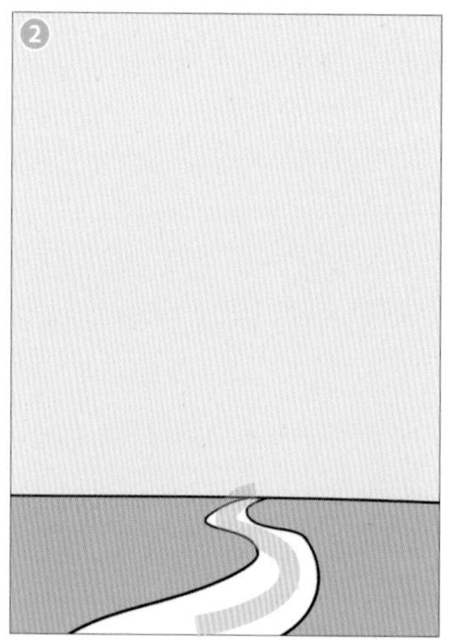

눈높이가 너무 낮은 S자 길입니다. 안쪽이 압축되어 ❶과 같이 깊이가 느껴지지 않습니다.

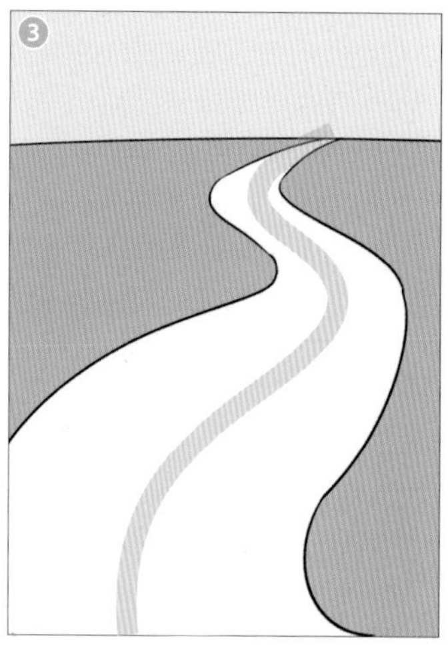

적절한 눈높이의 구도로 짜여진 S자 길입니다. 깊이가 느껴집니다.

구성 요소의 배치로 만든 S자

대각선 구도(p.42)에서 설명했지만, 반드시 연결된 선으로 S자를 만들 필요는 없습니다. 구성 요소를 S자처럼 보이게 배치하면 효과를 발휘합니다. S자로 요소를 배치하면 안정감 있고 밸런스가 좋은 화면이 됩니다.
'구도로 활용한 S자'와 마찬가지로 깊이를 의식하면서 적절한 눈높이로 요소를 나열해 그려보세요.
Z구도(p.70)로도 균형 있는 화면을 얻을 수 있습니다. S자나 Z구도뿐 아니라 알파벳 형태로 나열해도 안정적이고 친근감 있는 일러스트가 됩니다.

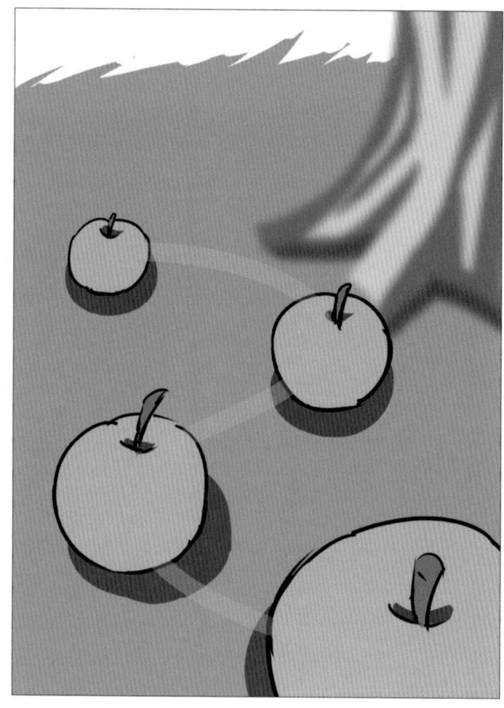

다른 선과 조합한다

핵심은 화면에 다른 형태의 선도 넣는 것입니다. S자만으로 매력적인 화면을 만들 수 있지만 더 매력적인 화면을 만들려면 S자 이외의 다양한 선을 활용합니다.
곡선, 원, 직선 등 다양한 선을 추가할 수 있습니다.
화면에 다른 곡선을 넣으면 더 부드러운 인상의 화면이 됩니다. 전부 곡선으로 구성된 원으로도 같은 효과를 얻을 수 있습니다.
직선에는 S자뿐인 화면보다 S자의 부드러움을 더 강조되게 하거나 화면에 긴장감을 더하는 효과가 있습니다. 단, 직선은 영리하게 사용하지 않으면 주역의 인상을 약하게 만들 수 있으니 주의가 필요합니다. 대각선 구도에서도 설명했던 선의 인상을 조작하는 방법으로 조절해보세요.

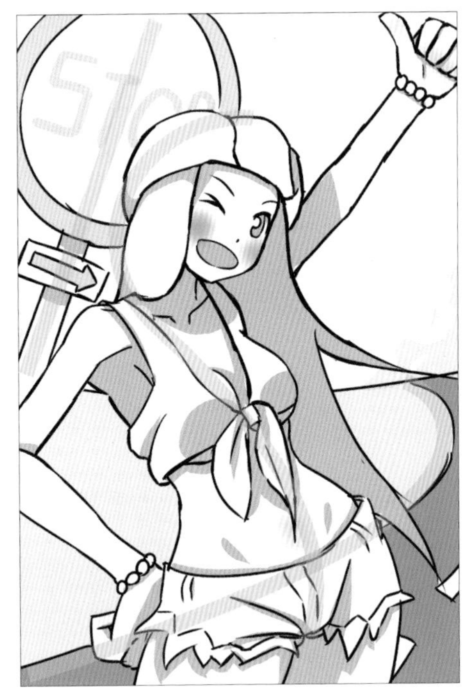

S 일러스트 예시

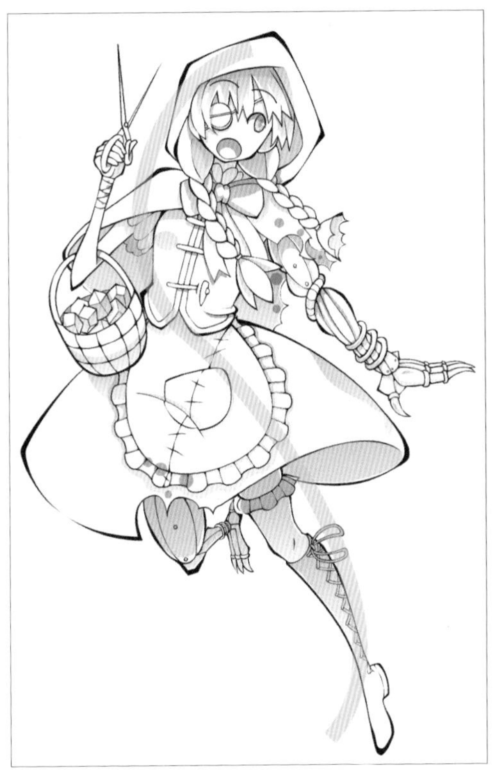

S자 포즈는 종종 콘트라포스토(p.120)와 동시에 성립합니다.

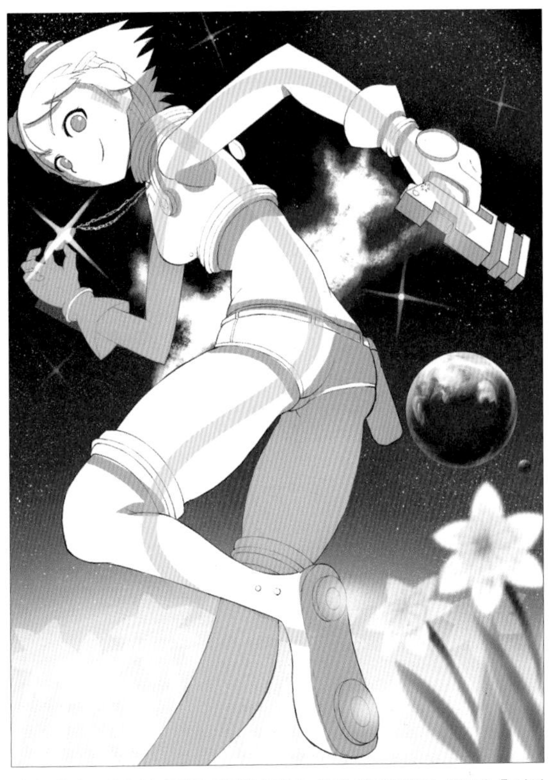

여러 개의 S자가 존재해도 상관없습니다. 화면 가장자리에 식물과 혹성의 곡선으로 인상이 더 부드러워졌습니다.

COLUMN

인체의 가동 범위

인체의 사지와 머리, 손가락 등의 관절은 상당히 유연하게 움직이지만 움직일 수 있는 범위가 제한적입니다. 사람이 자신의 의지로 움직일 수 있는 범위를 '가동 범위'라고 하며, 이 범위를 벗어난 그림을 그리면 골절된 것처럼 위화감이 생깁니다.
어디까지 움직이는지, 어디쯤이 인체의 한계인지 알아두면 포즈를 정할 때 굉장히 도움이 됩니다.

● 팔다리 정면

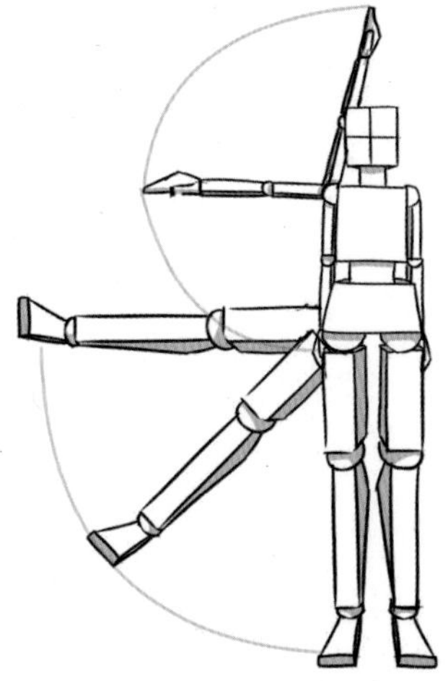

● 팔다리 옆면

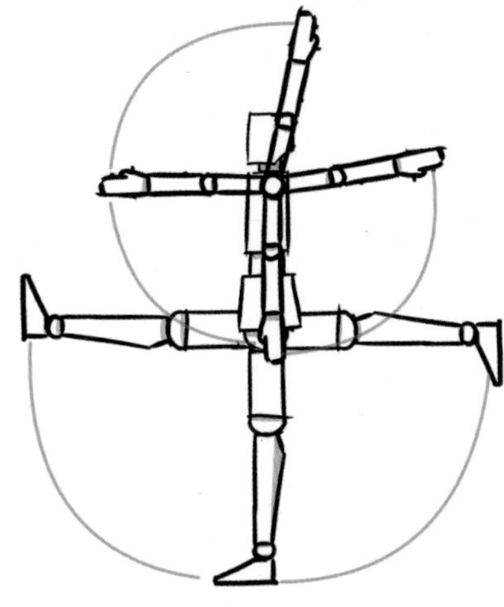

상반신

● 팔꿈치

곧게 뻗은 상태에서 몸으로 당기는 방향으로만 구부러집니다. 팔을 뻗은 상태에서 뒤로 더 젖히려고 해도 뼈의 구조상 불가능합니다. 좌우로 움직이는 것처럼 보이지만 어깨의 움직임입니다.

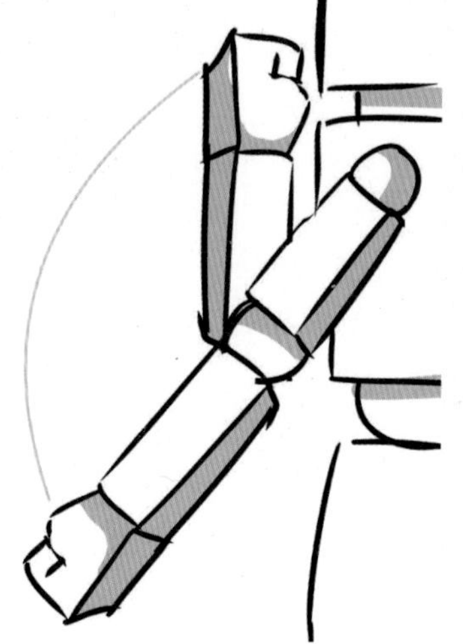

● 머리

전후좌우로 움직입니다.

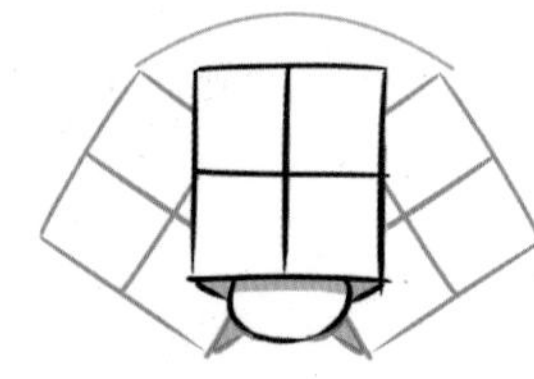

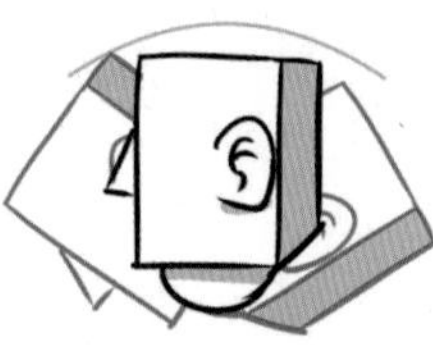

● 어깨

가동 범위가 넓은 부위입니다.
등의 일부 범위를 제외하고 거의 완벽하게 회전할 수 있습니다.

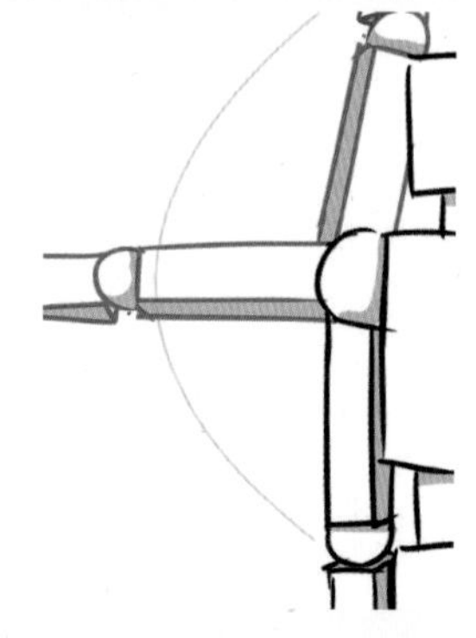

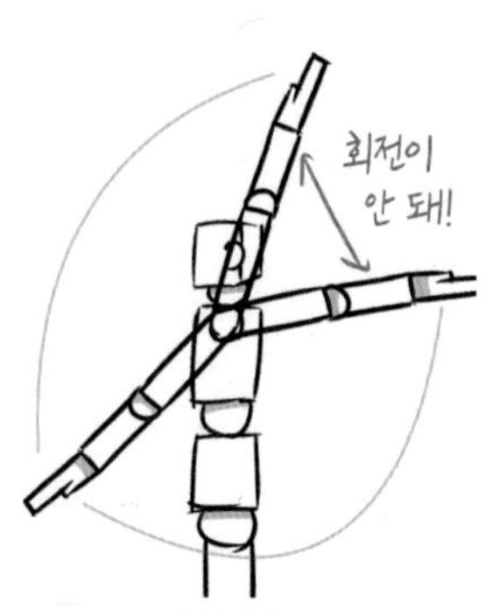

● 손목

전후좌우로 제한된 범위로만 움직입니다. 손목의 연결 부위에는 작은 뼈가 많고 가동 범위는 생각보다 좁습니다.

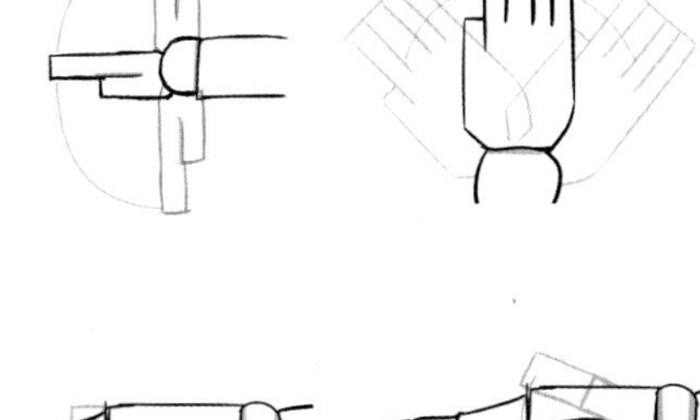

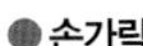

● 손가락

발가락도 마찬가지지만 곧게 뻗은 상태에서 구부릴 수 있는 범위와 좌우로 움직일 수 있는 범위가 제한적입니다. 곧게 뻗은 상태보다 약간 뒤로 젖힐 수도 있지만, 뼈로 인해 큰 차이는 없습니다.

여성의 손가락을 표현하고 싶을 때는 젖혀지는 범위를 약간 크게 잡으면 좋습니다.

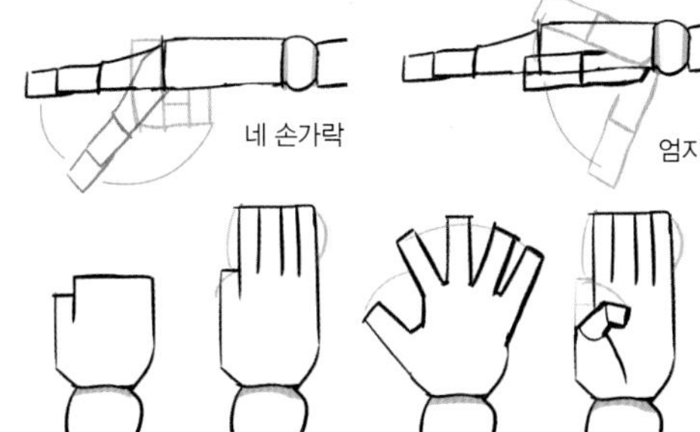

하반신

● 허리

앞으로는 가슴이 다리에 붙을 때까지 구부릴 수 있고, 뒤로도 크게 젖힐 수 있습니다. 좌우의 가동 범위는 좁지만 움직임의 폭이 큽니다.

중국 기예단의 묘기를 보면 훈련에 따라서는 얼마든지 젖힐 수 있을 것 같지만 평범한 사람의 가동 범위를 넘어선 포즈는 위화감이 생기니 적절하게 조절하세요.

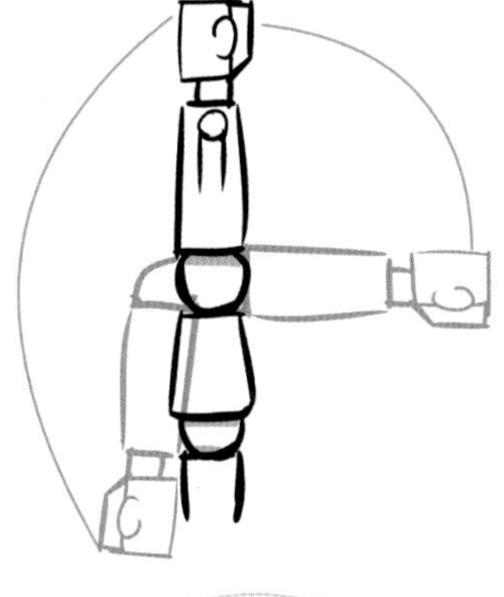

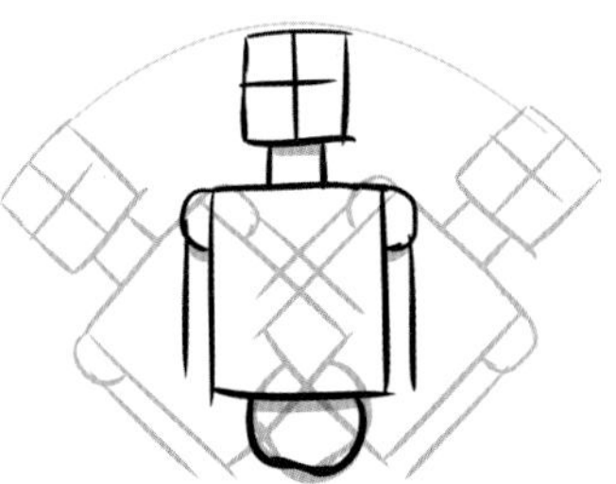

● 가랑이

허리보다 아래는 전후좌우로 움직일 수 있습니다. 앞으로는 노력하면 6~7할까지 올라갑니다. 앞차기 등의 표현에서 필요합니다.

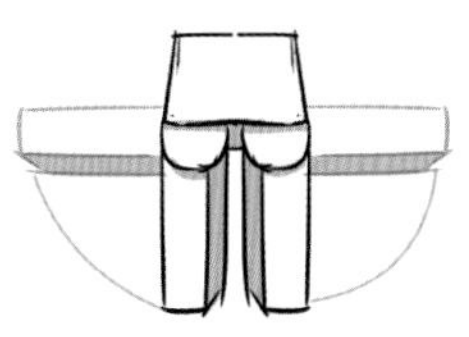

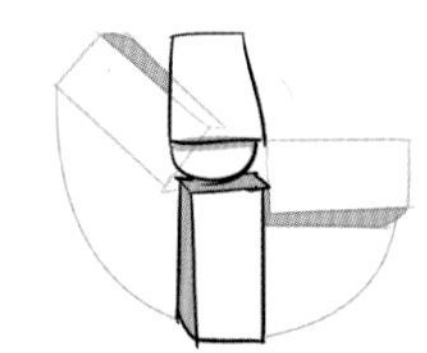

● 무릎

팔꿈치와 마찬가지로 곧게 뻗은 상태에서 뒤쪽으로만 접힙니다.

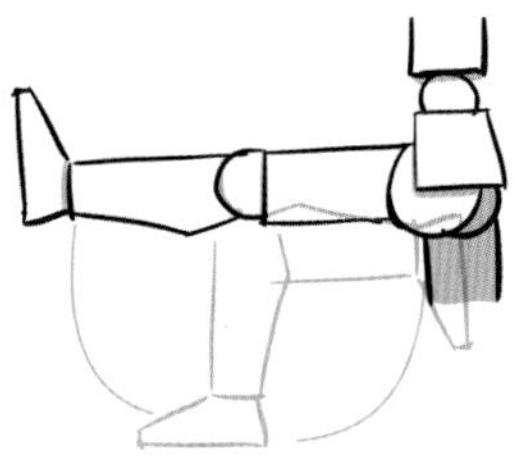

● 발목

상하로 움직일 수 있습니다. 좌우로도 움직일 수 있지만 손목처럼 가동 범위는 좁습니다.

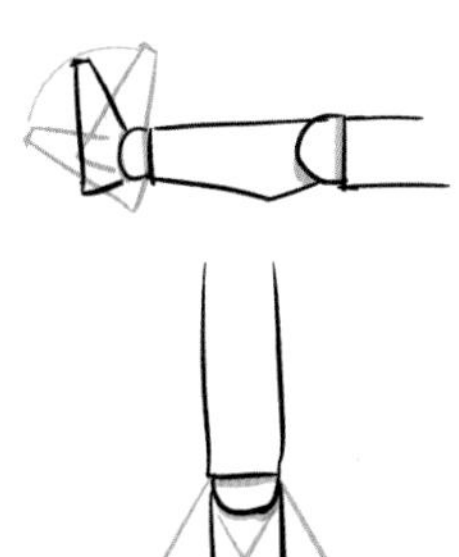

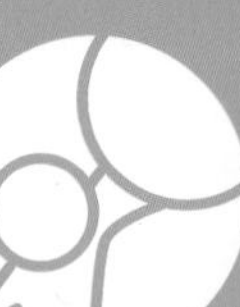

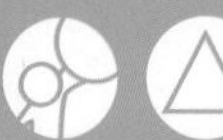

일부분을 과장해서 박력을 표현한다

오버 퍼스

오버 퍼스란 인체의 일부를 과장해 '박력'이나 '위력', '깊이의 과장', '부위의 강조' 등을 표현하는 기법입니다.
액션 만화의 핵심 장면 등에 예전부터 많이 쓰였습니다.

박력이 느껴지고 임팩트가 있는 포즈이며, 독특한 개성이 있습니다. 주로 소년 만화에서 사용하는 기법입니다.

포즈 포인트

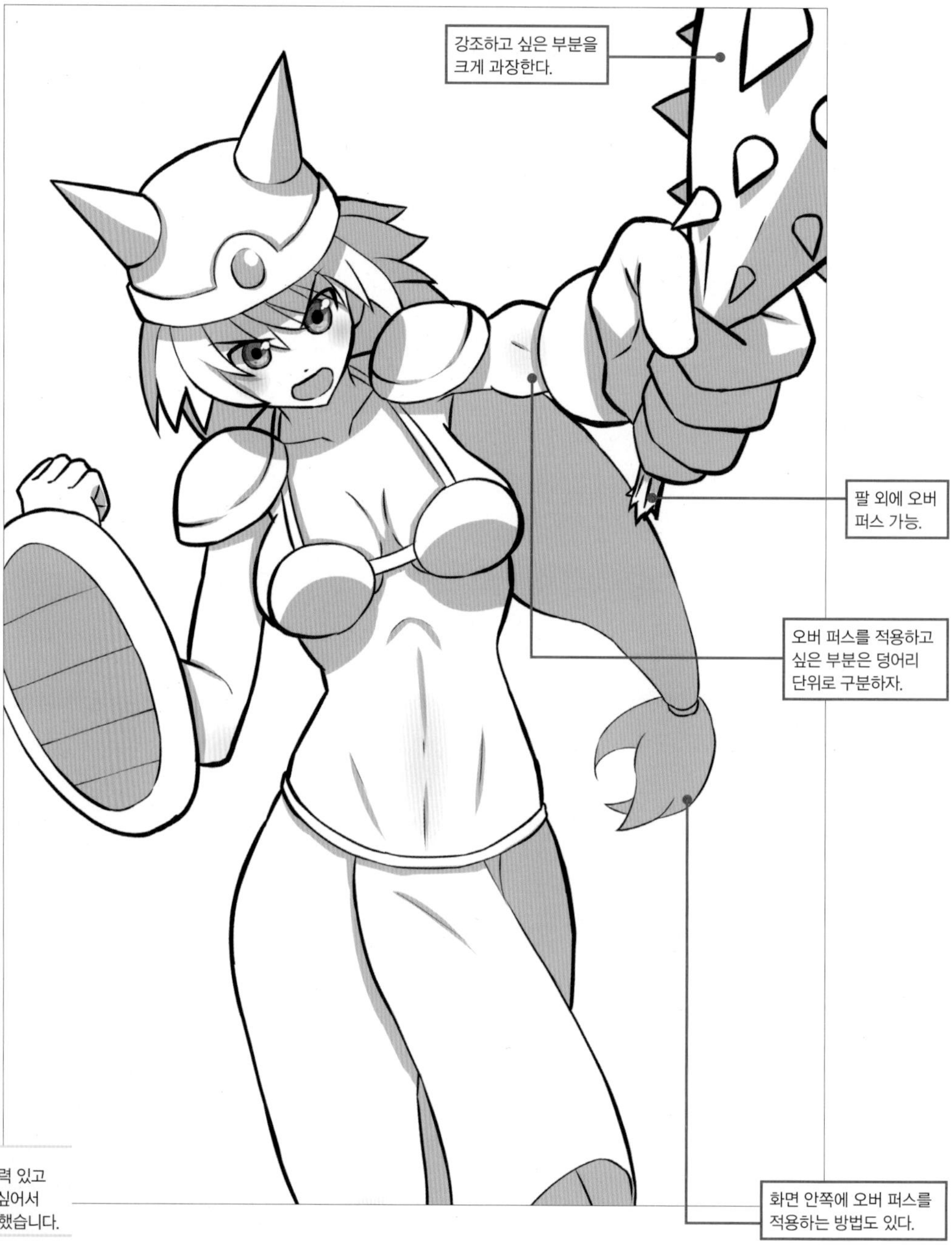

강조하고 싶은 부분을 크게 과장한다.

팔 외에 오버 퍼스 가능.

오버 퍼스를 적용하고 싶은 부분은 덩어리 단위로 구분하자.

화면 안쪽에 오버 퍼스를 적용하는 방법도 있다.

포즈 MEMO

주역의 포즈를 박력 있고 멋지게 표현하고 싶어서 오버 퍼스를 사용했습니다.

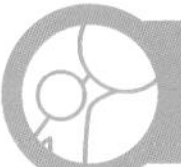

포즈의 기본

오버 퍼스의 기본

특정 부분의 원근을 과장해 화면 앞쪽을 크게 그린 포즈입니다. 현실을 무시한 기법이므로 '가짜 퍼스'라고도 할 수 있습니다. 앞쪽에 닥쳐오는 분위기가 더해져 '박력', '위력', '깊이의 과장' 등을 표현할 수 있고, 원하는 부위만 강조할 수도 있습니다.

그리는 요령은 과장에 필요한 인체 부위와 관절을 덩어리 단위로 구분하는 것입니다. 앞으로 내지른 주먹을 그리고 싶을 때 주먹, 팔, 위팔의 세 덩어리에 원근의 강도를 다르게 적용하는 것입니다. 팔을 긴 막대기라고 생각하면 팔 관절 등 넓어지는 부분을 위화감 없이 묘사할 수 있습니다. 반드시 관절과 덩어리를 의식해야 합니다.

근육 지식도 상세한 부분을 묘사하는 데 중요합니다. 근육은 부록(p.166)에서 설명하겠습니다.

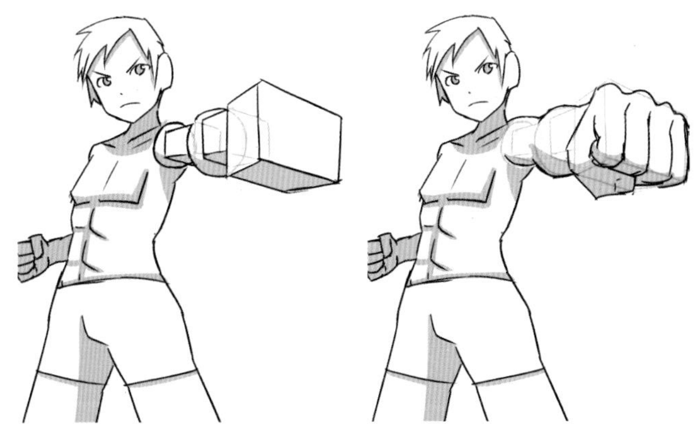

디지털만의 그리는 법

오버 퍼스는 감각에 의지할 수밖에 없는 어려운 기법입니다. 어렵지만 일러스트만의 매력적인 기법이므로 작품의 스타일에 따라 더할 나위 없는 효과를 발휘하는 중요한 포즈입니다. 꼭 자신의 것으로 만들어보세요.

디지털에서는 '잘라내기'와 '확대/축소' 기능을 사용해, 과장할 부분을 여러 번 조절한 다음 위화감이 없는 크기를 찾는 방법이 유용합니다. 단, 선의 굵기 차이나 화질 차이가 도드라지기 때문에 펜선 작업을 끝낸 뒤나 완성 원고에는 적합하지 않습니다. 밑그림 정도는 조절해도 문제없습니다.

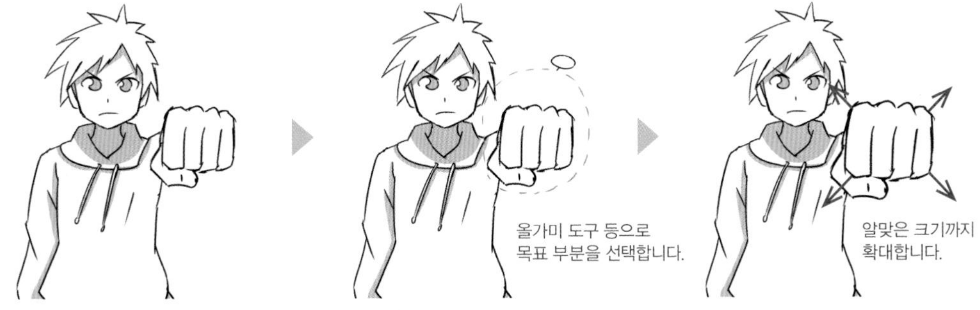

COLUMN

만화 퍼스 기능

CLIP STUDIO PAINT에는 3D 데생 인형의 일부를 확대하는 '만화 퍼스 기능'이 있습니다. 장면에 따라서는 이것을 기준으로 삼아도 나쁘지 않을 것 같습니다. 다만, 이 기능에 의지하면 개성 없는 작품이 될 수 있으니 어디까지나 기준으로 참고하고 자신의 힘으로 그리는 것이 바람직합니다.

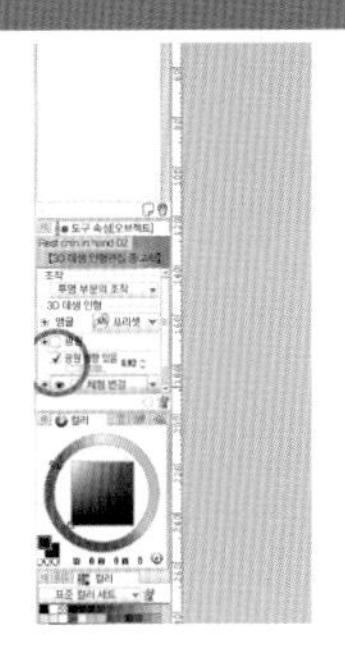

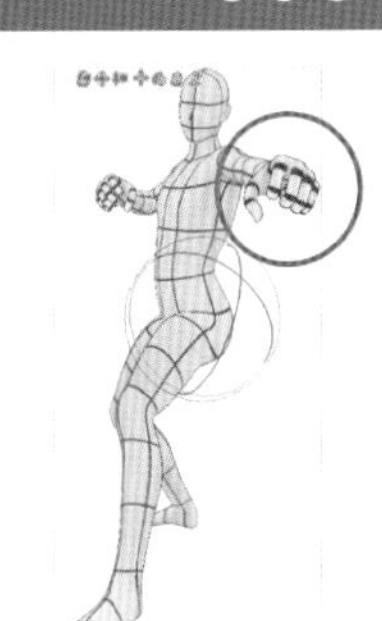

오버 퍼스의 실패 예와 성공 예

✕의 그림은 오버 퍼스에 도전했다가 실패했습니다. 과감함이 부족하고 인체와 관절을 덩어리 단위로 구분하지 않은 점과 위화감을 줄이지 못한 것이 실패의 원인입니다.

○의 그림은 좀 더 과감하게 그려 박력을 더했습니다. 인체와 관절을 의식하면서 인체의 완급을 조절했습니다. 위화감을 최대한 줄여 자연스러운 오버 퍼스가 되었습니다.

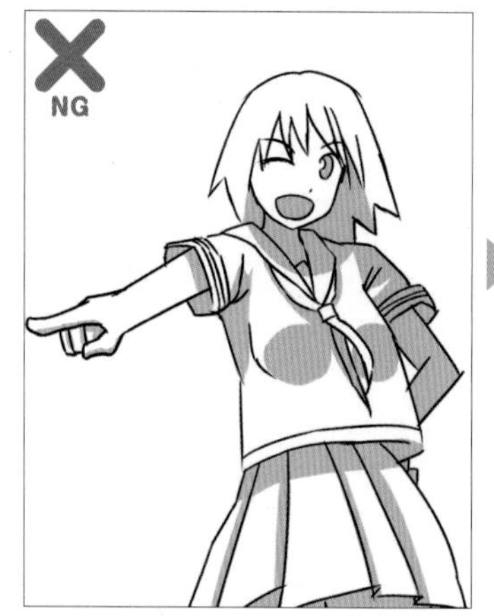

흔한 실패 예입니다.
'과감함의 부족', '단순한 인체 표현', '위화감' 등이 주된 원인입니다.

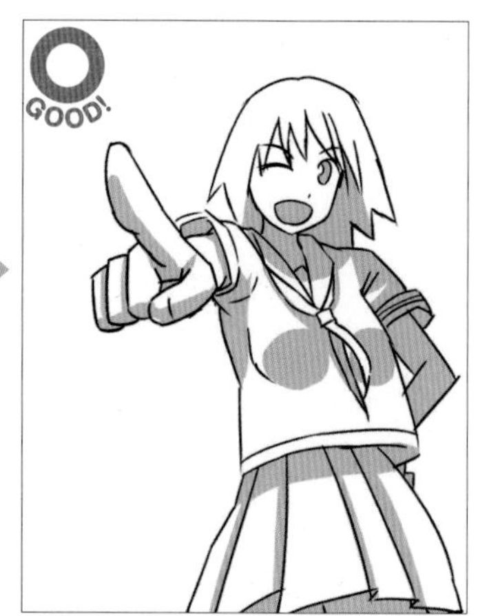

전체적으로 수정하고 위화감이 없는 오버 퍼스를 그렸습니다. 오버 퍼스는 무척 어렵지만 그만큼의 장점이 있습니다.

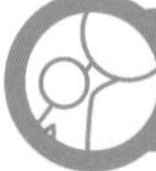

포즈 활용법

팔 이외의 오버 퍼스

흔히 볼 수 있는 오버 퍼스는 팔과 손이지만, 발이나 무기 등에 사용해도 효과적입니다. 구조를 확실하게 이해해야 하고 거리감을 압축해 과장하는 과감함, 위화감을 예민하게 파악할 수 있는 감각을 단련하는 것이 무척 중요합니다.
만약 데생 인형이나 모형 총 등의 견본이 있다면 유심히 관찰합시다. 특히 가까이에서 보면 원근감이 강해지므로 형태를 쉽게 파악할 수 있습니다. 모형 총 등을 사용할 때는 발사되지 않도록 주의하세요.

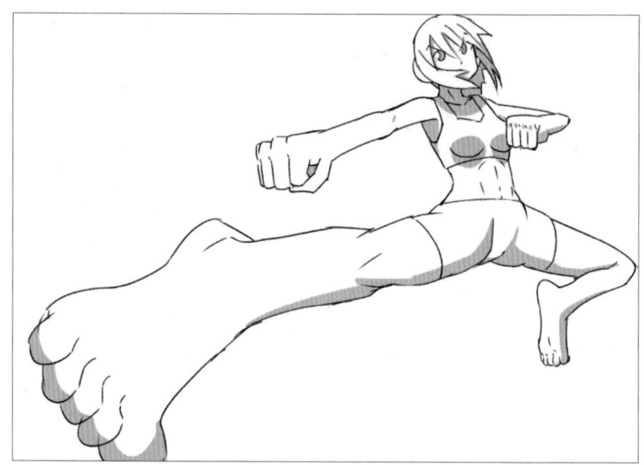

발차기를 과장해서 그렸습니다. 삼각형 구도(p.26)를 사용한 캐릭터와 포즈이지만, 박력은 차원이 다릅니다.

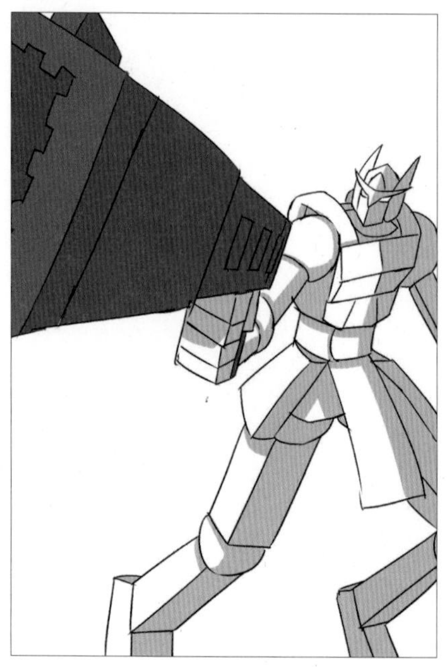

무기를 과장한 로봇의 핵심 포즈를 그렸습니다.
오버 퍼스를 적용한 부분이 화면을 벗어나, 깊이와 박력이 과장되었습니다.

안쪽에도 오버 퍼스

오버 퍼스는 멀리 떨어진 요소에도 적용할 수 있습니다. 지금까지 앞쪽에 적용한 오버 퍼스만 설명했지만 안쪽으로도 오버 퍼스를 적용할 수 있습니다. 안쪽 오버 퍼스만 사용하는 일은 거의 없으나, 앞쪽의 물건을 크게 그리는 오버 퍼스와 안쪽의 물건을 작게 그리는 오버 퍼스를 함께 사용하면 더 효과적입니다.
앞쪽에 적용된 오버 퍼스를 더 강조하려고 대비로 사용하거나 안쪽에서 무엇인가가 닥쳐오는 상황처럼 특수한 표현을 하는 데 주로 사용합니다. 요령은 인체와 관절을 덩어리 단위로 구분하는 것입니다. 앞쪽과 안쪽의 오버 퍼스를 화면에 동시에 넣을 때는 앞쪽을 크게, 안쪽을 작게 그리므로 해당 부분만 과장된 하이 앵글로 그린다는 느낌으로 그리면 힘들지 않게 성공할 수 있습니다.
오버 퍼스는 감각으로 그리는 것이지만 그만큼 제한이 없습니다. 이 기법을 익히는 방법도, 응용법도 천차만별입니다. 자신이 가장 그리기 쉬운 방법을 선택하면 됩니다.

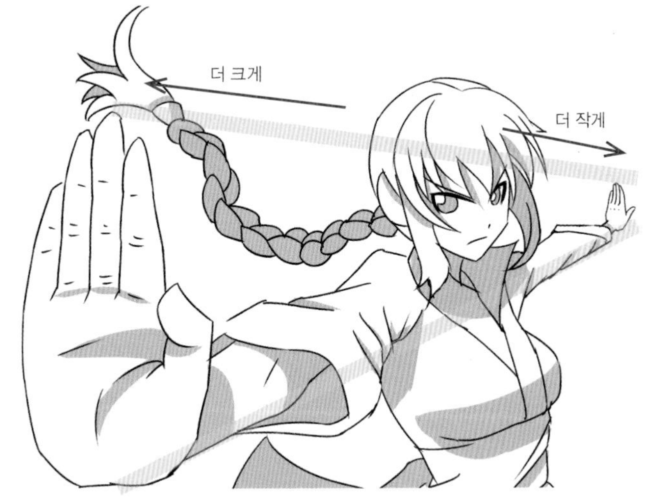

일러스트 예시

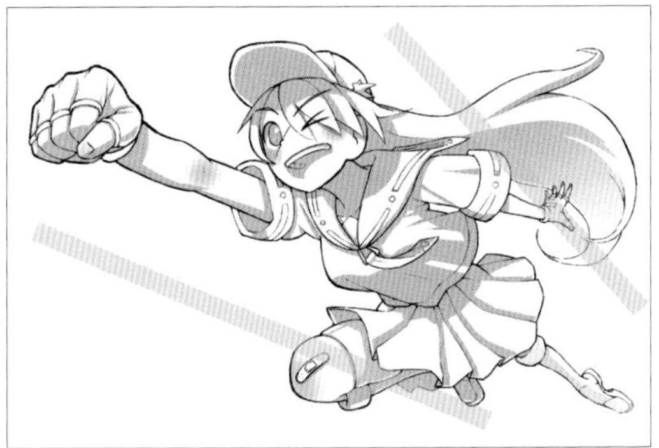

전신을 사용한 역동적인 오버 퍼스를 그려보았습니다.

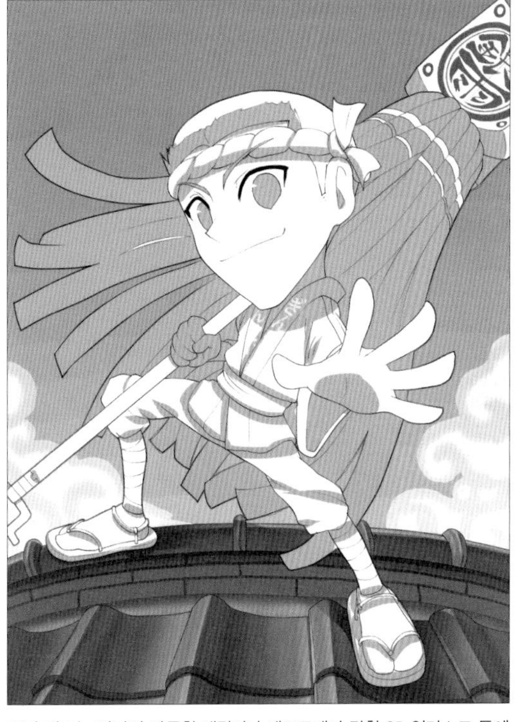

오버 퍼스는 장난기 가득한 캐릭터나 데포르메가 강한 SD 일러스트 등에도 적합합니다.

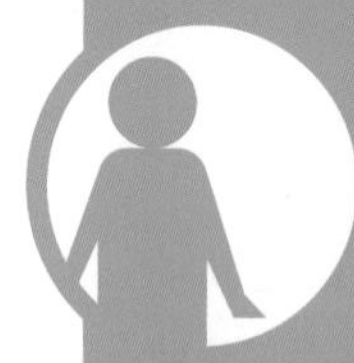

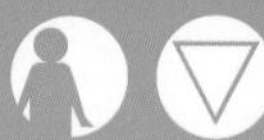

실루엣

실루엣은 포즈와 구도에서 중요한 기술 중에 하나이며, '인상에 남는 캐릭터'나 '개성 있는 포즈' 등을 그리고 싶을 때 활용하면 효과적입니다.
캐릭터 디자인처럼 전신을 그릴 때 가장 유용하고, 게임 캐릭터는 실루엣만으로도 어떤 캐릭터인지 알 수 있도록 디자인한다고 알려져 있습니다. 인상적인 포즈와 구도가 필요한 일러스트에 많이 쓰는 방법입니다.

포즈 포인트

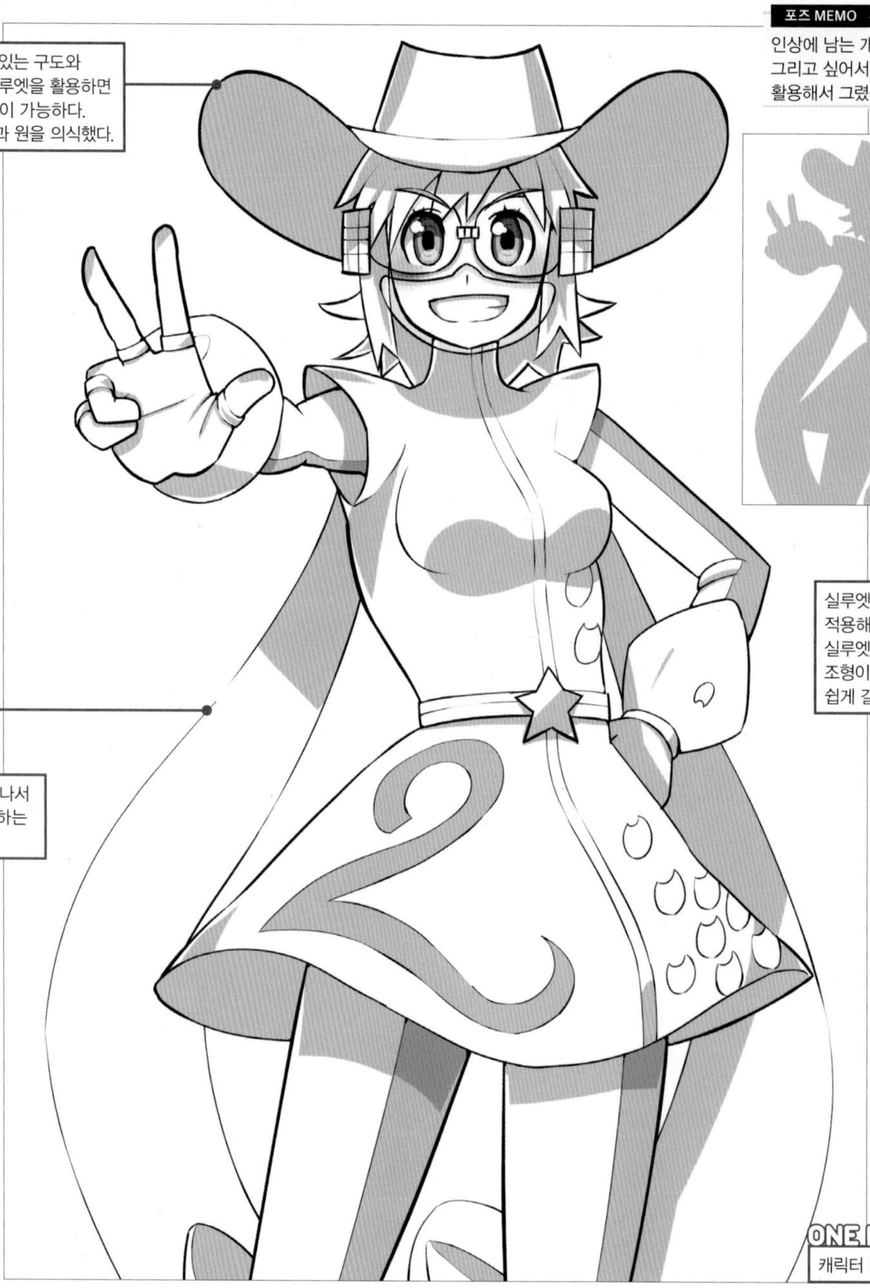

포즈 MEMO

인상에 남는 개성적인 캐릭터를 그리고 싶어서 실루엣을 활용해서 그렸습니다.

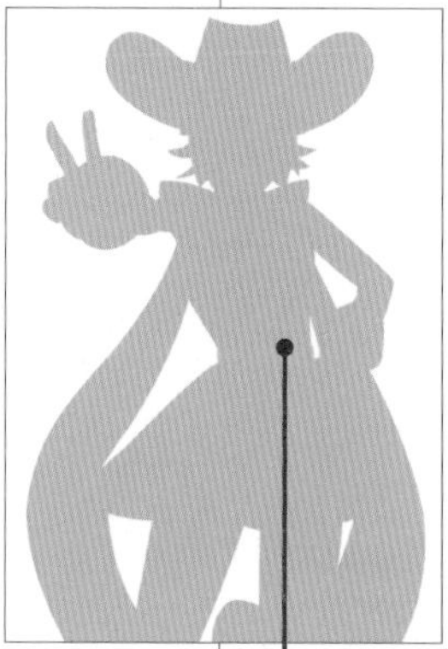

구체적인 형태가 있는 구도와 도형을 의식한 실루엣을 활용하면 개성 있는 디자인이 가능하다. 이번에는 삼각형과 원을 의식했다.

실루엣에 콘트라스트를 적용해도 OK. 실루엣의 시점에서 조형이 좋으면 완성까지 쉽게 갈 수 있다.

실루엣을 그리고 나서 일러스트를 제작하는 방법도 있다.

ONE POINT!

캐릭터 디자인에도 유효.

포즈의 기본

실루엣의 기본

실루엣이란 '윤곽 속에 단색을 채운 이미지'를 가리키는 말입니다. 까만 그림자를 상상하면 이해하기 쉽습니다. 단순히 윤곽(아웃라인)만 뜻하기도 합니다.
실루엣을 그린다는 말은 복잡한 정보, 즉 얼굴이나 표정, 머리카락과 옷 등은 설정하지 않고 전체의 심플한 '형태'만 잡는다는 뜻입니다. 불필요한 정보에 얽매이지 않고 '매력적인 캐릭터'와 '개성적인 포즈'를 찾는 데 집중할 수 있습니다.
캐릭터 디자인과 포즈가 가장 중요한 게임 업계에서는 실루엣이 중요한 작업 방식입니다.

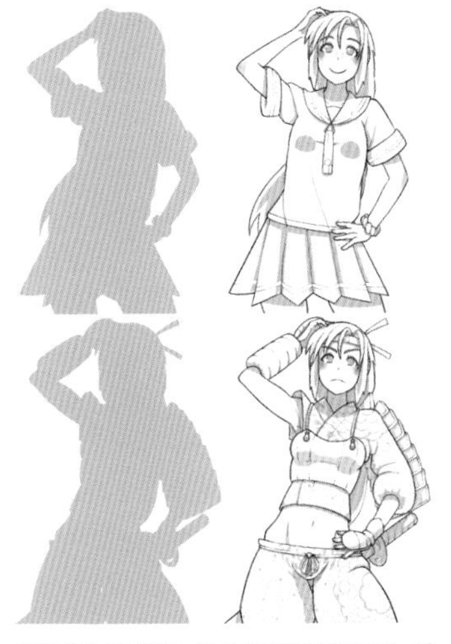

실루엣을 의식하면, 캐릭터 디자인과 포즈는 더 재미있어집니다.

포즈 활용법

실루엣 사용법

실루엣 사용법을 소개합니다. 요령은 실루엣의 '윤곽'에 주의하면서 작업이 끝날 때까지 내부 형태는 신경 쓰지 않는 것입니다.
맨 먼저 캐릭터의 요소를 그립니다. 이 시점에서 실루엣에 집중합니다❶. 삼각형, 원, 알파벳 등의 구체적인 형태의 구도와 다른 형태를 의식하면서 일관적이고 의미 있는 실루엣의 형태를 만듭니다.
실루엣 곳곳에 콘트라스트를 넣으면 더 좋아집니다. 요철 부분, 크고 작은 부분, 뾰족하거나 둥그스름한 부분 등의 차이를 넣어 화면에 대비가 생기도록 하면 좋은 결과를 얻을 수 있습니다.
다음으로 인상적인 디자인이 되도록 머리카락과 복장을 결정합니다❷. 장면에 따라서는 소품을 넣어 실루엣 자체의 완성도를 높이면 좋습니다. 효과가 좋은 것은 '시선을 끄는 실루엣'이나 '보면 기분 좋은 실루엣'입니다. 반대로 실루엣만으로 충분히 예상이 가능하거나 재미없는 화면, 마음에 들지 않는 실루엣 등에는 좋은 효과를 기대할 수 없습니다.
간혹 다른 레이어에 검은색을 채운 다음 실루엣의 형태를 보고❸, 전체의 밸런스를 정리합니다. 좋은 실루엣으로 완성하고 싶다면 깔끔하게 덧그려서 완성합니다❹.

❶

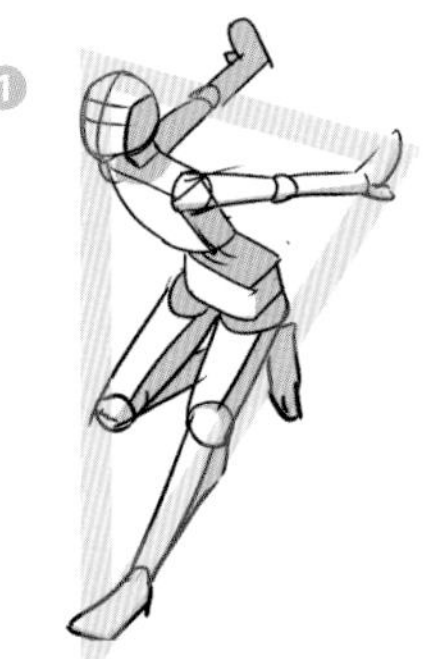

역삼각형으로 움직임이 있는 실루엣 이미지입니다. 머리와 왼팔이 역삼각형이 되었지만, 양팔을 뒤로 뻗은 Y로 만들어야 재미있는 실루엣이 될 듯합니다. 크게 벌린 양팔과 오므린 다리로 대비를 만들었습니다.

❷

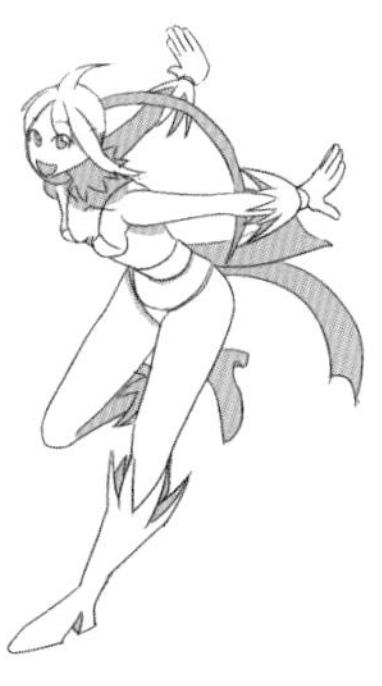

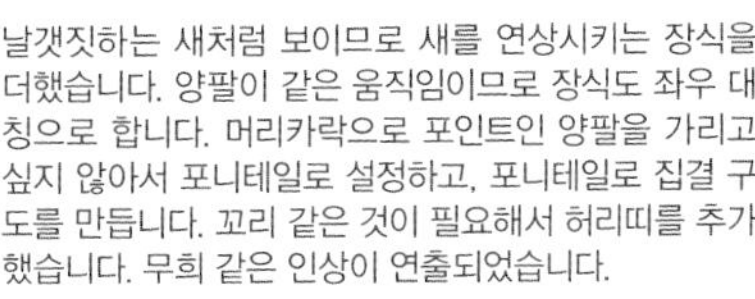

날갯짓하는 새처럼 보이므로 새를 연상시키는 장식을 더했습니다. 양팔이 같은 움직임이므로 장식도 좌우 대칭으로 합니다. 머리카락으로 포인트인 양팔을 가리고 싶지 않아서 포니테일로 설정하고, 포니테일로 집결 구도를 만듭니다. 꼬리 같은 것이 필요해서 허리띠를 추가했습니다. 무희 같은 인상이 연출되었습니다.

❸

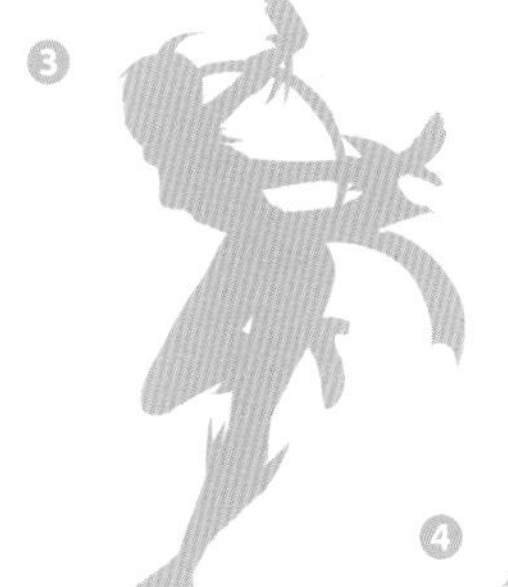

색을 채워서 실루엣으로 변경하고 불필요한 공간이 없는지, 추가할 요소는 없는지 찾습니다. 뒷머리의 공간이 너무 넓고 허리의 천으로 더 큰 원을 만들 수 있다는 것을 깨달았습니다.

❹

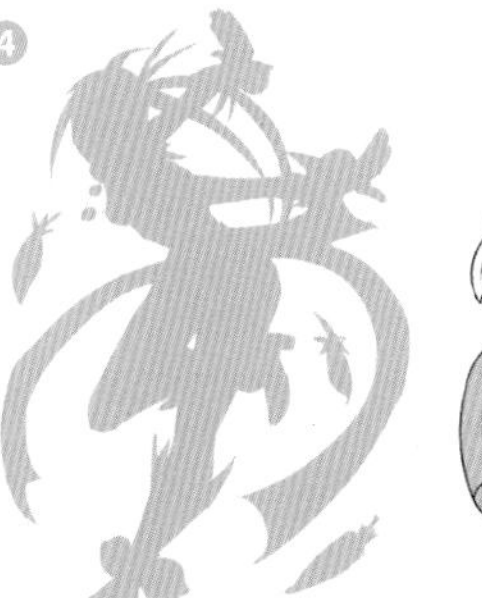

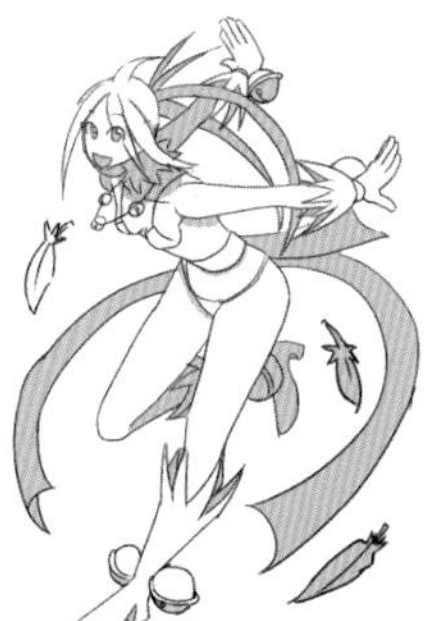

실루엣의 콘트라스트로 둥근 요소를 넣고 싶어서 새소리, 무희의 음악을 의식한 방울을 달았습니다. 마지막으로 깃털로 빈 공간을 채우면 완성입니다.

실루엣으로 포즈와 구도를 잡는다

실루엣을 이용해 작품의 개성을 더하는 방법이 있습니다.
p.135에서는 그리면서 실루엣을 채워 넣었지만, 이번에는 실루엣을 먼저 그리고 어울리는 포즈나 구도, 캐릭터 디자인 등을 잡아가는 방법입니다.
맨 먼저 밑바탕으로 실루엣을 그립니다❶. 도형을 의식하고 그려도 좋고, 더 독특한 작품을 만들고 싶다면 어느 정도 랜덤한 형태의 실루엣을 그립니다. 랜덤이라고 해서 실루엣을 대충 그리는 것이 아니라 어느 정도 기본 도형을 따라서 그리면 완성된 형태를 찾기 쉽습니다.
봐서 재미있고 기분 좋은 실루엣을 그렸다면 실루엣에 어울리는 캐릭터를 그립니다❷. 선을 정리하면서 캐릭터의 방향성을 정합니다❸. 머릿속에 떠오른 이미지를 정리하면서 완성합니다❹. 어느 정도 운에 좌우되기도 하지만, 일반 상식과는 다른 방법이므로 생각지 못한 작품이 탄생하는 일도 적지 않습니다.

❶

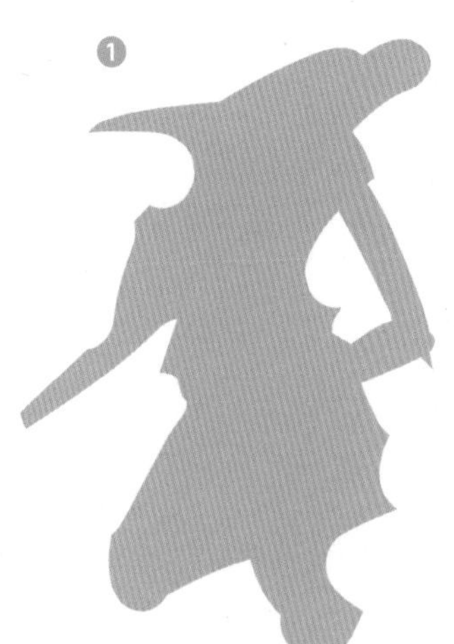

대강 가로세로로 손을 움직이고, 지우개로 지우면서 단색으로 실루엣을 그립니다. 이번에는 삼각형과 역삼각형을 생각하면서 그렸습니다.
떠오른 이미지를 확장해가면서 재미있고 기분 좋은 실루엣을 발굴해보세요.

❷

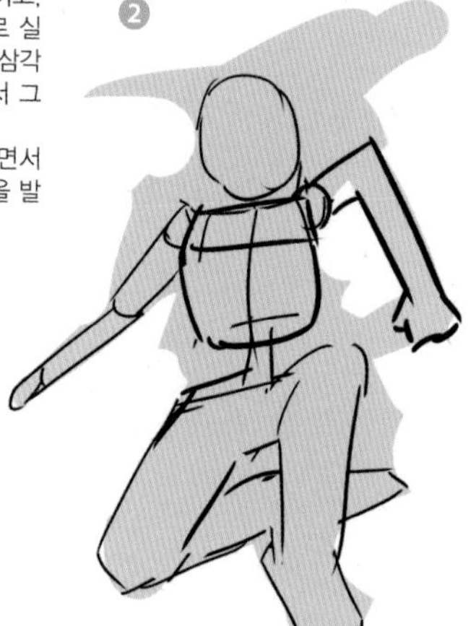

실루엣의 투명도를 낮추고 형태를 기준으로 캐릭터를 그렸습니다. 이때 실루엣에 집중해서, 최대한 영역을 벗어나지 않게 그리는 것이 중요합니다.

❸

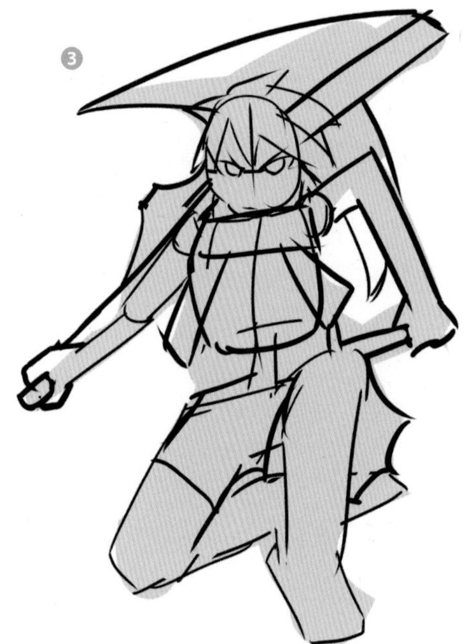

러프를 정리합니다. 만약 실루엣과 유사한 형태가 떠오르지 않거나 더 좋은 아이디어가 떠올랐다면 실루엣에서 벗어나도 상관없습니다. 아랫부분의 삐죽삐죽한 부분이 스커트처럼 보여서 여자 캐릭터로 결정했습니다. 이 시점에서 버서커처럼 보였기 때문에 와일드한 인상의 작품을 그리기로 했습니다.

❹

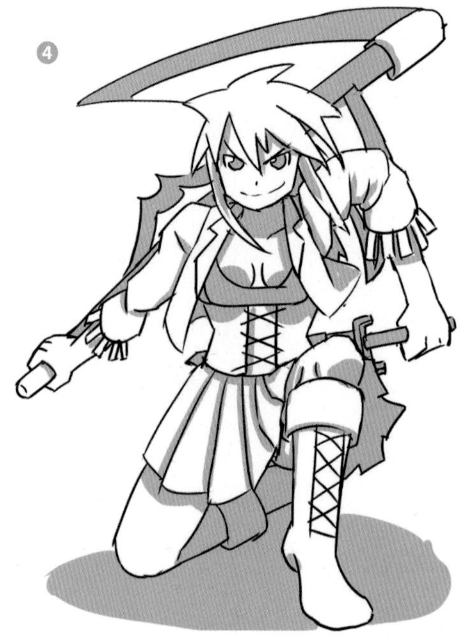

뒤로 들고 있는 무기가 닻처럼 보여서 여자 해적이라는 이미지로 의상을 그렸습니다. 이 시점에서 실루엣의 형태에 꼭 들어맞지 않는 부분은 벗어나게 그려도 상관없습니다.
일반적인 방법으로는 잘 떠오르지 않는 캐릭터 디자인, 포즈, 구도인 작품을 완성했습니다.

COLUMN

공간을 그린다?

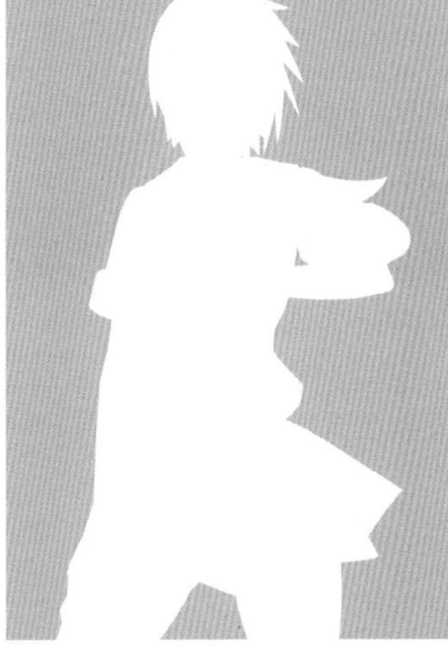

실루엣의 '내부'를 의식하면서 그리는 방법을 설명했지만, 정반대인 방법도 있습니다. 실루엣의 '외부'인 '공간'을 그리는 방식입니다.

모사나 크로키, 연필 데생 등으로 도저히 형태를 잡을 수 없는 사람도 있습니다. '형태 이외의 요소'에 혼란을 일으켜, 실제 형태보다 그 물체가 가진 인상과 의미 등에 끌려가는 것이 원인입니다. 모사 등에 익숙해질수록 물체의 형태에 집중할 수 있게 되지만, 아직 힘든 사람은 형태의 윤곽 밖에 있는 '공간'을 그려보세요. 그 물체의 불필요한 인상에 끌려 다니지 않고, 결과적으로 더 빨리 정확한 형태를 파악할 수 있게 됩니다.

실루엣을 활용하는 방식은 게임 업계와 관계가 깊지만, 지금 설명한 방식도 유명 게임 디자이너가 실제로 사용하는 방법이라고 합니다.

일러스트 예시

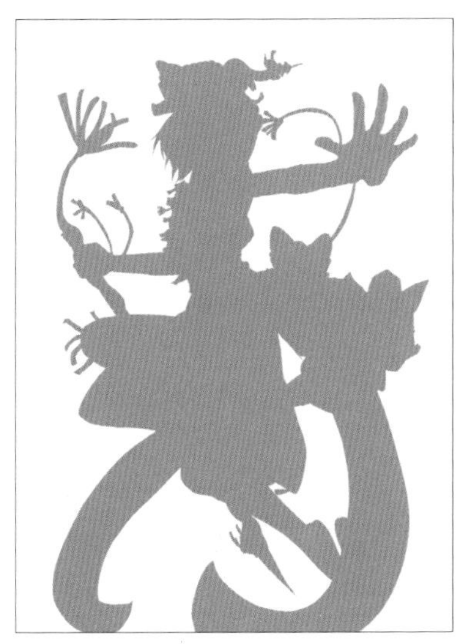

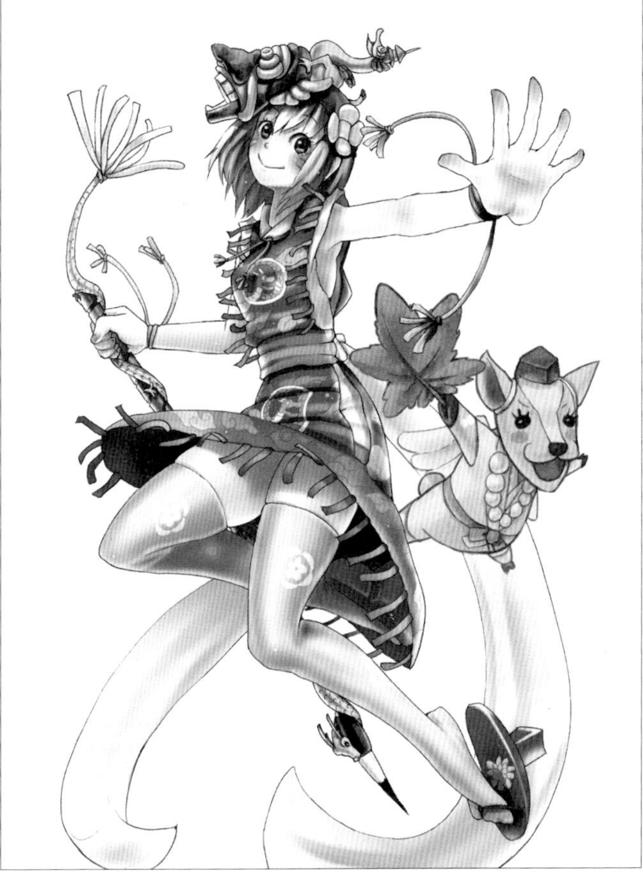

실루엣을 연구하면서 재미있는 포즈와 형태를 그려보았습니다. 춤추는 일본풍 마법 소녀라는 이미지입니다.

 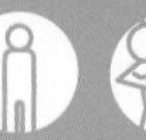 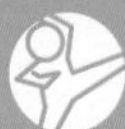

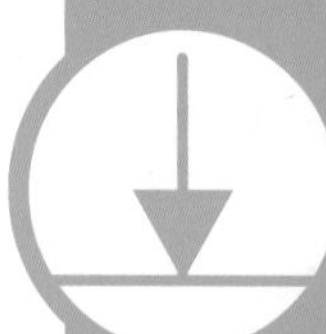

중심

중심은 포즈를 잡을 때 중요한 요소이며, '안정'과 '불안정', '움직임' 등을 표현할 수 있습니다.
거의 모든 일러스트에 필요한 요소이지만 발까지 그리는 전신 그림이나 액션이 필요한 포즈를 그릴 때 효과적입니다.
영상이나 만화처럼 전후 장면으로 움직임을 표현할 수 없는 한 장의 그림은 중심을 잡는 것이 중요합니다.

포즈 포인트

포즈 MEMO

Y자의 밸런스는 한쪽 다리에 체중이 쏠린 포즈입니다. 제대로 중심을 잡고 그렸습니다.

인체 가운데 가장 무거운 부분은 머리다. 인간은 머리를 떠받치는 식으로 중심의 밸런스를 잡는다.

ONE POINT!

픽션의 포즈라도 중심을 잡으면 설득력이 생긴다. 멈췄을 때와 움직일 때의 중심 잡는 방법도 다르다. 평소 꾸준한 관찰이 중요.

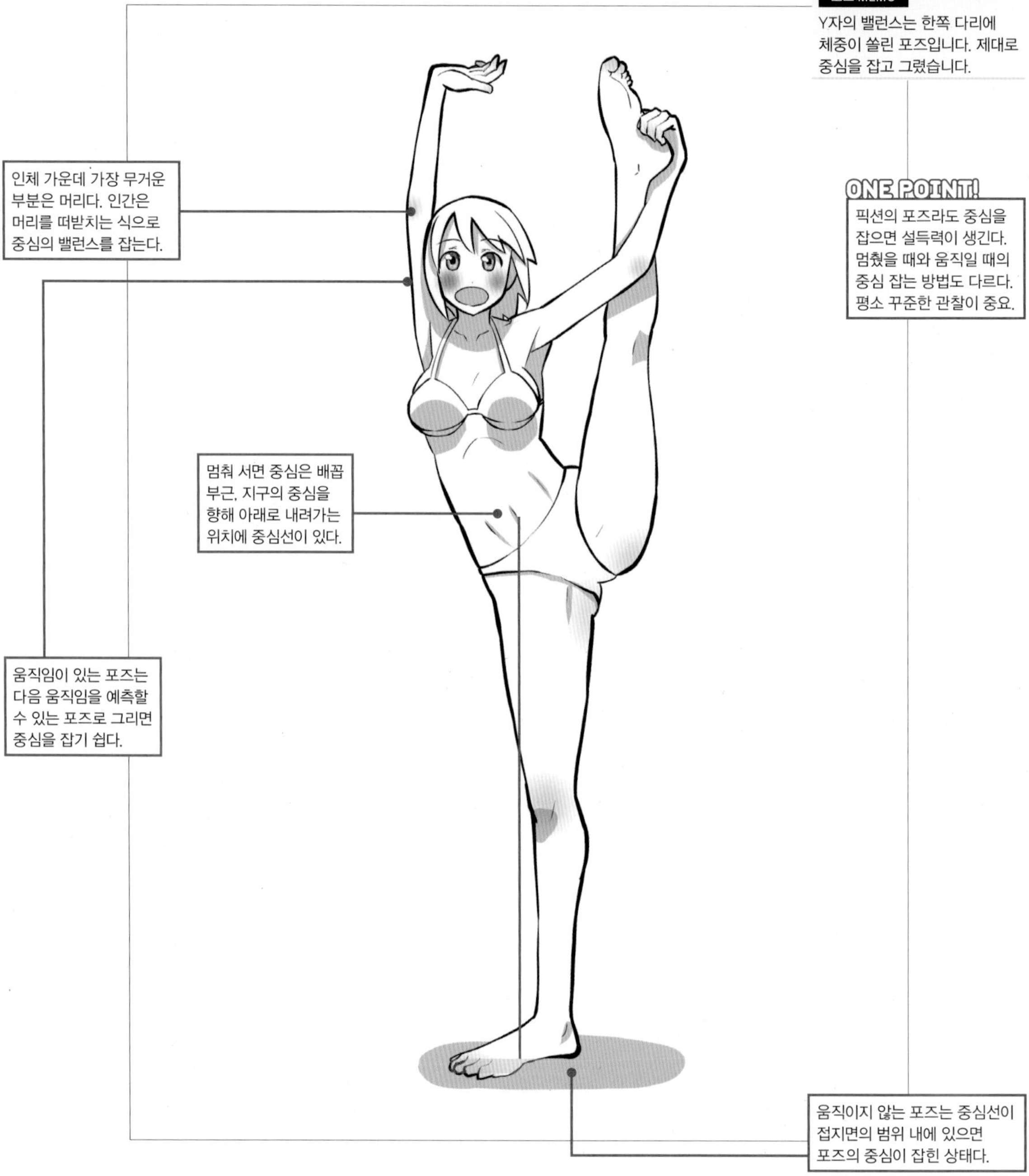

멈춰 서면 중심은 배꼽 부근, 지구의 중심을 향해 아래로 내려가는 위치에 중심선이 있다.

움직임이 있는 포즈는 다음 움직임을 예측할 수 있는 포즈로 그리면 중심을 잡기 쉽다.

움직이지 않는 포즈는 중심선이 접지면의 범위 내에 있으면 포즈의 중심이 잡힌 상태다.

포즈의 기본

중심의 기본

가장 중요한 것은 '머리'입니다. 다음으로 중요한 것은 '발'과 '배꼽'입니다.
인체에서 가장 무거운 것은 '머리'이며, 낙하할 때 머리 쪽으로 떨어지는 것도 이 때문입니다. 무거운 물건을 들고 있을 때를 제외하고 인체는 머리를 떠받치려고 중심을 잡는다고 생각하면 이해하기 쉽습니다.
그러나 몸을 지탱하는 것은 지면에 붙은 발입니다. 이 부분이 공중에 뜬 것처럼 보이면 다른 부분이 아무리 완벽해도 보는 사람은 중심이 잡히지 않은 일러스트라고 느낍니다. 엄밀하지 않아도 상관없지만 발이 지면에 확실하게 붙어 있는 것처럼 보이도록 눈높이가 어디쯤인지, 지면의 상태에 주의하면서 그려야 합니다.
평범하게 서 있으면 인체의 중심은 배꼽에 있습니다. 엄밀하게 말하면 배꼽에서 5cm 아래에 있는 '단전'이지만, 무술을 배우고 이상적인 체중 이동이 가능한 사람이 아니라면, 배꼽쯤에 중심이 있다고 생각하면 됩니다.

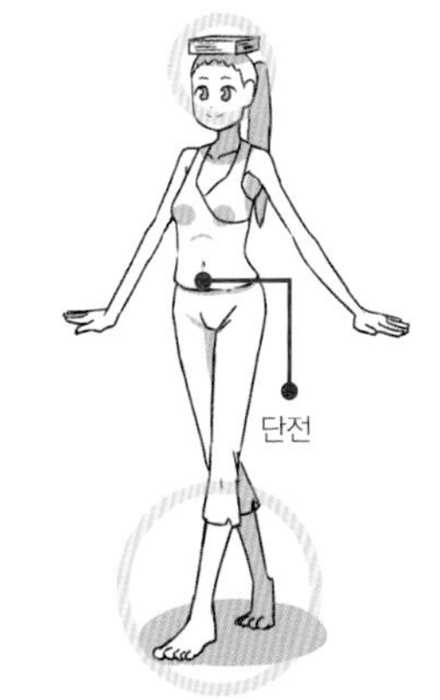

머리에 책을 올리고 연습하는 모델의 걸음은 중심을 단전에 둔 상태로, 걸음걸이를 아름답게 표현하는 방법입니다.

배꼽 아래로 중심선을 긋는다

배꼽이 무게 중심이라고 설명했습니다. 지구에는 중력이 있고 지구의 중심으로 인력이 작용합니다. 서 있는 장소가 기울어져 있어도 지면 쪽이 아니라 (지구의 중심이라는 의미로) 수직으로 인력이 작용합니다. 이때는 '중심선'을 그으면 중심을 파악하기 쉽습니다. 평범하게 서 있고 두 발이 접지된 범위 속에 중심선이 있으면 안정적이고, 범위 밖에 중심선이 있으면 금방 쓰러질 것처럼 보입니다. 발끝 등으로 발의 접지 범위를 줄이면 중심을 잡을 수 있는 범위가 좁아지므로, 화면에 긴장감을 더할 수 있습니다. 이 기준은 동작을 바꾸면 달라지므로 주의하세요.

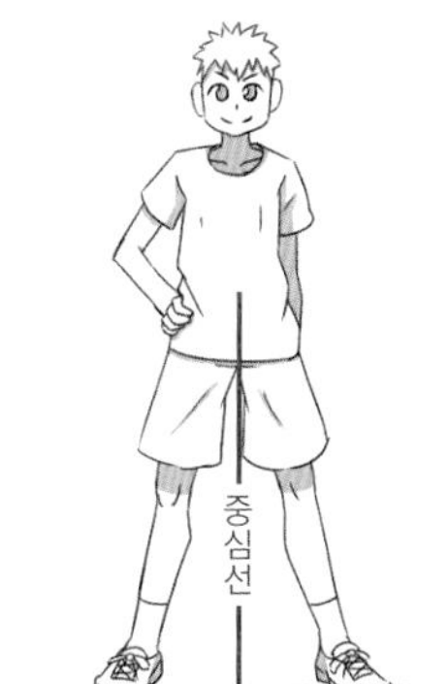

접지 범위에 중심선이 있으면 중심이 안정적입니다. 접지 범위가 넓을수록 안정적인 인상이 강해집니다. 삼각형 구도(p.26)의 원칙과 같습니다.

중심을 잡지 않으면

언덕길에 서 있는 일러스트를 그려보겠습니다. △의 그림은 중심을 의식하지 않고 그려서 금방이라도 넘어질 것처럼 보입니다. 여기에 중심선을 넣고 중심을 잡습니다. 중심선이 범위 안에 오도록 다리를 벌리자, 쓰러질 듯한 분위기가 없어지고 중심이 잡힌 일러스트가 되었습니다.
화면 속에 다리가 지면에 붙어 있는 묘사가 있을 때는 특히 중심이 도드라집니다. 의도적으로 중심을 무너뜨릴 때를 제외하고 중심은 제대로 잡아야 합니다.

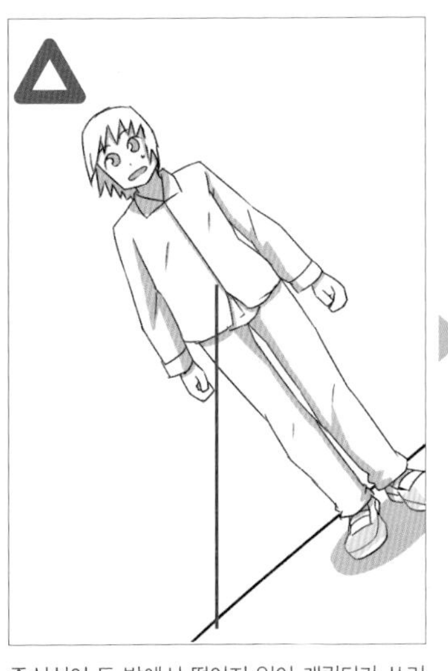

중심선이 두 발에서 떨어져 있어 캐릭터가 쓰러질 것처럼 보입니다.

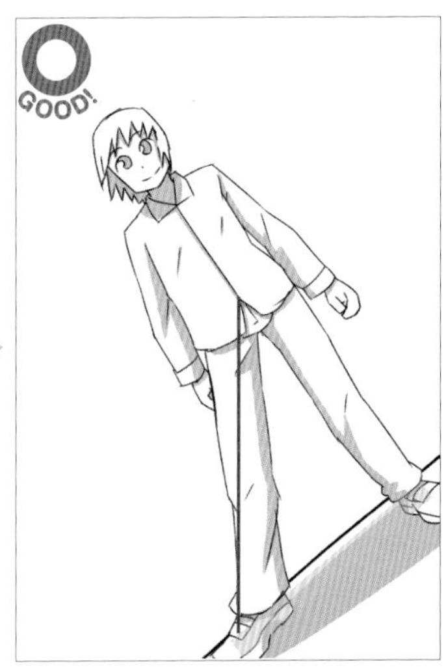

한쪽 다리를 벌려서 접지 범위를 넓히면 중심선이 범위 안에 들어옵니다. 중심이 잡히고 쓰러질 듯한 분위기가 없어졌습니다.

액션의 중심

움직이는 자세는 동작에 따라서 중심이 이동하므로 앞서 설명한 법칙이 적용되지 않습니다. 이번에는 구체적인 법칙이 없습니다. 다만 역삼각형 구도를 기준으로 포즈를 잡고, 아래쪽의 정점을 중심이라고 생각하는 방법이 있습니다.

움직이는 캐릭터의 중심을 제대로 잡으려면 캐릭터의 다음 동작을 예상할 수 있는 포즈를 조합하면 좋습니다. 다음 동작의 중심 이동을 예측할 수 있게 하는 것입니다.

달리는 일러스트라면 다음 동작은 뒤에 있던 발이 앞으로 나옵니다❶. 뒷발을 제대로 묘사하는 것이 중요합니다. 정권 찌르기를 하는 일러스트라면 반대쪽 손을 제대로 묘사해 움직임을 따라서 이동하는 무게 중심을 잡는❷ 식으로, 중심에 대한 자세한 이해가 액션의 완성도를 높입니다.

❶

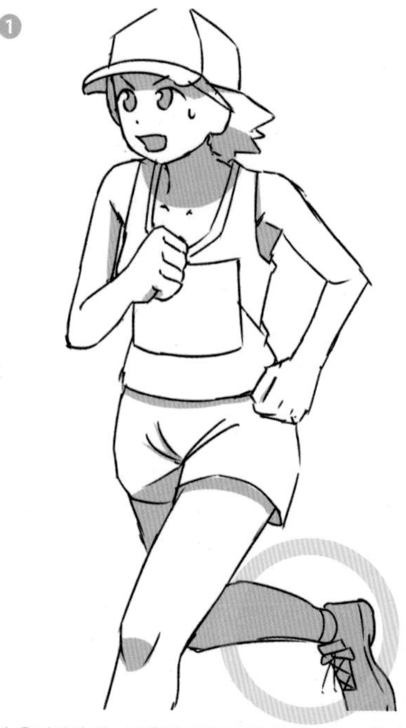

이 움직임에서는 다음에 뒤쪽의 발이 앞으로 나옵니다. 앞에 나와 있는 발의 장식 정도로만 생각해서는 안 됩니다. 중심 이동을 예측할 수 있게 하는 중요한 부분입니다.

❷

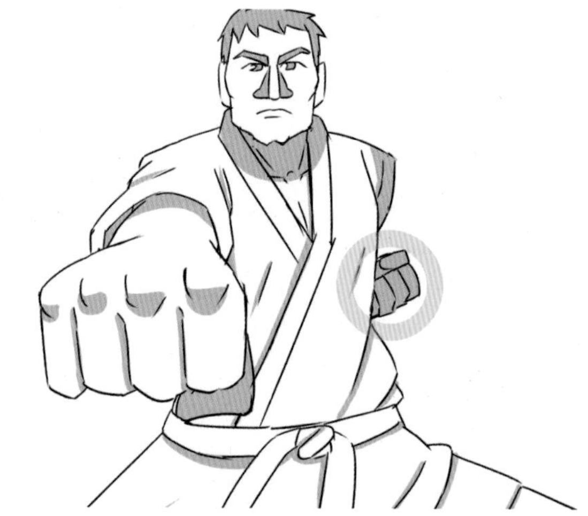

뒤로 당긴 손은 그냥 자세만 잡은 것이 아닙니다. 뒤로 당기는 움직임은 내지른 주먹에 상반신의 체중이 실리게 하는 효과가 있습니다. 중심 이동을 제대로 활용한 기술입니다.

COLUMN

균형을 익히자

저는 '캐릭터의 움직임'이 잘 드러나게 그림을 그립니다. 솔직히 움직임이 있는 그림을 그릴 수 있게 되기까지 무척 고생했습니다.

그런 제가 지금은 액션을 그릴 때 중심에 주의하느냐 하면 솔직히 신경 쓰지 않습니다. 감각으로 그립니다. 물론 처음부터 움직임이 있는 그림을 생각한 대로 그릴 수 있었던 것은 아닙니다. 마라톤 선수를 포함해 육상 선수의 사진을 많이 모사하거나 영화를 주의 깊게 관찰하면서 중심을 연구했습니다. 그러다가 애매한 '중심'이 생기고, 본 적 없는 포즈, 독창적인 포즈라도 중심을 잡을 수 있게 되었습니다.

가능하면 참고 사진을 보면서 연습해야 합니다. 하지만 하이퍼 앵글이나 오리지널 퍼스는 자료에 의지할 수 없을 때가 간혹 있습니다. 그때를 대비해 평소에 감각을 키우는 것이 중요합니다.

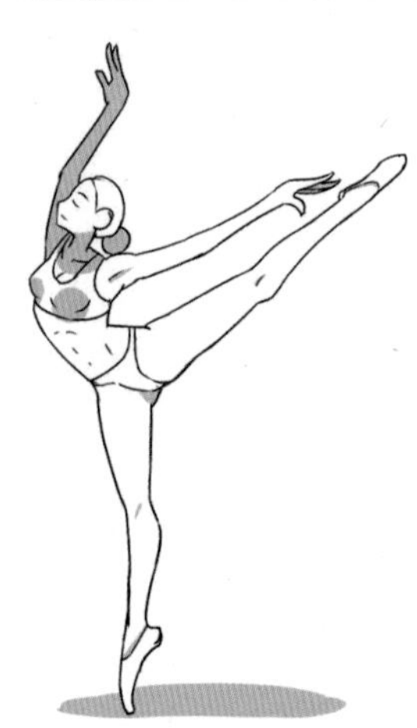

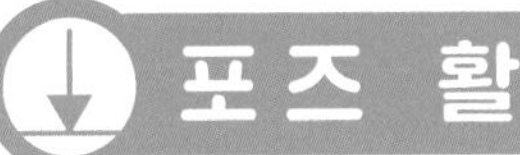

포즈 활용법

픽션이라도 기본은 중요하다

거대하고 엄청나게 무거워 보이는 검과 총을 휘두르는 캐릭터가 있습니다. 체중보다 무거운 무기를 초인적인 근육으로 지탱하는 묘사입니다. 그러나 현실에서는 인간의 근력에 한계가 있습니다. 안타깝게도 마른 사람이 근육질인 사람보다 근력이 더 클 수는 없습니다. 상상을 초월할 만큼 무거운 무기라는 설정은 현실이 아니라 픽션입니다.

일러스트이기 때문에 픽션을 표현할 수 있습니다. 무거운 무기를 마른 캐릭터가 휘둘러도 문제없습니다. 오히려 대비가 생겨서 더 매력적입니다. 그러나 중심을 제대로 잡으려면 무거운 물건을 들었을 때 어떤 포즈를 취하게 될지를 생각하면서 그려야 합니다.

오른쪽 그림처럼 무거운 물건을 짊어지면 사람은 균형을 잡으려고 상체를 앞으로 숙입니다. 간단한 사실이지만 이것만으로도 위화감을 크게 줄일 수 있습니다.

픽션이라도 설득력을 갖추려면 기본 포즈를 취하는 것이 무척 중요합니다. 어느 때 어떻게 중심을 잡을지, 평소에 의식적으로 관찰해보세요.

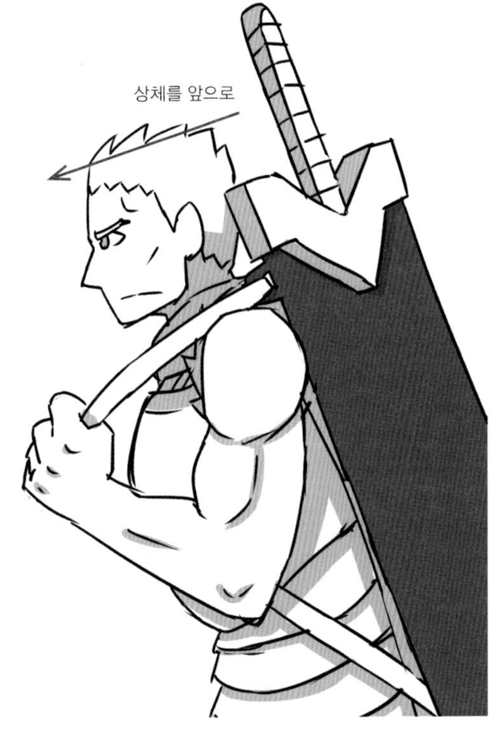

일러스트 예시

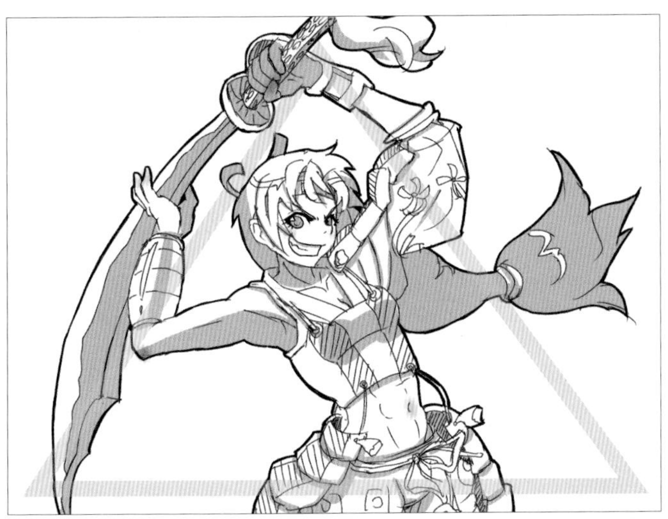

상당히 무거워 보이는 검입니다. 한쪽 손으로 검을 떠받치는 포즈를 준비했습니다. 오른쪽의 빈 공간에 머리카락을 배치하는 등 밑변이 넓은 삼각형 구도(p.26)로 안정감을 표현했습니다.

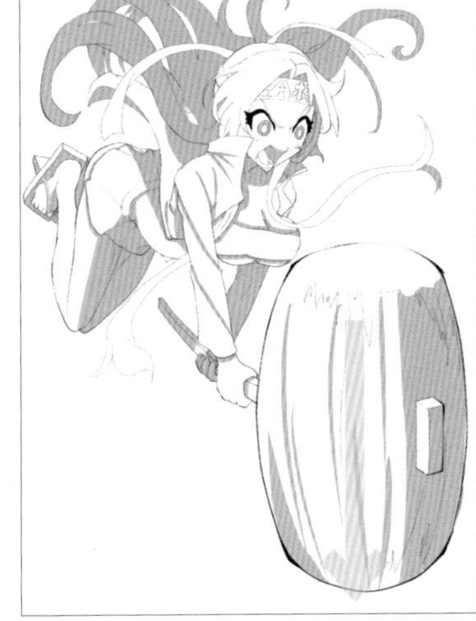

해머로만 중심을 잡은 일러스트입니다.

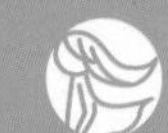
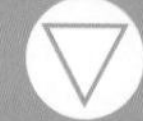
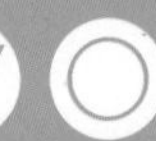
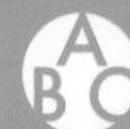

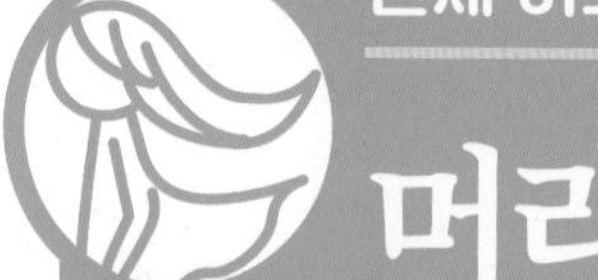

머리카락·옷

머리카락과 옷도 포즈와 구도를 정하는 중요한 요소이며 '움직임 표현', '공기 역학 표현', '구도의 형태 보완' 등의 역할을 합니다.
일러스트뿐 아니라 광고나 잡지 사진 등에서도 매력적인 그림을 만들기 위해 펄럭이는 옷과 머리카락 그리는 기법을 많이 씁니다.
역동적인 머리카락과 옷의 움직임은 데포르메를 적용한 일러스트에 적합합니다.

포즈 포인트

포즈 MEMO

움직임이 있는 화면에 구도를 제대로 구축하고 싶어서 머리카락과 옷의 움직임을 활용할 수 있는 포즈로 그렸습니다.

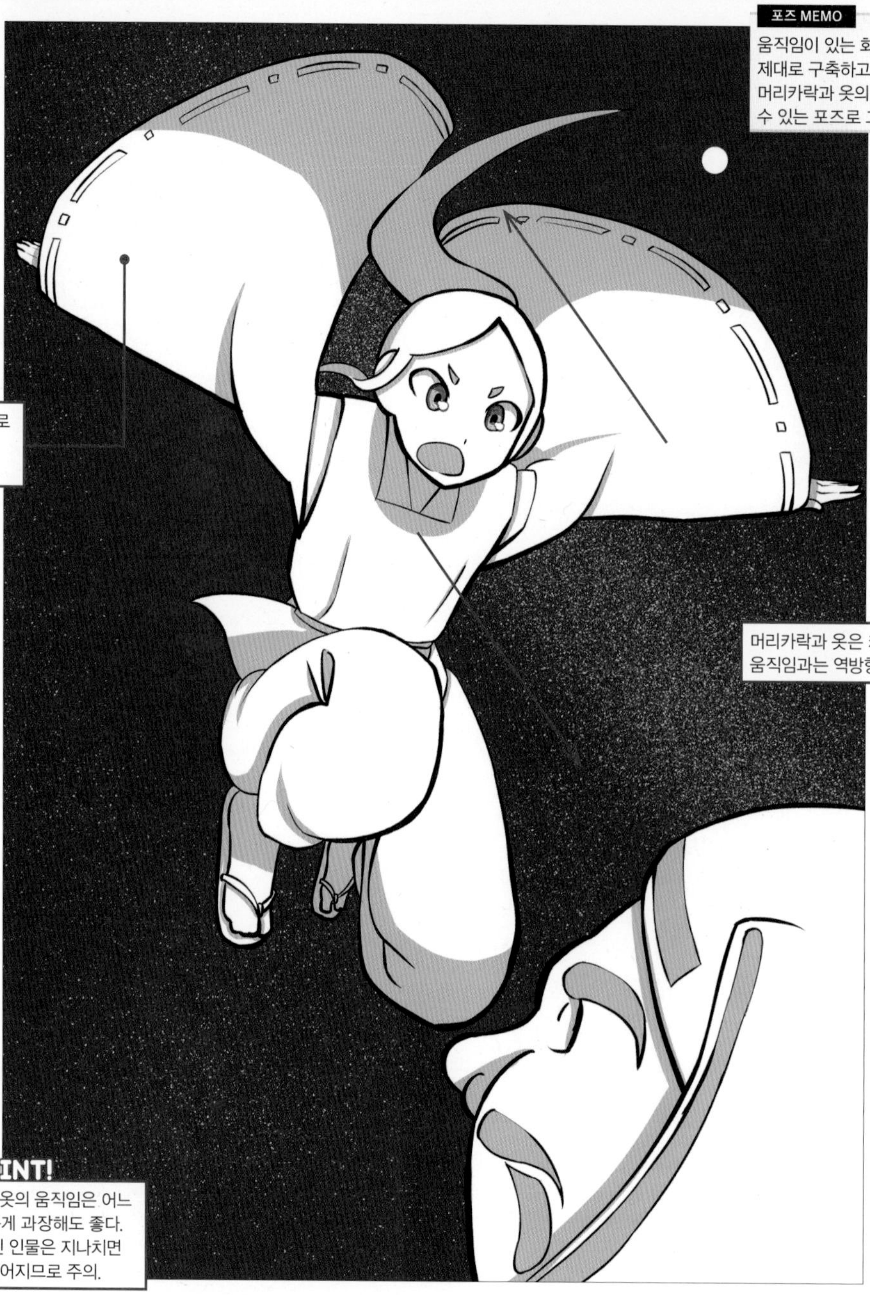

머리카락과 옷으로 구도의 부족한 부분을 보강한다.

머리카락과 옷은 캐릭터의 움직임과는 역방향으로 움직인다.

ONE POINT!

머리카락과 옷의 움직임은 어느 정도 자유롭게 과장해도 좋다. 단, 사실적인 인물은 지나치면 현실감이 떨어지므로 주의.

포즈의 기본

머리카락 · 옷의 기본

옷과 머리카락은 대부분의 캐릭터가 갖고 있는 요소로 효과적인 포즈와 구도를 구성할 수 있는 중요한 부분입니다. 머리카락, 특히 가벼운 옷은 바람이나 인체의 움직임에 영향을 받기 쉽고 다양한 상황에 이용할 수 있습니다.
머리카락과 옷은 민머리나 맨몸이 아닌 다음에는 화면에 있어도 부자연스럽지 않으므로 어떤 구도나 포즈라도 조합해서 사용할 수 있습니다. 특히 '움직임'이나 '공기 역학 표현' 등에 효과적이며 액션 포즈에는 필수 요소입니다.
머리카락이 긴 캐릭터나 긴 옷, 하늘하늘한 옷을 입은 캐릭터는 머리카락과 옷의 효과를 이용하기 쉽습니다. 반면 머리카락이 짧은 캐릭터나 몸에 달라붙는 옷을 입은 캐릭터는 어렵습니다. 그때는 머리카락과 옷에 좌우되지 않는 구도나 포즈를 찾을 필요가 있습니다.

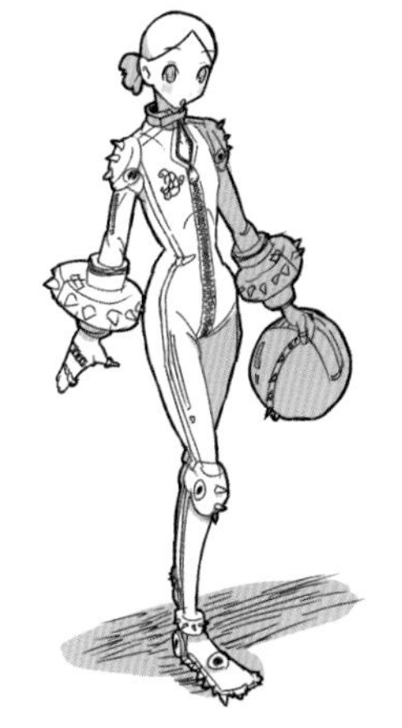

짧거나 작게 묶은 머리카락과 달라붙는 옷에는 적합하지 않습니다.

움직임과 반대 방향으로 움직인다

머리카락과 옷으로 움직임을 표현하고 싶을 때는 대원칙이 있습니다. 바로 **인체가 움직이는 방향과 반대로 움직인다**는 것입니다.
머리카락이나 옷은 스스로 움직이지 않습니다. 사람의 동작이 있어야 움직일 수 있습니다. 옷이나 머리카락은 사람의 움직이는 방향과 반대 방향으로 나타납니다. 움직임을 표현하고 싶다고 해서 막연히 움직임을 넣어서는 안 됩니다. 장면에 따라서는 보충하거나 방향성을 방해하는 것이 움직임입니다. 단, 강풍이 불거나 공기가 없는 우주 공간 등 특수한 상황에서는 다를 수 있습니다.

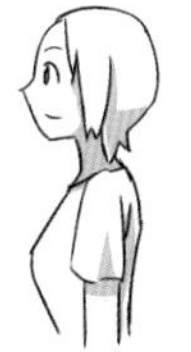

가만히 서 있는 상황입니다. 지금은 머리카락과 옷이 움직이지 않습니다.

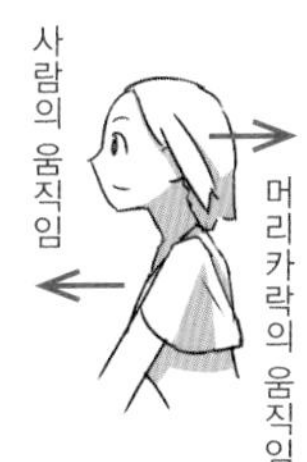

앞으로 빨리 걸어가는 모습입니다. 전방으로 움직이므로 머리카락은 뒤쪽으로, 팔은 앞으로 흔들므로 옷도 뒤로 흐릅니다.

소매의 움직임과 형태

옷에서 가장 움직임의 영향을 받기 쉽고, 흔히 볼 수 있는 부분은 '소매'입니다. 소매는 다른 부분보다 가벼워서 움직임을 표현하기 쉽습니다. 손에도 표정이 있다는 말이 있듯 사람은 손에 주목하므로 손과 관계가 깊은 소매도 눈에 띕니다.
소매의 움직임은 입체를 의식하면서 그려야 합니다. 평면적인 소매를 그리는 사람이 많지만 상자 그리기로 입체적으로 그리면 설득력이 생깁니다. 무거운 소재의 소매라면 상자 같은 형태 그대로 그려도 되지만 가벼운 소재의 소매라면 이끌리는 방향과 반대쪽을 납작하게 그리면 사실적입니다.

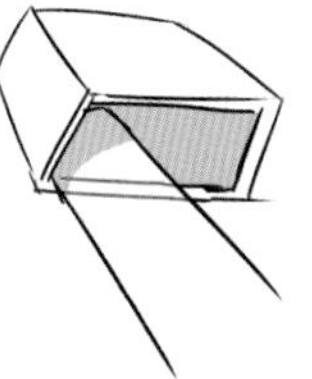

사각이나 마름모의 상자(소매)에 둥근 봉(팔)이 들어 있는 이미지. 앞으로 팔이 움직이므로 봉은 상자의 앞부분에 위치합니다.

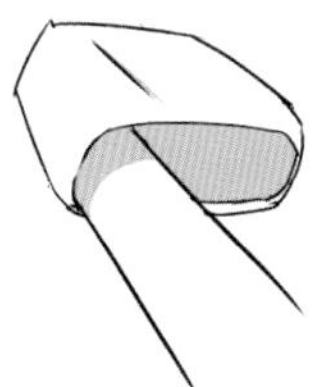

모서리를 다듬으면 완성입니다. 앞으로 끌려가는 상황이므로 힘이 작용하는 방향으로 주름을 넣습니다. 두꺼운 천은 뒷부분에 둥그스름한 형태를 남깁니다.

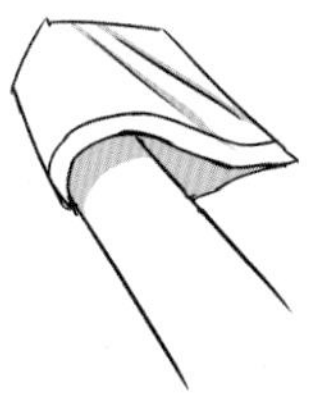

얇은 천이므로 뒷부분을 좁힙니다. 두꺼운 천보다 힘이 작용하는 부분에 주름을 진하게 넣습니다.

방향을 제대로 잡아야 한다

✕의 그림은 오른쪽에서 왼쪽으로 움직이는 캐릭터이지만, 캐릭터의 움직이는 방향과 같은 방향으로 머리카락과 소매가 움직이므로 오른쪽에서 왼쪽으로 향하는 움직임을 방해하는 것처럼 보입니다. 따라서 '움직이는 방향과 반대 방향으로 움직인다'는 대원칙에 따라서 머리카락과 옷의 방향을 바꾸면 화면 전체에 오른쪽에서 왼쪽으로 이동하는 움직임이 형성됩니다.

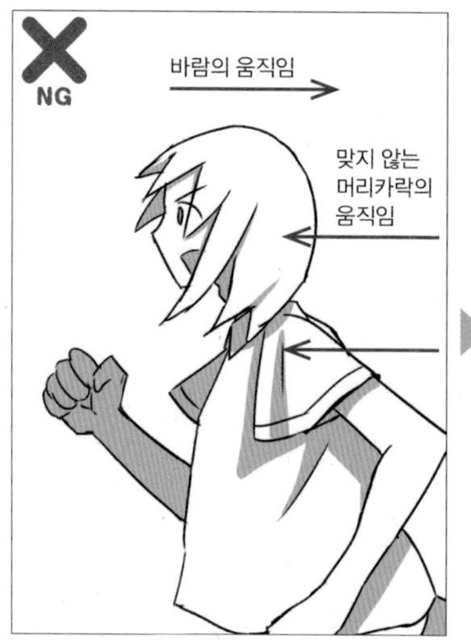

움직인다기보다 등 뒤에서 강풍이 불어오는 것처럼 보입니다.

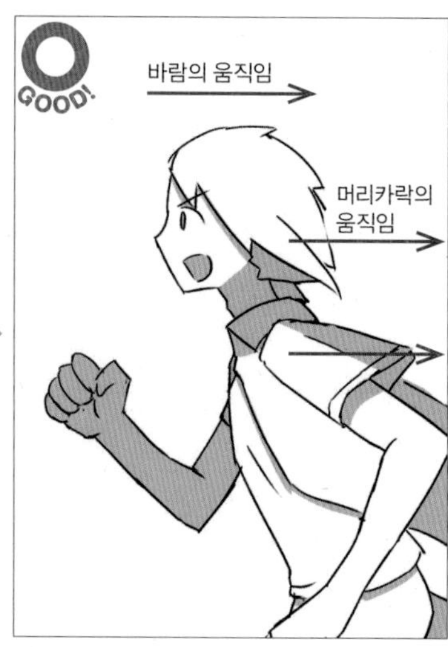

움직임의 방향을 정리했습니다. 오른쪽에서 왼쪽으로 이동하는 움직임의 인상이 더 강해졌습니다.

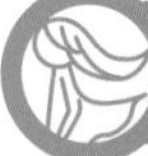

포즈 활용법

머리카락과 옷으로 구도를 만든다

머리카락과 옷으로 부족한 공간을 채우거나 장식으로 활용하는 식으로 머리카락과 옷을 구도의 디자인 요소로 사용하는 것도 효과적입니다. 인물이 가만히 서 있는 전신 일러스트나 바스트 업으로 역삼각형 구도(p.30)를 구성하는 것은 어렵지만, 바람으로 긴 머리카락이나 스카프를 펄럭이게 하면 역삼각형 구도를 만들 수 있습니다.
구성하기 힘든 구도라도 머리카락과 옷을 이용해 자연스러운 형태를 만들 수 있습니다.

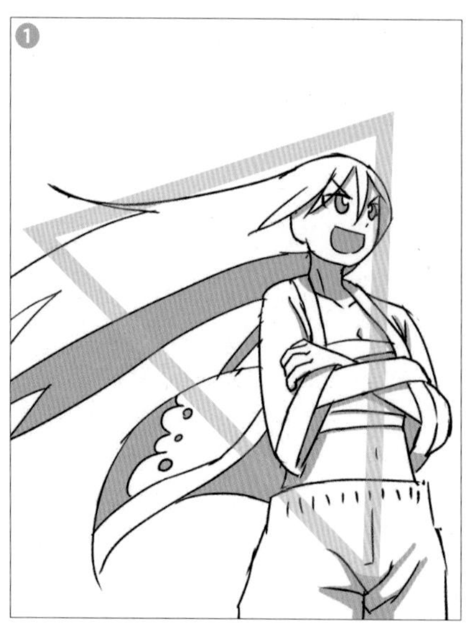

배를 타는 소녀 어부라는 이미지입니다. 움직임이 적은 로우 앵글에서는 역삼각형 구도를 만들기 어렵지만, 강풍에 휘날리는 머리카락과 상의를 활용하면 표현할 수 있습니다.

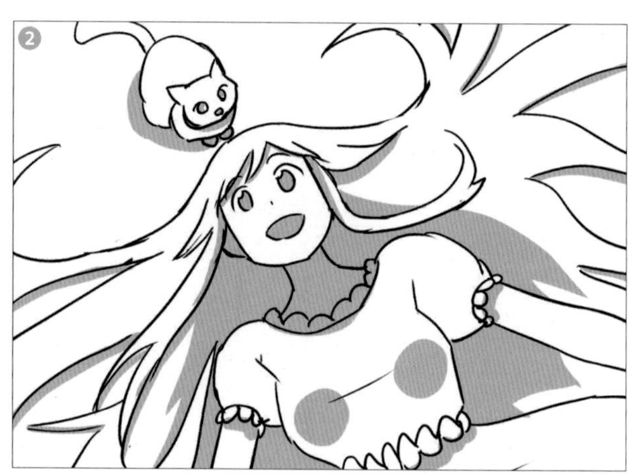

움직이거나 바람을 이용하는 방법 외에 누워 있으면 머리카락과 옷의 가능성이 더 넓어집니다. 이 일러스트에서는 집결 구도(p.38), T구도(알파벳 구도, p.66), 역삼각형 구도 등을 사용했습니다.

다수의 인물을 정리한다

그룹 쇼트(p.114)에서 설명했지만 머리카락과 옷은 여러 인물을 정리하는 데도 유용합니다. '조금만 더하면 구도가 완성되는 타이밍'에 부족한 형태를 보충할 수 있습니다.
머리카락과 옷도 현실에서는 그다지 움직이지 않지만 일러스트의 세계에서는 자유롭게 표현할 수 있어서 작품에 자유로운 인상을 더해줍니다.
단, 머리카락과 옷에 역동적인 움직임을 더할 때 사실적인 묘사의 인물은 주의가 필요합니다. 데포르메가 강할수록 현실을 무시한 머리카락과 옷이라도 위화감이 없지만, 데포르메가 약한 사실적인 묘사에서는 위화감이 발생하기도 합니다. 그때는 머리카락과 옷의 움직임을 억누르거나 구도를 변경하는 방법도 있지만, 질감을 제대로 묘사해 현실감을 보강하고 위화감을 줄이는 방법도 있습니다. 소셜 게임의 일러스트에서는 역동적인 움직임과 밀도 높은 묘사가 함께 있는 일러스트도 드물지 않습니다.

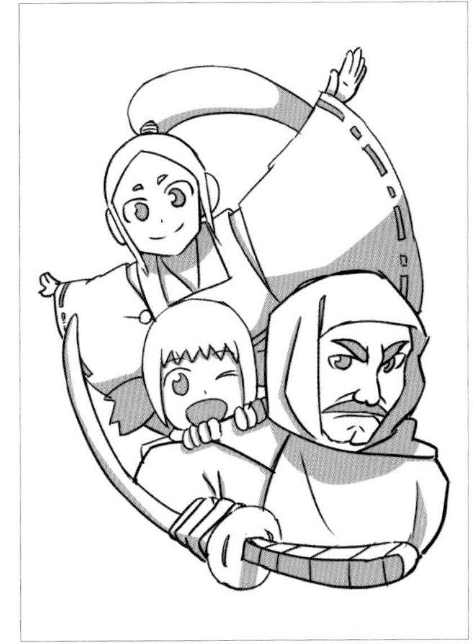

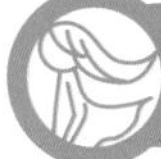

일러스트 예시

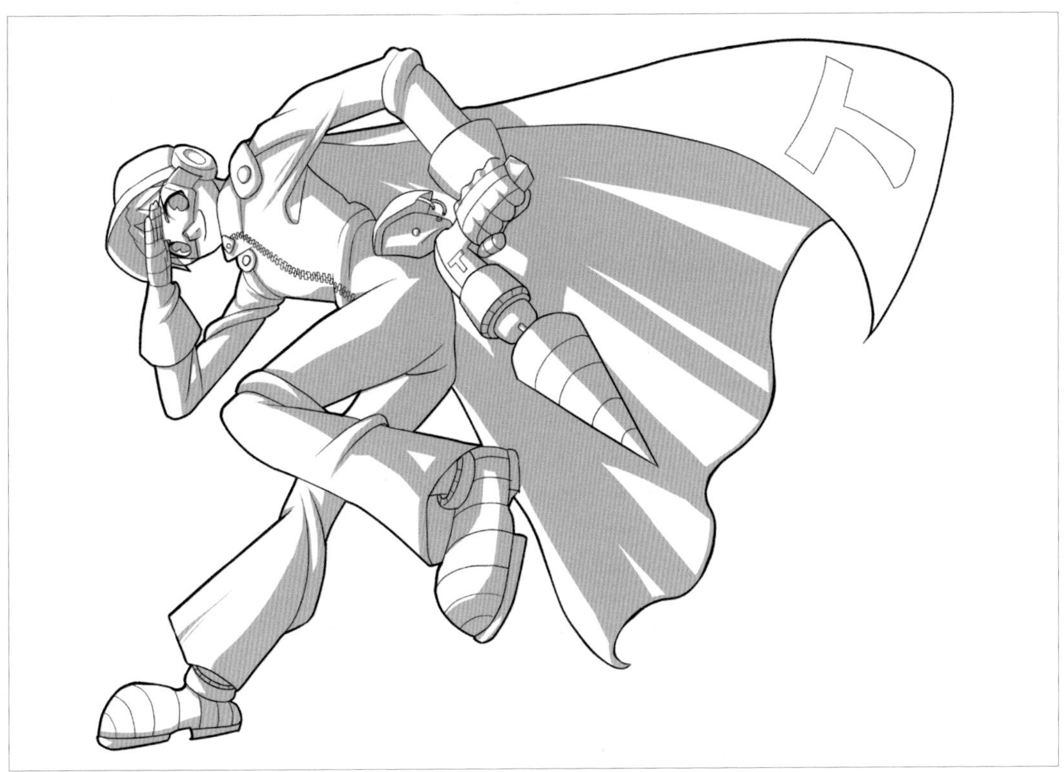

영웅 같은 움직임을 표현하려고 망토로 다이내믹하게 역삼각형을 구성하는 움직임으로 그렸습니다.

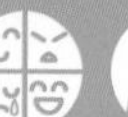
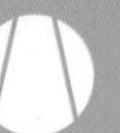
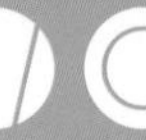
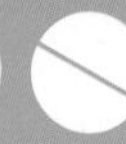
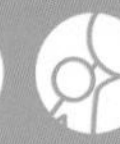
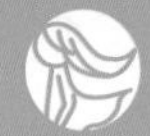
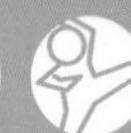

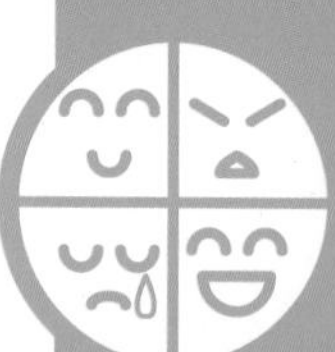

희로애락

희로애락은 가장 기본인 4가지 감정입니다. 표정뿐 아니라 포즈로도 감정을 표현할 수 있습니다.
포즈에 따라서 인간미가 강해지는 '감정의 강조'가 가능합니다.
희로애락을 전달하는 포즈는 애니메이션이나 만화에서 필수입니다. 게임의 바스트 업 그림은 표정의 변화만으로 감정을 표현하는 것이 많지만, 강한 감정을 표현하고 싶을 때는 특정 포즈로 그린 그림을 미리 준비합니다. 캐릭터를 매력적으로 표현하고 싶을 때 효과적입니다.

포즈 포인트

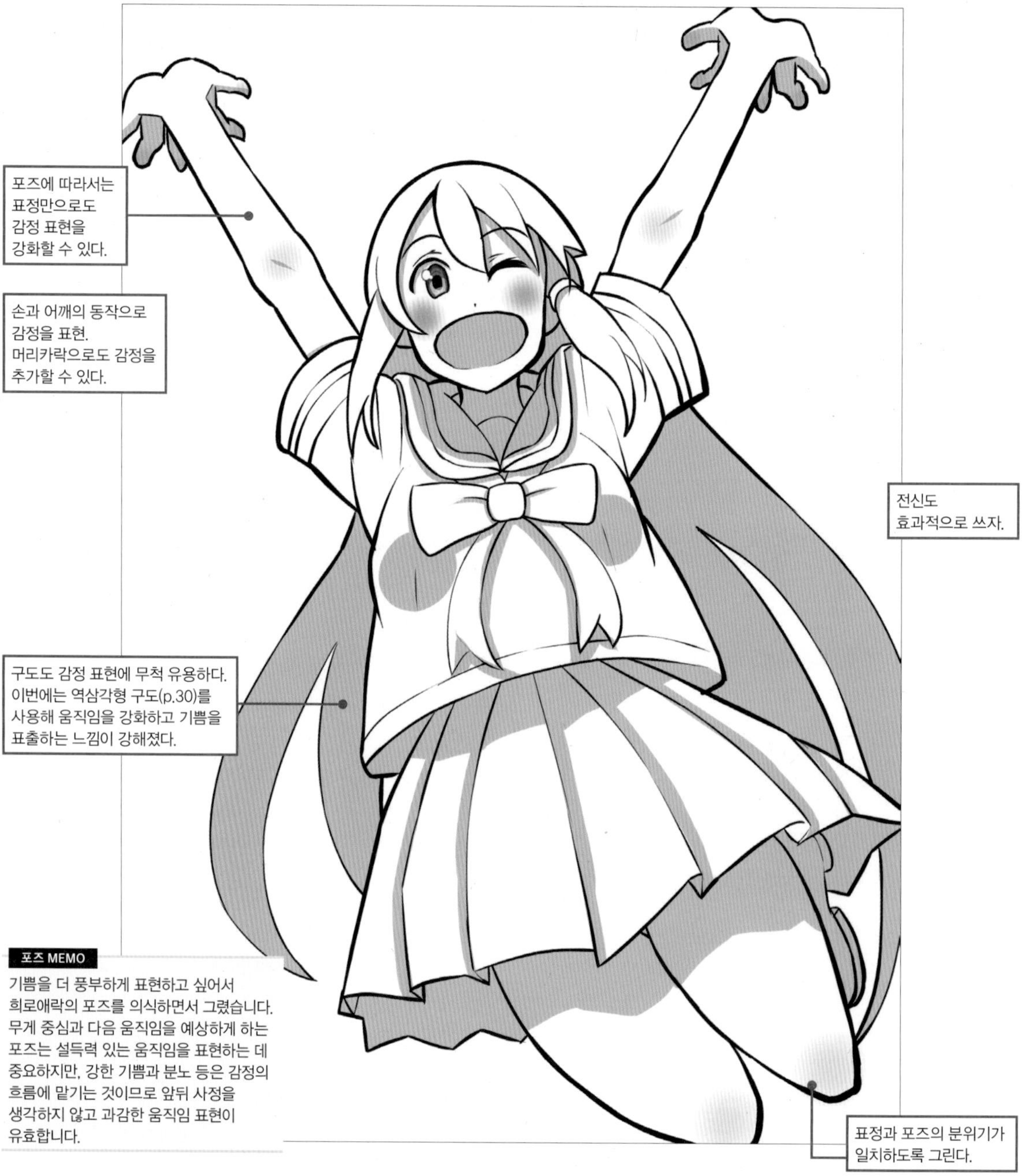

포즈에 따라서는 표정만으로도 감정 표현을 강화할 수 있다.

손과 어깨의 동작으로 감정을 표현. 머리카락으로도 감정을 추가할 수 있다.

전신도 효과적으로 쓰자.

구도도 감정 표현에 무척 유용하다. 이번에는 역삼각형 구도(p.30)를 사용해 움직임을 강화하고 기쁨을 표출하는 느낌이 강해졌다.

포즈 MEMO

기쁨을 더 풍부하게 표현하고 싶어서 희로애락의 포즈를 의식하면서 그렸습니다. 무게 중심과 다음 움직임을 예상하게 하는 포즈는 설득력 있는 움직임을 표현하는 데 중요하지만, 강한 기쁨과 분노 등은 감정의 흐름에 맡기는 것이므로 앞뒤 사정을 생각하지 않고 과감한 움직임 표현이 유효합니다.

표정과 포즈의 분위기가 일치하도록 그린다.

희로애락의 기본

기쁨, 분노, 슬픔, 즐거움 등의 4대 감정을 포즈로 표현할 수 있습니다. 사람은 상대의 얼굴을 보는 만큼 표정을 이용한 감정 표현이 가장 효과적이지만, 자세한 내용은 표정(p.150)에서 설명하겠습니다.

더 매력적인 캐릭터를 그리고 싶을 때는 포즈를 이용한 '감정의 강조'도 필수인 표현입니다. 얼굴뿐 아니라 움직임을 활용해 좀 더 '인간미'를 표현할 수 있습니다. 반대로 냉혹한 인물이나 인간이 아닌 존재 등을 그리고 싶을 때도 효과적입니다.

어깨, 손, 머리카락, 전신 등을 상황에 맞게 효과적으로 사용하고, 화면 전체로 감정을 표현할 수 있게 되면 최고입니다.

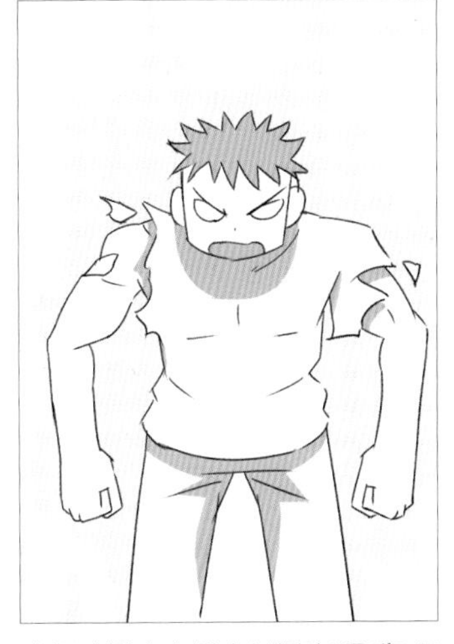

옛날부터 '화가 머리끝까지 치밀어 오른다'고 표현하는데, 머리카락을 세운 것은 분노를 표현하는 데 잘 어울립니다.

어깨와 손, 머리카락으로 감정을 표현한다

감정 표현에서 얼굴 다음으로 중요한 것은 어깨와 손입니다. 바스트 업(p.90)에서도 설명했지만, 어깨와 선은 감정을 표현하기 쉬운 부위입니다.

데포르메를 활용하면 머리카락도 유용합니다. 감정에 알맞은 형태로 그려봅시다. 단, 사실적인 스타일에서 사용하면 현실감이 약해지기도 하니 주의하세요.

이번에는 보편적인 표현법을 살펴보겠습니다.

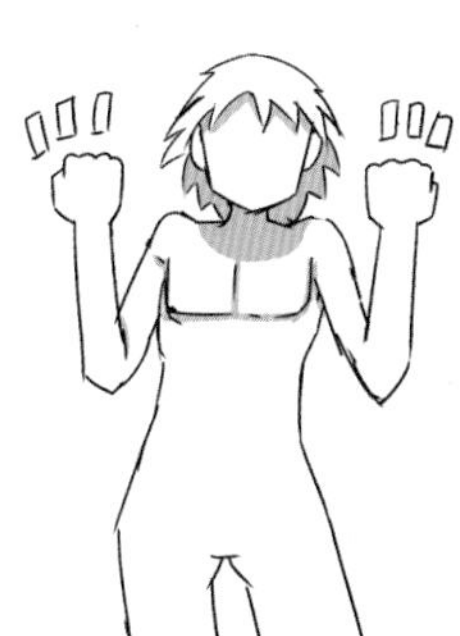

● 희(喜)

어깨 : 올라간다.

손 : 올라간다. 손을 펼칠 때도 많지만, 기쁨이 크면 주먹을 쥔다.

머리카락 : 펼쳐지듯 올라간다.

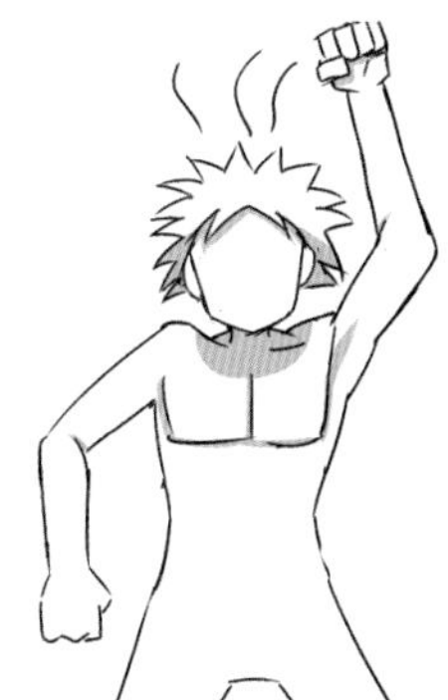

● 로(怒)

어깨 : 크게 올라간다.

손 : 주먹을 쥔다. 높이 올릴 때가 많다. 펀치의 움직임을 예측할 수 있는 포즈면 더 좋다.

머리카락 : 위로 솟구친다.

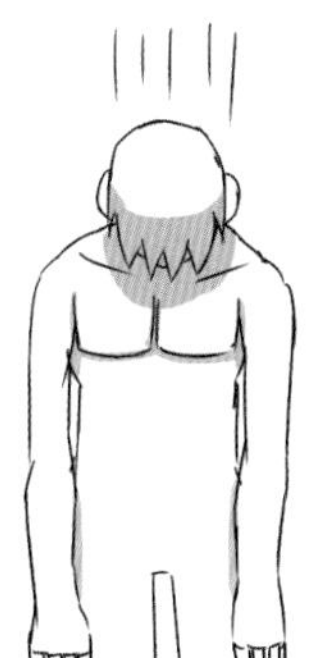

● 애(哀)

어깨 : 내려간다.

손 : 축 늘어뜨린다. 강한 슬픔일 때는 주먹을 쥔다.

머리카락 : 밑으로 처진다. 머리카락으로 눈을 가리거나 머리카락의 그림자를 진하게 넣으면 슬픔을 더 강조할 수 있다.

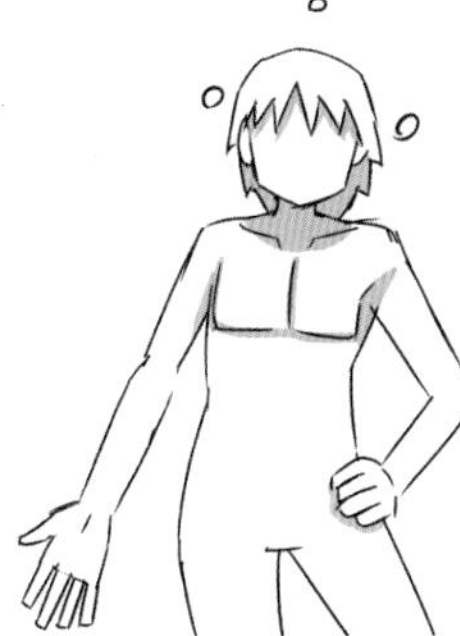

● 락(樂)

어깨 : 다소 올라가기도 하지만, 편안하게 내릴 때가 많다.

손 : 주먹을 쥐는 일이 드물다.

머리카락 : 약간 넓어진다. '락'은 중립 포즈에 가까워서 편안한 상태를 의식한다.

물론 이 포즈들은 기본 중에 기본이므로 경악할 때 어깨를 강하게 위로 올리는 식으로 때와 장소에 따라 변경해도 됩니다.

전신으로 감정을 표현한다

손과 어깨 외에 전신을 사용하면 감정이 강해집니다. 기쁨과 분노 등의 격렬한 감정은 온몸을 떨거나 비틀고, 뛰어오르는 역동적인 움직임이 있는 포즈로 그리면 효과적입니다. 액션(p.154)과 머리카락 · 옷(p.142)도 참고하세요.
구도로도 감정 표현을 강화할 수 있습니다. 적극 사용합시다.

❶

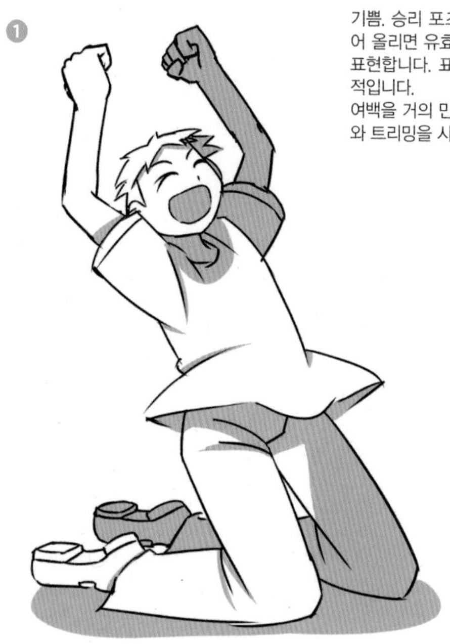

기쁨. 승리 포즈를 기본으로 하고, 한쪽 팔 또는 두 팔을 들어 올리면 유효합니다. 인체도 구부리거나 비틀어서 기쁨을 표현합니다. 표지 일러스트처럼 큰 기쁨은 점프 등도 효과적입니다.
여백을 거의 만들지 않고 다이내믹한 화면을 구성하는 구도와 트리밍을 사용하면 큰 효과를 얻을 수 있습니다.

❷

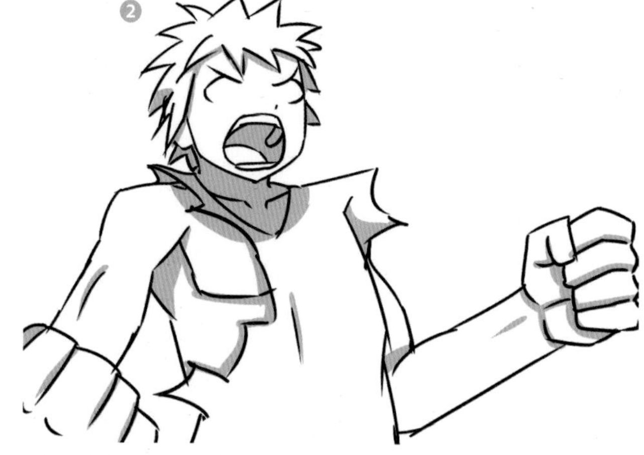

분노. 로우 앵글(p.8)로 박력을 연출하는 것도 유효합니다. 대각선 구도(p.42) 등으로 긴장감을 표현해도 좋습니다. 오버 퍼스(p.130)로 주먹을 강조하는 것도 효과적입니다. 마찬가지로 여백을 최소화하면 박력이 생깁니다.

❸

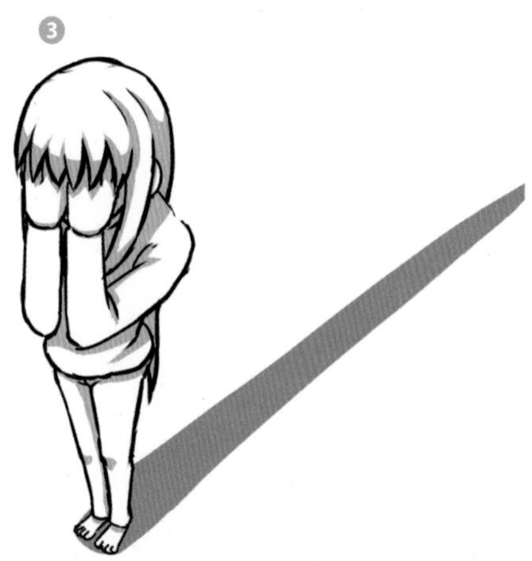

슬픔. 손으로 얼굴을 가리고, 몸을 숙여 울적한 느낌을 표현하는 것도 효과적입니다. 고독한 느낌을 표현하려면 하이 앵글(p.12)이나 여백 구도(p.54)로 슬픔을 강조합니다. 역삼각형 구도도 어울립니다.

❹

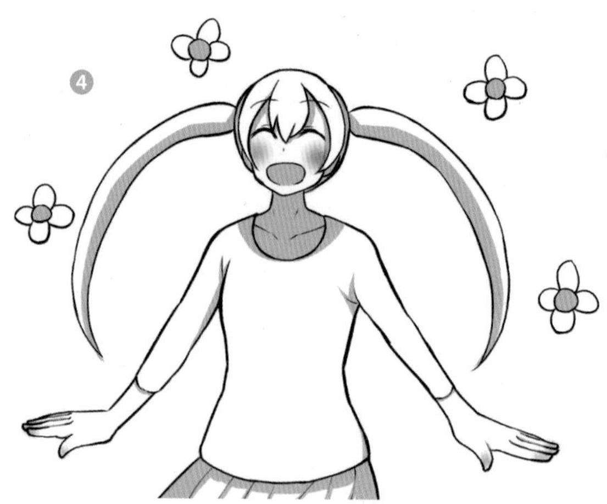

즐거움. 기쁨에 가깝지만, 더 편안한 분위기를 의식해야 합니다. 손을 너무 들어 올리지 않고 힘을 뺀 편안한 포즈로 그리면 좋습니다. 부드러움을 표현할 수 있는 집결 구도(p.38) 등이 적합합니다.

표정과 포즈가 일치되도록 한다

기뻐하는 모습을 그리려고 했습니다. △의 그림은 표정은 웃고 있지만 포즈는 분노를 표현하는 듯해서 오히려 광기가 느껴집니다. 이유는 표정과 포즈가 맞지 않아서입니다. ○의 그림처럼 기뻐하는 표정은 기뻐하는 포즈를 함께 묘사합시다. 광기가 느껴진다고 했는데 특수한 표현이 필요할 때 유용합니다. 단순한 희로애락과 다른 표정을 그리고 싶을 때는 다른 감정의 포즈와 표정을 조합해도 잘못된 방법은 아닙니다.

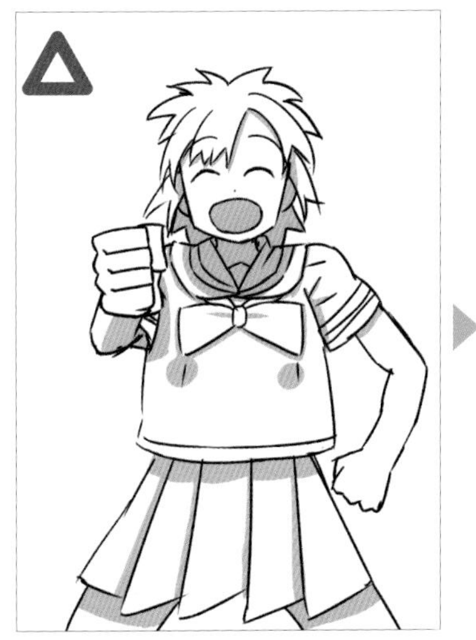

표정과 포즈가 어울리지 않습니다. 광기를 표현한 것이라면 이대로도 좋지만, 지금은 기뻐하는 모습을 그리려고 했기 때문에 미스 매치입니다.

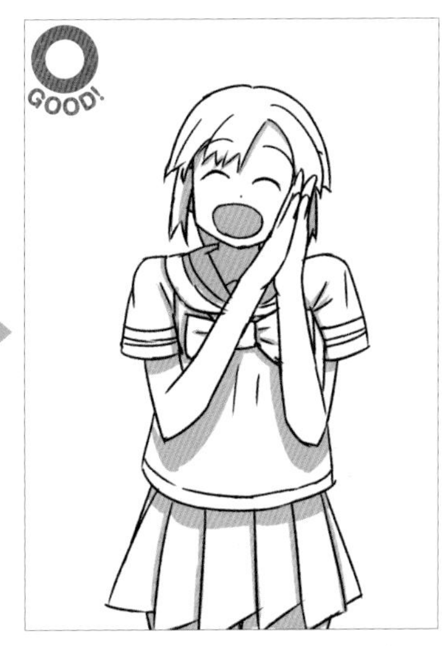

표정과 포즈의 분위기가 일치하므로 기뻐하는 느낌이 강하게 나타납니다. 원칙대로 그릴 필요는 없지만, 목표로 하는 감정을 표현하는 것을 우선하면 됩니다.

일러스트 예시

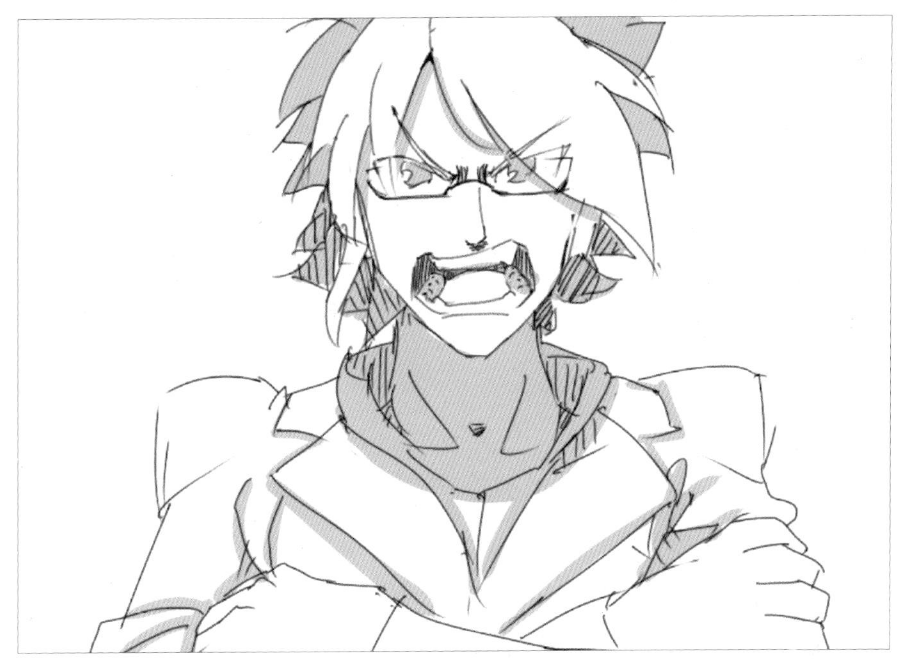

어깨를 올리고, 팔짱을 끼고, 머리카락이 솟구치는 등 쓸 수 있는 모든 것을 이용해 분노를 표현했습니다.

© Student: RE

표정

표정은 가장 기본이 되는 '감정 표현' 방법입니다. '인간미'와 '캐릭터의 매력' 등을 전달할 때 중요합니다. 일러스트가 필요한 모든 분야에서 필수인 기술이기도 합니다.
만화 또는 애니메이션에서는 빠르게 표정을 바꿔서 캐릭터의 감정을 표현함과 동시에 작품에 리듬을 만드는 역할도 합니다.
모든 캐릭터 일러스트에서 가장 중요한 기술 가운데 하나입니다.

포즈 포인트

ONE POINT!

긍정적인 표현에서는 눈썹과 입이 올라가고, 부정적인 표현에서는 내려간다.

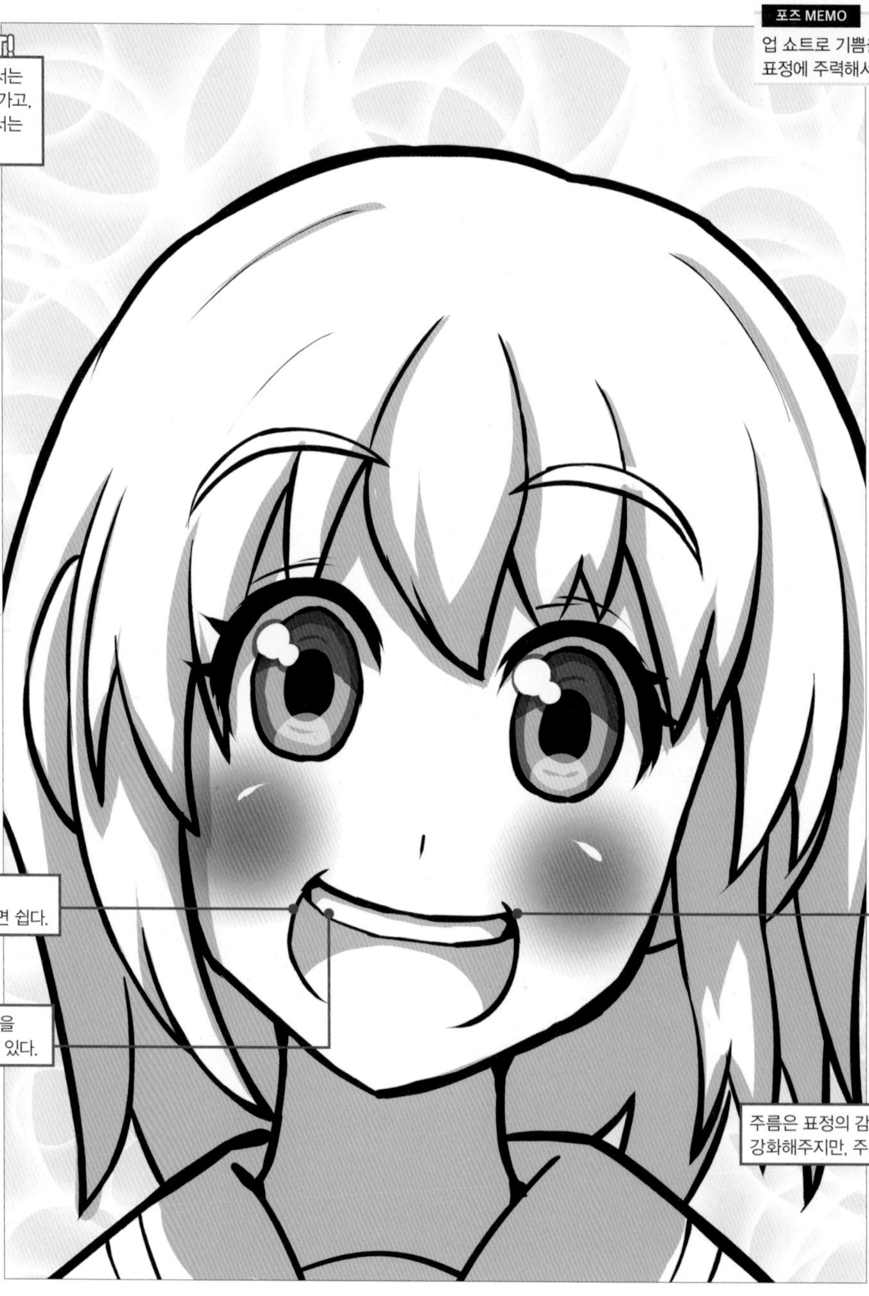

포즈 MEMO

업 쇼트로 기쁨을 표현하고 싶어 표정에 주력해서 그렸습니다.

입은 입체감을 의식하면서 그리면 쉽다.

이를 그리면 감정을 강하게 표현할 수 있다.

주름은 표정의 감정 표현을 강화해주지만, 주의해서 사용하자.

표정의 기본

감정을 표현하는 가장 중요한 수단입니다. 희로애락(p.146)처럼 웃는 얼굴, 화난 얼굴, 슬픈 얼굴, 기쁜 얼굴이 기본이지만 감정은 복잡해서 표현 방법이 무수히 많습니다.
오른쪽 그림처럼 약간 눈썹을 움직이거나 입을 아치로 그려서 웃음을 표현하는 등 초보자라도 간단히 표정을 만들 수 있지만, 이런 방법만으로는 한계가 있습니다. '인간미', '캐릭터의 매력' 등을 더 잘 표현할 수 있는 표정 만드는 법을 소개합니다. 표정과 포즈를 조합하면 더 매력적인 감정 표현이 가능하므로 세트로 알아두면 아주 좋습니다.

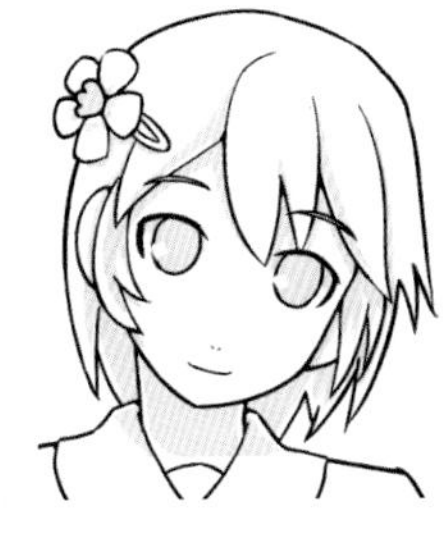

눈과 눈썹으로 감정을 표현한다

표정을 만드는 데 가장 중요한 것은 눈과 눈썹입니다. 사람은 상대방의 감정을 살필 때, 눈부터 봅니다. 가장 가까이 있는 눈과 근육이 연동해서 움직이는 눈썹에도 주목하게 되므로 눈과 눈썹은 세트라고 생각합시다.

●기쁨 표현

부드러운 감정은 눈꺼풀과 아래쪽 근육이 눈을 좁혀서 약간 가늘어집니다. 눈썹은 팔(八) 자로 내려가거나 아치 모양을 그립니다. 크게 기쁜 감정을 표현하려면 눈도 최대한 크게 뜬 상태로 그립니다. 눈썹은 아치 형태로 크게 올라갑니다. 검은자위의 하이라이트는 위에 넣습니다.

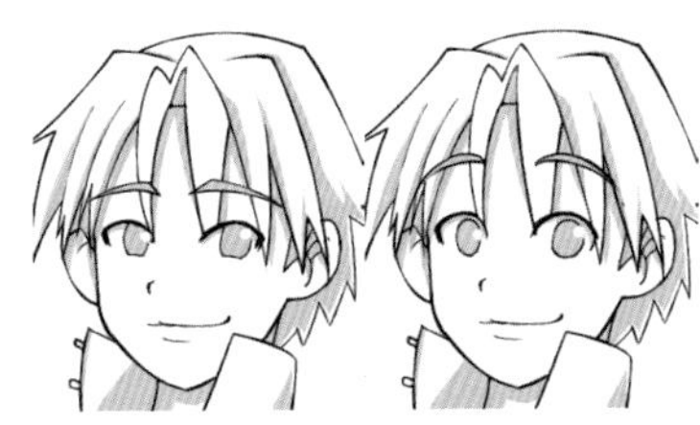

●분노 표현

평범한 분노에서는 눈꺼풀이 내려가고 눈 가장자리가 날카롭게 올라갑니다. 눈썹은 팔 자를 뒤집은 형태로 올라갑니다. 격렬한 분노는 눈은 크게, 동공은 작게 그리면 효과적입니다. 눈썹도 팔 자를 뒤집은 형태로 크게 올라갑니다. 2가지 모두 데포르메에 사용할 때는 미간에 주름을 넣어도 좋습니다. 검은자위의 하이라이트는 없거나 위에 넣습니다.

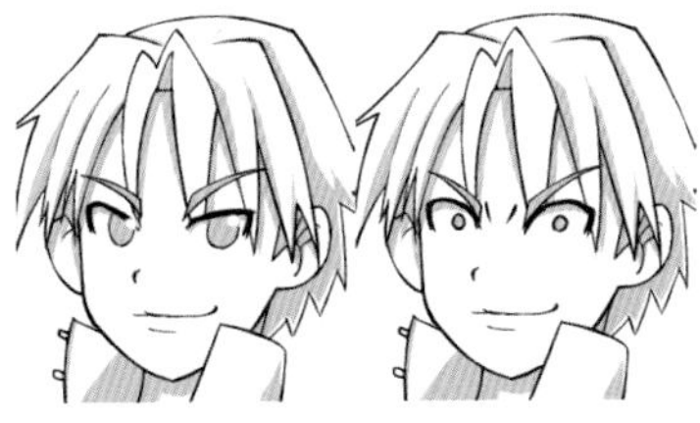

●슬픔 표현

평범한 슬픔은 눈꺼풀이 내려가고 눈 가장자리도 내려갑니다. 눈썹은 팔 자로 내려갑니다. 격렬한 슬픔은 눈을 크게 뜨고, 동공은 흐릿하고 촉촉하게 그려도 효과적입니다. 눈썹은 팔 자를 뒤집은 형태로 크게 내려갑니다. 2가지 모두 눈물을 그려도 좋지만, 눈물이 가장자리에 맺힌 것보다 흐르는 편이 슬픔을 더 강하게 표현할 수 있습니다. 검은자위의 하이라이트는 아래 또는 장면에 따라서 없습니다.

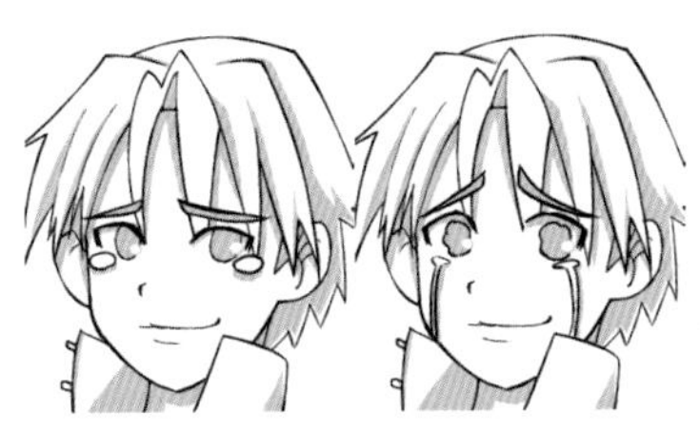

●즐거움 표현

평범한 즐거움은 동공이 약간 가려질 정도로 눈꺼풀과 눈 아래쪽 근육이 눈을 좁힙니다. 눈썹은 평행하거나 위로 살짝 올라간 아치로 그려도 좋습니다. 격렬한 즐거움은 드물지만, 약간 눈을 크게 뜬 상태에 눈썹을 아치로 그리면 좋습니다. 2가지 모두 편안한 모습이 기본이며, 오버해서는 안 됩니다. 검은자위의 하이라이트는 중앙 부근에 넣습니다.

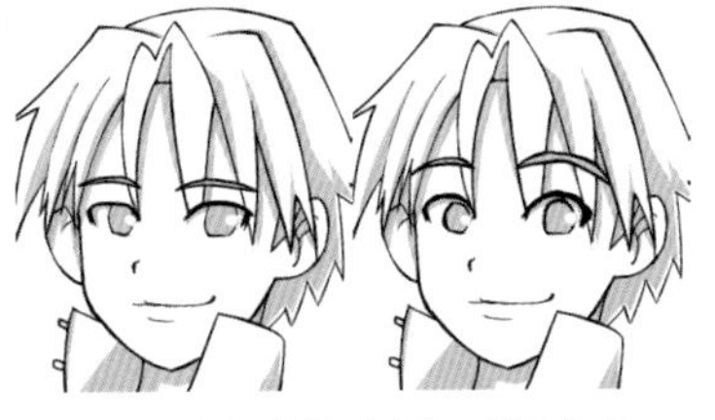

눈썹과 눈의 움직임을 과감하고 역동적으로 그리면 감정을 전달하기 쉽습니다.

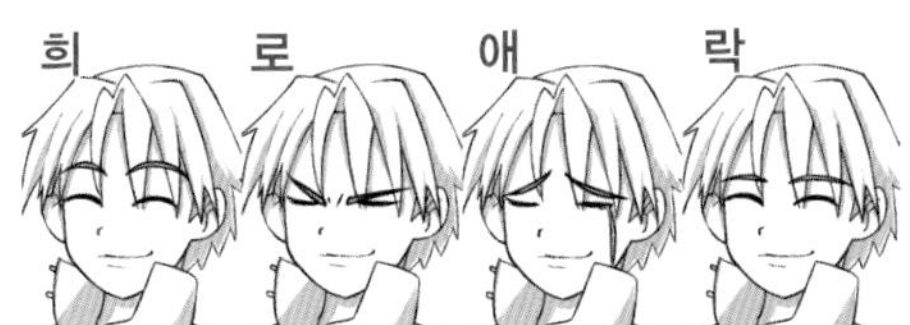

눈을 닫는 방법도 있습니다. 부정적인 감정(분노, 슬픔)은 눈꺼풀이 아래로 가도록 아치를 그리고, 긍정적인 감정(기쁨, 즐거움)은 아치를 눈꺼풀 위로 그립니다. 긍정적인 감정 표현이든 부정적인 감정 표현이든 눈썹이 올라가고 내려갈 때 기본을 지킵시다.

입으로 감정을 표현한다

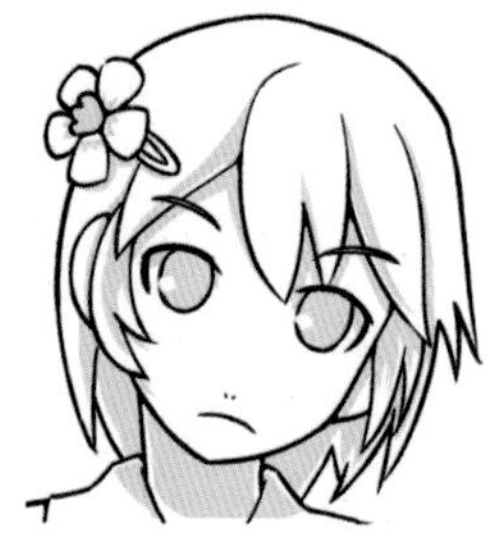

입은 감정을 말로 표현하는 부위입니다. 입의 형태도 표정을 표현하는 데 무척 중요합니다. 입 묘사는 긍정적인 표현일 때는 입꼬리가 올라가고, 부정적인 표현일 때는 입꼬리가 내려가는 기본을 지키는 것이 중요합니다.

●기쁨 표현

평범한 감정은 하현달처럼 벌립니다. 이를 닫고 입꼬리를 올려도 기쁨을 표현할 수 있습니다. 기쁨이 크면 클수록 입을 벌리고 이를 드러내면 기쁨의 표현이 강해집니다.

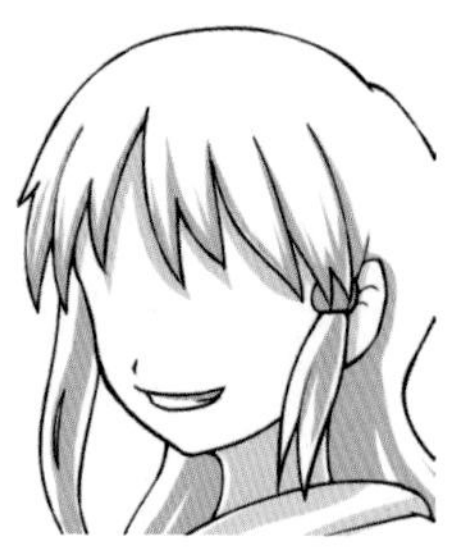

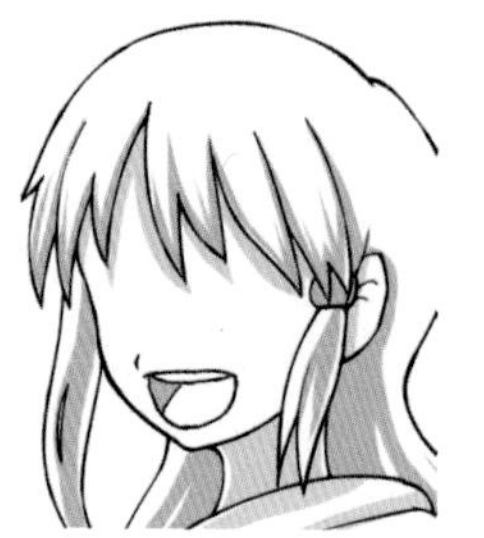

●분노 표현

평범한 감정 또는 화를 억누를 때는 이를 악물고 입꼬리가 내려갑니다. 큰 분노는 입을 크게 벌립니다. 네 방향으로 넓어지게 그리면 효과적입니다. 마찬가지로 이를 드러내면 표현이 무척 강해집니다.

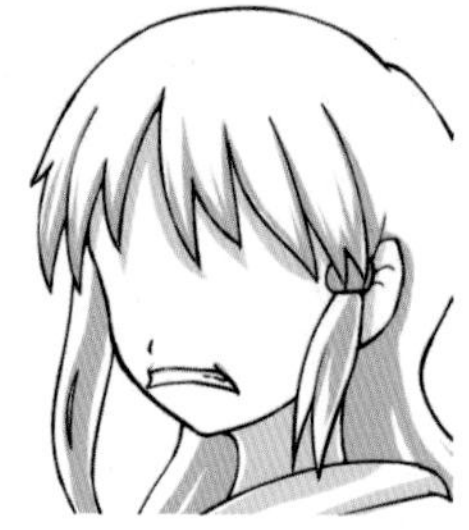

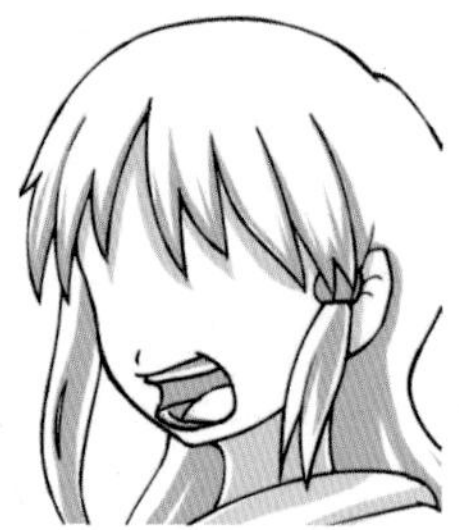

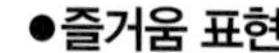

●슬픔 표현

평범한 슬픔은 분한 느낌일 때 이를 악물고 입꼬리를 약간 내리면 좋습니다. 아랫입술을 약간 강조하면 효과적입니다. 강한 슬픔은 입꼬리를 아래쪽으로 넓게 벌리면 됩니다. 울먹이는 눈처럼 입의 윤곽도 일그러지게 그리면 효과적입니다.

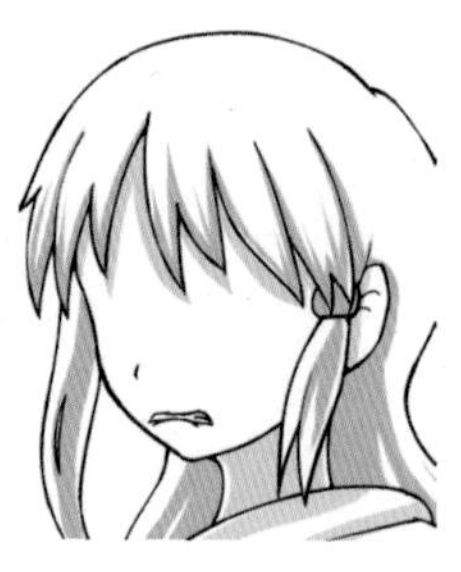

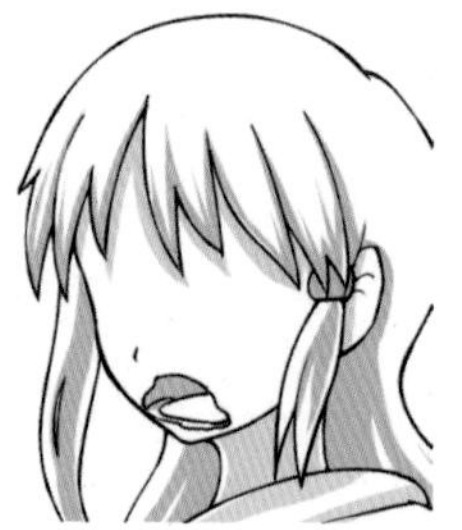

●즐거움 표현

닫은 입도 효과적입니다. 벌리더라도 너무 크게 벌리지는 않습니다. 긍정적인 표현이므로 입꼬리는 약간 올라가게 그리면 좋습니다.

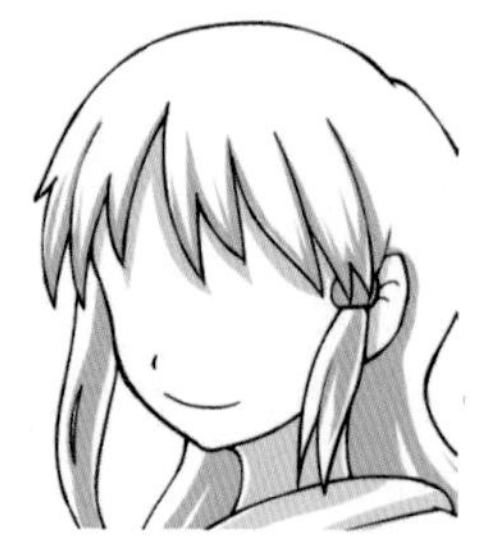

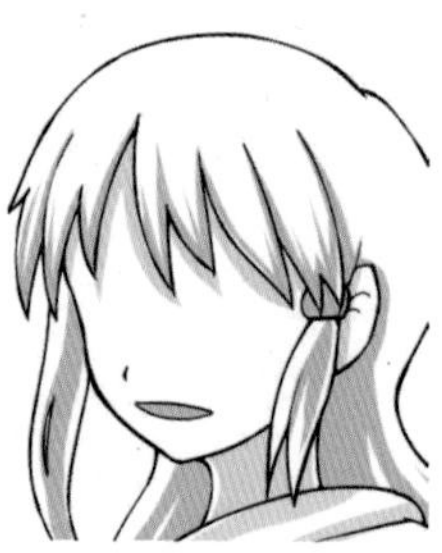

COLUMN ●●●

입을 그린다

벌린 입은 입체를 의식하면서 그립니다.

❶ 위와 아래에 U자를 2개 그립니다. 입의 접합부는 조개관자처럼 근육으로 연결한다고 생각하면 쉽습니다.

❷ 이의 외곽선을 잡습니다.

❸ 이와 혀를 그려 넣습니다. 사실적인 묘사가 필요하지 않으면 이라는 느낌이 들 정도로만 그립니다.

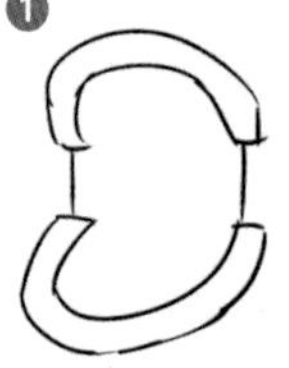

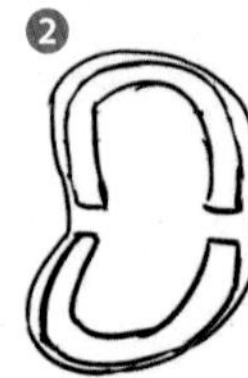

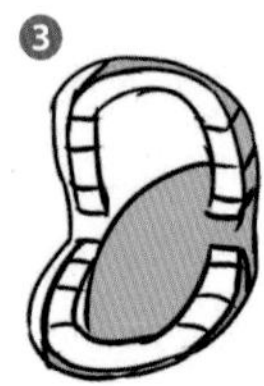

주름에는 요주의!

표정을 강조할 때 유효한 요소가 '주름'입니다. 표정 근육에 힘이 들어간 표현이므로 감정 표현을 강화할 수 있습니다. 표정에 따라서 생기는 주름은 팔자주름 등 입가에 생기는 주름, 관자놀이 부근에 생기는 주름, 미간의 주름, 이마의 주름 등입니다.
단, 최근에 유행하는 심플한 스타일의 그림체에는 적합하지 않은 표현입니다. 극화 타입은 효과적으로 표현할 수 있지만 데포르메 일러스트나 미소년 또는 미소녀의 얼굴에 주름을 넣으면 캐릭터가 갑자기 나이 들어 보이고 생생한 표현이 됩니다. 꼭 사용하고 싶다면 데포르메와 잘 어울리게 조합해야 합니다. 미간의 주름은 눈썹과 동화시키거나 입가의 주름은 입꼬리에 동화시키는 식으로 가능한 주름이 눈에 띄지 않게 넣으면 됩니다.
물론 노인 캐릭터를 그리거나 광기에 찬 표정을 표현하고 싶을 때는 과감하게 주름을 넣으면 효과적입니다.

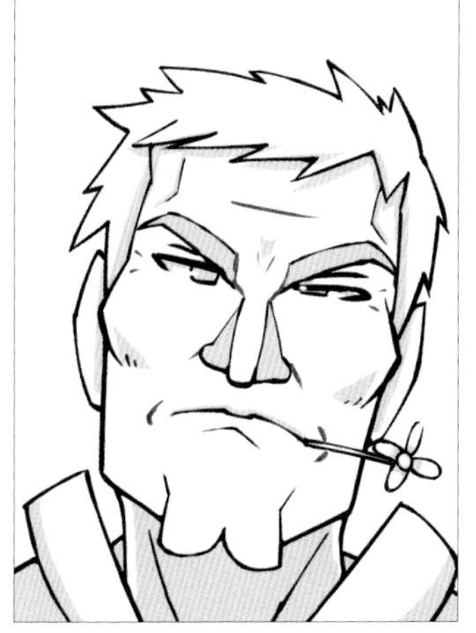
우락부락한 캐릭터나 노인 캐릭터 등에는 주름을 추천합니다.

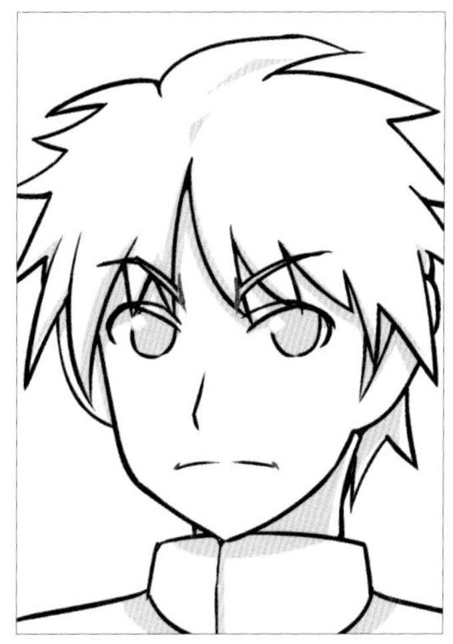
미소년과 미소녀 캐릭터에는 미세하게 데포르메 주름을 넣습니다.

일러스트 예시

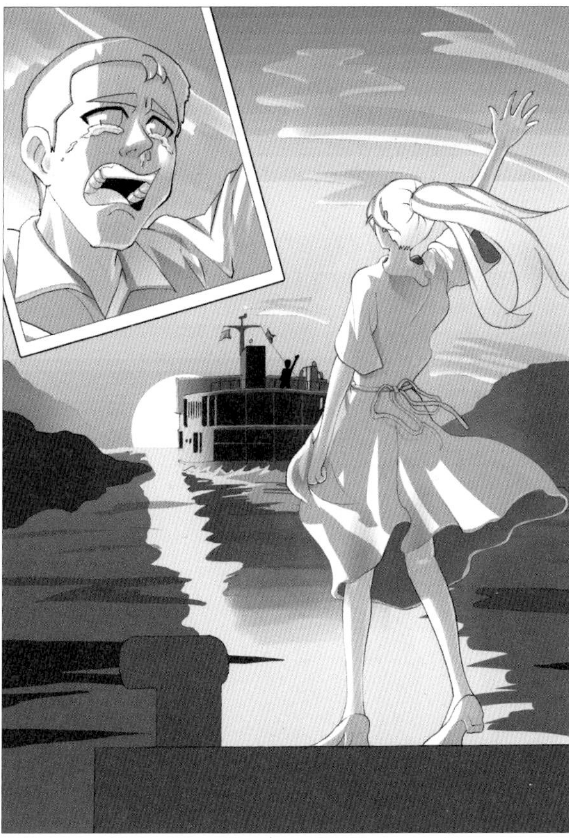

클라이언트의 요구로 과감하게 표정을 강조했습니다. 표정과 배경을 효과적으로 묘사하려고 컷 분할 구도(p.62)에 주역을 넣는 식으로 그렸습니다.

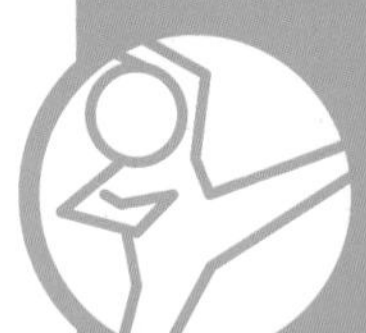
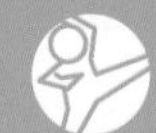
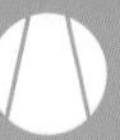
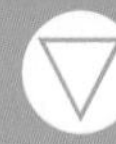
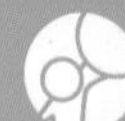

속도감을 표현한다

액션

지금까지의 구도와 포즈의 지식을 응용한 포즈에 대해 살펴보겠습니다. 캐릭터의 액션 포즈로 '움직임', '스포츠', '격투', '생동감' 등을 표현할 수 있습니다.

격투 장면 같은 액션뿐 아니라 스포츠와 캐릭터만의 개성 있는 포즈에도 액션 요소를 활용할 수 있습니다.

포즈 포인트

포즈 MEMO

역동적으로 싸우는 캐릭터를 표현하고 싶어서 액션 포즈로 그렸습니다.

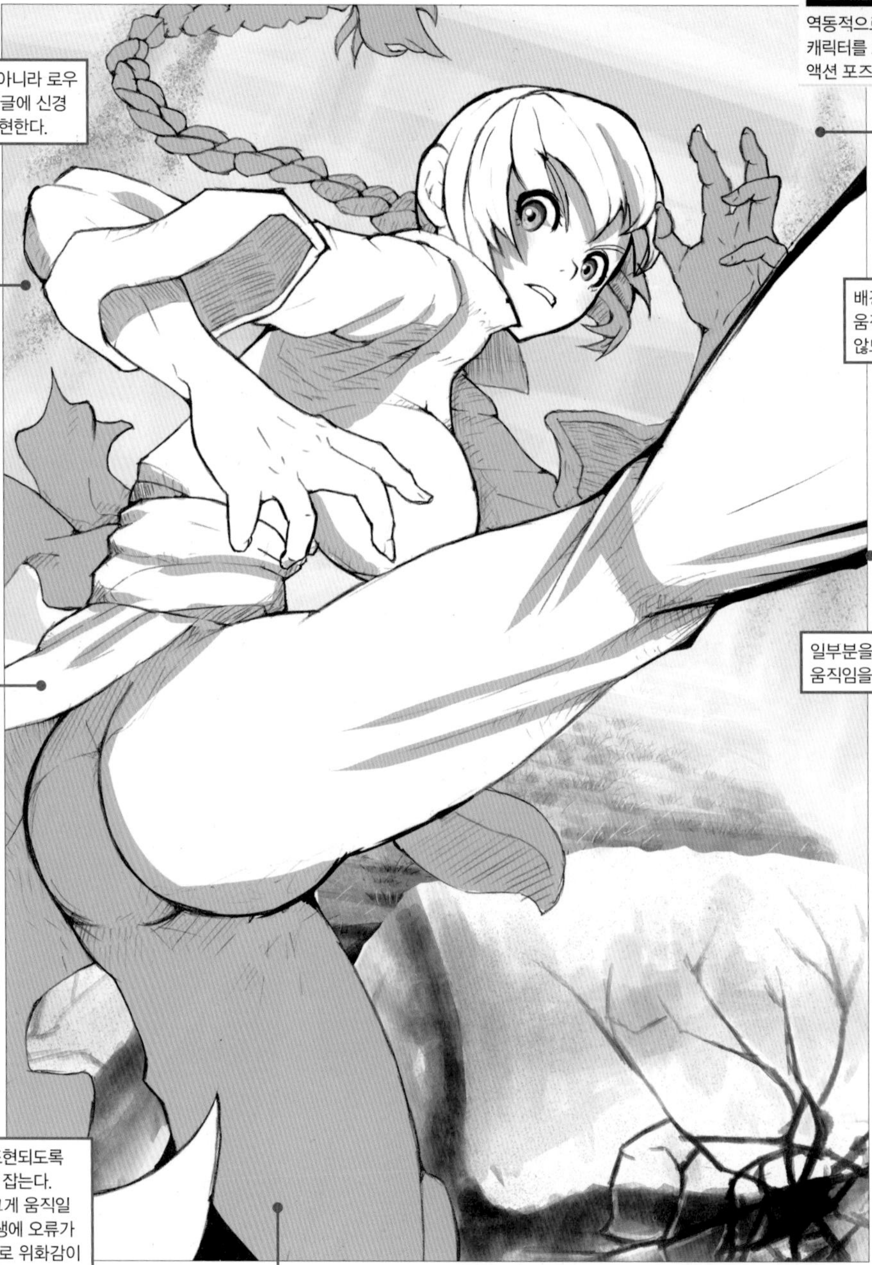

정면이나 옆면뿐 아니라 로우 앵글(p.8) 등의 앵글에 신경 써서 움직임을 표현한다.

배경이 있을 때는 움직임을 방해하지 않도록 주의.

일부분을 잘라서 움직임을 표현할 수 있다.

인체가 제대로 표현되도록 형태를 확실하게 잡는다. 액션은 인체를 크게 움직일 필요가 있고, 데생에 오류가 발생하기 쉬우므로 위화감이 생기지 않도록 주의하자.

중심이 중요.

포즈의 기본

액션의 기본

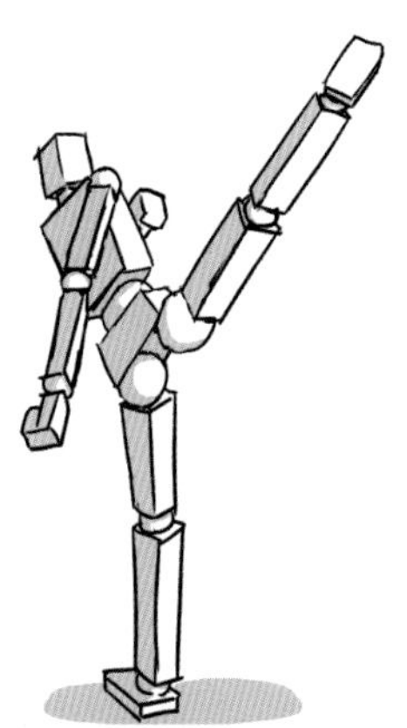

액션에는 어디에 무엇이 있는지 기준이 되는 관절과 근육에 대한 지식이 필수입니다. 움직임이 커지면 무게 중심도 중요합니다. 스포츠 장면처럼 특정 목표가 있다면 표현하려는 움직임을 이해할 필요가 있으며, 평소 영화나 스포츠 방송 등의 영상을 관찰하면서 지식을 쌓는 것이 실력을 키우는 지름길입니다. 액션을 그릴 때는 상자 그리기로 평소보다 확실하게 형태를 잡아야 합니다. 조금만 어긋나도 캐릭터가 골절된 것처럼 보이므로 주의가 필요합니다.
실수를 방지하려면 반전 기능으로 빈번하게 일러스트의 좌우를 바꿔가면서 관찰하는 것도 효과적입니다. 반전해서 보면 생각지 못한 실수를 찾아내기 쉽습니다. 좌우반전으로 이상한 부분을 수정하고 조금 진행한 다음 다시 반전해서 수정하는 과정을 반복해 위화감이 없도록 그립니다.
머릿속으로 액션의 이미지를 잡는 사람은 관절이 많은 데생 인형을 다양하게 움직여서 좋은 액션 포즈를 찾아보는 것도 좋은 방법입니다.

구도를 조합한다

애니메이션이나 게임과 달리 한 장의 정지된 그림에서 움직임을 표현하는 것은 무척 힘든 일입니다. 만화에서는 집중선으로 움직임을 보조할 수 있지만, 컬러 일러스트에서는 집중선을 활용하기 어려워 구도를 사용합니다. 대각선 구도(p.42)나 역삼각형 구도(p.30) 등 움직임을 나타나는 구도를 의식하면서 캐릭터의 포즈를 잡거나 배경 요소를 선이라고 생각하고 움직임을 표현할 수도 있습니다. 여기서 중요한 것은 의도적으로 구도의 밸런스를 무너뜨리는 것이 아니라면 캐릭터의 움직임을 방해하는 선과 요소가 발생하지 않도록 해야 합니다.

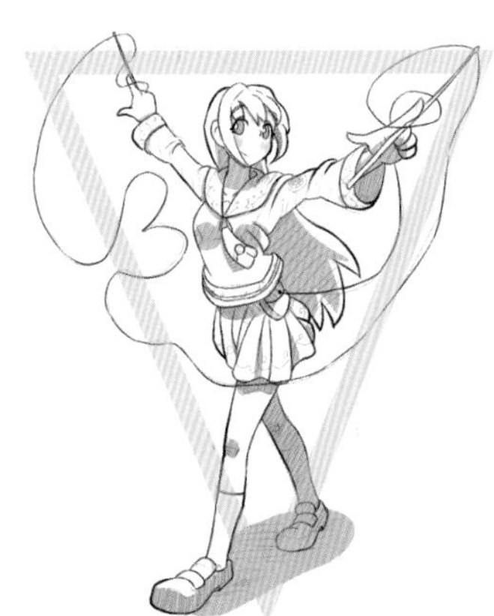

역삼각형 구도로 활용하려면 연구가 필요하지만 무척 효과적입니다.

움직임을 방해하지 않는 것이 중요하다

△의 그림은 달리는 캐릭터 일러스트이지만 캐릭터가 이동하는 방향에 불필요한 선(전봇대)이 있습니다. 이대로는 캐릭터가 배경에 부딪칠 것 같은 인상입니다. 한마디로 캐릭터의 움직임을 방해하고 있습니다. 이때 방해가 되는 선을 지우면 캐릭터의 방향성을 확실하게 느낄 수 있습니다. 배경이 있을 때는 화면 전체로 움직임을 표현한다는 생각으로, 방해가 되지 않는 요소를 선택해야 합니다.

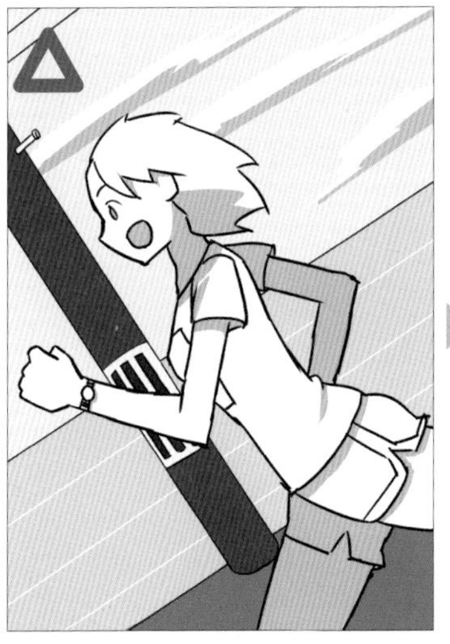

움직이는 것처럼 보이지만 전방에 불필요한 선이 움직임을 방해합니다.

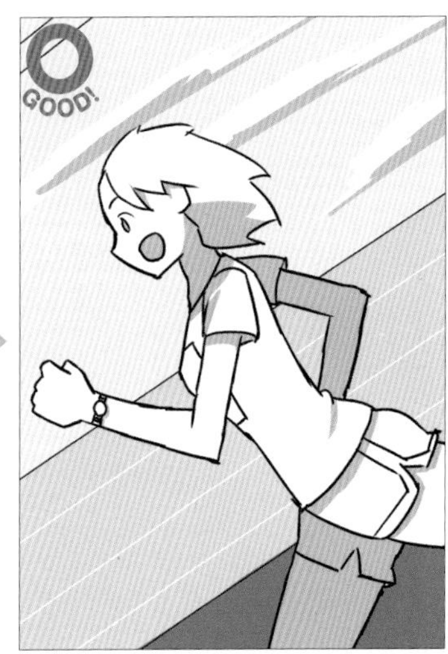

선을 지우자 더 전진하는 인상이 되었습니다.

포즈 활용법

효과적인 앵글로 그린다

액션도 정면이나 옆면뿐 아니라 꼭 다양한 구도를 시험해보세요.
화면에 전부 담지 않고 일부분을 잘라내는 방법은 움직임을 표현할 수 있어서 효과적인 기법이고, 로우 앵글로 박력을 강조하는 것도 난이도는 높지만 효과적입니다. 앵글이 어려워져도 상자 그리기로 입체를 파악하거나 근육의 지식을 생각하면서 차분하게 그려야 합니다.

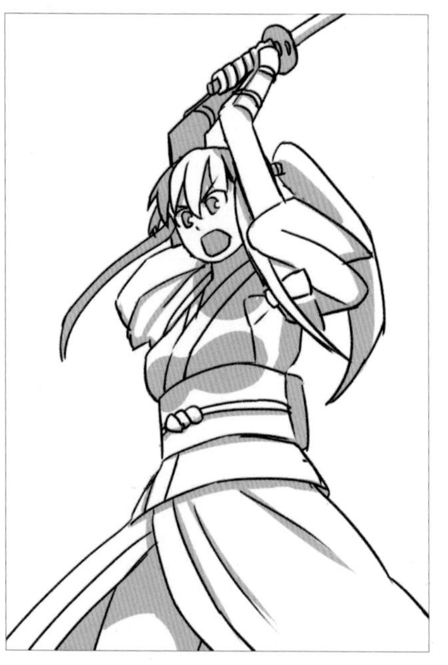

로우 앵글로 박력을 연출했습니다. 베이는 사람의 시선도 표현했습니다.

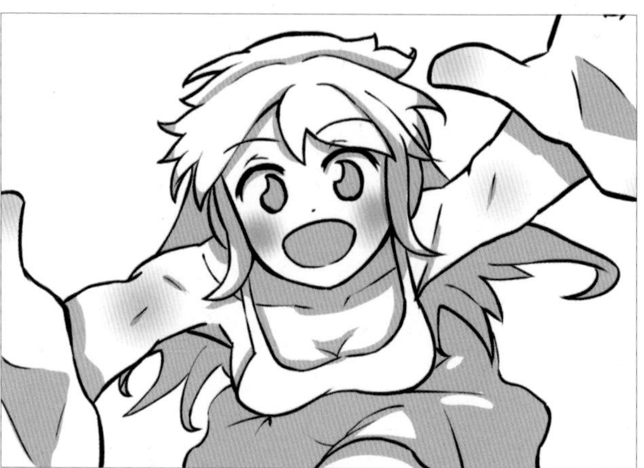

안으려고 달려오는 히로인을 반기는 앵글입니다. 액션은 격투에만 해당되는 것이 아닙니다.

움직임의 중간 동작을 그린다

액션 포즈에 익숙해지면 좀 더 어려운 액션의 중간 동작 표현에도 도전해보세요.
많은 사람은 액션의 절정인 동작이 완전히 정해진 순간을 그리고 싶어 하는데, 움직임이 가장 잘 드러나는 순간은 움직이는 도중(중간 동작)입니다. 펀치를 내지르는 순간❶보다 펀치가 날아가는 도중❷의 움직임이 더 역동적입니다. 액션의 절정을 그리는 것보다 박력도 약하고 어렵지만, 움직임을 더 강하게 표현하고 싶을 때 그려보세요.

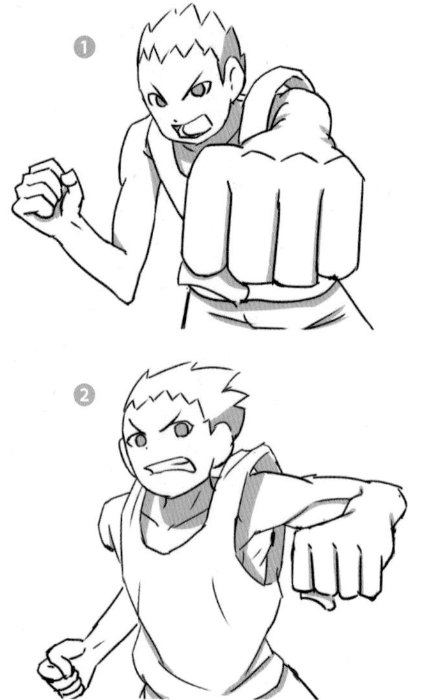

불안정한 액션 포즈

액션 포즈는 항상 중심을 제대로 잡는다고 해서 무조건 정답은 아닙니다. 상황과 장면에 따라서 균형을 불안정하게 표현하는 것도 움직임을 더 강조할 수 있어 효과적입니다.
오른쪽 그림처럼 맞고 날아가는 포즈는 중심이 잡힌 상태면 오히려 어색하므로 과감하게 균형을 무너뜨립니다. 주역도 기진맥진해 지금이라도 쓰러질 듯한 분위기를 연출하려고 약간 앞으로 기울인 자세로 균형을 무너뜨렸습니다.
움직임은 포즈뿐 아니라 구도나 앵글, 오버 퍼스(p.130) 등 무수히 많은 방법으로 표현할 수 있습니다. 영화나 만화 등에서 오래전부터 써온 정답에 가까운 것은 있지만, 때와 장면에 따라 가끔은 정해진 원칙에서 벗어날 필요도 있습니다.

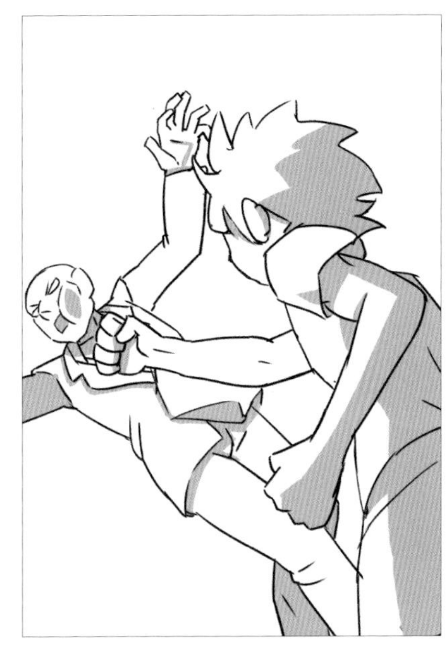

일러스트 예시

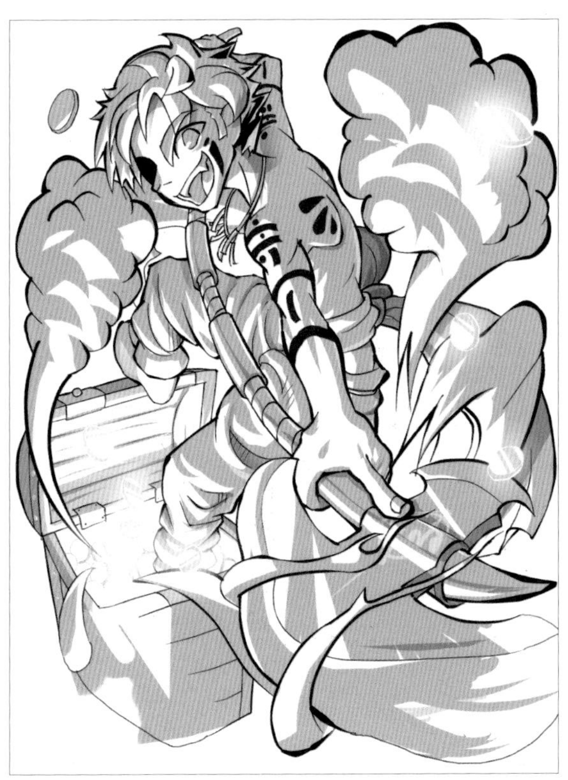

포즈 자체는 액션이 강하지 않지만, 무기를 구부리거나 연기를 자르는 동작으로 액션을 보강했습니다.

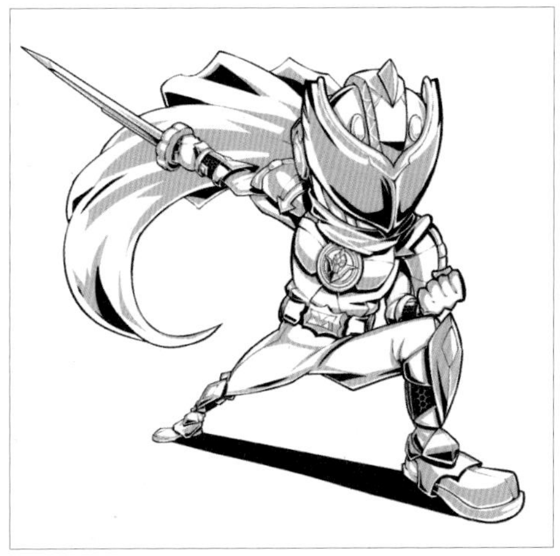

특수 촬영 영상은 좋은 참고 자료입니다. 움직이는 도중이나 완결된 포즈까지 다양한 조건을 계산한 액션이기 때문입니다.

필살기

필살기 포즈도 응용 포즈입니다. 만화나 애니메이션에서 흔히 볼 수 있는 주역이 가장 돋보이는 컷이며, 캐릭터를 강조하거나 캐릭터의 개성을 표현할 때, 멋진 그림을 그리고 싶거나 보는 사람을 매료시키고 싶을 때 주로 쓰입니다. 무술, 검술 등 다양한 필살기 표현을 설명하겠습니다.

포즈 포인트

포즈 MEMO

기세가 느껴지는 멋진 필살기 장면을 그리고 싶어서 필살기를 사용하기 직전의 모습을 그렸습니다.

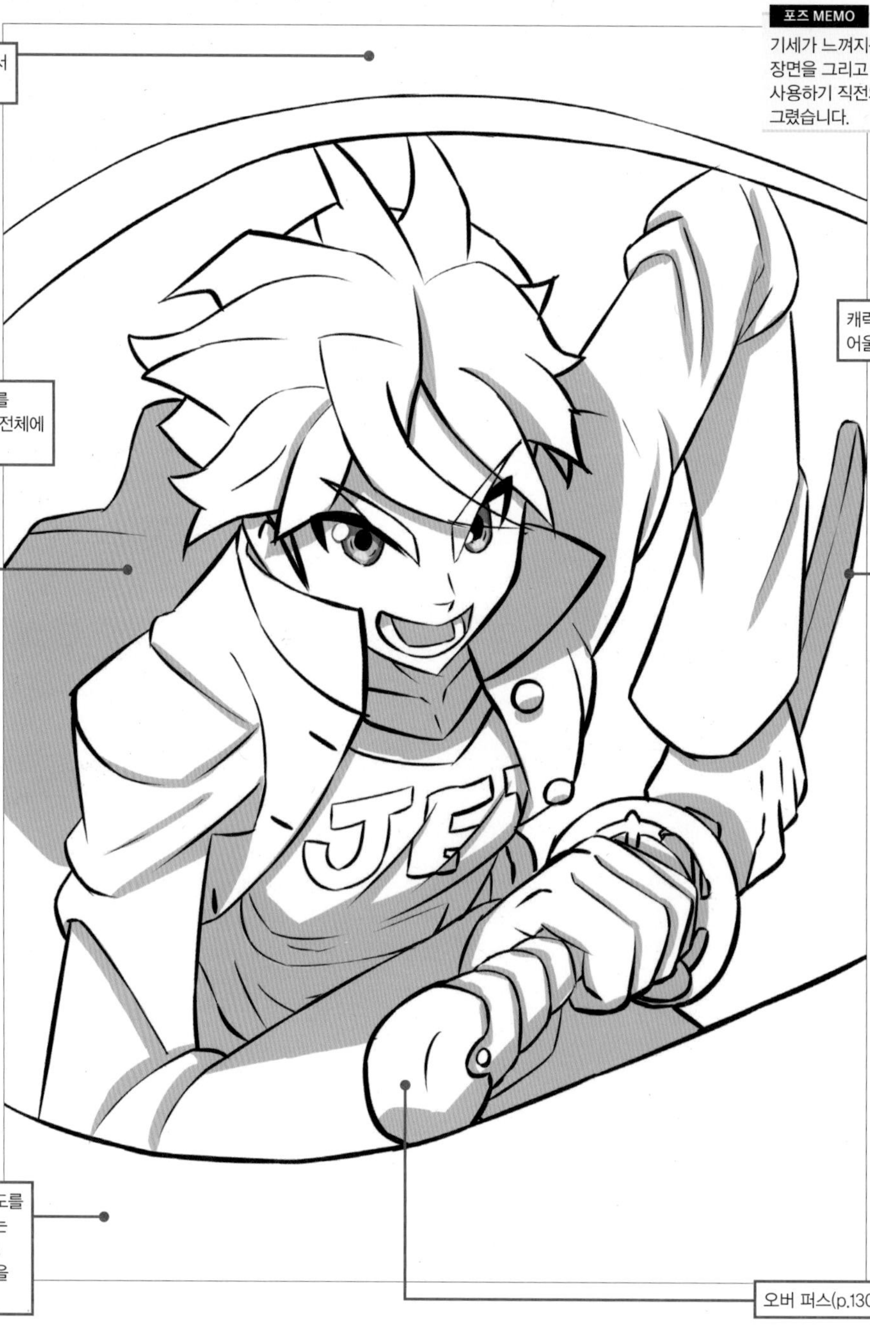

검의 궤도를 그려서 기세를 표현.

여러 구도와 포즈를 적극 조합해 화면 전체에 임팩트를 더한다.

캐릭터에게 어울리는 것이 중요.

이펙트 표현도 구도를 의식한다. 이번에는 집결 구도(p.38)로 검의 궤적과 주역을 강조했다.

오버 퍼스(p.130)와 궁합이 좋다.

포즈의 기본

필살기 포즈의 기본

필살기 포즈에 중요한 요소에는 '기세가 있는 구도', '기세가 느껴지는 포즈', '오버 퍼스', '이펙트' 등이 있습니다. 트리밍(p.82)도 효과적이며, 특히 경사 구도(p.22), 역삼각형 구도(p.30), 대각선 구도(p.42) 등이 적합합니다. 오버랩 구도(p.78), 알파벳 구도(p.66)도 활용하면 개성을 표현하기 쉽습니다.

포즈는 액션(p.154)을 의식하면서 콘트라포스토(p.120)와 S자 포즈(p.124)로 움직임을 표현하는 것도 좋습니다. 필살기는 화면 전체로 임팩트를 표현할 필요가 있으므로 다른 구도와 포즈도 적극 사용해봅시다.

그릴 때 주의할 점은 무엇을 하는지 쉽게 알 수 있도록 하는 것입니다. 애니메이션이나 만화 등에서는 필살기의 전후 장면으로 상황을 설명하지만, 한 장의 그림인 필살기 일러스트는 보충 설명이 없기 때문에 알기 쉽게 그리는 것이 중요합니다.

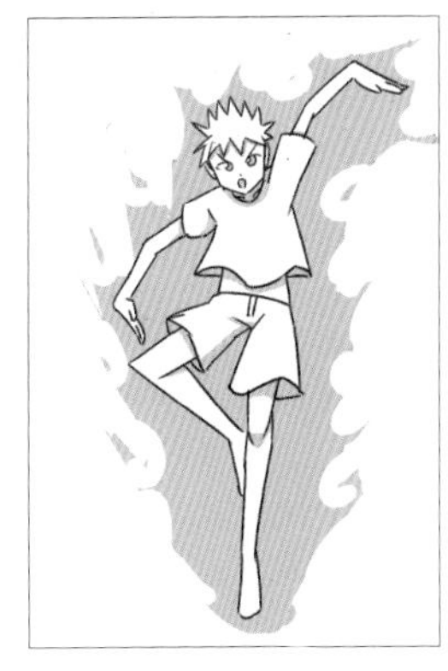

무계획으로 그린 포즈는 이펙트를 더해도 멋지지 않습니다.

필살기를 묘사할 타이밍은?

필살기 포즈에는 크게 3가지 움직임이 있습니다.

❶ '필살기를 사용하기 (직)전'

❷ '필살기를 사용하는 순간'

❸ '필살기를 사용한 (직)후'

표현하는 타이밍에 따라서 인상이 크게 달라집니다. 무엇을 표현하고 싶은지 미리 정해두면 그리기 쉽습니다.

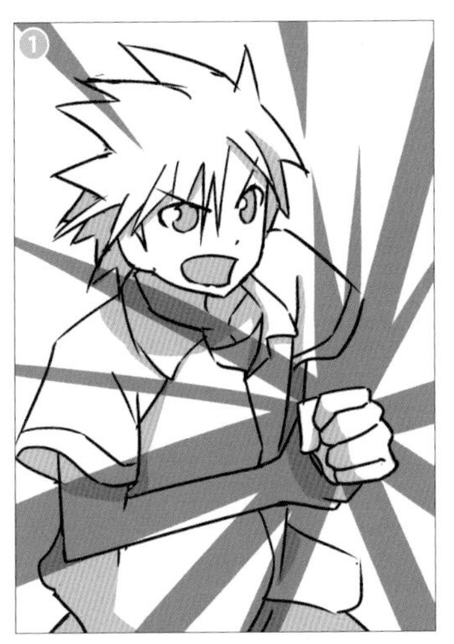

전체적으로 균형이 좋은 타이밍입니다. 화면의 기세, 멋이 적당하고 촌스럽지 않습니다. 강렬한 이펙트로 인해 인상이 약해지지 않아서 캐릭터를 매력적으로 강조하는 데 적합합니다.

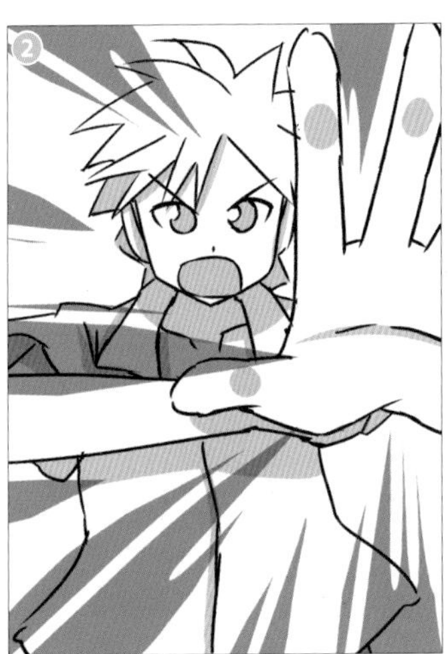

멋진 묘사가 가능합니다. 오버 퍼스나 이펙트가 효과적입니다. 난이도는 높지만 그만큼 인상 깊은 화면이 됩니다.

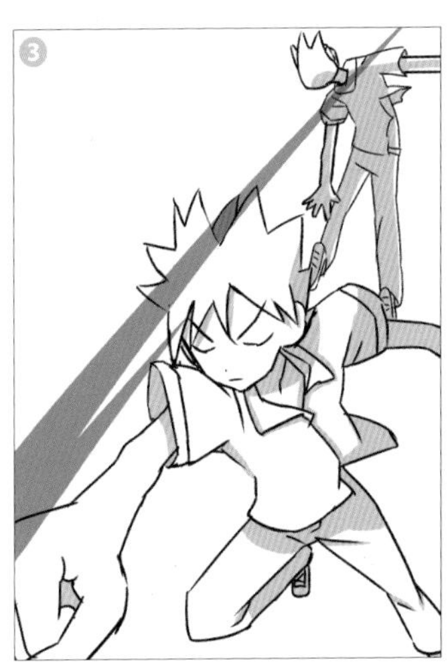

특수한 것으로 멋진 장면입니다. 일본 무도에는 기술이 끝난 뒤에 방심하지 않는 마음가짐을 뜻하는 잔심(殘心)이라는 말이 있습니다. 끝난 부분에 특별한 감정을 품는 것은 일본의 독특한 감성인지도 모릅니다.

중간에 타이밍을 변경하지 않는 것이 중요합니다. ❷를 묘사하다가 어려워서 또는 진행할 수 없어서 ❶이나 ❸으로 변경하면 의도하지 않은 형태로 완성될 가능성이 있습니다. 근육이나 상자 그리기를 연습하고 나서 차분하게 다시 도전해보세요.

필살기의 이펙트

필살기는 화면 전체로 임팩트를 표현하므로 화면에 다양한 요소를 활용해야 합니다.
필살기 표현에 중요한 요소가 이펙트입니다. 이펙트도 익숙해지기 전에는 어렵게 느껴지지만, 구도를 응용해서 표현할 수 있습니다. 대각선 구도(p.42)나 대각선을 많이 추가한 방사선을 의식하면서 이펙트를 그리면 효과적입니다.

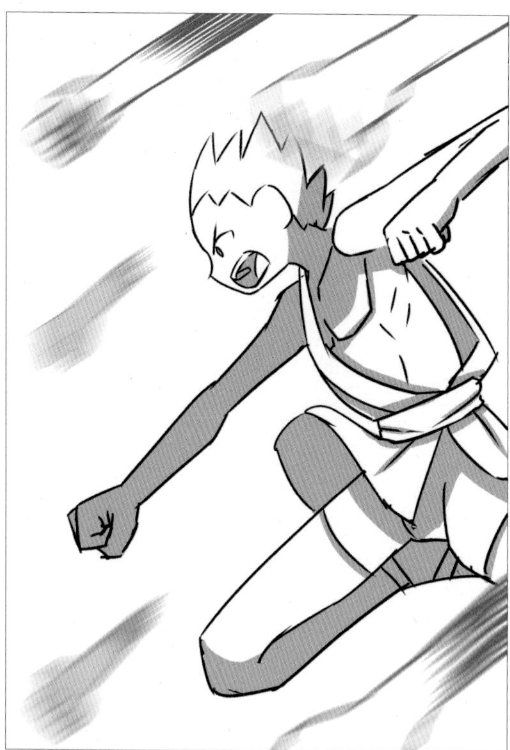

아래쪽 대각선과 경사 구도(p.22)를 이용한 이펙트입니다.
모든 방향을 일치시켜서 움직임을 표현했습니다.
주역은 역삼각형 구도(p.30)입니다.

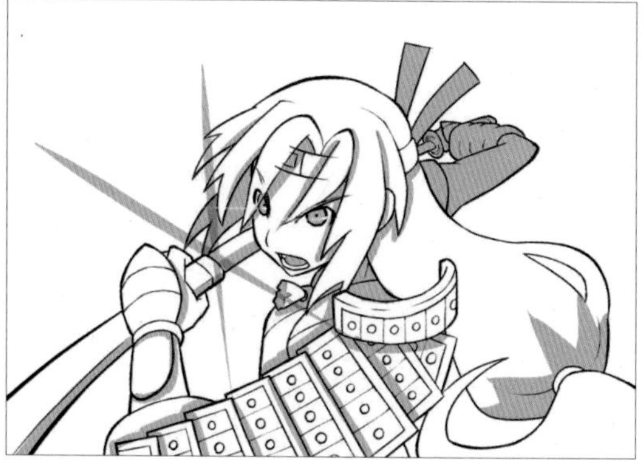

십자의 대각선 이펙트입니다. 삼각형 구도(p.26)이면서 오버 퍼스(p.130)를 전후로 사용해 적은 움직임으로 박력을 표현했습니다.

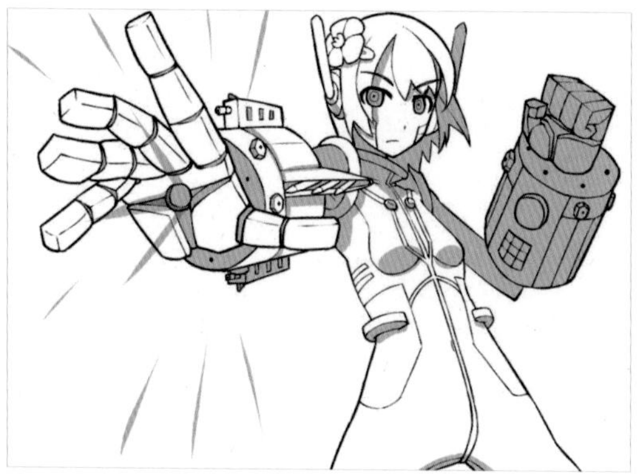

캐릭터의 묘사가 많아서 이펙트에 의지하지 않아도 박력이 표현되었습니다. 발사 준비 상황을 그려보았습니다.

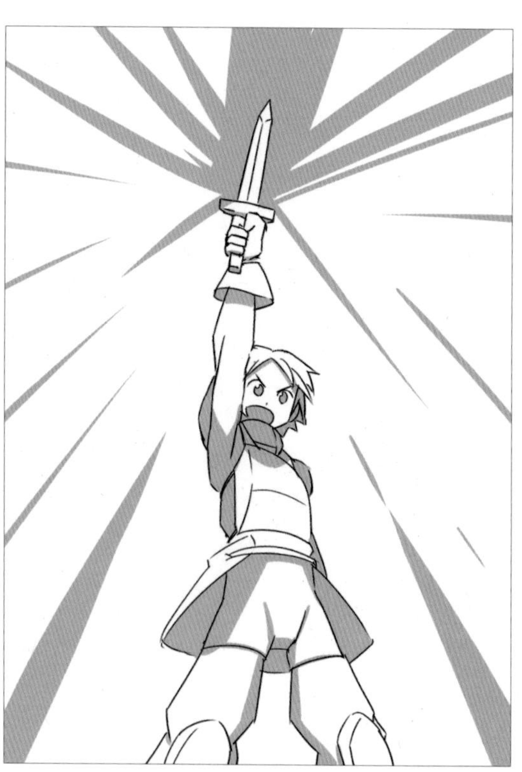

강한 방사선 이펙트입니다. 인물은 삼각형 구도이고, 이펙트는 역삼각형 구도입니다. 로우 앵글(p.8)로 박력을 추가했습니다.

포즈 활용법

정적인 필살기

필살기에 움직임이 크고 화려한 것만 있는 것은 아닙니다.
검을 돌리는 조용한 움직임의 경우, 검의 궤적이라는 단순한 이펙트만으로도 장면에 따라서 충분히 임팩트를 표현할 수 있습니다. 오른쪽 그림은 원형 구도(p.34)에 집결 구도(p.38)를 조합해 주역을 강조한 그림입니다. 분석해보니 단순한 동작이라도 충분히 계산을 하고 그린 것을 알 수 있습니다.
사실적인 3D로 치밀하게 그린 몬스터보다 때로 어둠 속에 반짝이는 두 눈동자가 더 무섭게 느껴지기도 하듯이, 필살기에서 가장 중요한 것은 '그 캐릭터에 효과적이고 잘 어울리는 것은 무엇인가'입니다.
정적인 필살기라도 캐릭터에게 적합하면 그려봅시다.

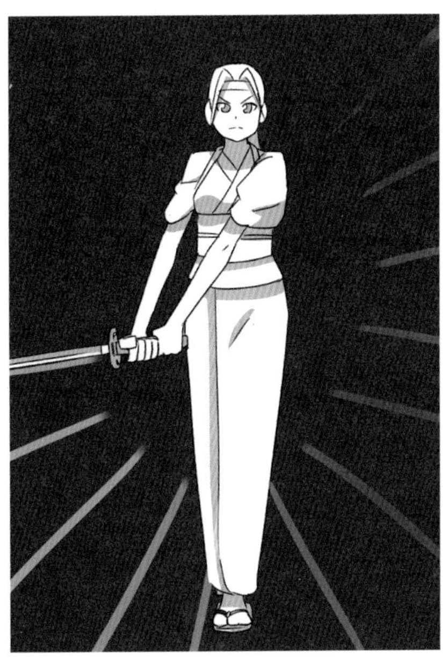

일러스트 예시

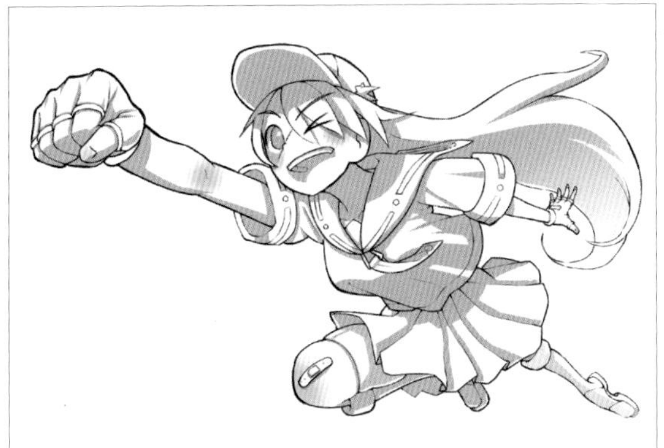

컷인(cut-in)을 의식하고 그렸습니다. 이펙트가 없어도 독특한 포즈를 제대로 묘사하면 필살기 이미지로 보입니다. 오버 퍼스를 조합해서 박력을 더했습니다.

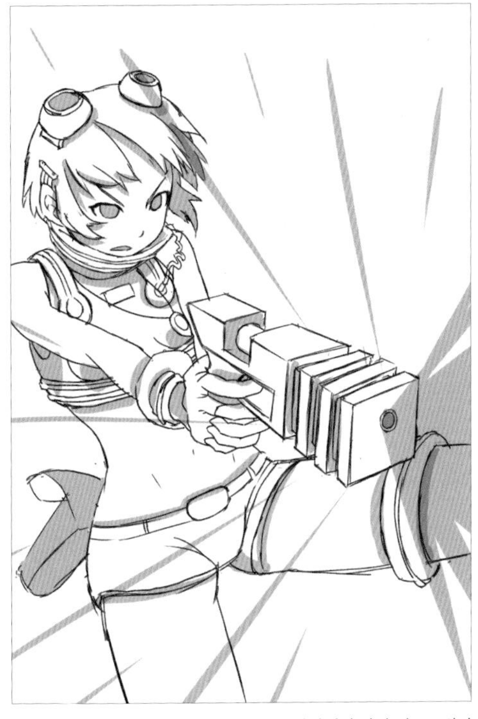

오버 퍼스로 총구를 강조했습니다. 보는 사람에게 닥쳐오는 느낌이나 피격되는 감각과 긴장감을 연출하므로 총을 묘사할 때는 총구를 화면 앞쪽에 배치하고 오버 퍼스를 사용하면 효과적입니다.

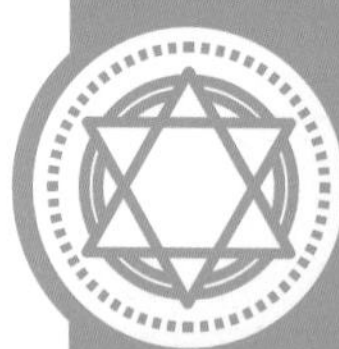

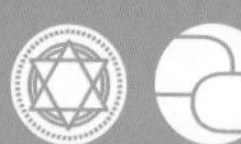

마법 발동

마법 발동 포즈도 응용 포즈입니다.

판타지에서는 필수인 마법을 발동할 때의 포즈입니다. 효과를 넣는 캐릭터를 '귀엽게 그리고 싶다', '멋지게 그리고 싶다', '개성을 표현하고 싶다', '보는 사람을 매료시키고 싶다' 등 표현하고 싶은 포즈를 명확하게 표현하는 것이 중요합니다. 마법의 종류나 세계관에 적합한 포즈를 연구할 필요가 있습니다.

일본에서는 옛날부터 지금까지 마법 소녀가 하나의 큰 분야로 성공을 거뒀습니다.

포즈 포인트

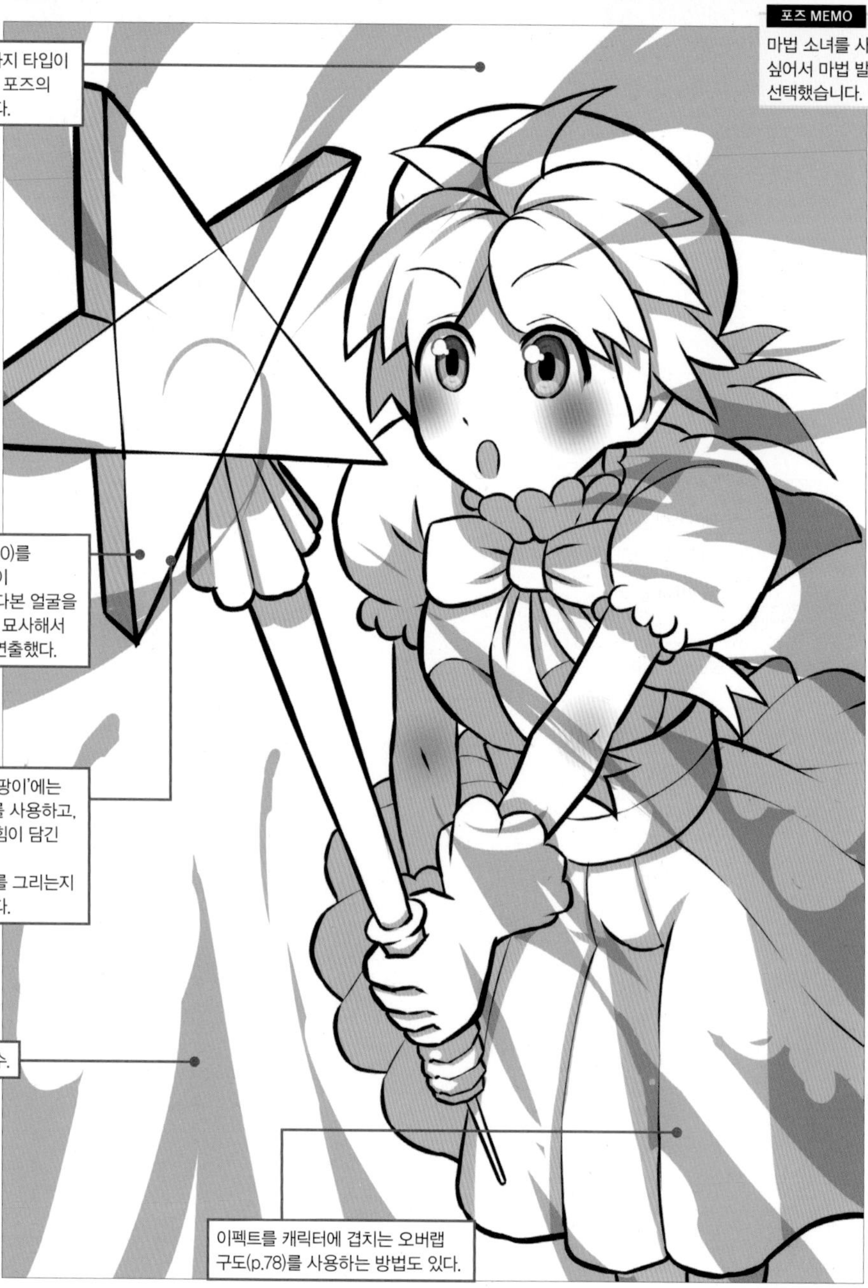

마법 발동에는 3가지 타입이 있고, 각각 묘사와 포즈의 요령이 크게 다르다.

역삼각형 구도(p.30)를 베이스로 하고 하이 앵글(p.12)로 내려다본 얼굴을 크게, 인체는 작게 묘사해서 소녀의 귀여움을 연출했다.

마법의 핵심인 '지팡이'에는 오버 퍼스(p.130)를 사용하고, 양어깨를 올려서 힘이 담긴 느낌을 추가했다.
어떤 타입의 포즈를 그리는지 정해둘 필요가 있다.

이펙트는 거의 필수.

이펙트를 캐릭터에 겹치는 오버랩 구도(p.78)를 사용하는 방법도 있다.

포즈 MEMO

마법 소녀를 사랑스럽게 그리고 싶어서 마법 발동 장면과 포즈를 선택했습니다.

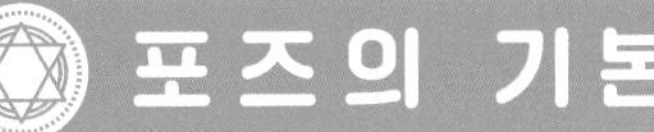

포즈의 기본

마법 발동 포즈의 기본

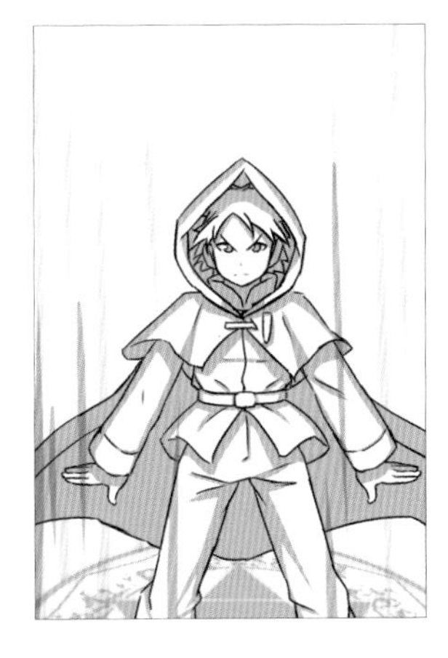

마법 발동에 필요한 요소는 뭐니 뭐니 해도 '이펙트'입니다. 어떤 이펙트가 포즈를 따라다닌다고 생각하면 됩니다.
흔히 볼 수 있는 구도는 '삼각형 구도', '역삼각형 구도', '집결 구도', '경사 구도', '대각선 구도' 등이지만, 마법 발동은 캐릭터의 타입에 따라서 효과적인 묘사법이 크게 달라집니다. 다른 구도도 적극 사용해봅시다.
포즈는 크든 작든 움직임이 필요하기 때문에 '콘트라포스토'를 의식하면서 그리는 것도 효과적입니다. 마법은 옛날부터 성(性)과 관계가 깊고, 요염한 이미지의 마녀와 마법 소녀를 그릴 때는 'S자 포즈'도 유용합니다.
또 다른 중요한 요소인 마법 발동의 기점은 '손'이나 '지팡이'일 때가 많아서, 인상적인 배치나 포즈로 그리면 화면의 짜임새가 더 좋아집니다.

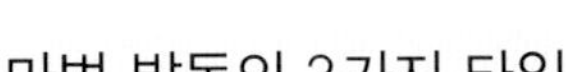

마법 발동의 3가지 타입

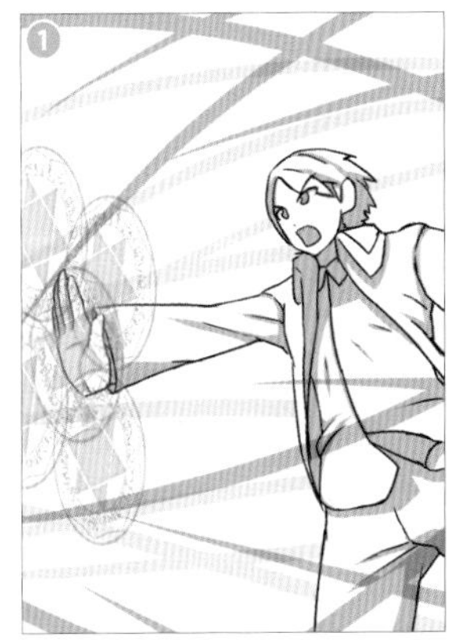

마법 발동의 포즈에는 크게 3가지 타입이 있습니다.
❶ '마법 격투가 메인인 RPG 타입'
❷ '캐릭터를 전면에 내세운 마법 소녀 타입'
❸ '옛날 마법 소녀와 해외의 마녀 드라마처럼 리얼&비밀 타입'
어떤 타입의 포즈를 그릴지 미리 정해두는 것이 중요합니다.

❶은 필살기(p.158)와 거의 차이가 없는 타입이므로 참고하세요.
기세가 있고 강렬한 이펙트를 자주 볼 수 있습니다. 대각선 구도(p.42)와 경사 구도(p.22) 등을 사용한 것이 많습니다.
❷는 귀여움을 우선한 포즈로 발동 장면을 그렸습니다. 콘트라포스토(p.120), S자 포즈(p.124)로 여성의 매력을 전면에 내세웁니다. 마법이므로 머리카락과 옷의 움직임도 어느 정도 현실을 무시할 수 있습니다. 머리카락·옷(p.142)에서 소개했듯 공중에 뜬 상태로 그려서 구도를 만드는 것도 가능합니다. 어떤 행동인지 설명이 부족한 포즈라도 귀여움이 가장 핵심입니다.

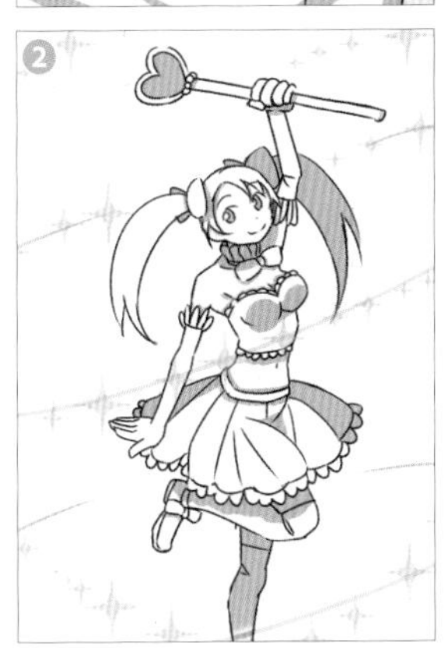

이펙트는 부드러운 인상인 집결 구도(p.38)로 다채롭게 표현한 것이 많고, 하트나 빛을 메인으로 사용합니다.
격투가 있다 해도 촌스럽고 폭력적인 인상이 느껴지지 않도록, 멋지게 묘사합니다. 소년 취향의 작품이 아니라서 그런지 오버 퍼스는 보기 어렵습니다.
❸은 특수한 것으로 심플합니다. 손을 가리고 입 가장자리의 움직임만으로 마법 발동을 표현했습니다. 이펙트도 없고, 있다고 해도 거의 드러나지 않습니다.
이런 마법 발동 표현은 사실적인 작품에서 마법사라는 사실을 숨기는 캐릭터에게서 볼 수 있습니다.
영화 같은 영상에서는 간단한 포즈라도 연속 장면으로 마법 발동을 설명할 수 있지만, 일러스트에서 이런 타입의 표현은 굉장히 어렵습니다. 그래도 표현하고 싶다면 오른쪽 그림처럼 한 화면에 포즈와 발동 결과를 동시에 그리거나 컷 분할 구도(p.62)로 설명하면 좋습니다.

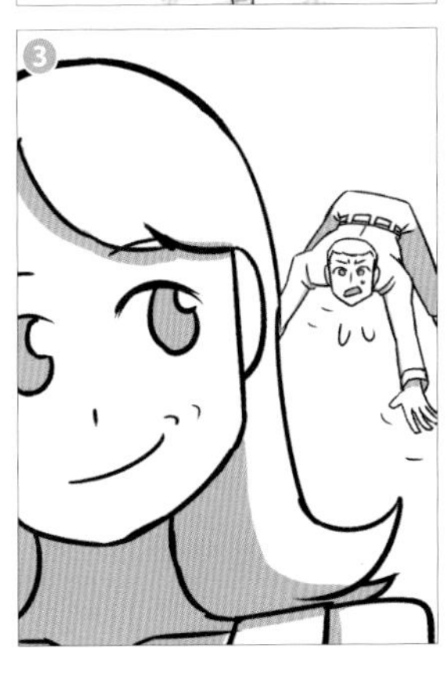

마법 발동의 이펙트

마법 발동에는 거의 확실하게 이펙트가 따라옵니다. 어떤 의미로는 필살기 이상으로 이펙트가 중요합니다.
마법이므로 이펙트를 '오버랩'으로 겹치기 쉽습니다. 이펙트와 직접 겹치지 않더라도 주문을 외우다가 빛의 격류, 여파의 공기압, 휘몰아치는 모래 먼지 등을 넣으면 현장감을 높이는 데 효과적입니다.
표현하고 싶은 이펙트에 따라서 로우 앵글(p.8)이나 하이 앵글(p.12)도 적극 사용합시다. 이펙트의 형태를 잡을 때는 집결 구도(p.38)와 대각선 구도(p.42) 등을 참고하면 좋습니다.

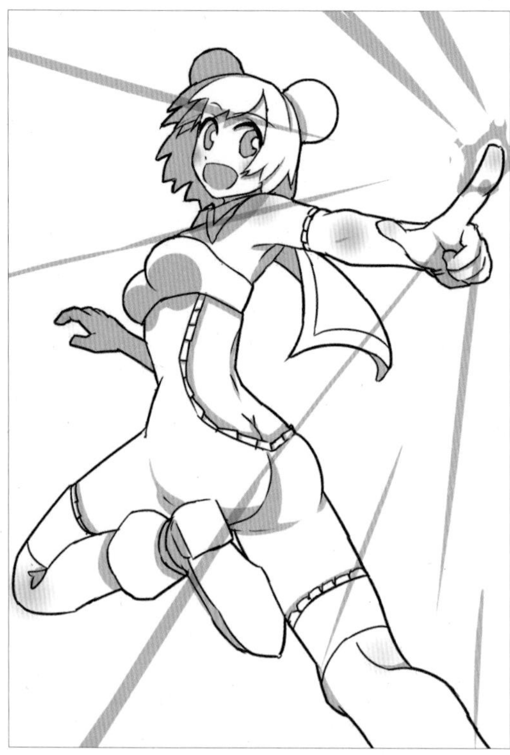

비틀기, 뒤틀기, 돌아보기 등은 마법 소녀 포즈의 기본입니다. 눈 부근에 자연스럽게 이펙트를 넣고 눈으로 시선이 유도되도록 했습니다.

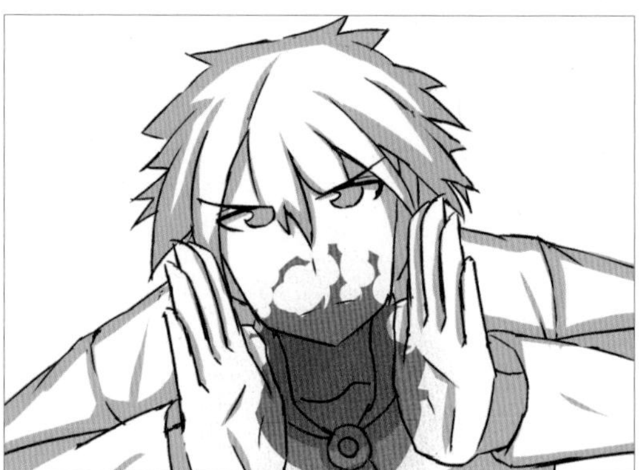

포즈와 이펙트가 화려하다고 무조건 좋은 것은 아닙니다. 불덩어리 이펙트의 요령은 일정하지 않은 형태를 적절한 크기로 그리는 것입니다. 불티를 표현하려고 일부러 덜 칠한 부분을 만들었습니다.

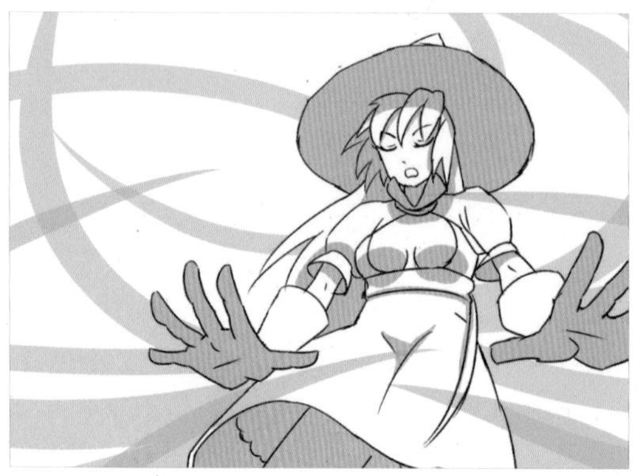

두 손이나 한 손을 들어 올리는 동작은 기본 가운데 기본인 포즈입니다. 바람 표현은 단순히 이펙트뿐 아니라 불어오는 바람의 방향에 적합하게 펄럭이는 옷과 머리카락을 그려야 합니다.

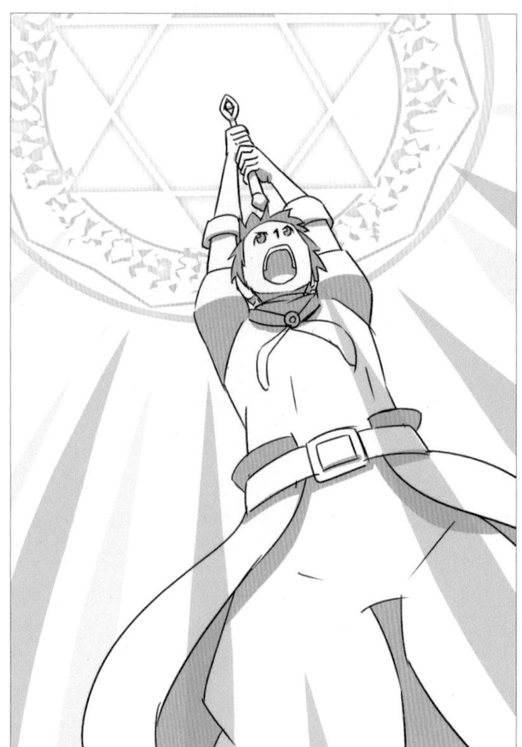

상공의 마법진을 표현하려고 강한 로우 앵글로 설정했습니다. 마법 발동의 대명사인 마법진은 아래, 옆, 위 어디에 전개해도 효과적입니다. 아래는 일반적이며 만능입니다. 옆은 더 공격적인 표현에 사용하며, 상공은 만일을 대비해 숨겨두었던 결정적인 기술 등에 적합합니다.

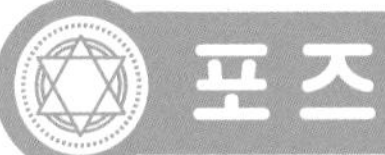

포즈 활용법

복합 타입의 마법 발동도 있다

마법 발동을 크게 3가지 타입으로 구분하지만, 장면에 따라서는 타입을 합쳐도 상관없습니다.
최근에는 다양한 장르와 소비자의 취향으로 '육탄전이 특기인 마법 소녀', 'RPG 배틀에 끼어든 마법 소녀', '불량한 마법 소녀' 등 큰 장르인 마법 소녀를 많이 이용하게 되었습니다. 그래서 개성을 드러내려고 마법 소녀 장르에서는 금지된 기법인 오버 퍼스 등을 사용하는 등 표현이 다양해졌습니다. 그런 의미에서 임팩트 있는 장면을 위해 타입을 함께 사용해도 좋습니다.
다만, 처음부터 기발한 표현에만 신경 쓰다 보면 기본에 소홀해질 수 있습니다. 창의적인 발상은 저도 추천하지만, 역시 기본도 중요합니다.

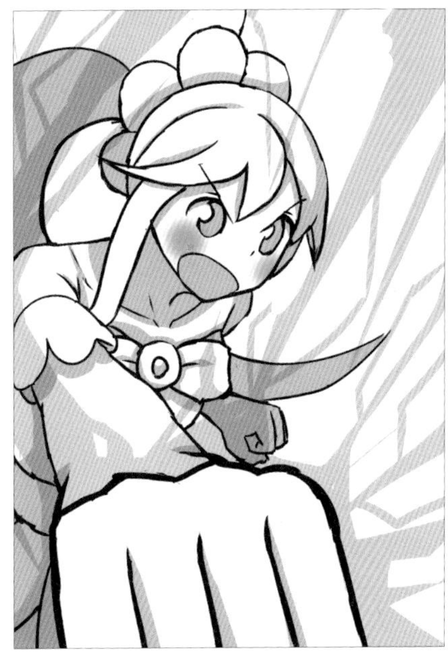

복합 타입이라 해도 마법 소녀가 베이스일 때는 얼굴에 이펙트가 들어가지 않도록 해야 합니다. 전격 이펙트는 크기 차이를 의식하면서 선명한 선을 지그재그로 그리고 지우기를 반복하면서 형태를 정리합니다. 불꽃이나 작은 분기 등이 있으면 더 전격처럼 보입니다.

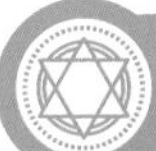

일러스트 예시

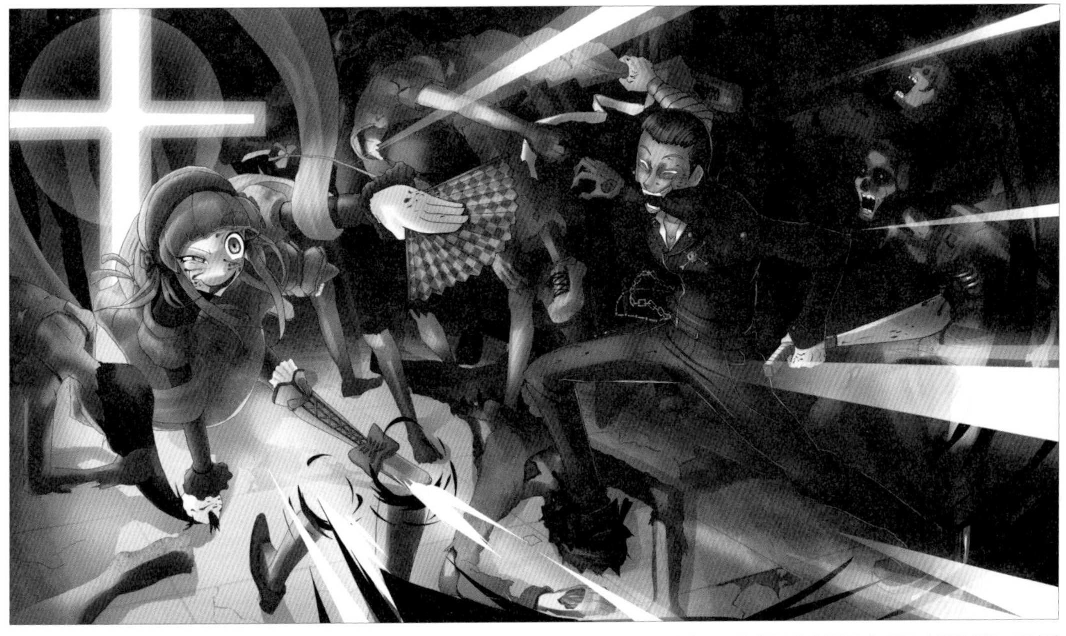

RPG 타입입니다. 왼쪽 캐릭터가 마법으로 좀비를 날려버립니다. 멋보다 박력 있는 묘사에 무게를 두고 그렸습니다.

부록

근육 그리는 법

입체를 파악하고 하이 앵글과 로우 앵글을 그리려면 상자 그리기나 근육의 지식이 필요하다고 설명했습니다. 근육은 인체를 그리는 기준이자 지도이기 때문입니다. 이번에는 상자 그리기를 사용한 근육 그리는 법을 중점적으로 설명합니다. 어디까지나 간단한 요점이므로 근육은 전문 서적을 보면서 공부할 것을 추천합니다.

상자를 활용한 근육 묘사의 기본

상자 그리기를 이용한 전신도 그리는 법을 설명합니다.
근육 중에서 도드라지는 것이 몇 가지 있습니다.

❶ 목·어깨 사이의 삼각근과 연결 부위까지 이어지는 승모근
❷ 가슴 부근의 대흉근
❸ 배에 있는 복직근과 허리의 굴곡
❹ 어깨의 삼각근

이 4가지가 도드라지므로 충분히 의식하면서 그립니다.
전신을 상자로 그리고 나서 근육을 붙이면 오른쪽 그림처럼 됩니다.

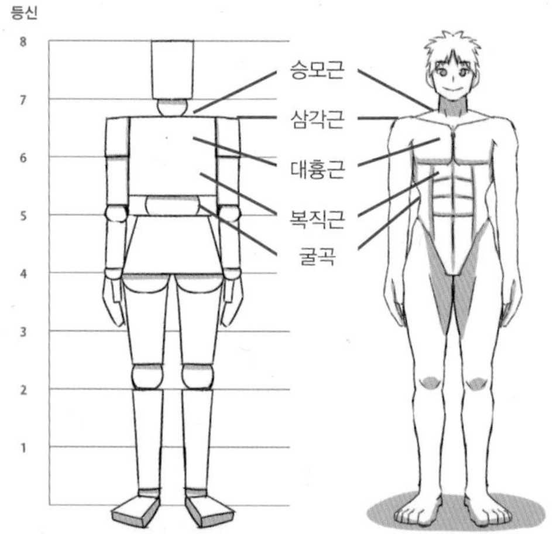

상반신

❶ 목에서 승모근

상자를 그린 다음 근육을 넣을 때는 목의 중간쯤에서 어깨의 삼각근이 시작되는 팔의 사각형까지 팔 자로 선을 그립니다. 이것이 승모근입니다. 승모근 없이 목에서 쇄골까지 그대로 떨어지는 선으로 그리면 안 됩니다. 승모근은 어깨를 표현하는 데 꼭 필요한 근육입니다.

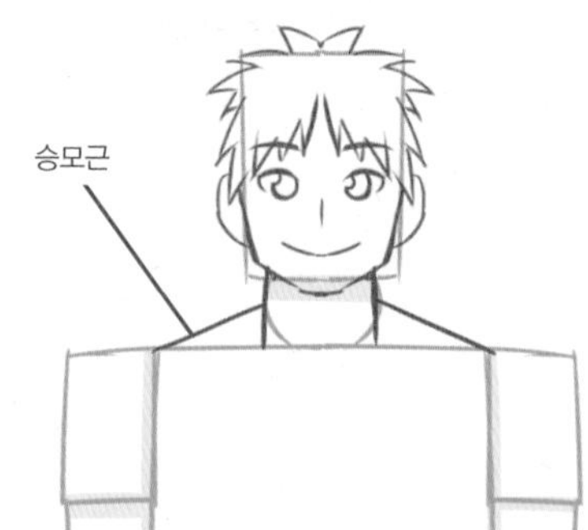

❷ 가슴 부분

다음으로 가슴의 사각형을 십자로 4등분합니다. 위의 2개를 십자의 중심보다 약간 내린 것이 대흉근입니다. 대흉근 위에 쇄골을 연결하면 가슴을 쉽게 표현할 수 있습니다. 쇄골은 목이 끝나는 지점에서 양어깨의 삼각근이 시작되는 지점까지 이어집니다.

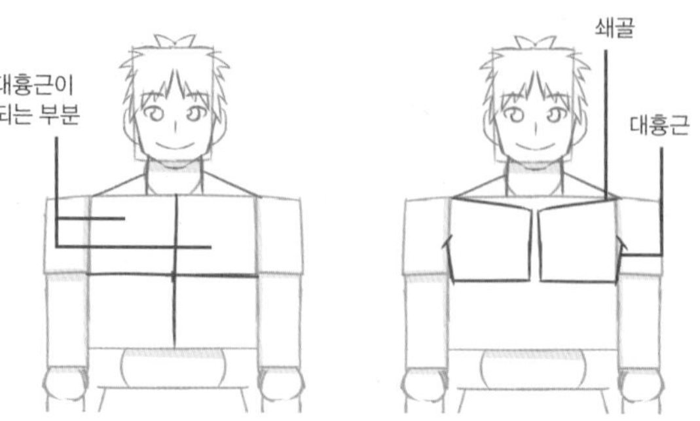

❸ 허리 부분과 복직근

대흉근에서 서서히 아래의 상자가 끝나는 허리 부분까지 뒤집힌 팔 자로 선을 그어 허리를 그립니다❶. 허리에서는 다시 팔 자로 선을 긋고(이 부분을 외복사근이라고 합니다), 요골의 골반에 도달합니다❷. 골반은 피부에 가까워서 살짝 허리를 좌우로 돌출되게 해, 뼈를 표현해도 좋습니다❸.

거기서부터 대전자라고 하는 허벅지가 좌우로 가장 넓은 부분까지 팔 자로 선을 긋습니다❹.

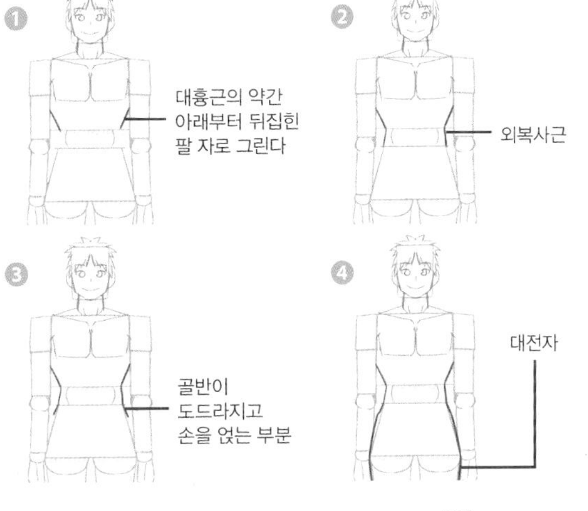

복직근은 복근입니다.
근육질인 캐릭터에게 빼놓을 수 없습니다.
대흉근 아래에서 시작해 가랑이 쪽으로 선을 긋습니다. 복직근 좌우의 폭은 사람 얼굴 옆면의 폭과 같거나 약간 넓은 정도가 보통입니다. 중심을 나누고 8개로 구분합니다.
위에서 세 번째 단 부근에 배꼽이 있습니다.

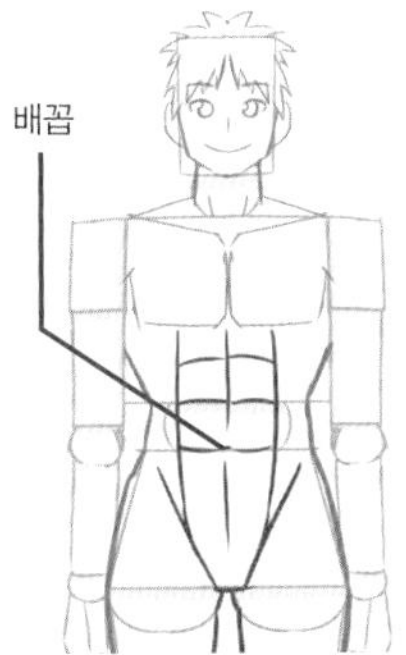

❹ 삼각근에서 양팔

어깨에 있는 삼각근은 무척 큰 근육입니다. 상완의 4할이나 5할 정도의 범위를 차지합니다. 승모근과 쇄골이 끝나는 지점에서 대흉근보다 약간 위까지 불룩한 형태로 타원을 그립니다.

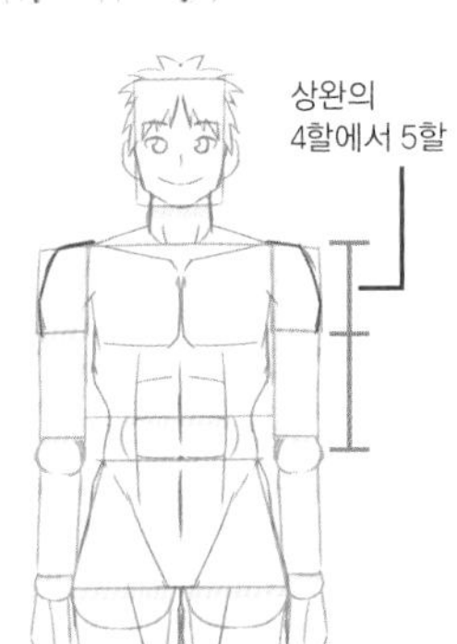

하반신

● 다리

대전자❶에서 시작해 무릎❷으로 내려가 무릎에서 끝난 뒤에 장딴지❸가 좌우로 약간 불룩해지고, 발목으로 갈수록 가늘어집니다.

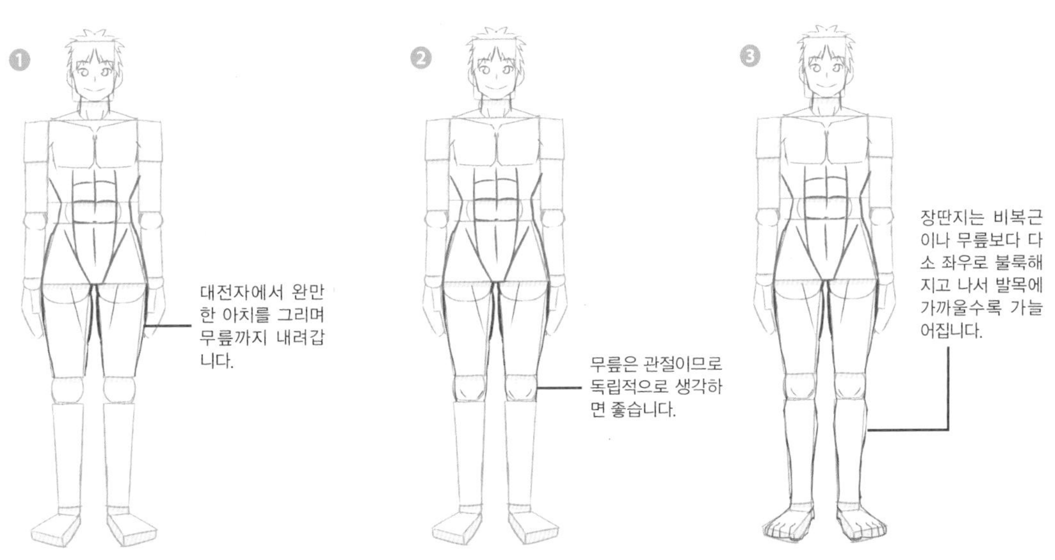

팔

팔꿈치에서 손목까지

팔의 회전에 따라 인상이 상당히 달라집니다. 중립에 해당하는 손바닥을 앞으로 향한 포즈는 팔꿈치에서 시작된 라인이 팔 근육으로 인해 불룩해졌다가 손목에 가까워질수록 좁아집니다. 손바닥을 몸 쪽이나 바깥쪽으로 향하면 팔의 윤곽이 도드라지지 않습니다.

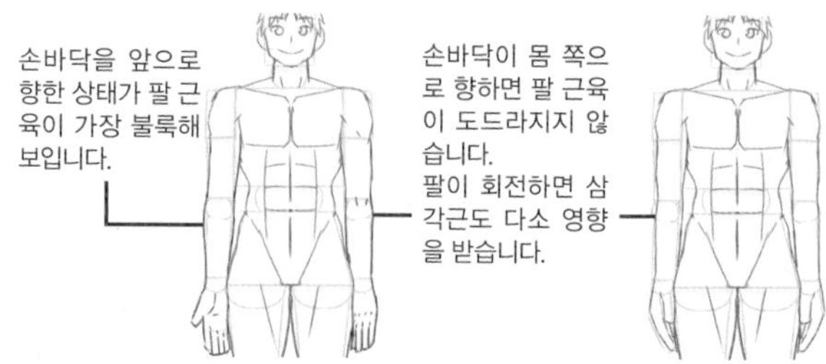

손바닥을 앞으로 향한 상태가 팔 근육이 가장 불룩해 보입니다.

손바닥이 몸 쪽으로 향하면 팔 근육이 도드라지지 않습니다. 팔이 회전하면 삼각근도 다소 영향을 받습니다.

상자를 활용한 로우 앵글의 근육 묘사

로우 앵글은 지면을 투영해서 발바닥에서 전신을 그릴 일은 거의 없기 때문에 그릴 빈도가 높은 허리부터 위를 묘사하는 방법을 설명합니다.

❶상자 그리기를 한다

상자 그리기부터 합니다. 이 시점에서 입체를 머릿속에 구축해두어야 합니다.

하이 앵글과 로우 앵글은 압축에 의해 목을 묘사하기 어렵습니다. 머리와 몸통은 목을 묘사하지 않고 표현해야 할 때가 많습니다. 따라서 머리 위치는 여러 번 고쳐 그리면서 조절합니다. 목이 잘 보이지 않아 승모근도 묘사할 수 없을 때가 적지 않습니다.

로우 앵글에서는 위가 작고 아래가 큽니다. 상자 그리기 시점에서 밸런스를 잡아야 합니다.

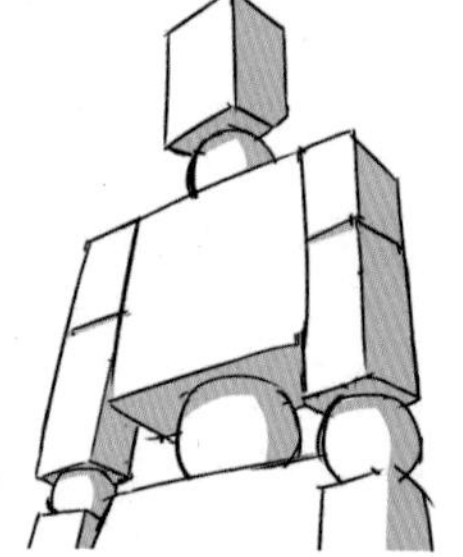

❷얼굴과 목을 그린다

로우 앵글의 얼굴 그리는 법(p.13)을 참고해 얼굴과 목부터 그립니다. 그다음 가슴의 상자 부분을 십자로 분할하고❶, 위의 2개를 사용해 대흉근을 그립니다❷. 목에서 시작된 승모근이 끝나는 지점 부근에 쇄골을 그립니다. 대상의 바로 밑에서 올려다보면 로우 앵글이 강해서 쇄골조차 보이지 않을 때도 있습니다.

대흉근의 아래, 즉 유두 부근을 살짝 솟아오르게 하면 가슴 근육다워집니다.

❶

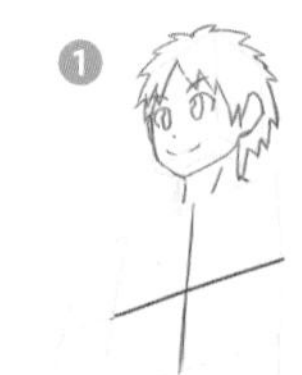

대흉근과 복직근을 입체적으로 묘사했습니다. 입체감을 의식하면서 그리면 근육 표현이 더 좋아집니다.

❷

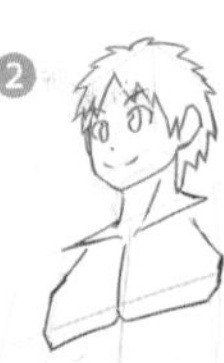

❸복직근을 그린다

분할한 나머지 부분과 아래의 상자로 굴곡을 만듭니다. 분할한 상자의 아랫부분에 안쪽으로 사선을 넣어 흉골의 형태를 만듭니다❶. 다음은 그 아래의 상자(골반)까지 바깥쪽으로 향하는 곡선을 그리고, 골반의 돌출 부분을 묘사합니다❷. 골반이 완성되면 대흉근에서 치골까지 선을 긋고 복직근을 그립니다❸.

❶

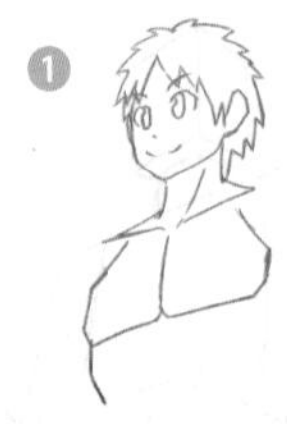

골반의 끝부분을 의식하면서 허리 부분까지 안쪽으로 사선을 넣습니다. 방향에 따라서는 팔에 가려지기도 합니다.

❷

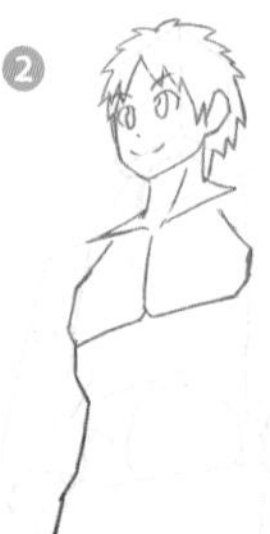

골반까지 외복사근이라는 완만한 곡선을 그어 골반의 돌출을 묘사하고, 다시 팔 자로 선을 그립니다.

❸

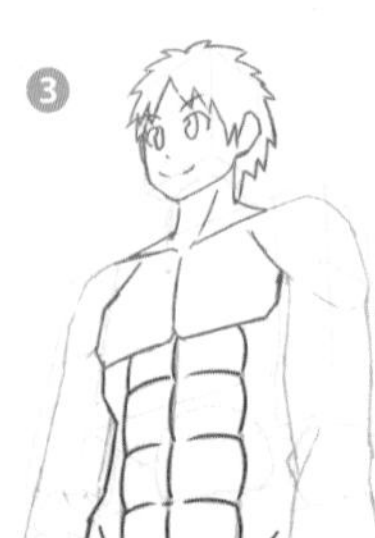

대흉근 밑에서 치골 쪽으로 복직근을 그립니다. 복직근도 약간 입체를 의식하면서 그리면 멋지게 묘사할 수 있습니다.

❹ 팔을 그린다

두 팔의 삼각근용 상자를 사용해 아치를 그리듯 삼각근을 만듭니다❶. 삼각근 밑으로 팔을 그립니다❷. 팔에서 도드라지는 근육의 형태는 손바닥의 방향에 따라 달라지므로 손이 보이지 않을 때는 어느 쪽으로 향하고 있는지 설정해두어야 합니다.

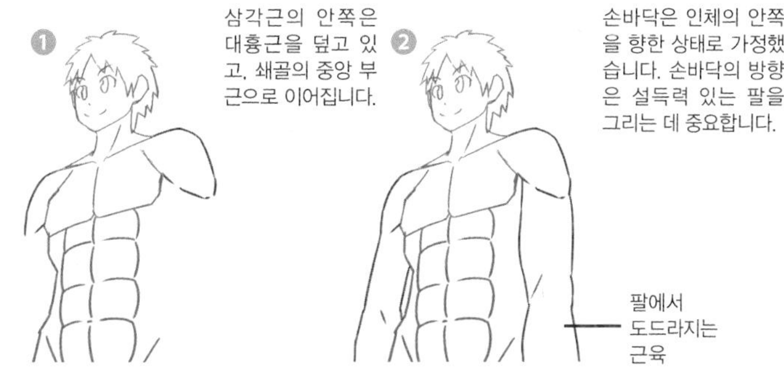

삼각근의 안쪽은 대흉근을 덮고 있고, 쇄골의 중앙 부근으로 이어집니다.

손바닥은 인체의 안쪽을 향한 상태로 가정했습니다. 손바닥의 방향은 설득력 있는 팔을 그리는 데 중요합니다.

상자를 활용한 하이 앵글의 근육 묘사

하이 앵글은 발끝까지 그리는 일이 많으니 전신을 그려서 설명하겠습니다.

❶ 상자 그리기를 한다

맨 먼저 상자 그리기를 합니다. 로우 앵글과 반대로 머리 때문에 목이 드러나지 않을 때가 많습니다. 만약 목을 묘사할 수 없다면 머리와 몸통 사이의 공간을 확실하게 의식하면서 묘사해야 합니다. 승모근과 쇄골도 카메라 위치에 따라 묘사가 불가능할 때도 있지만, 로우 앵글만큼은 아닙니다.

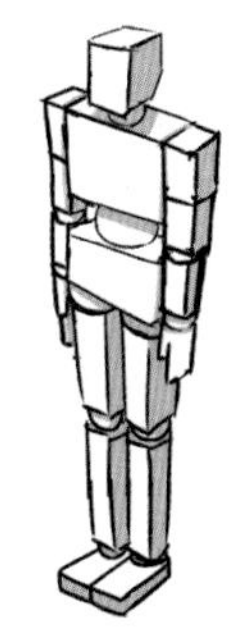

하이 앵글은 위가 크고, 아래가 작습니다. 상자 그리기를 하면서 밸런스를 잡습니다.

❷ 얼굴과 목을 그린다

하이 앵글의 얼굴 그리는 법(p.13)을 참고해, 얼굴과 목부터 그립니다. 그다음 가슴의 상자 부분을 십자로 분할하고 위의 2개를 사용해 대흉근을 그립니다. 쇄골과 승모근도 각도를 고려해 어색하지 않도록 묘사합니다. 로우 앵글처럼 대흉근 아랫부분을 불룩하게 그립니다. 단, 로우 앵글과 달리 티가 나는 정도면 충분합니다. 너무 불룩하면 여성의 가슴처럼 보이니 주의!

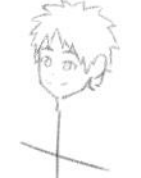

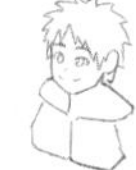

대흉근과 복직근은 입체로 묘사합니다. 입체감을 의식하면서 그리면 근육 표현이 더 좋아집니다.

❸ 복직근을 그린다

분할한 나머지 부분과 아래의 상자로 굴곡을 만듭니다. 분할한 상자의 아랫부분에 안쪽으로 사선을 넣어 흉골의 형태를 만듭니다❶. 다음은 그 아래의 상자(골반)까지 바깥쪽으로 향하는 곡선을 그린 다음 골반의 돌출 부분을 묘사합니다❷. 골반이 완성되면 대흉근에서 치골까지 선을 긋고 복직근을 그립니다❸.

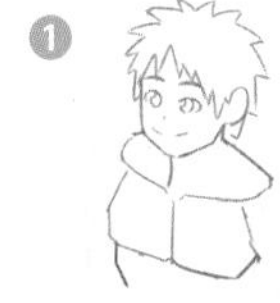

골반의 끝부분을 의식하면서 허리 부분까지 안쪽으로 사선을 넣습니다. 방향에 따라서는 팔에 가려지기도 합니다.

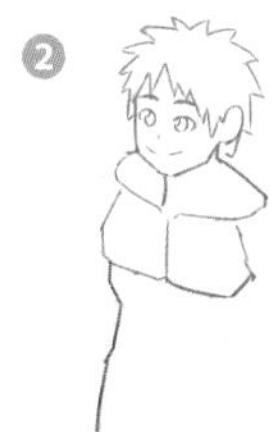

골반까지 외복사근이라는 완만한 곡선을 그어 골반의 돌출을 묘사하고, 다시 팔 자로 선을 그립니다.

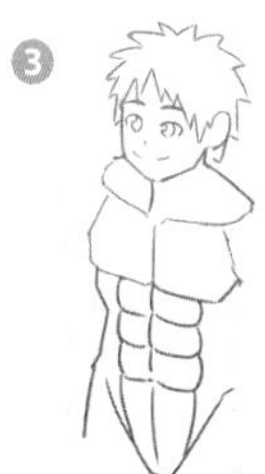

대흉근 밑에서 치골 쪽으로 복직근을 그립니다. 복직근도 입체를 의식하면서 그리면 멋지게 묘사할 수 있습니다.

❹ 다리를 그린다

하이 앵글은 위에서 내려다본 시선이므로 아래쪽으로 압축됩니다. 따라서 아래로 내려갈수록 점점 짧고 작게 그립니다❶. 허벅지, 무릎, 장딴지, 발 등 부위별로 생각하면 그리기 쉽습니다❷❸.

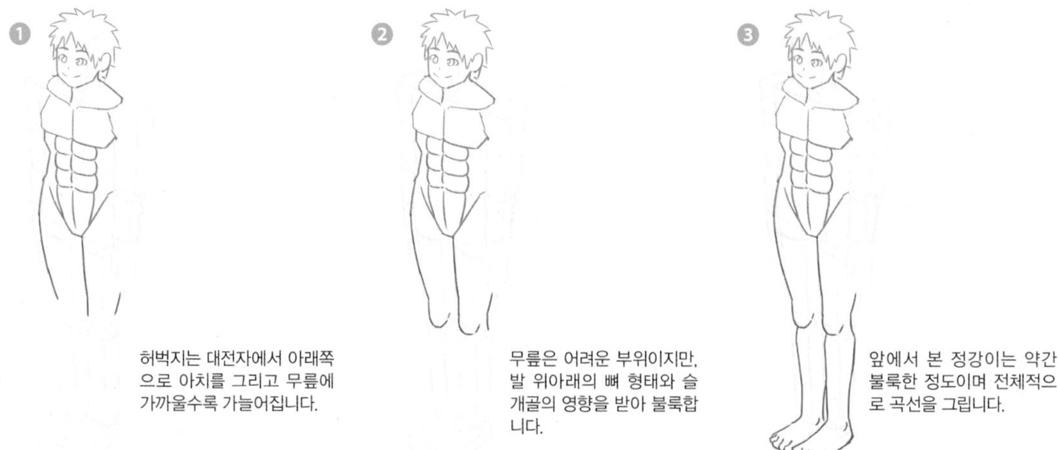

허벅지는 대전자에서 아래쪽으로 아치를 그리고 무릎에 가까울수록 가늘어집니다.

무릎은 어려운 부위이지만, 발 위아래의 뼈 형태와 슬개골의 영향을 받아 불룩합니다.

앞에서 본 정강이는 약간 불룩한 정도이며 전체적으로 곡선을 그립니다.

❺ 팔을 그린다

삼각근용 상자를 사용해 아치를 그리듯 삼각근을 만듭니다❶. 삼각근 밑으로 팔을 그립니다❷. 팔에서 도드라지는 근육의 형태는 손바닥의 방향에 따라 달라지므로 손이 보이지 않을 때는 어느 쪽으로 향하고 있는지 설정해두어야 합니다.

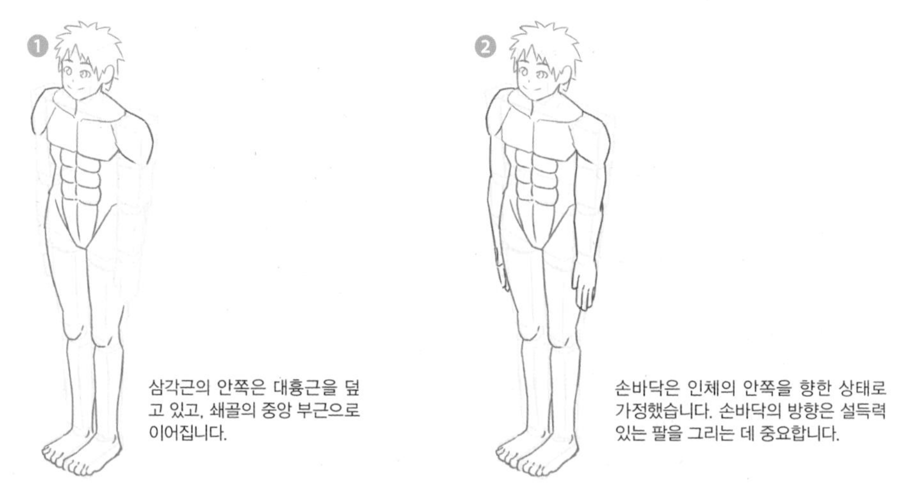

삼각근의 안쪽은 대흉근을 덮고 있고, 쇄골의 중앙 부근으로 이어집니다.

손바닥은 인체의 안쪽을 향한 상태로 가정했습니다. 손바닥의 방향은 설득력 있는 팔을 그리는 데 중요합니다.

주의!

하이 앵글과 로우 앵글의 상자 그리기는 캐릭터의 성별에 관계없이 사용할 수 있는 방법입니다.
다만, 여성을 그릴 때는 가슴 형태와 엉덩이를 좀 더 크게 그리고, 허리 위치는 남성보다 약간 높으며, 허리·손목·발목은 더 가늘다는 요점은 제대로 표현해야 합니다.

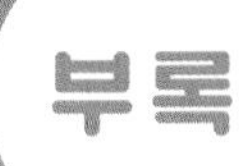

원고 크기 정하는 법

일러스트를 그릴 때 '캔버스의 크기와 해상도를 어떻게 설정하면 좋을지' 고민해본 적은 없으십니까?
웹 등에 공개할 때는 좋아하는 사이즈로 그려도 아무 문제가 없지만, 포스터나 책자 등의 인쇄물은 주의해야 할 요소가 몇 가지 있습니다.
실무에서 일러스트를 그릴 때는 주의가 필요하니 꼭 확인하세요.

종이 크기

종이의 가로세로 비율에는 다양한 규격이 있지만, 가장 친숙한 비율이 A열과 B열이라고 불리는 규격입니다. A4와 B4 크기의 종이를 생각해보면 이해하기 쉽습니다.
A열도 B열도 'A0', 'B0' 크기의 종이가 있고, 절반으로 자르면 'A1', 'B1'이 되고, 다시 절반으로 자른 것이 'A2', 'B2'입니다. 이렇게 절반씩 자르면 A와 B에 붙는 숫자가 높아집니다.
A열도, B열도 변의 길이는 1 : √2(1 : 1.414)의 비율로 만들어지며, 이 책에서 소개한 '황금비'만큼 아름다운 '백은비'라고 불리는 비율입니다. 이런 연유로 A열과 B열의 비율로 그리는 것은 백은비의 비율로 그리는 것과 마찬가지라고 할 수 있습니다.

●A열과 B열의 크기

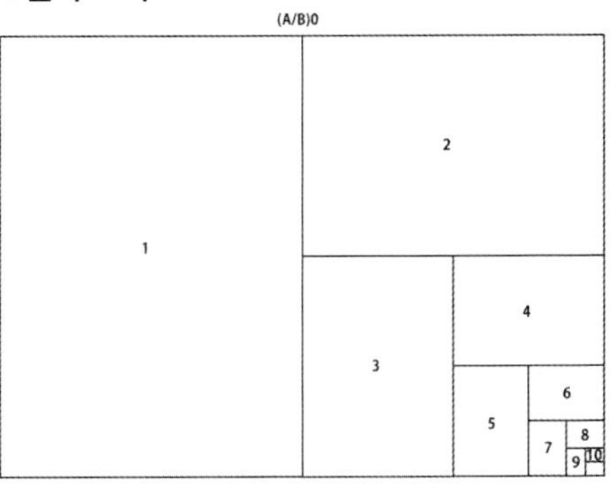

A0	841mm×1189mm	B0	1030mm×1456mm
A1	594mm×841mm	B1	728mm×1030mm
A2	420mm×594mm	B2	515mm×728mm
A3	420mm×594mm	B3	364mm×515mm
A4	210mm×297mm	B4	257mm×364mm
A5	148mm×210mm	B5	182mm×257mm
A6	105mm×148mm	B6	128mm×182mm
A7	74mm×105mm	B7	91mm×128mm
A8	52mm×74mm	B8	64mm×91mm
A9	37mm×52mm	B9	45mm×64mm
A10	26mm×37mm	B10	32mm×45mm

같은 숫자라도 A열보다 B열이 크기가 더 크다는 사실을 기억해야 합니다.
A3, A4, B4, B5 등은 자주 사용하는 용지의 크기이므로 수치 정도는 알아두면 편리합니다.

POINT!

일러스트를 그릴 때 A4는 A4 그대로 그리는 것이 아니라 한 치수 큰 B4와 A3에서 그리면 수정하기 편합니다.
만화 원고는 인쇄할 크기보다 크게 그려서 잡지와 단행본 크기로 축소합니다. 크게 그려서 축소하면 해상도가 올라가서 인쇄 시 원고의 선명도가 높아진다고 알려져 있습니다.
큰 사이즈로 그리고 실제 크기로 복사&붙여넣기로 배치한 다음 축소한 형태로 트리밍을 하면 화질의 손상도 막을 수 있습니다. 이 부분은 트리밍(p.82)에서 설명했습니다. 이외에 급하게 큰 사이즈가 필요한 상황이 있을 수 있으므로 크게 그리면 돌발 상황에 대응하기 쉽습니다.
작품은 지정 크기보다 더 크게 그리는 습관을 들일 필요가 있습니다.

해상도

용지 크기만큼 중요한 요소가 있습니다. '해상도'입니다.

해상도란 '이미지의 품질, 매끄러움'을 나타내는 것입니다. 일반적으로 '숫자+dpi(dots per inch)'라는 단위로 나타냅니다. 1인치당 어느 정도 수의 점이 있는지 나타내는 단위입니다. 디스플레이 화면도, 인쇄물도 점의 집합체로 이미지를 만듭니다. 따라서 같은 범위에도 그 속에 있는 점이 많을수록 표현의 폭이 넓어지므로 깔끔하게 표시됩니다.

해상도가 낮다

해상도가 높다

같은 A4 사이즈에서 같은 원을 그렸는데, 해상도가 낮은 왼쪽은 해상도가 높은 오른쪽에 비해 원이 거칩니다.

●적절한 해상도

해상도가 높을수록 이미지가 깔끔하게 표시되지만, 그만큼 정보가 많아지므로 데이터의 용량이 무거워집니다.

해상도는 일정 선을 넘으면 인간의 눈으로는 차이를 구분할 수 없습니다. 웹 등의 디스플레이로 표시할 때는 72~96dpi 정도로 충분합니다. 그러나 인쇄물은 해상도가 높아야 합니다. 일반적으로 컬러 작품은 '300~350dpi'로 설정합니다. 흑백은 '2계조'라고 하며 흑과 백의 2가지 색으로 표현합니다. 즉, 컬러와 그레이 스케일의 차이, 흑과 백의 중간색을 표현하지 못하므로 해상도를 높일 필요가 있습니다.

낮은 해상도로 그린 데이터를 소프트웨어 기능을 활용해 나중에 높여도 효과가 없습니다. 해상도는 반드시 처음에 정하고 작업해야 합니다.

컬러·흑백 인쇄용 해상도	300~350dpi 정도
모노크롬 인쇄용 해상도	600~1200dpi 정도

도련

작품을 테두리 없이 인쇄할 때는 좀 더 크게 그릴 필요가 있습니다.
가정용 프린터에는 작품을 조금 크게 테두리 없이 인쇄할 수 있는 기종도 있지만, 인쇄소의 인쇄기는 실제 완성 크기보다 더 큰 종이에 인쇄하고 재단한 다음 제본하여 완성합니다.
그래서 원고의 네 귀퉁이에 '재단선' 표시를 기준으로 기계가 재단합니다.

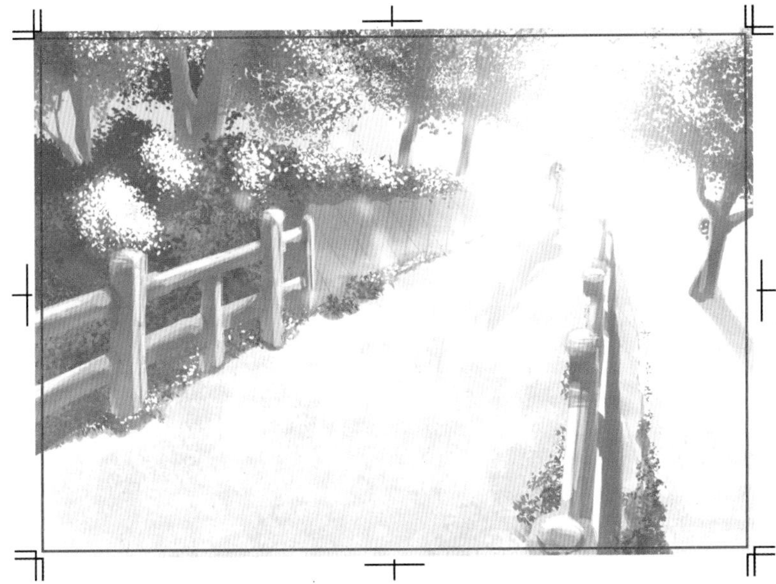

네 귀퉁이에 있는 검은색 마크가 재단선입니다. 빨간색 부분을 재단하면 완성된 크기입니다. 이 빨간 선은 구분하기 쉽도록 넣은 것으로 실제로 원고에 넣으면 안 됩니다.

재단 위치는 약간 어긋날 때도 있습니다. 여유 있게 그리지 않으면 인쇄되지 않는 부분이 완성본에 그대로 들어갑니다.
완성 크기와 재단선 사이에 최소한 3mm 정도의 여유분을 둡니다.

●도련을 넣는 2가지 방법

도련을 넣는 방법은 2가지입니다.
첫째, 완성 크기에 딱 맞게 그리고 재단선을 만들 때 원고를 조금 확대해서 작품을 키우는 방법입니다. 재단하는 과정에서 잘려 나가는 부분은 감안해야 합니다.
둘째, 도련을 가정해서 완성 크기보다 상하좌우로 3mm씩 크게 그리는 방법입니다. 완성 크기가 210mm×297mm이라면 상하로 3mm씩 더한 다음 216mm×303mm 크기로 그립니다.

재단하는 과정에 없어지는 작품의 범위를 미리 생각해서 그리면 되므로 두 번째 방법을 사용하는 편이 의도한 대로 완성하기 쉽습니다.

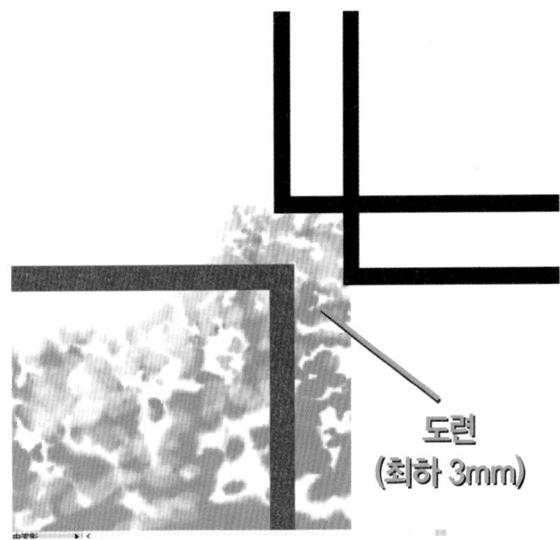

위의 이미지를 확대했습니다.
도련은 상하좌우에 최하 3mm씩 여유분을 둡니다. 3mm보다 커도 상관없지만, 재단선이 가려지지 않도록 반드시 가장 위 레이어에 배치할 필요가 있습니다.

대지 설정

책과 잡지에 쓸 작품을 그릴 때는 '페이지'라는 구조를 의식할 필요가 있습니다. 각 부분의 명칭부터 소개합니다.

●거터(물림선)

책을 펼쳤을 때 중앙 부분을 가리킵니다. 책으로 만들 때 철(중철, 무선철 등)을 하는 부분입니다.

●재단

책의 바깥쪽 가장자리 부분, 즉 실제로 원하는 작업 사이즈입니다.

●책머리

위, 천(天), 머리라고도 하며 책의 위쪽 면을 가리킵니다.

●책발

아래, 지(地)라고도 하며 책의 아래쪽 면을 가리킵니다.

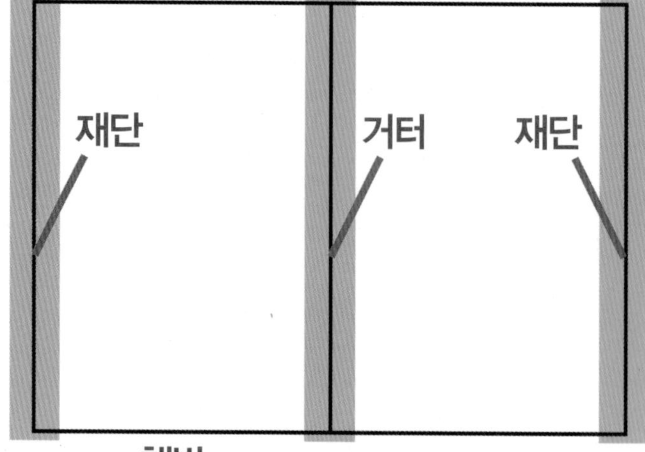

페이지 형식의 작품을 그릴 때 특히 주의해야 하는 부분이 거터입니다. 이 부분은 구조상 몇 ㎜ 정도는 보이지 않게 됩니다. 따라서 거터 부근에 캐릭터 얼굴처럼 가려지면 곤란한 부분이 들어가는 구도는 피해야 합니다. 좌우 어느 페이지에 그리든, 두 페이지에 걸쳐 그리든 거터에 물리지 않도록 작업할 필요가 있습니다.

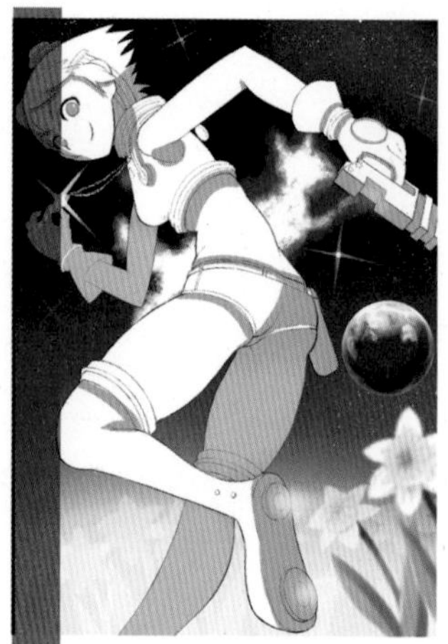

거터에 얼굴처럼 중요한 부분을 그리면 최악의 상황이 됩니다.

재단 부분은 거터처럼 가려지는 곳이 아니므로 신경 쓸 필요는 없지만, 중요한 부분을 아슬아슬하게 배치하지 않는 편이 무난합니다. 독자의 손가락으로 작품의 일부분이 가려지기도 하기 때문입니다.

상업지의 삽화는 편집 배열에 따라서 좌우 어느 쪽 페이지에 작품이 배정될지 알 수 없을 때도 있습니다. 그때는 작품의 좌우 어느 쪽이 거터 쪽에 물려도 문제없도록 좌우 양쪽 여백으로 몇 ㎜를 두고 중요한 요소는 배치하지 않는 것이 좋습니다.

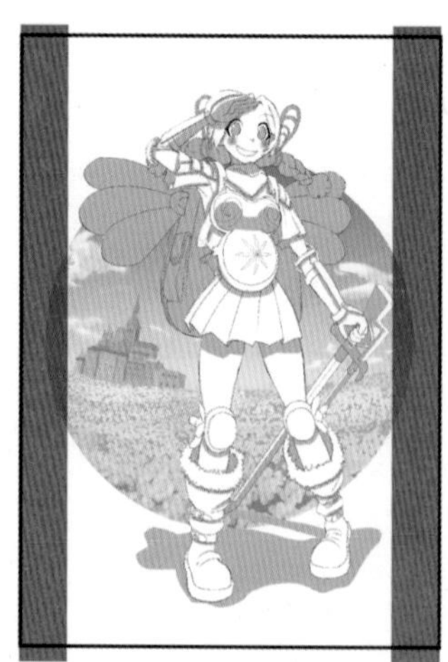

좌우 어느 쪽이 거터에 물려도 상관없도록 여유 있는 구도를 추천합니다.

색인

ㄱ

감정 표현 ······ 146, 150
거터 ······ 174
게임 배경과 눈높이 ······ 49
경사 구도 ······ 22
공간을 그린다? ······ 137
구텐베르크 다이어그램 ······ 71
균형을 익히자 ······ 140
그룹 쇼트 ······ 114
그리드 레이아웃 ······ 51
근육 그리는 법 ······ 166
기쁨 표현 ······ 151
꼬마 캐릭터 ······ 113
꼬치구이 ······ 43

ㄴ

나선 ······ 44
눈높이 ······ 20, 49
니 쇼트 ······ 98

ㄷ

단전 ······ 139
대각선 구도 ······ 42
대등 ······ 107
대비 ······ 107
대지 설정 ······ 174
대충 그린 구도 ······ 36
대칭 구도 ······ 48
대흉근 ······ 9, 166
도련 ······ 173
디자인 ······ 72

ㄹ

레이아웃 디자인과 일러스트 ······ 72
로우 앵글 ······ 8

ㅁ

마법 발동 ······ 162
만화 퍼스 기능 ······ 131
머리카락·옷 ······ 142
모티브 메인 ······ 18
무게 중심 ······ 73, 139
밀집의 미 ······ 115

ㅂ

바스트 업 ······ 90
반전 ······ 85
백은비 ······ 171
복직근 ······ 166
분노 표현 ······ 151

ㅅ

사각형 구도 ······ 29
삼각근 ······ 9, 166
삼각형 구도 ······ 26
상자 그리기 ······ 9, 166
선 ······ 44
성별에 알맞은 구도 ······ 32
슬픔 표현 ······ 151
승모근 ······ 9, 166
실루엣 ······ 134
쓰리 쇼트 ······ 110

ㅇ

아웃포커스 ······ 118
알파벳 구도 ······ 66
액션 ······ 140, 154
액자 구도 ······ 58
액자 효과 ······ 60
어중간한 각도 ······ 24
얼굴 묘사법 ······ 13
업 쇼트 ······ 86
여백 ······ 173
여백 구도 ······ 54, 60
역삼각형 구도 ······ 30
오버 퍼스 ······ 130
오버랩 구도 ······ 78, 80
외복사근 ······ 9
원 쇼트(전신) ······ 102
원고 크기 정하는 법 ······ 171
원이 너무 많아지면 ······ 40
원형 구도 ······ 34
웨이스트 업 ······ 94
이펙트 ······ 160, 164
인물 메인 ······ 16
인체의 가동 범위 ······ 128
입을 그린다 ······ 152

ㅈ

자연계의 황금 나선 ······ 76
잘라내기 ······ 84
재단 ······ 174
종이 크기 ······ 171
중심 ······ 138
즐거움 표현 ······ 151
집결 구도 ······ 38

ㅊ

책머리 ······ 174
책발 ······ 174

ㅋ

컷 분할 구도 ······ 62
콘트라포스토 ······ 120

ㅌ

터널 구도 ······ 59
투 쇼트 ······ 106
트리밍 ······ 82, 171

ㅍ

포트레이트 ······ 17
표정 ······ 150
프랙탈 ······ 76
프레임 구도 ······ 58
필살기 ······ 158

ㅎ

하이 앵글 ······ 12
하이퍼 앵글의 원 쇼트 ······ 105
해상도 ······ 172
화이트 스페이스 ······ 60
황금 나선 ······ 75
황금 직사각형 ······ 75
황금비 ······ 74
흐리기를 활용한다 ······ 118
희로애락 ······ 146

기타

2분할 구도 ······ 46
3분할 구도 ······ 50
S자 포즈 ······ 124
Z구도 ······ 70

디지털 일러스트
구도·포즈 사전

1판 1쇄 인쇄 | 2018년 12월 14일
1판 1쇄 발행 | 2018년 12월 20일

지은이 시카타 시요미
옮긴이 김재훈
펴낸이 김기옥

실용본부장 박재성
편집 이나리, 손혜인, 박인애
커뮤니케이션 플래너 서지운
지원 고광현, 김형식, 임민진

디자인 제이알컴
인쇄·제본 민언프린텍

펴낸곳 한스미디어(한즈미디어(주))
주소 121-839 서울시 마포구 양화로 11길 13(서교동, 강원빌딩 5층)
전화 02-707-0337 | **팩스** 02-707-0198 | **홈페이지** www.hansmedia.com
출판신고번호 제 313-2003-227호 | **신고일자** 2003년 6월 25일

ISBN 979-11-6007-334-8 13600

책값은 뒤표지에 있습니다.
잘못 만들어진 책은 구입하신 서점에서 교환해 드립니다.